高等院校国际经济与贸易系列规划教材

Customs Declaration Practice

报关实务

（第3版）

武晋军　唐俏　编著

电子工业出版社
Publishing House of Electronics Industry
北京·BEIJING

未经许可，不得以任何方式复制或抄袭本书之部分或全部内容。
版权所有，侵权必究。

图书在版编目（CIP）数据

报关实务／武晋军，唐俏编著. —3 版. —北京：电子工业出版社，2016.1
高等院校国际经济与贸易系列规划教材
ISBN 978-7-121-27955-3

Ⅰ.①报… Ⅱ.①武… ②唐… Ⅲ.①进出口贸易－海关手续－中国－高等学校－教材 Ⅳ.①F752.5

中国版本图书馆 CIP 数据核字(2015)第 317921 号

责任编辑：袁桂春
印　　刷：北京七彩京通数码快印有限公司
装　　订：北京七彩京通数码快印有限公司
出版发行：电子工业出版社
　　　　　北京市海淀区万寿路 173 信箱　邮编 100036
开　　本：787×1092　1/16　印张：19　字数：439 千字
版　　次：2007 年 6 月第 1 版
　　　　　2016 年 1 月第 3 版
印　　次：2023 年 7 月第 12 次印刷
定　　价：45.00 元

凡所购买电子工业出版社图书有缺损问题，请向购买书店调换。若书店售缺，请与本社发行部联系，联系及邮购电话：(010) 88254888，88258888。
质量投诉请发邮件至 zlts@phei.com.cn，盗版侵权举报请发邮件至 dbqq@phei.com.cn。
本书咨询联系方式：(010) 88254199，sjb@phei.com.cn。

高等院校国际经济与贸易系列规划教材编委会名单

编委会主任： 储祥银

编委会委员： （按汉语拼音排序）

白小伟　蔡惠伟　陈春燕　丁　黎

段元萍　杜奇华　高凌云　华　坚

李嘉珊　李小牧　刘　军　罗立彬

缪东玲　田明华　魏景赋　武晋军

谢　康　杨坚争　张孟才

总　序

　　随着对外开放的扩大，中国经济参与世界经济的程度不断提高，与世界经济的联系日益紧密。作为与世界经济联系重要渠道之一的对外贸易，内容不断丰富，形式日趋多样化。科学技术的飞速进步，一方面，大大拓展了国际贸易的领域，增添了新的国际贸易内容；另一方面，新科技成果运用到国际贸易业务中，大大提高了国际贸易的效率，便利了国际贸易的运营。中国社会主义市场经济体制建设目标的确立，使我国对外贸易经营管理体制发生了根本性转变，一大批各种性质的企业获得对外贸易经营权，涌入对外贸易领域。所有这些都促进了对外贸易人才的培养和国际贸易学科的建设，同时也对国际贸易人才培养，对从事国际贸易人才的基本素质和知识结构，进而对国际贸易学科的建设提出了新的要求。

　　对外贸易事业的发展，国际贸易人才需求的增加，促进了高等院校国际贸易学科的发展。改革开放以来，大专院校加强了国际贸易学科建设，众多高校设立了国际经济与贸易专业。据不完全统计，目前，设有国际经济与贸易专业的高等院校约 380 所，高等职业学校约 490 所。这些国际经济与贸易专业的设立，大批国际贸易专门人才的培养，满足了我国对外贸易事业发展对专业人才的基本需求，为我国对外贸易事业发展提供了人才保障。与此同时，各大专院校在培养对外贸易人才的过程中，十分重视国际贸易学科体系的建设，开辟了许多新的学科领域，引进和开创了许多新的课程和教材，为完善国际贸易学科体系、保障人才知识结构更新、适应我国对外贸易事业发展需要做出了贡献。各相关出版社也配合出版了不少好的教材和书籍。

　　然而，国际贸易学科建设任重而道远，需要不断根据变化的形势和新的业务领域补充新的内容，开辟新的领域；需要数代学者的不懈努力；需要不断地继承与发展，推陈出新。为此，电子工业出版社在广泛深入调查研究的基础上，从当前国际贸易事业发展对人才知识结构要求出发，根据学科发展和教学实际需要，从偏重国际贸易运作实务角度，策划了本套教材。套教材的主要特点是，尽可能全面反映国际贸易实务及学科的发展，注重知识的创新性和前瞻性，吸取目前学科应用领域的最新知识；注重实务性，突出可操作性，兼顾学科理论体系的完整性。

　　本套教材的所有参编人员均来自教学第一线，有多年的实际教学经验。具体书目的确定和编写体例均经过全体参编人员的集体讨论，切合学科发展和教学的实际需要。因此，本套教材的体例设计基本一致，同时，为了便于教学，我们还增设了一些学习导航、引导案例和前沿话题之类的栏目，以帮助教师使用，便于学生记忆，拓展学生视野。此外，本套教材还配有教学资料包，包括教学 PPT、复习题和答案、模拟训练题和答案，以及一些相关的资料，使用者可以随时从网上下载。

　　教材市场上国际贸易类教材很多，林林总总，各有千秋。编写出既有特色、又符合广

总序

大教师和学生需要的教材，实属一件不太容易的事情。电子工业出版社和本套教材的编委会组织编写和出版这套教材，主要目的是想在国际贸易教材建设中探索一条自己的道路，为国际贸易学科建设贡献自己的力量。但鉴于国际贸易学科的开放性，以及国际贸易理论、实践和业务内容的不断发展，囿于编者和组织者的学识和水平，本套教材肯定会有一些不尽如人意的地方。希望各高等院校国际经济与贸易，以及相关专业的师生在实际使用中提出宝贵意见和建议，并及时向出版社反馈。我们将认真组织修订，不断提高教材质量，努力完善国际贸易教材体系。

对外经济贸易大学教授

中国国际贸易促进委员会北京分会副会长

第3版前言

党的十八届三中全会以来，中国海关实施全面深化改革，全国人大常委会和国务院修改了《海关法》和《进出口关税条例》。与之同步，海关总署对行政审批制度改革所涉及的23部海关规章进行了集中修订，其中整体修改、重新发布《海关对加工贸易货物监管办法》、《海关对报关单位注册登记管理规定》等 4 部规章；对《海关进出口货物申报管理规定》、《海关进出口货物征税管理办法》等15部规章修改部分条款后集中公布；废止了《海关报关员资格考试及资格证书管理办法》、《海关对报关员积分考核管理办法》等4部规章。

为符合全球贸易便利化的趋势，海关采取了一系列措施以改善进出口贸易条件、促进外贸健康发展，包括推进区域通关一体化改革和通关作业无纸化、推进中国（上海）自由贸易试验区监管服务制度创新、优化监管方式方法、开展国际贸易"单一窗口"试点、全面推进关检合作"三个一"、创新保税监管模式、促进加工贸易转型升级等。

海关报关是货物进出境通关的首要和必经程序。货物能否顺利通关与报关的质量有很大的关系，而高质量的报关又与一套完备的报关管理制度紧密相连。我国的报关制度经过几十年的发展，不断推陈出新，现行的报关制度逐渐适应了我国进出口的需要。2013 年 10 月，报关制度中对报关员的制度改革，成为报关制度改革的一大重要事件。

此次修订将原书的内容安排调整为上篇"报关基础知识"和下篇"报关业务技能"两大部分。具体修订说明如下。

1. 第1章 报关与海关管理

根据海关实施的简政放权、行政审批制度改革内容，本章主要对报关单位注册登记审核、海关对报关单位的管理及行业自律、报关员资格核准及管理制度等做了修订。

2. 第2章 海关管理制度

本章为新增章节，是为了让读者在实际业务操作中更好地理解海关管理的相关规定，为实际业务操作奠定良好的理论基础。本章主要介绍了我国海关管理制度的基础知识，以及海关统计制度、海关稽查制度、知识产权海关保护制度、海关行政处罚制度和海关事务担保制度等各项制度的内容。由于海关监管制度和海关税收征管制度所涉及的内容广泛而且重要，在本书中独立成章来介绍。

3. 第3章 进出口货物的国家管制

本章补充了我国最新的货物进出口许可证管理规定及货物贸易外汇管理制度。

4. 第 4 章　一般进出口货物的报关程序

本章增加了海关通关模式，介绍了海关在提高贸易便利化水平方面所进行的改革，对区域通关一体化，"属地申报、口岸验放"，"属地申报、属地放行"等简化通关的作业流程进行了介绍，新增了相关案例。

5. 第 5 章　保税进出口货物的报关程序

本章对电子账册管理下的保税加工货物报关程序内容做了补充修改；增加了保税物流货物的报关内容。

6. 第 7 章　进出境运输工具及物品的报关程序

在进出境运输工具监管部分，删除了"海关对国际航行船舶的监管"、"海关对国际民航机进出境的监管"、"海关对国际列车进出境的监管"及"海关对进出境汽车的监管"。根据 2011 年 1 月 1 日起实施的《中华人民共和国海关进出境运输工具监管办法》（海关总署第 196 号令）新增了海关对进出境运输工具监管的最新内容。

由于跨境电子商务的迅猛发展，2015 年 7 月海关总署起草了《中华人民共和国海关寄递进出境货物物品监管办法（征求意见稿）》，拟对进出境物品的监管措施进行调整，以更好地适应全球跨境电子商务发展的要求。作者将继续关注海关在这方面的改革。

7. 第 8 章　进出口税费的征收

根据国务院颁布的《中华人民共和国船舶吨税暂行条例》（2012 年年 1 月 1 日实施）更新了船舶吨税的相关内容；根据《中华人民共和国进出口优惠原产地管理规定》对进口货物原产地确定的内容进行了修订；对"进出口货物完税价格的审定"新增了案例应用，以便读者能更好地理解相关内容；新增了部分练习题。

8. 第 9 章　进出口商品归类

本章新增了对 2012 年版本《商品名称及编码协调制度》修订的介绍，使读者能更好地理解该制度的科学性、完整性、系统性、通用性、准确性及该制度对国际贸易的影响；删除了"我国海关进出口商品分类目录的主要内容"，新增了"我国进出口商品归类的海关行政管理"及部分练习题。

9. 第 10 章　进出口货物报关单填制

本章根据海关最新的"报关单填制规范和要求"做了修订。

本次修订由武晋军负责大纲最终确定及统稿，编写并修订第 1、3、5、6、10 章，唐俏负责大纲修订，编写并修订第 2、4、7、8、9 章。

在本次修订过程中，得到了有关专家学者、院校领导及电子工业出版社的大力支持，在此一并加以感谢。

本次修订还得到了"上海市一流学科资助项目（S1205YLXK）"的资助。

目 录

上篇 报关基础知识

第1章 报关与海关管理 ... 2
    1.1 报关概述 ... 3
    1.2 海关概述 ... 11
    1.3 海关对报关单位的管理及行业自律 ... 19
    本章小结 ... 28
    练 习 题 ... 29

第2章 海关管理制度 ... 31
    2.1 海关管理制度概述 ... 32
    2.2 海关统计制度 ... 35
    2.3 海关稽查制度 ... 38
    2.4 知识产权海关保护制度 ... 43
    2.5 海关行政处罚制度 ... 51
    2.6 海关事务担保制度 ... 55
    本章小结 ... 61
    练 习 题 ... 61

第3章 进出口货物的国家管制 ... 64
    3.1 对外贸易管制概述 ... 65
    3.2 货物和技术进出口许可管理制度 ... 66
    3.3 其他贸易管理制度 ... 73
    3.4 国家对特殊进出口货物的管制 ... 79
    本章小结 ... 84
    练 习 题 ... 84

下篇 报关业务技能

第 4 章 一般进出口货物的报关程序 88
- 4.1 一般进出口货物概述 89
- 4.2 一般进出口货物的申报 90
- 4.3 一般进出口货物的查验 98
- 4.4 一般进出口货物的放行 102
- 4.5 海关通关作业模式 105
- 本章小结 109
- 练 习 题 110

第 5 章 保税进出口货物的报关程序 113
- 5.1 保税制度概述 114
- 5.2 保税加工货物的报关 118
- 5.3 保税物流货物的报关 136
- 本章小结 143
- 练 习 题 144

第 6 章 其他进出口货物的报关程序 147
- 6.1 减免税货物的报关 148
- 6.2 暂准进出口货物的报关 153
- 6.3 转关运输货物的报关 160
- 6.4 其他货物的报关 164
- 本章小结 170
- 练 习 题 171

第 7 章 进出境运输工具及物品的报关程序 174
- 7.1 进出境运输工具的海关监管 175
- 7.2 进出境物品的报关 183
- 本章小结 192
- 练 习 题 192

第 8 章 进出口税费的征收 195
- 8.1 进出口税费概述 196
- 8.2 进出口货物完税价格的审定及计算 208
- 8.3 进出口税费的减免、缴纳与退补 217

8.4 进口货物原产地的确定与税率适用 220
8.5 进出口税费的计算 229
本章小结 232
练 习 题 233

第9章 进出口商品归类 237
9.1 《商品名称及编码协调制度》概述 238
9.2 《协调制度》归类总规则 243
9.3 我国进出口商品归类的海关行政管理 250
本章小结 254
练 习 题 254

第10章 进出口货物报关单填制 258
10.1 进出口货物报关单概述 259
10.2 进出口货物报关单填制规范及其技巧 261
本章小结 287
练 习 题 287

参考文献 293

上 篇
报关基础知识

第1章
报关与海关管理

> **引导案例**
>
> **报关单位对其所属报关员的报关行为应当承担相应的法律责任**
>
> 广东省深圳某台商独资企业,从事自行车零件加工,员工大约600人,台籍管理人员有5位,都是技术出身,对于报关工作均无实际经验,因此,有关报关工作全权交由一名湖南籍的报关员张某负责,有关报关所用的手册、清单均由张某保管。张某后以每份几千元的价格将该公司210份清单卖给不法分子,该不法分子凭借这些清单走私进口了价值人民币400万元的轴承,并将此批货物倒卖出去。
>
> 海关到该企业进行核销时,因在工厂仓库查不到该批轴承,但实际进口报关清单却有此批货,且有报关员签名及公司公章,因此,海关判定企业涉嫌走私免税货物,未经海关核准并补缴关税就私自转内销,且金额巨大,于是立即扣押该企业的手册及合同,并要求报关员及企业负责人到海关接受调查。张某在案发后逃逸。
>
> 该企业负责人认为报关员违法,企业实际上并未从事走私活动;而且认为报关员既经海关培训,报关员出了问题,责任不能全由企业负担。但海关认为企业本身未建立内部控制制度,且报关员是报关企业的职工,企业的负责人平时未做好对报关员的监督,应该对报关员的违法行为承担责任。因此,海关依法对该企业处以100万元人民币的罚款。

本章学习目标

- 了解报关概念;
- 掌握报关单位的类型,报关企业代理报关的属性与法律责任;
- 熟悉海关的性质、4项基本任务及其各项权力;
- 了解海关领导体制及其机构设置;
- 了解海关对报关单位的管理制度;
- 了解中国海关企业信用管理。

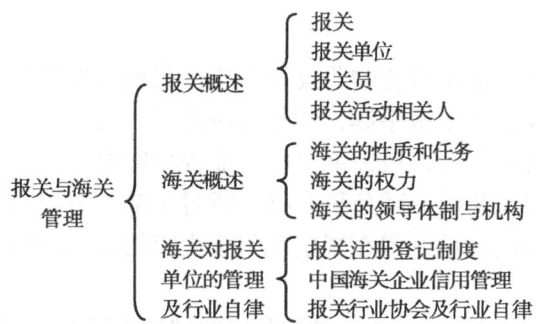

1.1 报关概述

1.1.1 报关

1. 报关的含义

报关是指进出口货物收发货人、进出境运输工具负责人、进出境物品所有人或者他们的代理人向海关办理货物、运输工具、物品进出境手续及相关海关事务的过程。

报关过程如图 1-1 所示。

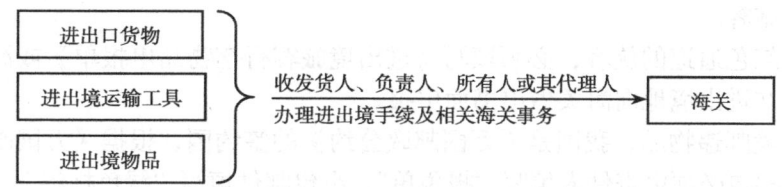

图 1-1 报关过程

进出口货物包括一般进出口货物、减免税货物、暂准进出口货物、保税货物、过境货物、转运货物、通运货物和其他进出口货物，以及通过管道、电缆输送的进出境的水、石油、电和无形的货物，如附着在货物载体上的软件等。

进出境运输工具主要指用以载运人员、货物、物品进出境，在国家间运营的各种境内或境外的船舶、航空器、车辆和驮畜等。

进出境物品主要包括进出境的行李物品、邮递物品和其他物品。其他物品主要是享有外交特权和豁免的外国机构或者人员的公务用品或自用物品等。

> **提示：通关、报关的联系与区别**
>
> 二者都是针对货物、物品、运输工具的进出境而言的。
> 报关是从海关管理相对人的角度出发，仅指向海关办理进出境手续及相关手续。

通关不仅包括海关管理相对人向海关办理有关手续，还包括海关对进出口货物、进出境运输工具、进出境物品依法进行监督管理，核准其进出境的管理过程。

2. 报关的基本内容

（1）进出口货物的报关。进出口货物收发货人或其代理人在货物实际进出关境时，需持报关单及随附单证向海关办理申报手续，此外还应配合海关对货物进行查验；在按规定缴纳了进出口税费且经海关放行后，报关单位可安排装卸货物。

除了以上工作，对于保税货物、减免税货物、暂时（准）进出口货物，在进出境前还需办理备案申请手续，在进出境后还需在规定期限按规定的方式向海关办理核销、结案等手续。

（2）进出境运输工具的报关。《中华人民共和国海关法》（以下简称《海关法》）规定，所有进出我国关境的运输工具必须在设有海关的港口、空港、车站、国界通道、国际邮局交换局（站）及其他可办理海关业务的场所申报进出境。进出境申报是运输工具报关的主要内容。经海关审核放行后，才可以上下旅客、装卸货物或者驶往内地、离境。

（3）进出境物品的报关。《海关法》规定，个人携带进出境的行李物品、邮寄进出境的物品，应当以自用合理数量为限。自用合理数量原则是海关对进出境物品监管的基本原则，也是进出境物品报关的基本要求。

对于进出境旅客的行李物品，我国与世界上大多数国家的海关法一样规定旅客采用"红绿通道"制度。即带有绿色标志的通道适用于携运物品在数量和价值上均不超过免税限额，且无国家限制或禁止进出境物品的旅客；带有红色标志的通道适用于携运有上述绿色通道不适用物品的旅客。

对于选择红色通道的旅客，必须填写《进出境旅客行李物品申报单》或海关规定的其他申报单证，在进出境地向海关做出书面申报。

对于进出境邮递物品，我国是《万国邮政公约》的签约国，根据《万国邮政公约》的规定，进出口邮包必须由寄件人填写"报税单"，小包邮件填写"绿色标签"，"报税单"或"绿色标签"随物品通过邮政企业呈递给海关。

报关范围及基本内容如表 1-1 所示。

表 1-1 报关范围及基本内容

报关范围	报关的基本内容
进出口货物	准备报关单证、证件等，以电子或书面形式申报；海关审核，必要时进行查验；属于应缴纳税的，进行缴税；货物放行，安排提取或装运货物
进出境运输工具	进出境时间、航次；载运货物情况；服务人员、自用物品、货币金银等情况；所载旅客情况；所载邮递物品、行李物品的情况
进出境物品	行李物品以自用合理数量为限（绿色通道通关），此外则需填写《进出境旅客行李物品申报单》（红色通道通关）；邮递物品必须由寄件人填写"报税单"，小包邮件填写"绿色标签"

3．报关的分类

（1）按照报关的对象，可分为进出口货物报关、进出境运输工具报关和进出境物品报关。

（2）按照报关的目的，可分为进境报关、出境报关。

（3）按照报关活动的实施者，可分为自理报关和代理报关，代理报关又分为直接代理报关和间接代理报关，如图1-2所示。

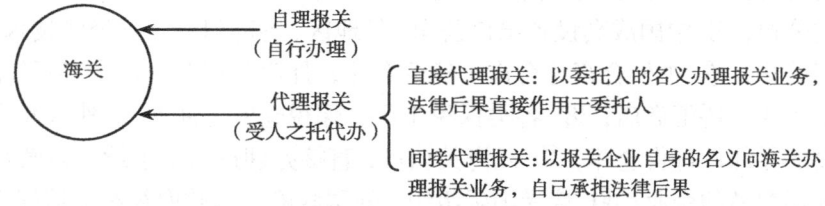

图1-2　按照报关活动的实施者不同分类

目前，我国报关企业大多采取直接代理报关，间接代理报关仅适用于经营快件业务的营运人等国际货物运输代理企业。

> **提示**　为方便操作，快件公司常把不同客户、相同目的地的快件合并成一票货物，以快件公司的名义填写一张报关单向海关申报，报关单上的经营单位和申报单位栏目都应填写快件公司的名称。

1.1.2　报关单位

1．报关单位的概念

报关单位是指依法在海关注册登记取得报关资格或经海关批准取得报关权的境内法人或组织。

> **提示**　要想成为报关单位，一定要事先在海关办理注册登记手续，当然还必须是境内法人。

2．报关单位的类型

按报关单位的不同性质，报关单位可分为进出口货物收发货人和报关企业（见图1-3）。

报关单位的类型 { 进出口货物收发货人——自理报关；报关企业——代理报关

图1-3　报关单位的类型

（1）进出口货物收发货人，是指依法直接进口或者出口货物的中华人民共和国境内的法人、其他组织或个人。进出口货物收发货人进出口货物时，可自行向海关办理报关纳税手续，因此也称自理报关单位。自理报关单位也可委托海关准予注册登记的报关企业代为办理报关业务。

进出口货物收发货人具备4点特征：① 有进出口经营权；② 必须在海关注册才能自理报关（包括临时注册登记）；③ 只能为本单位报关；④ 是经济实体，要承担法律责任。

自理报关单位具体如以下类型企业：① 有进出口经营权的工贸、农贸、技贸公司；② 有进出口经营权的全国性或地方性进出口公司；③ 有进出口经营权的生产企业、企业联合体、外贸企业和生产企业的联合公司；④ 信托投资公司、经济技术开发公司、技术引进公司和租赁公司；⑤ 中国成套设备出口公司、各地区、各部门的国际经济技术合作公司、对外承包工程公司；⑥ 中外合资（合作）经营企业，外商独资企业；⑦ 免税品公司、友谊商店、外汇商店、侨汇商店；⑧ 各类保税工厂、保税仓库（油库）、外国商品维修服务中心及其附设的零部件寄售仓库；⑨ 经海关认可，直接办理进出口手续的经营对外加工装配和中小型补偿贸易的企业；⑩ 接受国际组织、外国政府或非政府组织无偿援助项目，并在特定时期内经营进出口物资的单位；⑪ 其他经常有进出口业务的企业，如进出口服务公司、展览公司和电影、电视合作制片公司等。

（2）报关企业，是指经海关批准，取得报关经营许可，接受进出口货物收发货人的委托，向海关办理报关纳税手续，从事代理报关服务的境内企业法人。

报关企业并不参与进出口货物的贸易经营，只有当进出口货物收发货人委托时，才由其在受委托的范围内向海关办理报关纳税手续，因此称其为代理报关单位，其报关方式称为代理报关。

我国的报关企业分为两种类型：一是经营国际货物运输代理、国际运输工具代理等业务，兼营进出口货物的报关纳税等事宜的企业；二是专门接受委托，代为办理进出口货物和进出境运输工具报关纳税等事宜的企业，如图1-4所示。

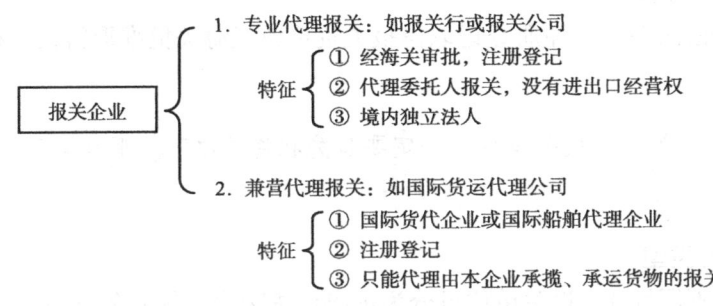

图1-4 我国报关企业的类型

提示 报关企业在整个报关服务市场中已占主导地位，代表着我国报关专业化水平和发展方向。

两类报关单位比较如表1-2所示。

表 1-2 两类报关单位比较

类　　型	经营审批	主营业务	权　　限
进出口货物收发货人	商务主管部门审批	对外贸易经营（贸易型、生产型、仓储型等）	自营进出口货物的报关纳税（也可委托报关企业报关）
报关企业	海关报关注册登记许可	报关纳税服务	接受进出口货物收发货人的委托，代理报关纳税
	商务主管部门或交通主管部门审批	国际货物运输代理或国际货物运输工具代理	

目前我国多数报关企业提供的专业服务内容包括代理报关、报检、查验、换单，代为办理海关征免税证明、加工贸易备案与核销等业务。有些企业也提供一些质检服务，如代为办理熏蒸处理、3C 证明、旧机电备案等。为了提高通关服务的含金量，越来越多的报关企业介入物流衍生服务和咨询服务。

3．报关企业代理报关的属性与法律责任

报关企业接受进出口收发货人的委托，向海关办理报关纳税手续。报关企业可采用以下两种不同的形式代理报关。

（1）报关企业以其委托人的名义办理报关纳税手续，属于委托代理行为，是直接代理方式。报关企业与委托人之间是代理人与被代理人（或称委托人）的关系。

代理人的代理权限的取得、行使和效力是基于委托人的委托授权，因此，报关企业必须得到委托人的明确授权，才能行使报关代理权，其明确授权的表现形式是向海关递交的《代理报关委托书》。

> **相关链接**
>
> 根据《中华人民共和国海关进出口货物申报管理规定》要求，《代理报关委托书/委托报关协议》作为代理报关时报关单的必备随附单证使用。其编号为 11 位阿拉伯数字，是代理报关业务的流水号。
>
> 报关企业接受进出口收发货人的委托代理报关时，应对委托人所提供情况的真实性、完整性进行合理审查，未履行合理审查义务的或违反海关规定申报的，应当承担相应的法律责任。审查内容包括：① 出口货物相关情况，如品名、规格、用途、产地、贸易方式等详细资料，以便进行商品归类和确定货物原产地；② 有关进出口货物的单据，如合同、发票、运输单据、装箱单据等商业单据，以便确定申报价格；③ 进出口所需的许可证件及随附单证；④ 海关要求的加工贸易手册及其他进出口单证。

（2）报关企业接受委托人的委托，以报关企业自己的名义办理报关纳税手续的，是间接代理方式。海关视同报关企业自己报关，其法律后果将直接作用于报关企业。

报关代理的属性与法律责任如表 1-3 所示。

表 1-3 报关代理的属性与法律责任

报关企业 \ 行为与责任	代理方式	行为属性	法律责任
报关企业代理报关	直接代理	委托代理行为	法律后果直接作用于被代理人（委托人）；报关企业也应承担相应的法律责任
	间接代理	视同报关企业自己报关	法律后果将直接作用于代理人（报关企业）；由报关企业承担收发货人自己报关时应承担的法律责任

> **提示**　特殊监管区域双重身份企业在海关特殊监管区域内拥有进出口货物收发货人和报关企业双重身份，在海关特殊监管区外仅具报关企业身份。

1.1.3 报关员

报关员，是指经报关单位向海关备案，专门负责办理所在单位报关业务的人员。

> **相关链接**
> 1997 年 12 月 21 日在全国范围首次举行了报关员资格全国统一考试。海关总署决定从 2000 年起，每年举行一次报关员资格考试，海关总署核定并公布全国统一合格分数线。考试地海关负责对成绩合格者颁发《报关员资格证书》，并报海关总署备案。
> 2013 年 10 月 12 日，海关总署发布〔2013〕54 号《公告》，改革报关从业人员资质资格管理制度、对报关从业人员不再设置门槛和准入条件，由报关企业自主选择、聘用并管理报关人员。报关协会加强报关行业的自律管理，海关通过指导、督促报关单位加强内部管理实现对其所属报关人员的间接管理。

> **提示**　"报关人员"与"报关员"这两个概念是从不同角度所进行的界定。从报关职业角度，报关从业人员统称为报关员；从法律角度，统称为报关人员。为便于表述，本教材所述报关员即指新修订海关法规中所指的报关人员。

1. 报关水平测试

自 2014 年起海关不再组织报关员资格全国统一考试，改由中国报关协会组织对拟从业人员实行水平测试并颁发证书。

（1）参试人员条件。报名参加报关水平测试的条件：年龄 16 周岁以上，具有高中毕业证书或同等学力，包括高中、中职的应届毕业生。测试对象设定为两类群体：① 拟从事报关职业的院校学生和社会人员；② 已从事报关职业但未取得《报关员资格证书》的人员。

（2）组织机构与职责。中国报关协会成立报关水平测试工作委员会（以下简称委员会），对测试工作进行决策、指导。报关水平测试组织管理如图 1-5 所示。

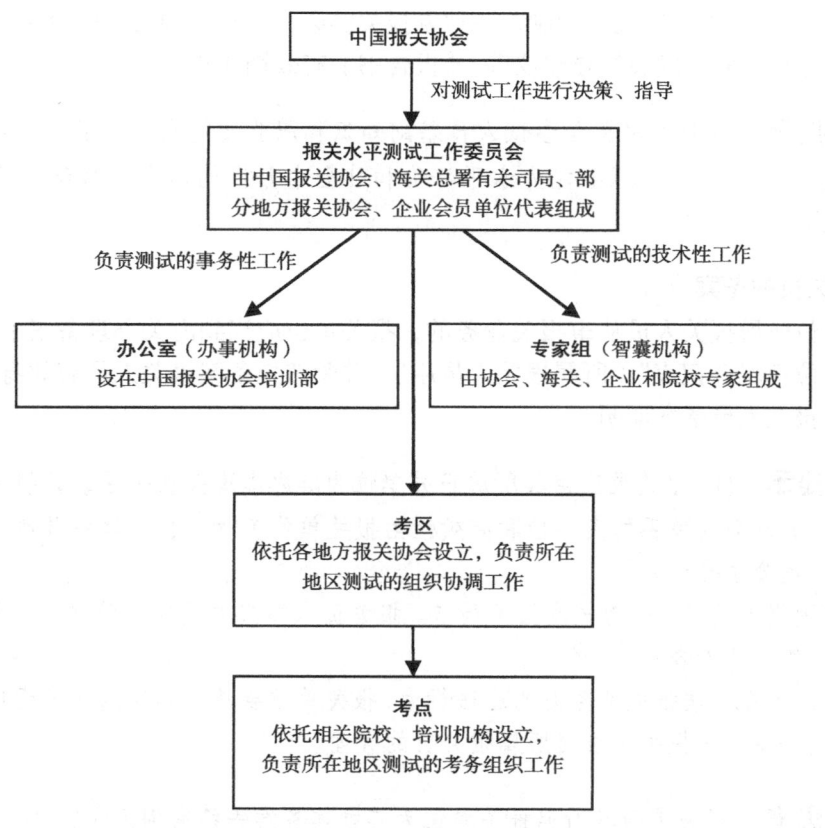

图 1-5 报关水平测试组织管理

（3）测试内容。测试分为两个科目，如图 1-6 所示。

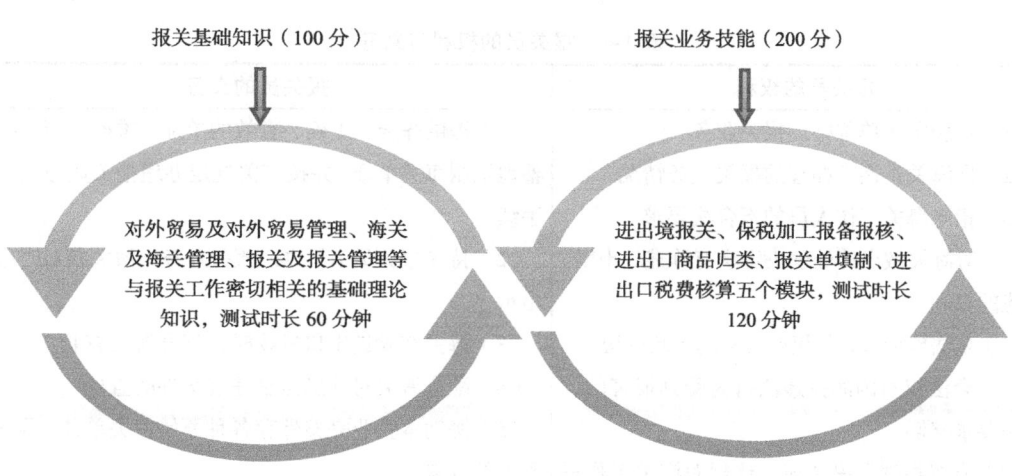

图 1-6 报关员测试内容

（4）测试证书。测试后考生可申领《报关水平测试成绩分析报告书》（以下简称《报告书》)。《报告书》由办公室统一印制,各地方报关协会、考试点颁发。内容包括测试分数、成绩评价与分析、职业发展指导建议等。《报告书》有效期3年。

> **提示** 《报告书》是参试人员基础知识和职业技能水平的证明,可作为企业选人用人、职业院校学生职业能力水平评价和社会中介机构向企业推荐报关从业人员的基本依据之一。

2. 报关员的备案

报关单位所属报关人员从事报关业务的,报关单位应当到海关办理备案手续。海关收取"报关单位情况登记表"(所属报关人员用),并验核拟备案报关人员有效身份证件原件后,核发"报关人员备案证明"。

> **提示** ① 报关员应由其所属报关单位为其办理海关相关手续,报关员与所属报关单位的劳动合同关系的真实性和有效性由报关单位负责,在"报关员情况登记表"中注明并加盖公章确认。
> ② 取消报关员证,改为核发报关员卡。报关员卡即报关员的身份凭证,也是用来办理报关业务的,证卡合一。
> ③ 报关员在办理报关业务时的违法行为,报关单位要承担相应的法律责任并受到处罚,从而进一步强化报关单位对所属报关员的管理。

> **思考** 报关员由其所属报关单位为其办理备案手续有何意义?

3. 报关员的权利与义务

报关员的权利与义务如表1-4所示。

表1-4 报关员的权利与义务

报关员的权利	报关员的义务
(1)代表所属单位办理报关业务 (2)向海关查询其办理的报关业务情况 (3)拒绝海关工作人员的不合法要求 (4)对海关做出的处理决定享有陈述、申辩、申述的权利 (5)依法申请行政复议或者提起行政诉讼 (6)合法权益因海关违法行为受到损害的,依法要求赔偿 (7)有权根据国家法律、法规对海关工作进行监督,并有权对海关工作人员的违法、违纪行为进行检举揭发和控告等	(1)提供齐全、正确、有效的单证,准确、清楚、完整地填制海关单证,并按有关规定办理报关业务及相关手续 (2)持《报关员卡》办理报关业务,海关核对时应当出示 (3)海关查验进出口货物时,配合海关查验 (4)配合海关对涉嫌走私违规案件的查处 (5)协助本企业完整保存各种原始报关单证、票据、函电等资料 (6)妥善保管海关核发的《报关员卡》和相关文件 (7)按照规定参加海关组织的报关业务岗位培训

1.1.4 报关活动相关人

报关活动相关人是指经营海关监管仓储业务的企业、保税货物的加工企业、转关运输货物的境内承运人,以及保税区、出口加工区内的部分企业。此类企业需经海关批准,办理海关注册登记手续,接受海关监管。这些企业虽不直接参与进出境报关纳税活动,但其经营活动与海关监管货物及海关监控要求有着密切的关联。因而,报关活动相关人对与之有关的海关监管货物应承担相应的法律责任。其理由包括以下几点。

(1)海关监管货物是尚未办结海关手续的货物,在未缴纳关税和进口环节税,属国家限制进口、未交验进口许可证等情况下,应当由控制货物的当事人承担该货物被用于境内使用或消费时缴纳税款和交验许可证的责任。

(2)如果货物在收发货人的控制下,收发货人应承担上述责任。但如果收发货人将货物交由海关监管的仓储企业储存或加工贸易生产企业加工或境内承运企业转关运输等,则货物应处于保管人或加工人或承运人的实际控制之下,收发货人无法预见也无法防止货物灭失情形的发生,保管人或加工人或承运人应当对海关监管货物的收发货人承担控制的责任;期间造成海关监管货物损毁或灭失的,除不可抗力外,保管人或加工人或承运人应承担相应的纳税义务和呈验许可证件的责任。

(3)对海关监管货物负有保管或加工或承运义务的境内企业(报关活动相关人)不仅对货物本身负有保管的民事责任,更应对国家负有不让该货物擅自被投入境内使用的义务和一旦被投入境内使用向海关纳税、呈验许可证件的责任。

(4)在某些情况下,海关尚无法知晓货物的收发货人时,更应由货物的实际控制人,即报关活动相关人承担相应的法律责任。

报关活动相关人违反《海关法》的有关规定,由海关责令改正,可以给予警告、暂停其从事有关业务,直至撤销注册,并承担相应的行政、刑事法律责任。

1.2 海关概述

1.2.1 海关的性质和任务

1. 海关的性质

《海关法》第二条规定:"中华人民共和国海关是国家的进出关境监督管理机关。"这一规定明确了海关的性质,其包括 3 层含义。

(1)海关是国家行政机关。海关对内对外代表国家行使行政管理权,而不代表某个地方或者某个部门的局部利益。

(2)海关是进出境监督管理机关。海关依照有关法律、行政法规,代表国家制定具体的行政规章和行政措施,对特定领域的活动实施监督管理。海关监督管理的范围是进出关境及与之有关的活动、场所。监督管理的对象是所有进出关境的运输工具、货物和物品。

> **提示** 辨清关境与国境
>
> 关境与国境均是一个立体的概念,包括其领域内的领水、领陆和领空。但关境是各国海关通用的概念,指适用于同一海关法或实行同一关税制度的领域。国境是一国主权行使的区域。在一般情况下,关境的范围等同于国境。
>
> 结成关税同盟的成员国之间,货物进出各成员国国境不征关税。因此对于每个成员国来说,其国境小于关境,如欧盟。
>
> 若在国内设立保税区、保税仓库、自由港、自由贸易区等特定区域,进出特定区域的货物都是免税的,则该国的国境大于关境。我国的国境大于关境。

(3)海关的监督管理活动是国家行政执法活动。海关执法的依据是《海关法》和其他有关法律、行政法规。海关总署也可以根据法律和国务院的法规、决定、命令制定规章,作为执法依据的补充。省、市、自治区、直辖市人民代表大会和人民政府不得制定海关法律规范,其制定的地方法规、规章也不是海关执法的依据。

2. 海关的任务

依据《海关法》,海关的基本任务有4项:监督管理进出境的运输工具、货物、行李物品、邮递物品和其他物品;征收关税和其他税费;查缉走私;编制海关统计。海关的任务简称为监管、征税、查私、统计。

(1)监管。海关监管是海关的4项基本任务的基础,是由海关运用国家赋予的权力,通过报关登记、审核单证、查验放行、后续管理、查处违法行为等环节,对进出境的各类运输工具、货物、物品实施有效的监督管理。

随着对外开放,我国对外贸易迅速发展,出现了多种贸易方式的新格局。海关在认真总结多年货运监管,特别是改革开放以来的经验和借鉴国际通行做法的基础上,逐步建立起一套前期管理、现场监管、后续管理三位一体的科学化、现代化的海关监管体系和相应的规章制度。

1)前期管理是对进出境的货物、运输工具进行实际监管之前采取的各项管理措施,主要包括:① 企业注册登记和报关员培训、考核;② 建立企业档案数据库,对企业实行分类管理;③ 加工贸易和补偿贸易的审查和备案登记;④ 减免税货物的审查及项目备案和进出口货物减免税审批。

2)现场监管是海关在运输工具、货物进出境时,在海关监管区内实施的实际监督管理。它是完成海关监管的关键环节。现场监管包括申报、查验、征税、放行等几个基本环节,也是海关货运监管的基本制度。

3)后续管理是对进出口货物离开海关监管现场以后的管理,是现场监管的延伸和继续,它包括对各类保税货物核销和暂时进出口货物担保放行的核销法案及对减免税货物和物品在一定时期内的监督使用。对一般进出口货物进行关税稽查也属于后续管理的范围。

此外,海关监管还要执行或监督执行国家其他对外贸易管理制度的实施,如进出口许可制度、外汇管理制度、进出口商品检验检疫制度、文物管理制度等,从而在政治、经济、文化、道德、公众健康等方面维护国家利益。

> **提示** 海关监管不是海关监督管理的简称，海关监督管理是海关全部行政执法活动的统称，而海关监管则是海关运用国家赋予的权力，通过一系列管理制度与管理程序，依法对进出境运输工具、货物、物品、相关人员的进出境活动所实行的行政管理。

（2）征税。海关依据《中华人民共和国关税条例》、《中华人民共和国进出口税则》等有关法规，对准许进出口的货物、进出境的物品征收的一种流转税。征收关税是指对贸易性货物征收进口关税、出口关税和对非贸易型的行邮物品征收的进口关税。其他税费是指海关代国家税务总局征收的进口环节增值税、消费税和代交通部征收的船舶吨税。

（3）查私。查私是海关为保证顺利完成监管和征税任务而采取的保障措施，是海关依照法律赋予的权力，在海关监管场所和"设关地"附近的沿海沿边规定地区，为发现、制止、打击、综合治理走私活动而进行的一种调查和惩处活动。

海关查私的目标是制止和打击一切非法进出口货物、物品的行为，维护国家的主权和利益，保障社会主义现代化建设的顺利进行。

> **提示** 有下列情形之一的是走私行为：运输、携带、邮寄属国家禁止或者限制进出境货物、物品或者依法应当缴纳税款的货物、物品进出境的；未经海关许可并且未缴纳应纳税款、交验有关许可证件，擅自将保税货物、减免税货物及其他海关监管货物、物品进境的境外运输工具，在境内销售的；逃避海关监管，构成走私的其他行为。

（4）统计。根据2006年3月1日实行的《中华人民共和国海关统计条例》，海关的统计任务是对进出口货物贸易进行统计调查、统计分析和统计监督，进行进出口监测预警，编制、管理和公布海关统计资料，提供统计服务。海关统计是国民经济统计的组成部分。

海关统计范围，是实际进出境并引起境内物资存量增加或者减少的货物，进出境物品超过自用、合理数量的，列入海关统计。

近年来国家通过有关法律、行政法规赋予了海关一些新的职责，如知识产权海关保护、对反倾销反补贴的调查、环保、社会安全、缉毒、反偷渡、战略武器控制等也是海关的任务。

> **提示** 依照《海关法》等有关法律、法规，中国海关主要承担4项基本任务，根据这些任务主要履行通关监管、税收征管、加工贸易和保税监管、海关统计、海关稽查、打击走私、口岸管理7项职责。

> **思考** 在海关的4项基本任务里面，征税是海关最基本的任务，海关的其他任务都是在监管工作的基础上进行的。这句话对吗？

1.2.2 海关的权力

为保证海关能充分履行自身的职能，有效维护国家的主权和利益，国家通过立法赋予了海关对进出境运输工具、进出口货物、进出境物品的监督管理权。海关权力属于行政权。海关权力的行使有一定范围和条件，并应当接受执法监督。

1. 海关权力的特点

（1）特定性。即这些权力，除国务院或有关法律、法规授权的组织以外，只有海关才能行使，其他任何机关、团体、个人都不具备行使海关权力的资格。同时这种权力也只适用于进出关境监督管理领域而不能用于其他场合。

（2）独立性。《海关法》第三条规定："海关依法独立行使职权，向海关总署负责。"即海关行使职权只对法律和上级海关负责，而不受地方政府、其他机关、企事业单位或个人的干预。

（3）效力先定性。即海关的行政行为一旦做出，就应推断其为合法，对海关本身及海关管理相对人都具有约束力。在没有被国家有关机关宣布为违法和无效之前，即使管理相对人认为海关的行政行为侵犯其合法权益，也应该遵守和服从。

（4）优益性。即海关在行使职权时，依法享有一定的行政优先权和行政受益权。行政优先权是国家为保障海关有效行使职权而赋予海关职务上的优先条件；行政受益权是海关享受国家提供的各种物质优惠条件，如直属中央的财政经费等。

海关关徽

关徽由商神手杖与金色钥匙交叉组成。商神手杖代表国际贸易，金色钥匙象征海关为祖国把关。关徽寓意着中国海关依法实施进出境监督管理，维护国家的主权和利益，促进对外经贸发展和科技文化的交流，保障社会主义现代化建设。

资料来源：摘自《中华人民共和国海关关徽使用管理办法》

2. 海关权力的内容

海关作为国家行政管理机关，除具有一般行政机关所必需的权力（如行政许可权、税费征收权、行政监督检查权、行政强制权、行政处罚权等）之外，海关作为进出境的监督管理机关，还具有一些特定的、独立的权力（如行政裁定权、佩带和使用武器权、连续追辑权）。

《海关行政职权目录表》为表现形式的海关权力清单，包含进出口申报管理、进出境旅客行李物品监管、加工贸易货物监管、进出口货物关税及海关代征税征收、知识产权海关保护、行政处罚等行政职权85项，涵盖海关监管、关税、加工贸易、稽查、缉私、统计等9个领域。

其中，行政监督检查权包括6个方面的内容：① 检查权；② 查验权；③ 查阅、复制权；④ 查问权；⑤ 查询权；⑥ 稽查权。

行政强制权包括9个方面的内容：① 扣留权；② 滞报、滞纳金征收权；③ 提取货样、施加封志权；④ 提取货物变卖、先行变卖权；⑤ 强制扣缴权；⑥ 税收保全；⑦ 抵缴、变价抵缴罚款权；⑧ 连续追缉权；⑨ 其他特殊行政强制。

以下分别对行政监督检查权和行政强制权的一部分内容进行阐述。

（1）检查权。海关检查内容及检查范围要求如表1-5所示。

表1-5 海关检查内容及检查范围要求

检查内容	检查范围要求
进出境运输工具	不受海关监管区的限制
走私嫌疑人的身体	应在海关监管区和海关附近沿海沿边规定地区内
有走私嫌疑的运输工具和有藏匿走私货物、物品的场所	在海关监管区和海关附近沿海沿边规定地区内，超出这个范围，须经直属海关关长或者其授权的隶属海关关长批准

注：不能检查公民住处。

（2）查询权。海关在调查走私案件时，经直属海关关长或者其授权的隶属海关关长批准，可以查询案件涉嫌单位和涉嫌人员在金融机构、邮政企业的存款、汇款。

（3）稽查权。海关稽查是自进出口货物放行之日起3年内或者在保税货物、减免税货物的海关监管期限内及其后的3年内，海关可以对与进出口货物直接有关的企业、单位的会计账簿、会计凭证、报关单证，以及其他有关资料和有关进出口货物实施稽查。

> **提示** 海关稽查最显著的特征是海关稽查的相对人是特定的，即与进出口活动有关的企业。其稽查的目的是监督检查被稽查人进出口活动的真实性、有效性和合法性，维护正常的进出口秩序。

海关进行稽查时，可以行使下列职权：① 询问被稽查人的法定代表人、主要负责人和其他有关人员与进出口活动有关的情况和问题；② 检查被稽查人的生产经营场所；③ 查询被稽查人在商业银行或者其他金融机构的存款账户；④ 封存有可能被转移、隐匿、篡改、毁弃的账簿、单证等有关资料；⑤ 封存被稽查人有非法嫌疑的进出口货物等。

应用案例：海关稽查东莞某台商独资企业

东莞某台商独资企业，从事鞋类生产，产品100%外销。下游纸箱供应厂商所聘雇的报关员利用进口清单走私及空转白纸板、纸箱板及卡纸等，非法报关进口保税货物总额达港币500余万元。海关稽查科调查员随即到该公司调查，同时将该公司往来的企业列入可疑名单，逐一进行调查。

海关人员选定该鞋厂后，到其会计部门检查所有账册后，对总经理办公室及宿舍进行搜查。经过2~3小时的搜查，查获货单、客户货款名单和记录，调查员认为事态严重，有从事内销逃漏关税及增值税的嫌疑，于是要求会计人员将相关账册五大册打包后送回海关进行调查，同时要求台籍管理人员及报关员每天早上9点到海关接受调查。

（4）扣留权。海关行使扣留权的相关内容如表1-6所示。

表1-6 海关行使扣留权的相关内容

内 容	范 围	依 据	行使扣留权
运输工具、货物、物品和与之有关的合同、发票、账单、单据、记录和其他资料	无区域限制	违反《海关法》或者有关法律、行政法规	可直接扣留
有藏匿走私嫌疑的运输工具、货物、物品	"两区"内	违反《海关法》或者有关法律、行政法规	须经直属海关关长或者其授权的隶属海关关长批准可以扣留
	"两区"外	有走私嫌疑的证据、证明	可直接扣留
走私嫌疑人	"两区"内	有走私嫌疑	经直属海关关长或者其授权的隶属海关关长批准，扣留时间24小时内，特殊时48小时
	"两区"外		不能扣留

注："两区"是指海关监管区和海关附近沿海沿边规定地区。

（5）提取货物变卖、先行变卖权。对以下几种情况，海关可以按照实际情况提前变卖处理：① 进口货物超过3个月未向海关申报的；② 进口货物收货人或其所有人声明放弃的货物；③ 经直属海关关长或者其授权的隶属海关关长批准，对海关依法扣留的货物、物品，不宜长期保留的；④ 在规定期限内未向海关申报的，以及误卸或溢卸的不宜长期保留的货物。

（6）强制扣缴和变价抵缴罚款权。进出口货物的纳税义务人、担保人超过规定期限未缴纳税款的，经直属海关关长或者其授权的隶属海关关长批准，海关可以：① 书面通知其开户银行或者其他金融机构从其存款内扣缴税款；② 将应税货物依法变卖，以变卖所得抵缴税款；③ 扣留并依法变卖其价值相当于应纳税款的货物或者其他财产，以变卖所得抵缴税款。

（7）连续追缉权。进出境运输工具或个人违抗海关监管逃逸的，海关可以连续追击至海关监管区和海关附近沿海沿边规定地区以外，将其带回处理。

（8）佩带和使用武器权。海关为履行职责，由海关总署会同国务院公安部门制定，报国务院批准，可有配备轻型枪支、电警棍、手铐等批准使用武器的权力。

（9）法律、行政法规规定由海关行使的其他权力。

中华人民共和国海关调查证

2006年10月1日起，全国海关启用由海关总署统一制发的中华人民共和国海关调查证。调查证是海关专用的执法证件，对于规范海关行政执法行为将起到积极作用。

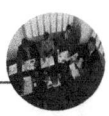

调查证将在以下情况使用：海关行政复议机构中从事行政复议工作的人员依法向有关组织和人员调查情况、听取意见，召开听证会；海关行政执法人员在办理知识产权保护案件中依法行使调查取证权及实施海关行政强制措施。

3. 海关权力适用的区域范围

为完成监督管理职能，国家通过立法形式赋予海关各项权力，但法律赋予海关的权力都有严格的区域条件的限制。明确海关权力行驶的区域范围，是正确行使海关权力的重要条件。

（1）海关监管区。目前我国海关监管区的具体范围是：设立海关的对外开放口岸、保税工厂、保税仓库、外商投资企业、经济技术开发区、保税区等有海关监管业务的场所，以及未设立海关但经国务院批准的临时进出境地点。

（2）海关附近沿海沿边规定地区。根据我国《海关法》的规定，海关附近沿海沿边规定地区的范围，由海关总署和国务院公安部门会同有关省级人民政府确定。该区域的确定原则：海关保有缉私等权力的边境或沿海设关地周围的一定区域。

1.2.3 海关的领导体制与机构

1. 海关的领导体制

《海关法》规定"国务院设立海关总署，统一管理全国海关"，"海关依法独立行使职权，向海关总署负责"，"海关的隶属关系，不受行政区划的限制"，我们把这种领导体制称为"集中统一的垂直领导体制"。

中国海关实行关衔制度。关衔设五等十三级。分别为一等：海关总监、海关副总监；二等：关务监督（一级、二级、三级）；三等：关务督察（一级、二级、三级）；四等：关务督办（一级、二级、三级）；五等：关务员（一级、二级）。

2. 海关的机构

《海关法》规定"国家在对外开放的口岸和海关监管业务集中的地点设立海关"，如边界口岸、国际港口、保税区、保税仓库、保税工厂等地。

海关机构的设立、撤销，由国务院或者国务院授权海关总署决定。目前，国家批准的海、陆、空一类口岸共有 254 个，此外还有省级人民政府原来批准的二类口岸近 200 个。

3. 海关的组织机构

中华人民共和国海关是国家的进出境监督管理机关，实行垂直管理体制，在组织机构上分为 3 个层次：第 1 层次是海关总署；第 2 层次是广东分署，天津、上海 2 个特派员办事处，41 个直属海关和 3 所海关学校；第 3 层次是各直属海关下辖的隶属海关机构。此外，在布鲁塞尔、莫斯科、华盛顿和中国香港等地设有派驻机构。

隶属海关由直属海关领导，向直属海关负责，直属海关由海关总署领导，向海关总署负责。为打击走私行为，1998年国务院决定在海关机关内组建由海关总署、公安部双重领导，以海关领导为主的海关缉私警察队伍。海关的组织机构如图1-4所示。

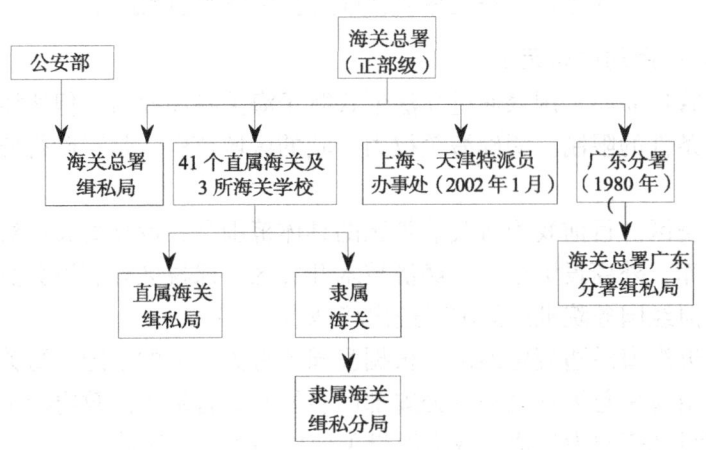

图1-7 海关的组织机构

（1）海关系统的最高领导部门——海关总署。海关总署是中国海关的领导机关，是中华人民共和国国务院下属的正部级直属机构，海关总署在国务院的领导下统一管理全国海关机构、人员编制、经费物资和各项海关业务。统一管理全国海关。

海关总署的主要职能是研究并拟订海关工作的方针、政策、法律、法规和发展规划，组织实施和监管检查；开展海关领域的国际合作与交流；承办国务院交办的其他事项；等等。

（2）直属海关。直属海关是指直接由海关总署领导，负责管理一定区域范围内海关业务的海关。直属海关就本关区的海关事务独立行使职责，向海关总署负责。

直属海关承担着在关区内组织开展海关各项业务和关区集中审单作业，组织实施对关区各项业务的执法检查、监督和评估；按规定程序及权限办理各项业务审核、审批、转报和注册备案手续等；全面贯彻执行海关各项政策、法律、法规、管理制度和作业规范的重要职责。直属海关起着沟通海关总署与隶属海关的桥梁作用。

（3）隶属海关。隶属海关是指由直属海关领导，负责办理具体海关业务的海关，是海关进出境监督管理职能的基本执行单位。一般设在口岸和海关业务集中的地点。根据各地海关业务的实际需要，在隶属海关下还可以设立下属海关。

隶属海关及其下属海关的职能主要是开展接单审核、税费征收、查验和放行的具体通关业务；受理辖区内海关监管场所、承运海关监管货物业务的申请；对各类进出境货物、运输工具等实施海关监管，对各类海关监管场所进行实际监控；办理辖区内报关人通关注册备案业务等。

（4）海关缉私警察机构和缉私体制。海关缉私警察是专门打击走私犯罪活动的警察队伍，负责对走私犯罪案件的侦查、拘留、执行逮捕和预审工作。海关总署缉私局（1998年由海关总署和公安部联合组建"走私犯罪侦查局"，于2003年更名为"海关总署缉私局"

并设在海关总署）实行海关总署、公安部双重领导，以海关领导为主的体制。

《海关法》规定："国家实行联合缉私、统一处理、综合治理的缉私体制。"这表明查缉走私是海关及公安、工商等行政执法部门及其他行业管理部门的共同任务。海关是查缉走私的主管部门，但必须按法律规定统一处理，公安、工商等行政执法部门查获的走私罪案件及不构成走私罪的违规情事，一律移送海关缉私局，各部门查获的走私货物、物品和价款，一律交海关依法进行处理。

> **提示**　走私行为和走私罪的界定
>
> 《海关法》中的走私行为是行政违法行为，而走私犯罪行为是刑事违法行为，两者的界限根据以下依据认定：
>
> （1）由走私物品的性质决定。走私国家禁止进出口的商品，包括武器弹药、核材料、伪造的货币、文物、贵重金属、珍贵动物及其制品、珍稀植物及其制品、淫秽物品、固体废物等构成犯罪。
>
> （2）由走私方式决定。以武器掩护走私或以暴力、威胁方式抗拒缉私的行为，无论数额大小，都构成犯罪；前者按走私武器弹药罪从重处罚，后者按走私罪和阻碍国家机关工作人员依法执行职务罪数罪并罚。
>
> （3）由偷逃税款的数额决定。走私普通货物、物品，偷逃应缴税款法人在25万元人民币以上、自然人在5万元人民币以上的构成犯罪。

1.3　海关对报关单位的管理及行业自律

1.3.1　报关注册登记制度

1. 报关注册登记制度的概念及范围

（1）报关注册登记制度是指进出口货物收发货人或符合代理报关条件的企业，向海关提供规定的法律文书，申请取得报关资格，经海关审查核实后，给予其海关注册登记编号（又称经营单位代码）才准予报关的管理制度。

因此，经海关审查具备了办理报关纳税手续的基本条件，并向海关办理注册登记手续是企业取得报关资格的法定条件。不具有报关权的企业需要办理进出口报关的，需要委托享有报关权的企业代为办理报关事宜。

（2）报关注册登记制度的范围。报关注册登记分为报关企业注册登记和进出口货物收发货人注册登记。根据海关报关管理规定，目前可以向海关办理报关注册登记的企业有：① 有进出口经营权的企业，如各类经国家批准的对外贸易公司、外商投资企业等；② 报关企业，即专门接受进出口收发货人的委托，从事代理报关服务的企业，如报关行、报关公司、对外贸易运输公司、外轮代理公司等。

报关单位应当在每年6月30日前向注册地海关提交《报关单位注册信息年度报告》。提交方式为网上提交，无须到海关办理。逾期未提交的证书效力中止，如果企业还需要编码，需重新提交年度报告，海关将其编码重新激活。

报关注册登记如图 1-8 所示。

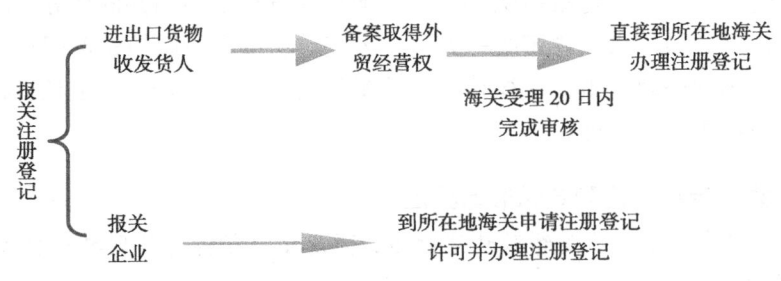

图 1-8　报关注册登记

2．报关企业的注册登记管理

报关企业应当到所在地直属海关或者其授权的隶属海关提出申请并递交申请注册登记许可材料，办理登记注册并获得《中华人民共和国海关报关单位注册登记证书》后方能办理报关业务。

（1）成立报关企业应当具备以下条件：① 具备境内企业法人资格条件；② 法定代表人无走私记录；③ 无因走私违法行为被海关撤销注册登记许可记录；④ 有符合从事报关服务所必需的固定经营场所和设施；⑤ 海关监管所需要的其他条件。

（2）申请报关企业注册登记许可，应当向海关提交下列材料：① 《报关单位情况登记表》；② 企业法人营业执照副本复印件以及组织机构代码证书副本复印件；③ 报关服务营业场所所有权证明或者使用权证明；④ 其他与申请注册登记许可相关的材料。

> **提示**　申请人按照规定提交复印件的，应当同时向海关交验原件。申请人也可委托代理人提出注册登记许可申请（应当出具授权委托书）。所在地海关受理申请后，应当根据法定条件和程序进行全面审查，并且于受理注册登记许可申请之日起 20 日内审查完毕。直属海关授权隶属海关办理注册登记许可的，隶属海关应当自受理或者收到所在地海关报送的审查意见之日起 20 日内做出决定。

申请人的申请符合法定条件的，海关应当依法做出准予注册登记许可的书面决定，并送达申请人，同时核发《中华人民共和国海关报关单位注册登记证书》。申请人的申请不符合法定条件的，海关应当依法做出不准予注册登记许可的书面决定，并且告知申请人享有依法申请行政复议或者提起行政诉讼的权利。

报关企业注册登记许可程序如图 1-9 所示。

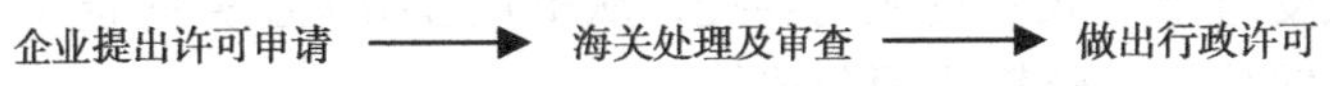

企业提出许可申请 ——→ 海关处理及审查 ——→ 做出行政许可

图 1-9　报关企业注册登记许可程序

（3）报关企业分支机构的设立——向分支机构所在地海关备案。报关企业在取得注册登记许可的直属海关关区外从事报关服务的，应当依法设立分支机构，并且向分支机构所在地海关备案；在直属海关关区内从事报关服务的，可以设立分支机构，同样需要向分支机构所在地海关备案。经审查符合备案条件的，海关应当核发《中华人民共和国海关报关单位注册登记证书》。报关企业分支机构可以在备案海关关区内从事报关服务。备案海关为隶属海关的，报关企业分支机构可以在备案海关所属直属海关关区内从事报关服务。

（4）报关企业注册登记证书的时效管理。报关企业注册登记证书许可期限为2年。被许可人需要延续注册登记许可有效期的，应当在有效期届满40日前持规定材料向海关提出申请办理注册登记许可延续手续，海关应在有效期届满前对报关企业的延续申请予以审查。

经审查认定符合注册登记许可条件的，海关应当在注册登记许可有效期届满前做出是否准予延续的决定。有效期届满时仍未做出决定的，视为准予延续，海关应当依法为其办理注册登记许可延续手续，同时办理换领《中华人民共和国海关报关单位注册登记证书》手续。

报关企业分支机构备案有效期为2年，报关企业分支机构应当在有效期届满前30日持规定的材料到分支机构所在地海关办理换证手续。

（5）变更管理。报关企业的企业名称、法定代表人发生变更的，应当持《报关单位情况登记表》、《中华人民共和国海关报关单位注册登记证书》、变更后的工商营业执照或者其他批准文件及复印件，以书面形式到注册地海关申请变更注册登记许可。

（6）注册登记许可的注销。有下列情形之一的，海关应当依法注销注册登记许可：① 有效期届满未申请延续的；② 报关企业依法终止的；③ 注册登记许可依法被撤销、撤回，或者许可证件依法被吊销的；④ 由于不可抗力导致注册登记许可事项无法实施的；⑤ 法律、行政法规规定的应当注销注册登记许可的其他情形。

海关依据规定注销报关企业注册登记许可的，应当同时注销该报关企业设立的所有分支机构。

3．进出口货物收发货人的注册登记管理

（1）注册登记手续办理。进出口货物收发货人应按照规定提交下列文件材料，到所在地海关办理报关单位注册登记手续：① 《报关单位情况登记表》；② 营业执照副本复印件以及组织机构代码证书副本复印件；③ 对外贸易经营者备案登记表复印件或者外商投资企业（台港澳侨投资企业）批准证书复印件；④ 其他与注册登记有关的文件材料。

注册地海关依法对申请注册登记材料进行核对。对材料齐全、符合法定形式的，应当核发《中华人民共和国海关报关单位注册登记证书》。

（2）变更管理。进出口货物收发货人企业名称、企业性质、企业住所、法定代表人（负责人）等海关注册登记内容发生变更的，应当自变更生效之日起30日内，持变更后的营业执照副本或者其他批准文件以及复印件，到注册地海关办理变更手续。所属报关人员发生变更的，进出口货物收发货人应当在变更事实发生之日起30日内，持变更证明文件等相关材料到注册地海关办理变更手续。

4. 临时注册登记手续的办理

未取得对外贸易经营者备案登记表的单位，需要从事非贸易性进出口活动的，应当持本单位出具的委派证明或者授权证明，以及非贸易性活动证明材料办理临时注册登记手续。涉及单位如下：① 境外企业、新闻、经贸机构、文化团体等依法在中国境内设立的常驻代表机构；② 少量货样进出境的单位；③ 国家机关、学校、科研院所等组织机构；④ 临时接受捐赠、礼品、国际援助的单位；⑤ 其他可以从事非贸易性进出口活动的单位。经海关注册登记后，这些单位就获得了临时报关权，报关范围仅限于本单位进出口非贸易性物品。临时注册登记有效期最长为1年，有效期届满后应当重新办理临时注册登记手续。

> **提示**　（1）临时注册登记单位在向海关申报前，应当向所在地海关办理备案手续。特殊情况下可以向拟进出境口岸或者海关监管业务集中地海关办理备案手续。
> （2）临时注册登记的，海关可以出具临时注册登记证明，但是不予核发注册登记证书。

报关单位的注册年限对照表如表1-7所示。

表1-7　报关单位的注册年限对照表

	有效期	到期手续	办理部门	办理日期	延续期	报关范围
报关企业	2年	延续申请及换证手续	注册地海关	有效期届满前40日	2年	直属海关关区内各口岸或者海关监管业务集中的地点
跨分区分支机构	2年	延续申请及换证手续	注册地海关	有效期届满前30日	2年	所在口岸或者海关监管业务集中的地点办理
进出口货物收发货人	长期有效	登记换证手续	注册地海关	有效期届满前30日		关境内各个口岸和海关监管区，向海关加盖的本单位在海关备案登记的报关专用章

1.3.2　中国海关企业信用管理

2014年10月海关总署在《中华人民共和国海关企业分类管理办法》基础上重新制定公布了最新的《中华人民共和国海关企业信用管理暂行办法》（海关总署令第225号，以下简称《信用管理暂行办法》），自2014年12月1日起施行。《海关企业分类管理办法》同时废止。

《信用管理暂行办法》以"诚信守法便利、失信违法惩戒"为原则，根据企业经营管理、内控规范、守法守信等能够反映企业信用的客观情况，建立企业信用信息管理系统，并对企业信用信息进行公示。

 相关链接

为缓解海关的监管压力，提高风险管理效率，海关总署先后制定了三部分类管理办法。

（1）海关总署和原外经贸部、国家经贸委联合制定了《中华人民共和国海关对企业实施分类管理办法》（海关总署令第 71 号）并于 1999 年 6 月 1 日起正式实施。该办法应用对象是进出口货物收发货人（特别是加工贸易企业），设置了 A、B、C、D 四个类别。报关企业未纳入分类管理范围。

（2）为整合以往各种诚信守法管理规定，切实提高管理效能，海关总署于 2008 年 4 月 1 日正式实施了《中华人民共和国海关企业分类管理办法》（海关总署令第 170 号），设置 AA、A、B、C、D 五个类别，应用对象为进出口货物收发货人及报关企业。

（3）2010 年 11 月 15 日海关总署制定并对外公布了新的《中华人民共和国海关企业分类管理办法》（海关总署令第 197 号），于 2011 年 1 月 1 日起施行。应用对象包括在海关注册登记的进出口货物收发货人、报关企业及加工企业。全国海关实行统一的企业分类标准、程序和管理措施。新办法使"诚信守法便利、失信违法惩戒"原则更加凸显。

1. 《信用管理暂行办法》的设计理念

（1）体现"诚信守法便利、失信违法惩戒"原则。现行的海关根据企业信用状况将企业认定为认证企业（分为高级认证企业、一般认证企业，二者均为高信用企业）、一般信用企业和失信企业，分别适用相应的管理措施。即高信用企业享受海关通关便利措施，一般信用企业适用常规管理措施，失信企业将受到海关严密监管。

（2）充分体现与国际海关接轨要求。2005 年 6 月，中国海关在世界海关组织（WCO）第 105/106 次会议上签署了《全球贸易安全与便利标准框架》（以下简称《标准框架》）意向书。此次《信用管理暂行办法》充分融入了《标准框架》中 AEO 制度的先进理念，制定了包括内部控制、财务状况、守法状况、贸易安全等方面的《海关认证企业标准》，明确规定"认证企业"就是中国海关经认证的经营者（AEO）。中国海关将能够与国际海关进行 AEO 互认合作，推进信息互换、监管互认、执法互助，使更多的中国企业能享受签署国海关所赋予的优惠待遇和通关便利。

> **相关链接**
>
> 经认证的经营者（Authorized Economic Operator, AEO）：在世界海关组织（WCO）制定的《全球贸易安全与便利标准框架》中被定义为"以任何一种方式参与货物国际流通，并被海关当局认定符合世界海关组织或相应供应链安全标准的一方，包括生产商、进口商、出口商、报关行、承运商、理货人、中间商、口岸和机场、货站经营者、综合经营者、仓储业经营者和分销商"。

2. 《信用管理暂行办法》的基本内容

（1）《信用管理暂行办法》在企业信用等级认定上与《分类办法》相衔接（见图 1-10）。

```
AA 类企业 → 高级认证企业   ⎫
A 类企业  → 一般认证企业   ⎬ 直接过渡
B 类企业  → 一般信用企业   ⎭
C 类企业  → 重新认定为一般信用企业或失信企业 ⎫
                                         ⎬ 重新审核确定
D 类企业  → 重新认定为一般信用企业或失信企业 ⎭
```

图 1-10　《信用管理暂行办法》在企业信用等级认定上与《分类办法》相衔接

（2）企业信用状况的认定标准和程序。《海关认证企业标准》分为一般认证企业标准和高级认证企业标准，包括内部控制、财务状况、守法规范、贸易安全和附加标准 5 类标准。

> **提示**　相比高级认证企业标准，一般认证企业标准主要是减少了在内部控制、贸易安全等方面的要求，原因是一般认证企业是中国海关对高信用企业的基本要求，享受中国海关提供的通关便利；而高级认证企业则是中国海关对高信用企业的较高要求，是和其他国家或者地区海关 AEO 互认的企业，除享受国内海关比一般认证企业更多的通关便利外，还可享受互认国家或地区海关优惠措施和通关便利。

失信企业与一般信用企业的认定标准如表 1-8 所示。

表 1-8　失信企业与一般信用企业的认定标准

企业信用状况	认定标准
失信企业	1. 有走私犯罪或者走私行为的 2. 非报关企业 1 年内违反海关监管规定行为次数超过上年度报关单、进出境备案清单等相关单证总票数千分之一且被海关行政处罚金额超过 10 万元的违规行为 2 次以上的，或者被海关行政处罚金额累计超过 100 万元的 3. 报关企业 1 年内违反海关监管规定行为次数超过上年度报关单、进出境备案清单总票数万分之五的，或者被海关行政处罚金额累计超过 10 万元的 4. 拖欠应缴税款、应缴罚没款项的；上一季度报关差错率高于同期全国平均报关差错率 1 倍以上的；确认企业登记信息失实且无法与企业取得联系的；被海关依法暂停从事报关业务的；涉嫌走私、违反海关监管规定拒不配合海关进行调查的；假借海关或者其他企业名义获取不当利益的；弄虚作假、伪造企业信用信息的；其他海关认定为失信企业的情形
一般信用企业	1. 首次注册登记的企业 2. 认证企业不再符合认证企业规定条件，且未发生失信企业所列情形的 3. 适用失信企业管理满 1 年，且未再发生失信企业规定情形的

（3）管理原则和措施。

1）一般认证企业适用下列管理原则和措施：较低进出口货物查验率、简化进出口货物单证审核、优先办理进出口货物通关手续、海关总署规定的其他管理原则和措施。

2）高级认证企业除适用一般认证企业管理原则和措施外，还适用下列管理措施：在确定进出口货物的商品归类、海关估价、原产地或者办结其他海关手续前先行办理验放手续，海关为企业设立协调员，对从事加工贸易的企业不实行银行保证金台账制度，AEO 互认国家或者地区海关提供的通关便利措施。

3）失信企业适用海关下列管理原则和措施：较高进出口货物查验率、进出口货物单证重点审核、加工贸易等环节实施重点监管、海关总署规定的其他管理原则和措施。

> **提示** 因企业信用状况认定结果不一致导致适用的管理措施相抵触的，海关按照就低原则实施管理。企业名称或者海关注册编码发生变更的，海关对企业信用状况的认定结果和管理措施继续适用。

3．新法规主要变化

《海关企业分类管理办法》和《信用管理暂行办法》比较，在管理类别的设定、认定标准等方面发生了一些变化，如表 1-9 所示。

表 1-9 《海关企业分类管理办法》和《信用管理暂行办法》比较

主要领域	《海关企业分类管理办法》	《信用管理暂行办法》
管理类别的设定	AA 类、A 类、B 类、C 类、D 类	认证企业（包括高级认证企业和一般认证企业）、一般信用企业和失信企业
认定标准	企业分类管理办法区分报关企业和非报关企业，并根据各自管理类别设定具体标准	不再特别区分非报关企业和报关企业，基本适用统一标准。认证企业应当符合《海关认证企业标准》（待海关总署制定并对外公布）
管理类别的调整	企业可根据分类管理类别标准，向海关提出升级申请	海关将对企业信用状况的认定结果实施动态调整，对高级认证企业应每 3 年重新认证，对一般认证企业不定期重新认证，失信企业满足条件的，海关将其调整为一般信用企业
实施认证的机构	只能由海关对企业进行审查	海关或申请企业也可委托有法定资质的社会中介机构对企业进行认证，认证结果可作为认定企业信用状况的参考依据
AEO 互认	未明确，仅在中国与其他国家或地区的 AEO 互认公告中单独提及 AA 类企业可享受互认国家的通关便利措施	明确了认证企业是中国海关经认证的经营者（AEO），高级认证企业可享受 AEO 互认国家或地区的通关便利措施
企业信用信息公示	未涉及	明确了海关应当公示企业信用信息，其中企业行政处罚信息的公示期限为 5 年

1.3.3 报关行业协会及行业自律

1. 报关行业管理的概念及意义

报关行业管理，就是按照社会主义市场经济规律，打破地区、部门和所有制界限，由企业和行业自律组织（协会）在本行业组织实施的管理。其包括执业资格认定、行业准入、执业规则制定、业务监管、违规处罚等内容。

我国海关正在建立进出口领域企业信用管理，保障贸易安全与便利，营造监管有效、公平公正、守信激励的通关环境。报关行业的自律管理是海关落实简政放权、强化事后监管的重要举措，是海关引导企业守法自律、实现"管少、管精、管好"的重要途径，对于充分发挥企业市场主体作用，提高海关整体监管效能，具有十分重要的意义。

2. 报关行业协会

1999年2月，上海成立全国第一个地方性报关行业协会后，2002年12月11日由海关总署等7家单位发起成立中国报关协会，首批入会的有来自全国23个省、市、自治区435个报关企业和社会团体。中国报关行业协会（China Customs Brokers Association，CCBA），是由海关总署审核批准的从事报关的企业和个人自愿结成的非营利性质的具有法人资格的全国性的行业组织。协会由地方报关协会、报关企业和相关社会团体及个人自愿组成。

报关行业协会受民政部和海关总署双重管理。其登记管理机关为民政部，业务指导单位为海关总署。其宗旨是：配合政府部门加强对我国报关行业的管理；维护、改善报关市场的经营秩序；促进会员间的交流与合作，依法代表本行业利益，保护会员的合法权益；促进我国报关服务行业的健康发展。其业务范围包括监督指导、沟通协调、行业自律、培训考试、出版刊物、交流合作、创办实体。

中国报关行业协会发挥着联系政府和企业的桥梁作用。一方面，在行业自律方面发挥的作用越来越突出，海关执法环境明显改善；另一方面，在政策、法规的制定和执行过程中，积极参与意见，充分体现了报关协会为商界代言，维护行业利益的立会宗旨。中国报关行业协会已成为中国海关和商界共同推进贸易便利化的助推器。

相关链接

在报关行业发展的过程中，为了规范报关单位和报关员的经营行为和业务行为，不仅需要出台相关的法律、法规，还应当建立报关企业自己的行业管理协会，加强行业自律。中国加入WTO时关于"在4年内开放报关和运输行业"的承诺，使中国成立报关协会、规范报关市场变得十分紧迫。为此，报关协会应运而生。中国报关行业协会成立以后，统一规范了代理报关委托书格式，明确了委托双方法律地位和各自责任，为报关员准确填制报关单并做好"合理审查"，创建了规范、统一的提示性范本。并根据报关单填制差错率比较高的情况，要求报关企业都应设定与报关员数量相当的报关复核员，企业的报关单必经报关复核员复核签章后才能报出。这项措施大大降低了报关单删改率，加快了通关速度。

中国报关行业协会分别于2003年、2004年加入亚洲报关协会同盟和国际报关协会同盟。

3. 报关行业自律

为维护报关市场秩序，增强行业自律能力，提高报关企业和报关从业人员的执业水准，根据《中华人民共和国海关法》及其他有关法律、法规、规章和《中国报关协会章程》，中国报关协会于2011年制定了报关行业自律准则。

（1）报关单位和报关从业人员应遵循的原则。

1）报关单位应恪守守法、诚信、严谨的原则；应当积极引进先进的管理观念、方法和技术手段，不断提高内部管理水平；不得超出有关法律、行政法规和行政规章规定的范围从事经营活动；不得参与进出口收发货人逃避国家贸易管制和偷逃税等走私、违规行为；不得索贿、行贿执法人员；应当主动配合有关行政执法机关执行公务，据实举报违法行为，自觉抵制和纠正行业不正之风，维护报关行业形象。

2）报关从业人员应当积极参加海关、报关协会或其授权单位组织的各类岗前培训、在职培训，保持自身专业胜任能力的要求。

（2）报关业务规范。报关单位和报关从业人员开展报关业务，应当事先依法取得报关从业资格并在主管海关依法注册；应当以国家管理部门核准的方式和范围从事经营，不得以任何形式出借、出租、转让报关权，不得非法代理他人报关或者超出业务范围进行报关活动。

报关单位应当建立健全内部监督机制，以完善、有效、切实可行的制度来规范对报关业务、报关从业人员的管理，同时还应当健全账册，依法保存报关业务记录和报关单证。

报关企业承接报关业务，应当指定注册报关员具体承办。

报关企业和报关从业人员应当切实对委托人提供的单证等报关资料的真实性、完整性进行"合理审查"，并承担相应的法律责任。不得承接单证不真实、资料不齐全的报关业务。

（3）对委托人的责任。报关企业和报关从业人员在接到委托人递交的《代理报关委托书》后，应当本着自愿、平等、互利的原则签订《委托报关协议》，明确双方的权利和义务，并按照《委托报关协议》的约定履行对委托人的承诺。报关企业和报关从业人员应当为委托人保守商业秘密，并不得利用该商业秘密为自己或他人谋取不正当利益。

（4）对同行的责任。报关单位和报关从业人员应当合法执业、公平竞争。不得捏造、散布虚假事实，损害同行的商业信誉；不得以虚假宣传、免收服务费用和不正当的低廉价格，以及在账外暗中给付他人佣金、回扣等不正当竞争方式招揽报关业务。报关单位应当严格遵守国家对劳动保障的有关规定，与报关从业人员签订劳动合同，不得损害报关从业人员的合法权益，不得雇用正在其他报关企业从业的报关员。

报关从业人员不得随意违约离职，不得同时在两家或者两家以上的报关企业从业。

（5）奖励与惩戒。报关单位和报关从业人员模范遵守本准则，或者对提高报关质量做出突出贡献的，中国报关协会可予以通报表彰和物质奖励。

4. 企业自律管理

企业自律管理是海关后续监管的一项新措施或手段，其目的是"主动披露、守法容错"。即鼓励企业自主或委托社会中介机构开展自律管理，允许企业"自查自纠"。对企业在海关发现之前，主动报告违规问题或差错的，可从轻、减轻或免于处罚，减少企业自我纠错时对海关处罚的顾虑，强化主体责任意识，加强自我规范管理。

企业自律管理行为包括两种情形：一是企业在正常经营管理中发现自身存在不符合海关管理规定的问题（以海关是否送达《稽查通知书》为判定标准），并向海关报告的；二是海关在实施稽查过程中，企业主动发现存在不符合海关管理规定的问题（发现的问题属于《稽查通知书》所列稽查范围之外），并向海关报告的。

企业主动、自愿是企业自律管理开展的前提。

在企业自律管理开展中，海关及时受理企业自报材料，解决企业自报过程中出现的问题。必要时，可应企业需求针对性地实施帮助和辅导，提高企业自报质量。结合企业自报材料，实施必要的抽查复核，并对企业自律管理工作成效及存在的问题，提出相关意见建议。

海关发现之前（含海关稽查通知前），企业主动向海关书面报明并能够及时纠正，且符合下列情形之一的违反海关监管规定行为，由企业稽查部门受理后按照规定直接做出处理，海关原则上不予行政处罚：对于主动自报自身存在问题或有关进出口情况的企业，海关可不列入本年度常规稽查对象及范围。企业采取制造虚假材料、提供虚假陈述、虚构事实及隐匿、消灭证据材料等方式故意隐瞒自身问题的，海关应启动稽查程序对其实施稽查。

企业自律管理变海关监管企业为企业自我管理、海关辅助监督，通过引导企业自查自报、自我纠错、科学管理，提升企业自我管理水平。

 相关链接

为规范报关员报关行为，海关将实行报关员IC卡管理系统。此系统能够通过由海关制发给报关员的IC卡对其报关行为进行实时记分管理。当报关员持IC卡申报时，该系统会自动对报关员注册登记资格及报关资格进行身份认证，自动监测注册登记管理状态，对有关报关单填制不规范、违反海关监管规定及走私行为进行实时记分。

 本章小结

1．报关是进出口货物收发货人、进出境运输工具负责人、进出境物品所有人或者他们的代理人向海关办理货物、运输工具、物品进出境手续及相关海关事务的过程。

2．可向海关办理报关业务的是在海关办理了注册登记手续的各类报关单位（有外贸经营权的自理报关单位及专门接受委托的代理报关企业）。各类报关单位应按《中华人民共和国海关对报关单位注册登记管理规定》履行相应的义务并承担法律责任。

3．具体向海关办理报关纳税业务的是各报关单位所属的报关员。报关企业自主选择、聘用并管理所属报关人员，海关通过指导、督促报关单位加强内部管理实现对其所属报关人员的间接管理。

4．海关是国家的进出关境监督管理机构。海关的基本任务：监管、征税、查私、统计。

第 1 章 报关与海关管理

为保证海关依法履行职责,国家赋予海关对进出境运输工具、货物、物品的监督管理权力。

5．海关实行高度集中统一的管理体制和垂直领导方式,地方各级海关只对海关总署负责。

6．报关与海关管理有着十分密切的关系。报关质量与报关秩序直接影响着海关工作任务的完成。海关作为国家进出境的监督管理机构,其管理理念从对"人"的管理转变为"由企及人",实行在海关风险管理基础上对企业诚信进行评价,同时加强行业自律,自我纠错工作。

练 习 题

一、单选题

1．取得报关单位资格的法定要求是（　　）。
   A．必须是对外贸易经营者　　　B．境内法人或其他组织
   C．经海关注册登记　　　　　　D．有一定数量的报关员

2．根据《中华人民共和国海关法》的规定,报关人员向海关工作人员行贿的,海关有权进行行政处罚。下列处罚正确的是（　　）。
   A．由海关暂停其报关从业资格,并处以罚款
   B．由海关取消其报关从业资格,并处以罚款
   C．由海关注销其报关注册登记,并处以罚款
   D．情节轻微,由海关责令改正,暂停其报关从业资格,并处以罚款;情节严重的,取消其报关从业资格

3．海关对有走私嫌疑的运输工具和有藏匿走私货物、物品嫌疑的场所行使检查（　　）。
   A．不能超出海关监管区和海关附近沿海沿边规定地区的范围
   B．不受地域限制,但不能检查公民住处
   C．在海关监管区和海关附近沿海规定地区,海关人员可直接检查;超出这个范围,只有在调查走私案件时,才能直接检查,但不能检查公民住处
   D．在海关监管区和海关附近沿海规定地区,海关人员可直接检查;超出这个范围,只有在调查走私案件时,经直属海关关长或其授权的隶属海关关长批准才能进行检查,但不能检查公民住处

二、多选题

1．下列表述中属于报关单位共有特征的是（　　）。
   A．具有对外贸易经营权
   B．经海关注册登记,取得报关资格
   C．能独立承担相应的经济和法律责任
   D．境内法人或其他组织

2．报关员代表所属企业向海关办理报关业务时,应遵循的规则是（　　）。

A．熟悉所申报货物的基本情况，提供进出口报关单向海关办理报关手续

B．负责在规定的时间内办理缴纳所申报进出口货物的各项税费的手续、海关罚款手续和销案手续

C．可以接受社会各类企业、单位委托办理报关手续

D．配合海关对走私违规案件的调查

3．根据《中华人民共和国海关法》的规定，海关可以行使的权力有（　　）。

A．检查进出境运输工具，查验进出境货物、物品

B．查阅、复制与进出境运输工具、货物、物品有关的合同、发票、账册、单据、记录、文件、业务函电、录音、录像制品和其他资料

C．在调查案件时，调查关员可以直接查询案件涉嫌单位和涉嫌人员在金融机构、邮政企业的存款、汇款

D．在调查案件时，经直属海关关长或其授权的隶属海关关长批准，可以扣留走私犯罪嫌疑人，扣留时间不超过24小时，特殊情况可延长至48小时

4．外国驻中国使（领）馆人员运进、出境自用物品应当填写（　　）。

A．中华人民共和国海关进出口货物报关单

B．中华人民共和国海关外交公（自）用物品进出境申报单

C．中华人民共和国海关进出境旅客行李物品申报单

D．中华人民共和国海关过境货物报关单

5．目前我国关境范围是（　　）。

A．我国全部领土区域

B．我国全部领域，其中包括金门、马祖、澎湖、台湾、香港和澳门单一关境区

C．除金门、马祖、澎湖、台湾、香港和澳门单一关境区外的我国全部领域

D．除保税区、出口加工区、保税物流园区、保税物流港区、跨境保税区以外的我国全部领域

三、判断题

1．海关可以对未构成走私罪的走私行为进行处罚。（　　）

2．海关发现进出口货物有侵犯备案知识产权嫌疑的，应当立即书面通知知识产权权利人。知识产权权利人在规定的时间内未向海关提出申请或者未提供担保的，海关不得扣留货物。（　　）

3．海关的隶属关系以行政区域进行划分。（　　）

四、实训题

怡和鞋业有限公司和泰和鞋业有限公司是两家中外合资企业，均向海关办理了报关注册登记手续，其法人代表都是李某。李某认为这两家公司都是自己的，为节约成本，打算只聘请一个报关员为这两家公司办理报关业务。请问：这种做法是否可行？为什么？

第 2 章
海关管理制度

海关稽查大理石进口完税价格案

M 进出口公司位于广东某著名大理石生产、交易基地。该大理石生产基地历史悠久，吸引了来自全国各地的客商到此采购石材。随着名气增大，世界各地的石材商也将各国的石材运到该基地出售。M 进出口公司从 2009 年开始大量从西班牙进口"西班牙米黄"大理石。

2012 年 6 月海关对 M 公司进行专项稽查。通过稽查发现该公司除了向国外出口商支付报关单上的价格外，还通过其他私人或离岸公司向西班牙数个私人账户汇出相当数量的钱款。海关认为 M 公司可能存在低报价格走私的嫌疑。

M 公司收到海关的稽查信息和反馈后，非常重视，找了律师事务所海关部专业律师进行咨询。律师接受委托后，深入调查后了解到：该贸易公司确实长期向西班牙数个私人账户汇入钱款，而且没有其他相应的报关单证可以支持；另外，支付渠道也不正规，比如通过离岸公司的账户对外支付，很容易被联想到"价外支付"。M 公司对此解释为：因为大理石的价格与品质、产地关联非常大，为了保证品质，避免商业瞒骗，M 公司派出 2 名工作人员长期在西班牙、埃及等地看货、监装采购货物。由于外汇管制，M 公司无法通过正常渠道支付其工资、生活补贴、差旅费用，所以通过私人账户或朋友在香港的离岸公司支付外汇，然后在国内支付人民币给朋友。

调查到以上情况后，律师又收集了相关的汇款凭证、国外工作人员的身份证明、差旅费用报销凭证等证据资料，律师为企业撰写了给海关的解释报告。海关认可了该解释报告，没有对企业进行处罚。

启示：本案涉及成交价格调整项目的相关规定。《中华人民共和国审定进出口货物完税价格办法》（以下简称《审价办法》）第十一条规定，以成交价格为基础审查确定进口货物的完税价格时，未包括在该货物实付、应付价格中由买方负担的除购货佣金以外的佣金和经纪费应当计入完税价格，即由买方负担的购货佣金无须入完税价格。

购货佣金又称买方佣金，是买方的代理人在为买方寻找供应商并将买方要求通知卖方、收集样品、检查货物、安排运输、保险等事宜提供劳务活动而取得的报酬，即买方向其采购代理人支付的佣金。由于买方自行从事的活动与卖方的销售行为无关，不用计入被估货物的完税价格。

本案中进口商亲自或指派雇员出国洽谈进口业务所发生的差旅费及雇员的工资，显然不是《审价办法》所涉及的购货佣金和经纪费，而是买方的采购管理费用，且与卖方的销售行为无关，所以不应作为进口货物的间接支付价格计入完税价格。

资料来源：根据网上资料整理，http://www.customslawyer.cn/alzx/zszddp/201301/57135.html

本章学习目标

◆ 了解海关管理的含义和特点；
◆ 掌握海关统计的项目；
◆ 熟悉海关稽查的对象、方式、稽查方法及对被稽查人的规范性要求；
◆ 掌握海关行政处罚的范围、行政处罚的管辖范围及行政处罚的形式；
◆ 熟悉知识产权海关保护的范围、模式及担保；
◆ 了解海关事务担保的适用、担保方式、担保人资格及担保责任等基本内容。

学习导航

海关管理制度
├─ 海关管理制度概述 ─┬─ 海关管理的含义和特点
│   └─ 海关管理制度的含义和特点
├─ 海关统计制度 ─┬─ 海关统计概述
│   └─ 海关统计制度的基本内容
├─ 海关稽查制度 ─┬─ 海关稽查概述
│   └─ 海关稽查制度的基本内容
├─ 知识产权海关保护制度 ─┬─ 知识产权海关保护概述
│   └─ 知识产权海关保护制度的基本内容
├─ 海关行政处罚制度 ─┬─ 海关行政处罚概述
│   └─ 海关行政处罚制度的基本内容
└─ 海关事务担保制度 ─┬─ 海关事务担保概述
                     └─ 海关事务担保制度的基本内容

2.1 海关管理制度概述

2.1.1 海关管理的含义和特点

1. 海关管理的含义

海关管理是指海关代表国家依据相关的法律法规对进出境的运输工具、货物和物品实行监督管理,从而直接或间接产生法律后果的行政管理活动。广义上的海关管理还包括海关自身事务的管理。正确理解海关管理的含义,需要注意以下几点。

(1)海关管理行为的主体是海关。海关属于国家行政管理机关,代表国家行使权力。在进出境活动中依法对进出境的运输工具、货物和物品进行监督管理。

(2)海关管理的对象。海关管理的对象是指海关依法行使其管理职权所指向的目标或作用的客体,即进出境的物与管理相对人的行为。通常把进出境的运输工具、货物、物品及包含在进出境货物中的非物质财富——知识产权等称为直接对象。人的行为即在进出境管理活动中管理相对人产生后果的合法行为或违法行为。海关管理对象的范围如表 2-1 所示。

表2-1 海关管理对象的范围

进出境货物	贸易性商品	按货物报关(由进出口货物收发货人或其代理人办理)
	以货物为载体的包含在其中的非物质财富	
进出境物品	企业或单位通过货物运输渠道进出境的非贸易性物品	按物品报关(由所有人或其代理人办理)
	人员通过携带、托运或邮递进出境的非贸易性自用物品	
进出境运输工具	进出境船舶、航空器、列车、汽车及其他运输工具	按运输工具报关(由承运人或其代理人办理)
	境内承运海关监管货物、物品的运输工具	

(3)海关管理的本质特征是依法行政。海关是国家行政管理机关,以国家的名义依法对进出境事务活动进行监督管理,其管理活动属于行政管理。海关管理的依据是相关的法律法规,它必须遵循法律所规定的条件、程序、方式和形式,在法律规定的范围内实施管理。

2. 海关管理的特点

(1)辐射面广,政策性强。海关围绕进出境货物、物品、运输工具及其相关事务的各项管理,包括监管、征税、缉私、统计等内容。在进出境贸易管制、税收征管、进出境通关秩序等核心要素方面会涉及外管、商检、税务、工商等众多国家管理部门,需要执行国家的政治、经济、文化等多方面的政策,辐射面广,政策性强,体现了海关为国家经济把关的重要性。

(2)知识面广,专业性强。海关在对进出境事务进行管理的过程中,会涉及国际贸易、国际物流、外语、商品知识、海关业务知识及相关法律法规等多方面知识,需要对众多知识进行综合运用。比如在海关估价、商品归类、原产地确定等方面,都需要有较强的专业知识和技能。

(3)规制体系健全,法制性强。依法管理是海关管理的本质特征。目前,海关已建立起以《海关法》为核心,包括行政法规、海关规章、海关规范性文件,以及我国签订或缔结的海关国际公约或海关行政互助协议在内的法律体系,是海关管理活动的重要依据和保障。

（4）大量使用信息化手段。海关管理方式和手段的现代化决定着海关管理工作的效能。电子信息技术和其他科技手段的大规模应用极大地提高了海关管理活动的效能。目前，海关在信息化建设上，已建立了全国统一的H2000通关管理系统、海关政务办公系统、加工贸易联网监管系统、缉私管理类业务管理系统、税费网上支付系统、监管类通关业务管理信息系统等。科技手段的广泛使用，既强化了海关内部管理，提升了海关整体管理能力和服务水平，也保障了海关各项业务职能的履行。

2.1.2 海关管理制度的含义和特点

1. 海关管理制度的含义

海关管理制度是指调整海关管理活动的全部法律规范的总称。这里的法律规范包含3个层次，即国家最高权力机关制定的《海关法》；由国务院根据《海关法》和其他法律而制定的行政法规，如《进出口关税条例》、《海关统计条例》、《海关稽查条例》等；由海关总署根据海关行使职权、履行职责的需要，依据《中华人民共和国立法法》的规定，单独或会同其他部门制定的行政规章。其中，海关行政规章一般以海关总署令的形式发布，其法律效力低于法律、法规。但是行政规章在海关监督管理中是数量最多、内容最广泛，操作性最强的法律依据，是海关管理制度中最主要的表现形式。

海关管理制度主要包括海关监管制度、海关税收征管制度、海关统计制度、海关稽查制度、海关行政处罚制度、知识产权海关保护制度、海关事务担保制度等。其中海关监管制度、海关税收征管制度由于内容较多而且重要，在本书的其他章节有详细阐述。

2. 海关管理制度的特点

（1）综合性。海关管理制度所涉及的一系列的法律规范，既有组织法，又有业务活动法；既有实体法，又有程序法；既有国内的各种法律规范，还包括我国参加或缔结的国际公约、条约和协议等。由于海关管理涉及国家的政治、经济、文化等诸多方面，根据海关管理活动的需要，海关管理制度不仅与国家的宪法、刑法、民法、刑事诉讼法、民事诉讼法、行政诉讼法、行政处罚法、行政复议法等有衔接，还与公安、工商、税务、外贸、外交、边防、文化、文物、卫生、交通、外汇、知识产权等部门法有一定的联系和内容上的交叉，形成了自己内容庞大但又层次清晰完整的体系，体现出综合性的特点。

（2）涉外性。调整海关监督管理活动的法律规范，具有明显的涉外性。特别是构成海关管理制度主体内容的法律规范，其制定既要考虑本国的主权和利益，也要遵循国际惯例与国际公约。随着我国进一步对外开放，海关管理制度的涉外性将更加明显。

（3）统一性。海关代表国家独立行使权力，统一执行国家的各项法律、法规和规章。

2.2 海关统计制度

2.2.1 海关统计概述

1. 海关统计的含义

海关统计是依法对进出口货物贸易的统计，是国民经济统计的组成部分。海关统计以实际进出口货物作为统计和分析的对象，通过收集、整理、加工处理进出口货物报关单或经海关核准的其他申报单证，对进出口货物的品种、数（重）量、价格、国别（地区）、经营单位、境外目的地、境内目的地、境内货源地、贸易方式、运输方式、关别等项目分别进行统计和综合分析，全面、准确地反映对外贸易的运行态势，及时提供统计信息和咨询。

2. 海关统计的任务

（1）对进出口货物贸易进行统计调查、统计分析和统计监督。
（2）进行进出口监测预警。
（3）编制、管理和公布海关统计资料。
（4）提供统计服务。

统计调查、统计分析和统计监督是海关统计的基本职能；监测预警是海关统计决策服务和监督监测职能的进一步深化；编制、管理和公布海关统计资料是《统计法》赋予统计工作的职责；统计服务体现了海关统计工作的职能定位。

> **提示** 国际上编制国际货物贸易统计通常采用总贸易体系和专门贸易体系两种体系。我国的对外贸易统计自 1859 年至 1994 年均采用专门贸易体系，1995 年起改为总贸易体系。

3. 海关统计的特点

我国的海关统计除具有社会经济统计的一般特点外，还具有全面性、可靠性和国际可比性等特点。

（1）全面性。《海关法》明确规定，进出口货物的收发货人应当向海关如实申报，接受海关的监督管理，从而为海关及时全面收集进出境货物统计资料提供法律依据和根本保证。

（2）可靠性。海关统计的原始资料是经海关实际监督的进出口货物报关单及有关单证。海关统计是海关监管过程和结果的记录，其可靠性由海关在对外贸易活动中所处的客观地位所决定。

（3）国际可比性。海关统计全面采用国际标准，统计方法与统计口径同各国通行的货物贸易统计方法是一致的，海关统计数据具有国际可比性。

2.2.2 海关统计制度的基本内容

海关统计制度是关于海关统计的行为规范。目前国务院发布的《海关统计条例》和海关总署以海关总署令的形式发布的《海关统计工作管理规定》是海关统计的法律规范，明确了进出口货物统计的性质、任务、组织机构、职责、统计范围、统计项目、海关及当事人的权利和义务等内容。

1. 海关统计资料

（1）海关统计数据的原始资料。海关统计原始资料是指经海关确认的进出口货物报关单及其他有关单证。进出口货物报关单和其他单证是由进出口货物收发货人或其代理人填制并向海关提交的申报货物状况的法律文书，是编制海关统计的重要凭证。

（2）海关统计数据的收集。《海关法》规定，进出口货物收发货人应当向海关如实申报，接受海关的监督管理。这为海关及时收集全面、准确的进出境货物统计资料提供了法律依据和根本保证。

（3）海关统计资料的编制。海关统计资料的编制是指对所收集的统计数据资料进行科学的汇总与加工整理，使之系统化、条理化，成为能够反映进出口货物贸易和物品特征的综合统计资料。其范围为列入海关统计的货物、物品及海关统计项目。

> **提示** 海关统计原始资料包括经海关确认的《中华人民共和国海关进/出口货物报关单》、《中华人民共和国海关保税区进/出境货物备案清单》、《中华人民共和国海关出口加工区进/出境货物备案清单》等报关单证、随附单证及有关的电子数据。

（4）海关综合统计资料的发布。海关统计综合资料包括下列内容：① 各地区进出口总值表；② 进出口商品贸易方式总值表；③ 国别（地区）进出口总值表；④ 主要商品进出口量值表；⑤ 进出口贸易方式企业性质总值表；⑥ 运输方式进出口总值表；⑦ 反映进出口总体进度的分析报告、进出口监测预警信息等。

海关总署及各直属海关统计部门对汇总、加工、编制的海关统计资料，通过出版发行统计书刊、电子数据交换、新闻媒体等形式，定期向社会公开发布。公众可以通过查阅《海关统计快讯》、《海关统计月刊》、《中国海关统计年鉴》等出版物来获取有关信息。

> **相关链接**
>
> 海关统计资讯网（www.chinacustomsstat.com）是由海关总署综合统计司监制、全国海关信息中心承办、北京中海通科技有限公司提供技术支持的集海关进出口货物贸易统计信息咨询、专业进出口分析、宏观进出口数据发布等于一身的专业网站，是海关进出口信息的网络展示平台。

> **小·任务** 请通过上述网站查询我国近几年进出口货物各地区进出口总值、进出口商品贸易方式总值、国别（地区）进出口总值、主要商品进出口量值、进出口贸易方式企业性质总值、运输方式进出口总值等统计资料并进行讨论。

2. 海关统计范围

《海关统计条例》规定，实际进出境并引起境内物资存量增加或减少的货物，列入海关统计；进出境物品超过自用、合理数量的，列入海关统计。这表明列入我国海关统计范围的货物和物品须同时具备两个条件：一是货物/物品的进出境流动；二是改变我国物质资源存量。

根据联合国关于国际货物贸易统计的原则，我国将进出口货物分为列入海关统计的进出口货物、不列入海关统计的货物、不列入海关统计但实施单项统计的货物三类。

（1）列入海关统计的进出口货物。列入海关统计的进出口货物，以海关的监管方式进行分类。主要包括：我国境内法人、其他组织和个人以一般贸易、易货贸易、加工贸易、补偿贸易、寄售代销贸易等方式进出口的货物；保税区和保税区仓库进出境货物；租赁一年及以上的租赁进出口境货物；边境小额贸易进出境货物；国际援助物资或捐赠的物资；溢卸货物等。

（2）不列入海关统计的货物。根据国际贸易惯例和我国确定的统计范围，对于没有实际进出境或虽实际进出境但是没有引起境内物资存量变化的货物，不列入海关统计。

1）不列入海关统计的货物主要有：① 过境货物、转运货物和通运货物；② 暂时进出口货物；③ 用于国际收支手段的流通中的货币及货币用黄金；④ 租赁期在1年以下的租赁货物；⑤ 由于货物残损、短少、品质不良或规格不符而由该进出口货物的承运人、发货人或者保险公司免费补偿或者更换的同类货物；⑥ 退运货物；⑦ 边民互市贸易进出口货物；⑧ 中国籍船舶在公海捕获的水产品；⑨ 中国籍船舶或者飞机在境内添装的燃料、物料、食品；⑩ 中国籍或者外国籍的运输工具在境外添装的燃料、物料、食品以及放弃的废旧物料等；⑪ 无商业价值的货样或者广告品；⑫ 海关特殊监管区域之间、保税监管场所之间以及海关特殊监管区域和保税监管场所之间转移的货物；⑬ 其他不列入海关统计的货物。

2）不列入海关统计的物品主要有：① 修理物品；② 打捞物品；③ 进出境旅客的自用物品（汽车除外）；④ 我国驻外国和外国驻我国使领馆进出境的公务物品及使领馆人员的自用物品；⑤ 我国驻香港和澳门特别行政区军队进出境的公务物品及军队人员的自用物品；⑥ 其他不列入海关统计的物品。

（3）不列入海关统计但实施单项统计的货物。为了更好地发挥海关统计在国民经济和海关管理中的作用，对于不列入进出口海关统计的货物，海关可以根据惯例需要对其实施单项统计，对其统计的数值不列入国家进出口货物贸易统计的总值。海关实施单项统计的货物包括：免税品；进料与来料以产顶进货物；进料与来料加工转内销货物与转内销设备；进料与来料深加工结转货物、进料与来料加工结转余料、退运货物；进料与来料加工复出口料件等。

> **提示** （1）在我国海关统计实践中，将香港、澳门和台湾三个地区视作贸易伙伴地区，内地与这三个地区之间往来的货物，列入我国的对外贸易统计；这三个地区与我国内地以及世界上其他国家（地区）直接的贸易往来由这三个地区另行统计。

（2）出于贸易优惠政策和海关监管的需要，中国境内划分了多个海关特殊监管区域和保税监管场所。特殊监管区域和保税监管场所与境外之间进出口的货物列入进出口统计，特殊监管区域和保税监管场所与境内之间流转的货物，不列入对外贸易统计。对于虽然实际进出境但没有引起境内物资存量增加或减少的货物，不列入海关统计，根据需要实行单项统计。

（3）除了货物外，超过自用合理数量的进出境物品也列入进出口总额的统计范围之内。

3. 海关统计项目

进出口货物的统计项目包括：① 品名及编码；② 数量、价格；③ 经营单位；④ 贸易方式；⑤ 运输方式；⑥ 进口货物的原产国（地区）、启运国（地区）、境内目的地；⑦ 出口货物的最终目的国（地区）、运抵国（地区）、境内货源地；⑧ 进出口日期；⑨ 关别；⑩ 海关总署规定的其他统计项目。

其中，进出口货物的品名、数量/重量、价格、国别（地区）和运输方式，是各国对外贸易统计的常规项目。这些项目的定义和统计方法是全面采用联合国建议的国际标准制定的。而经营单位、境内目的地、境内货源地、贸易方式和关别等，则是为了满足我国对外贸实施有效的宏观调控和海关对进出口货物实施有效监督管理的需要而设置的项目。这些项目的定义和统计方法是以相关的海关法规和海关业务制度为基础制定的。

> **提示** 海关统计项目的商品名称及编码应当按照《中华人民共和国海关统计商品目录》所列的商品名称及编码进行归类统计。

2.3 海关稽查制度

2.3.1 海关稽查概述

1. 海关稽查的含义

海关稽查是海关在规定的期限内对被稽查人的会计账簿、会计凭证、报关单证及其他有关资料和有关进出口货物进行核查，监督被稽查人进出口活动的真实性和合法性。

具体可以从以下几方面来理解海关稽查的含义。

（1）海关享有依法实施稽查的权力。《海关法》第四十五条将海关稽查制度以法律形式予以确认，使海关稽查有了法律依据。海关稽查的执法主体是海关本身，而不能为其他机关、组织代替。《海关稽查条例》对海关实施稽查时享有的权利、义务等内容做了具体的规定。

（2）海关稽查具有特定期限。海关稽查必须在法定的期限内，对与进出口有关的企业实施才具有法律效力。对一般进出口货物，海关的稽查期限是自货物放行之日起 3 年内；对保税货物、特定减免税货物、暂准进出境货物等，海关的稽查期限是海关监管期限及其后的 3 年内。

（3）海关稽查针对特定的对象。海关稽查的相对人是与进出口活动直接有关的企业、单位。

（4）海关稽查具有特定的内容。海关稽查的内容主要是被稽查人的会计账簿、会计凭证、报关单证及其他有关的资料和有关进出口货物。

（5）海关稽查具有特定目的。海关稽查的目的是监督被稽查人进出口活动的真实性和合法性，规范企业的进出口行为。

> **提示**："账簿、单证等有关资料"包括会计凭证、会计账簿、财务会计报告和其他会计资料、报关单证、进出口单证、合同、业务函电、被稽查人内部资料，以及与进出口业务有关的其他单证。
>
> 被稽查人运用电子信息系统储存、处理的账簿、单证等有关资料（包括软件和硬件），与纸质资料具备相同效力。

前沿话题

国务院法制办公室于 2014 年 6 月 11 日在《中华人民共和国海关稽查条例》（修订征求意见稿）中将海关稽查定义为：本条例所称海关稽查，是指海关对与进出口活动有关的法人、其他组织或者个人进行评估和检查，评估其进出口信用状况和风险状况，检查其进出口活动的真实性、合法性和规范性。

2．海关稽查的特征

从本质上看，海关稽查是海关监督管理职能的实现方式，也是海关监管制度的主要组成部分。与传统的海关监管相比，海关稽查又有其明显的特征，主要表现在以下两方面。

（1）将原有的海关监管在时间和空间上进行了大范围的延伸和拓展。海关监管不仅局限于进出口的实时监控和进出境口岸，而是通过评估验证企业守法状况或贸易安全情况，有针对性地规范企业内部经营管理，引导企业守法自律，保障其更好地享受海关监管的便利化措施。海关对放行未结关货物的使用、管理情况和在货物结关放行之后的一定期限内，对与进出口货物直接有关的企业和单位的会计资料、报关单证及其他相关资料进行稽查。

（2）将海关监管的主要目标从控制进出口货物转变为控制货物的经营主体——进出口企业，不再人为地将企业与货物割裂开来。海关围绕企业的进出口活动实施动态和全方位的监管，通过监管企业的进出口行为来达到监管进出口货物的目的。

2.3.2 海关稽查制度的基本内容

1．海关稽查的对象

（1）海关对下列与进出口活动直接有关的企业、单位实施稽查：① 从事对外贸易的企业、单位，包括具备进出口业务经营权的专业对外贸易公司、工贸公司和有进出口业务经营权的企业、单位；② 从事保税加工业务的企业，包括承接来料加工业务和进料加工业务的企业等；③ 经营保税物流及仓储业务的企业；④ 使用或经营减免税进口货物的企业、单位，包括外商投资企业和使用减免税进口物资的企业、单位；⑤ 报关企业，包括专业从事报关服务的企业，经营对外贸易仓储、运输、国际运输工具或国际运输工具服务及代理等业务又兼营报关服务的企业；⑥ 海关总署规定的从事与进出口活动直接有关的其他企业、单位。

（2）海关对被稽查人实施稽查所涉及的进出口活动包括以下方面：① 进出口申报；② 进出口关税和其他税费的缴纳；③ 进出口许可证件的交验；④ 与进出口货物有关资料的记载、保管；⑤ 保税货物的进口、使用、储存、加工、销售、运输、展示和复出口；⑥ 减免税进口货物的使用、管理；⑦ 转关运输货物的承运、管理；⑧ 暂准进出境货物的使用、管理；⑨ 其他进出口活动。

2．海关稽查的方式

海关稽查包括常规稽查、专项稽查和验证稽查3种方式。

（1）常规稽查，是指海关根据关区的实际情况，以监督企业进出口活动，提高海关后续管理效能为目标，以中小型企业为重点，采取计划选取与随机抽取相结合的方式，对企业开展的全面性稽查。

（2）专项稽查，是指海关根据关区的实际情况，以查缉企业各类问题，为税收和防范走私违法活动提供保障为目标，以风险程度较高或政策敏感性较强的企业或行业为重点，采用风险分析、贸易调查等方式，对某些企业或某些商品实施的行业式、重点式、通关式稽查。

（3）验证稽查，是指海关以验证企业守法状况或贸易安全情况，动态监督企业进出口活动，规范企业内部管理，促进企业守法自律为目标，对申请评为和已评为认证企业管理的企业分别开展的准入式、监控式稽查。

3．海关稽查的方法

海关稽查方法是指海关稽查人员采用审计、稽核、检查等方式和技术手段，对特定的稽查对象进行核查，以核实被稽查人的进出口行为是否合法、规范，有无违反海关法行为。海关稽查常用的方法有以下几种。

（1）查账法，是海关稽查最主要、最基本的方法。海关稽查人员根据会计凭证、会计账簿和财务报表等资料的内在关系，通过对被稽查人会计资料记录及其所反映的经济业务的稽核、检查，以核查被稽查人的进出口行为是否合法、规范。它是以被稽查人的各种会计资料为稽查的直接对象。

（2）调查法，是指海关稽查人员通过观察、询问、检查、比较等方式，对被稽查人的进出口活动进行全面综合的调查了解，以核实其进出口行为是否真实合法、规范的方法。

（3）盘存法，是指海关在检查进出口货物的使用状况时，通过盘点实物库存等方法，具体查证核实现金、商品、材料、在产品、产成品、固定资产和其他商品的实际结存量的方法。

（4）分析法，是指海关利用现有的各种信息数据系统，充分依靠现代信息技术，对海关监管对象及其进出口活动全面综合统计、汇总，进行定量定性分析、评估，以确定被分析对象进出口活动的风险情况的基本方法。

4. 被稽查人对账簿、单证等有关资料管理的规范性要求

（1）账簿、单证等有关资料的真实性。与进出口活动直接有关的企业、单位所设置、编制的会计账簿、会计凭证、会计报表和其他会计资料，应当真实、准确、完整地记录和反映进出口业务的有关情况。

（2）对账簿、单证等有关资料的保管。与进出口活动直接有关的企业、单位应当依照有关法律、行政法规规定的保管期限，保管会计账簿、会计凭证、会计报表和其他会计资料。

（3）对账簿、单证等有关资料的报送。与进出口活动直接有关的企业、单位应当按照海关要求，报送有关进出口货物的购买、销售、加工、使用、损耗和库存情况的资料。

5. 海关稽查的实施

海关按照监管要求，根据进出口企业、单位和进出口货物的具体情况，确定海关稽查重点，制定稽查工作计划。海关进行稽查时，将组成稽查组，其成员不少于2人。

海关进行稽查时，海关稽查人员应当向被稽查人出示"中华人民共和国海关稽查证"，同时应当说明双方的权利和义务等有关事项。

海关工作人员与被稽查人有直接利害关系的应当回避。

（1）海关稽查的实施程序。海关稽查的实施由稽查通知、稽查实施、稽查报告和稽查结论环节组成。

1）稽查通知。海关实施稽查3日前，应当将稽查通知书送达被稽查人的法定代表人或主要负责人或指定的代表人。被稽查人在收到稽查通知书后，正本留存，副本加盖被稽查人印章并由被稽查人代表签名后交海关留存。在特殊情况下，经直属海关关长或其授权的隶属海关关长批准，海关可以不经事先通知进行稽查，但径行稽查时仍应制发稽查通知书。

2）稽查实施。稽查实施是指海关依照稽查的程序，采用各种有效的稽查方法，对被稽查人进出口活动的合法性、真实性和规范性进行核查的行政执法活动。稽查实施的主要内容包括：① 对被稽查人进行符合性测试；② 对被稽查人进行实质性测试；③ 查阅和复制被稽查人账簿、单证等有关资料；④ 异地查阅或复制账簿、单证等有关资料；⑤ 检查与进出口有关的生产经营和货物情况；⑥ 向被稽查人询问与进出口活动有关的情况和问题；⑦ 封存被稽查人账簿、单证等资料或进出口货物；⑧ 查询被稽查人在商业银行或其他金融机构的存款账户；⑨ 延伸稽查。

3）稽查报告和稽查结论。海关稽查组实施稽查后，应当向海关提出稽查报告。稽查报告报送海关前，应当征求被稽查人的意见。被稽查人应当自收到稽查报告之日起7日内，将其书面意见送交海关。

海关应当自收到稽查报告之日起30日内，做出海关稽查结论并送达被稽查人。

（2）海关实施稽查时可以行使的职权。《海关稽查条例》规定，海关在实施稽查时可以行使下列职权：

1）查阅、复制被稽查人的账簿、单证等有关资料。

2）进入被稽查人的生产经营场所、货物存放场所，检查与进出口活动有关的生产经营情况和问题。

3）询问被稽查人的法定代表人、主要负责人和其他有关人员与进出口活动有关的情况和问题。

4）经直属海关关长或其授权的隶属海关关长批准，查询被稽查人在商业银行或其他金融机构的存款账户。

5）海关进行稽查时，发现被稽查人有可能篡改、转移、隐匿、毁弃账簿和单证等资料的，经直属海关关长或其授权的隶属海关关长批准，在不妨碍被稽查人正常的生产经营活动的前提下，可以暂时封存其账簿、单证等有关资料。

海关对有关情况经查明或者取证后，应当当即解除封存。

海关进行稽查时，发现被稽查人的进出口货物有违反《海关法》和其他法律、行政法规嫌疑的，经直属海关关长或其授权的隶属海关关长批准，可以封存有关进出口货物。

（3）海关实施稽查时被稽查人的义务。《海关稽查条例》规定，海关在进行稽查时，被稽查人应当履行下列义务：

1）应当配合海关稽查工作，并提供必要的工作条件。

2）应当接受海关稽查，如实反映情况，提供账簿、单证等有关资料，不得拒绝、拖延、隐瞒。被稽查人使用计算机记账的，应当向海关提供记账软件、使用说明书及有关资料。

3）海关行使查阅、复制、检查权时，被稽查人的法定代表人或主要负责人或指定的代表人应当到场，并按照海关的要求，清点账簿、打开货物存放场所、搬移货物或开启货物包装。

4）海关进行稽查时，与被稽查人有财务往来或者其他商务往来的企业、单位，应当向海关如实反映被稽查人的有关情况，提供有关资料和证明材料。

6．海关稽查发现问题的处理

海关稽查是海关监督被稽查人进出口活动真实性和合法性的一种措施。稽查中发现税款少征或漏征，或者被稽查人存在违法活动的，应按《海关稽查条例》的规定分别做出相应的处理。

（1）经海关稽查，发现关税或其他进口环节的税收少征或漏征的，由海关依照《海关法》和有关税收法律、行政法规的规定向被稽查人补征；因被稽查人违反规定而造成少征或者漏征的，由海关依照《海关法》和有关税收法律、行政法规的规定追征。

被稽查人在海关规定的期限内仍未缴纳税款的，海关可以依法采取强制执行措施。

（2）封存的有关进出口货物，经海关稽查排除违法嫌疑的，海关应当立即解除封存；经海关稽查认定违法的，由海关依照《海关法》和《海关行政处罚实施条例》的规定处理。

（3）经海关稽查，认定被稽查人有违反海关监管的行为的，由海关依照《海关法》和《海关行政处罚实施条例》的规定处理。

（4）经海关稽查，发现被稽查人有走私行为，构成犯罪的，依法追究刑事责任；尚不构成犯罪的，由海关依照《海关法》和《海关行政处罚实施条例》的规定处理。

（5）海关通过稽查决定补征或者追征的税款、没收的走私货物和违法所得以及收缴的罚款，全部上缴国库。

（6）被稽查人同海关发生纳税争议的，依照《海关法》的规定办理。

7. 与海关稽查相关的法律责任

（1）被稽查人的法律责任。

1）被稽查人有下列行为之一的，海关应当制发"限期改正通知书"交被稽查人，责令其限期改正。逾期不改的，海关处1万元以上3万元以下的罚款；情节严重的，海关取消其报关资格，并对负有直接责任的主管人员和其他直接责任人员处1 000元以上5 000元以下的罚款：① 向海关提供虚假情况或者隐瞒重要事实的；② 拒绝、拖延向海关提供账簿、单证等有关资料的；③ 转移、隐匿、篡改、毁弃账簿和单证等有关资料的。

2）被稽查人未按照规定设置或者编制账簿、单证等有关资料的，海关应当制发"限期改正通知书"交被稽查人，责令其限期改正。逾期不改的，海关处1万元以上5万元以下的罚款；情节严重的，海关取消其报关资格，并对负有直接责任的主管人员和其他直接责任人员处1 000元以上5 000元以下的罚款。

（2）海关工作人员的法律责任。海关工作人员在稽查中玩忽职守、徇私舞弊、滥用职权或者利用职务上的便利，收受、索取被稽查人的财物，构成犯罪的，依法追究刑事责任；不构成犯罪的，由海关依照《中华人民共和国公务员法》、《海关法》和其他有关法律、行政法规予以处理。

2.4 知识产权海关保护制度

2.4.1 知识产权海关保护概述

1. 知识产权海关保护的含义

知识产权是人们利用自己的知识，主要基于脑力劳动所创造的智力成果而依法享有的一种权利。知识产权海关保护是指海关依法禁止侵犯知识产权的货物进出口的措施，在世界贸易组织《与贸易有关的知识产权协议》中被称为知识产权的边境措施。

海关总署于1994年9月1日发出公告，宣布自1994年9月15日起，侵犯受中华人民共和国法律和行政法规保护的知识产权货物禁止进出境。从此，我国开始对知识产权实施边境保护。1995年7月，国务院颁布《中华人民共和国知识产权海关保护条例》（以下简称《条例》），国务院先后于2004年和2010年对《条例》实施了修订。2004年5月海关总署又公布了《关于〈中华人民共和国知识产权海关保护条例〉的实施办法》（以下简称《实施办法》）作为配套。为了有效实施《条例》，2009年2月海关总署署务会议审议通过新的《实施办法》，自2009年7月1日起施行。

2. 知识产权海关保护的范围

世界贸易组织《与贸易有关的知识产权协议》中将与贸易有关的知识产权范围确定为7部分，即著作权与邻接权、商标权、地理标志权、工业品外观设计权、专利权、集成电路布图设计权、未披露信息专有权。

《条例》第二条规定，我国海关保护的知识产权范围是与进出口货物有关并受中华人民共和国法律、行政法规保护的商标专用权、著作权和与著作权有关的权利、专利权。具体来说，包括以下内容：① 国家工商行政管理总局商标局核准注册的商标；② 在世界知识产权组织注册并延伸至我国的国际注册商标；③ 国家知识产权局（包括原中国专利局）授予专利权的发明、外观设计、实用新型专利；④《保护文学和艺术作品伯尔尼公约》成员国的公民或者组织拥有的著作权和与著作权有关的权利。

此外，根据国务院颁布的《奥林匹克标志保护条例》和《世界博览会标志保护条例》的规定，我国海关也对奥林匹克标志和世界博览会标志实施保护。

3. 知识产权海关保护的模式

我国海关在知识产权海关保护的具体执法中分为"依职权保护"和"依申请保护"两种模式。

（1）依职权保护模式是以知识产权权利人将其知识产权向海关总署备案为前提。海关在对进出口货物实施监管过程中发现货物有涉嫌侵犯在海关总署备案的知识产权嫌疑时，可主动中止货物的通关过程并立即书面通知知识产权权利人，并根据知识产权权利人的申请对侵权嫌疑货物实施扣留的措施。由于海关依职权扣留侵权嫌疑货物属于主动采取措施制止侵权货物进出口，而且海关还有权对货物的侵权状况进行调查和对有关当事人进行处罚，所以依职权保护也被称作海关对知识产权的"主动保护"模式。知识产权权利人则应当在收到海关书面通知之日起3个工作日内，向海关提出扣留侵权嫌疑货物的申请并提供担保，海关据此会扣留相关货物，否则海关将终止扣留货物的措施。

海关对其发现的涉嫌侵犯在海关总署备案的知识产权的货物会进行调查，并在扣留货物之日起30个工作日内对货物是否侵犯知识产权进行认定。如果海关不能认定货物是否侵犯知识产权，就会立即书面通知知识产权权利人。自扣留之日起50个工作日内未收到知识产权权利人到法院起诉，人民法院协助执行通知的，海关放行扣留货物。

（2）依申请保护是指知识产权权利人发现侵权嫌疑货物即将进出口时，根据《条例》第十二、十三和十四条向海关提出采取保护措施的申请，由海关对侵权嫌疑货物实施扣留的措施。由于海关对依申请扣留的侵权嫌疑货物不进行调查，知识产权权利人需要就有关侵权纠纷向人民法院起诉，所以依申请保护也被称作海关对知识产权的"被动保护"模式。

自扣留之日起20个工作日内未收到知识产权权利人到法院起诉，人民法院协助执行通知的，海关放行扣留货物。

2.4.2 知识产权海关保护制度的基本内容

1. 知识产权海关保护的备案

（1）知识产权海关保护备案的含义。知识产权海关保护备案，是指知识产权权利人按照《条例》将其知识产权的法律状况、有关货物的情况、知识产权合法使用情况和侵权货物进出口情况以书面形式通知海关，以便海关在对进出口货物的监管过程中能够主动对有关知识产权实施保护。

（2）知识产权海关保护备案的作用。

1）备案是海关采取主动保护措施的前提条件。根据《条例》的规定，知识产权权利人如果事先没有将其知识产权向海关备案，海关发现侵权货物即将进出境，也没有权利主动中止其进出口，也无权对侵权货物进行调查处理。

2）备案有助于海关发现侵权货物。尽管根据《条例》的规定，知识产权权利人在进行备案后，仍然需要在发现侵权货物即将进出境时向海关提出采取保护措施的申请，但是，从实践看，海关能否发现侵权货物，主要依赖于海关对有关货物的查验。由于知识产权权利人在备案时，需要提供有关知识产权的法律状况、权利人的联系方式、合法使用知识产权情况、侵权嫌疑货物情况、有关图片和照片等情况，使海关有可能在日常监管过程中发现侵权嫌疑货物并主动予以扣留。所以，事先进行知识产权备案，可以使权利人的合法权益得到及时的保护。

3）知识产权权利人的经济负担较轻。根据海关总署有关《条例》的实施办法规定，在海关依职权保护模式下，知识产权权利人向海关提供的担保最高不超过人民币10万元。如果知识产权权利人事先未进行知识产权备案，则不能享受上述待遇，必须提供与其要求扣留的货物等值的担保。

4）可以对侵权人产生震慑作用。由于海关对进出口侵权货物予以没收并给予进出口企业行政处罚，尽早进行知识产权备案，可以对那些过去毫无顾忌地进出口侵权货物的企业产生警告和震慑作用，促使其自觉地尊重有关知识产权。此外，有些并非恶意出口侵权产品的企业也可能通过查询备案，了解其承揽加工和出口的货物是否可能构成侵权。

（3）知识产权海关保护的备案申请。申请备案时应根据其申请备案的知识产权的性质，按海关总署制定的格式分别填写并提交商标权、著作权或专利权备案申请书。申请书应当包括以下内容：① 知识产权权利人的名称或者姓名、注册地或者国籍；② 知识产权的名称、内容及其相关信息；③ 知识产权许可行使状况；④ 知识产权权利人合法行使知识产权的货物的名称、产地、进出境地海关、进出口商、主要特征、价格等；⑤ 已知的侵犯知识产权货物的制造商、进出口商、进出境地海关、主要特征、价格等。

共有知识产权的权利人中任何一人向海关提出备案申请的，其他共有人无须就同一知识产权重复备案，但可要求海关总署为其颁发该知识产权备案证书副本。

▶ **提示** 知识产权权利人向海关总署申请备案时，应尽可能按照要求将自己和其他共有知识产权权利人的情况及许可他人使用知识产权的情况填写齐全。否则，可能会造成合法使用知识产权的货物被海关扣留的情况。

（4）海关对备案申请的受理及撤销。海关对申请内容进行审查，确认其是否属于海关保护范围，申请文件是否齐备。海关总署应当在当事人提出申请书的30个工作日内，通知申请人是否准予备案。不予备案的，应当说明理由。知识产权海关保护备案自海关总署准予备案之日起生效，有效期为10年。超过有效期需要继续保护的，可在失效期届满前6个月申请续展，海关总署应自收到申请文件之日起10个工作日内做出是否准予续展备案的决定。续展备案有效期也为10年。备案知识产权情况发生改变的，知识产权权利人应当自发生变化之日起 30 个工作日内，向海关总署办理备案变更或者注销手续。

> **提示** 自备案生效之日起知识产权的有效期不足 10 年的，备案的有效期以知识产权的有效期为准。

2. 权利人申请扣留侵权嫌疑货物及提供担保

知识产权权利人发现侵权嫌疑货物（已备案或尚未备案）即将进出口，或者接到海关就实际监管中发现进出口货物涉嫌侵犯在海关总署备案的知识产权而发出的书面通知的，可以向货物进出境地海关提出扣留侵权嫌疑货物的申请，并按规定提供相应的担保。

（1）知识产权权利人发现侵权嫌疑货物的扣留申请（海关依申请保护）。

1）申请扣留侵权嫌疑货物的文件。知识产权权利人发现侵权嫌疑货物即将进出口并要求海关予以扣留的，应当向货物进出境地海关提交申请书及相关证明文件。有关知识产权未在海关总署备案的，知识产权权利人还应当随附知识产权海关保护备案申请的文件及证据。

申请书应当包括下列主要内容：① 知识产权权利人的名称或者姓名、注册地或者国籍等；② 知识产权的名称、内容及其相关信息；③ 侵权嫌疑货物收货人或发货人的名称；④ 侵权嫌疑货物名称、规格等；⑤ 侵权嫌疑货物可能进出境的口岸、时间、运输工具等；⑥ 侵权嫌疑货物涉嫌侵犯备案知识产权的，申请书还应当包括海关备案号。

2）申请扣留侵权嫌疑货物的证据。权利人或其代理人提出申请时，除填具申请书外还应提供足以证明侵权事实明显存在的证据。知识产权权利人提交的证据，应当能够证明以下事实：请求海关扣留的货物即将进出口；在货物上未经许可使用了侵犯其商品专用权的商标标志、作品或实施了其专利。

3）申请扣留侵权嫌疑货物的担保。知识产权权利人发现侵权嫌疑货物即将进出口，请求海关扣留侵权嫌疑货物，应当在海关规定的期限内向海关提供相当于货物价值的担保。知识产权权利人提出的申请不符合规定或者未按规定提供担保的，海关应驳回其申请并书面通知知识产权权利人。

（2）知识产权权利人接到海关发现侵权嫌疑货物通知的扣留申请（海关依职权保护）。

1）海关书面通知知识产权权利人。海关对进出口货物实施监管，发现进出口货物涉及在海关总署备案的知识产权且进出口商或者制造商使用有关知识产权的情况未在海关总署备案的，可以要求收发货人在规定期限内申报货物的知识产权状况和提交相关证明文件。收发货人未按照有关规定申报货物知识产权状况，提交相关证明文件或者海关有理由认为货物涉嫌侵犯在海关总署备案的知识产权的，海关应当中止放行货物并书面通知知识产权权利人。

2）知识产权权利人的回复及其扣留申请。知识产权权利人在接到海关书面通知送达之日起 3 个工作日内应予以回复：认为有关货物侵犯其在海关总署备案的知识产权并要求海关予以扣留的，向海关提出扣留侵权嫌疑货物的书面申请；其扣留申请办法与知识产权权利人发现侵权嫌疑的扣留申请相同。认为有关货物未侵犯其在海关总署备案的知识产权或者不要求海关扣留的，向海关书面说明理由。经海关同意，知识产权权利人可以查看有关货物。

3）请求扣留货物的担保。知识产权权利人在接到海关发现侵权嫌疑货物通知后，认为有关货物侵犯其在海关总署备案的知识产权并提出申请，要求海关扣留侵权嫌疑货物的，应当按照以下规定向海关提供担保：货物价值不足人民币2万元的，提供相当于货物价值的担保；货物价值为人民币2万至20万元的，提供相当于货物价值50%的担保，但担保金额不得少于人民币2万元；货物价值超过人民币20万元的，提供人民币10万元的担保。

4）请求扣留货物的总担保。

① 总担保适用范围。知识产权权利人根据规定请求海关扣留涉嫌侵犯商标专用权货物的，可以向海关总署提供总担保。在海关总署备案的商标专用权的知识产权权利人，经海关总署核准可以向海关总署提交银行或者非银行金融机构出具的保函，为其向海关申请商标专用权海关保护措施提供总担保。

自海关总署核准其使用总担保之日至当年12月31日，知识产权权利人在接到海关发现侵权嫌疑货物通知后，请求海关扣留涉嫌侵犯其已在海关总署备案的商标专用权的进出口货物的，无须另行提供担保，但知识产权权利人未按规定支付有关费用或者未按规定承担赔偿责任，海关总署向担保人发出履行担保责任通知的除外。

② 总担保的申请及随附材料。知识产权权利人申请使用总担保，应向海关总署提交"知识产权海关保护总担保申请书"，并随附已获准在中国大陆境内开展金融业务的银行出具的为知识产权权利人申请总担保承担连带责任的"总担保保函"和知识产权权利人上一年度向海关申请扣留侵权嫌疑货物后发生的仓储处置费的清单。

③ 总担保的金额。总担保的金额应相当于知识产权权利人上一年度向海关申请扣留侵权嫌疑货物后发生的仓储、保管和处置等费用之和；知识产权权利人上一年度未向海关申请扣留侵权嫌疑货物或者仓储处置费不足人民币20万元的，总担保的担保金额为人民币20万元。

④ 总担保保函的有效期及担保事项发生期间。总担保保函的有效期是指作为担保人的银行承担履行担保责任的期间，即总担保保函签发之日起至第二年6月30日。

担保事项发生期间是指知识产权权利人在向海关提出采取保护措施申请时无须另行提供担保的期间，即自海关总署核准之日起至当年12月31日。

知识产权权利人未提出申请或者未提供担保的，海关将放行货物。

> **提示** 担保有两种用途，一是赔偿可能因申请不当给收货人、发货人造成的损失，二是支付货物由海关扣留后的仓储、保管和处置等费用。侵权嫌疑货物被认定侵犯知识产权的，知识产权权利人可以将其支付的有关仓储、保管和处置等费用计入其为制止侵权行为所支付的合理开支向侵权人追偿。

3. 海关对侵权嫌疑货物的调查处理

（1）扣留侵权嫌疑货物并制发通知和扣留凭单。知识产权权利人申请扣留侵权嫌疑货物并提供担保的，海关应当扣留侵权嫌疑货物并将扣留侵权嫌疑货物的扣留凭单送达相关当事人。

1）向知识产权权利人制发通知。海关将货物的名称、数量、价值、收发货人名称、申报进出口日期、海关扣留日期等情况书面通知知识产权权利人。经海关同意，知识产权权利人可以查看海关扣留的货物。

2）向收发货人制发扣留凭单。海关将扣留侵权嫌疑货物的扣留凭单送达收、发货人。经海关同意，收、发货人可以查看海关扣留的货物。

（2）海关对扣留侵权嫌疑货物的调查。海关扣留侵权嫌疑货物后，应当依法对侵权嫌疑货物以及其他有关情况进行调查。收发货人和知识产权权利人应当对海关调查予以配合，如实提供有关情况和证据。

海关对侵权嫌疑货物进行调查，可以请求有关知识产权主管部门提供咨询意见。知识产权权利人与收发货人就海关扣留的侵权嫌疑货物达成协议，向海关提出书面申请并随附相关协议，要求海关解除扣留侵权嫌疑货物的，海关除认为涉嫌构成犯罪外，可以终止调查。

（3）放行被扣留的侵权嫌疑货物。

1）海关对扣留的侵权嫌疑货物进行调查，不能认定货物是否侵犯有关知识产权的，应当自扣留侵权嫌疑货物之日起30个工作日内书面通知知识产权权利人和收发货人。

海关不能认定货物是否侵犯有关专利权的，收发货人向海关提供相当于货物价值的担保后，可以请求海关放行货物。海关同意放行货物的，海关应当放行货物并书面通知知识产权权利人。

知识产权权利人就有关专利侵权纠纷向人民法院起诉的，应当在海关书面通知送达之日起30个工作日内向海关提交人民法院受理案件通知书的复印件。

2）对海关不能认定有关货物是否侵犯其知识产权的，知识产权权利人可以依法在起诉前向人民法院申请采取责令停止侵权行为或者财产保全的措施。

海关自扣留侵权嫌疑货物之日起50个工作日内收到人民法院协助扣押有关货物书面通知的，应当予以协助；未收到人民法院协助扣押通知或者知识产权权利人要求海关放行有关货物的，海关应当放行货物。

（4）没收被扣留的侵权货物。

1）没收侵权货物并通知知识产权权利人。被扣留的侵权嫌疑货物，海关经调查后认定侵犯知识产权的，予以没收，并应当将侵犯知识产权货物的下列情况书面通知知识产权权利人：① 侵权货物的名称和数量；② 收发货人名称；③ 侵权货物申报进出口日期、海关扣留日期和处罚决定生效日期；④ 侵权货物的起运地和指运地；⑤ 海关可以提供的其他与侵权货物有关的情况。

进出口货物或进出境物品经海关调查认定侵犯知识产权，根据规定应当由海关予以没收，但当事人无法查清的，自海关制发有关公告之日起满3个月后可由海关予以收缴。

2）侵权货物没收后的处理。有关货物可以直接用于社会公益事业或知识产权权利人有收购意愿的，将货物转交给有关公益机构用于社会公益事业或者有偿转让给知识产权权利人；有关货物不能转交给有关公益机构用于社会公益事业或者有偿转让给知识产权权利人，

第 2 章 海关管理制度

且侵权特征能够消除的,在消除侵权特征后依法拍卖;但对进口假冒商标货物,仅清除货物上的商标标志,仍不允许其进入商业渠道;有关货物不能按照前述规定处置的,应当予以销毁。

海关拍卖侵权货物,应当事先征求有关知识产权权利人的意见。海关销毁侵权货物,知识产权权利人应当提供必要的协助。有关公益机构将海关没收的侵权货物用于社会公益事业以及知识产权权利人接受海关委托销毁侵权货物的,海关应当进行必要的监督。

应用案例:深圳海关利用风险分析技术连续查获出口假冒香烟案

2014 年 7 月 21 日,昆明伟秀商贸有限公司向深圳海关隶属大鹏海关申报出口一批卫生瓷洁具和烟灰缸。海关查验人员通过检查设备对装载该批货物的集装箱进行扫描,发现在集装箱中后部大量形状规则的砖状物,而砖状物周围堆满了卷筒状物体疑进行遮盖。从扫描图像上看,实际出口的货物与申报的货物明显不符。于是,海关查验人员立即进行开箱检查,发现卷筒状物体是一批无纺布,而掩藏在布匹中的砖状物,则是一条条标有"Marlboro"商标的香烟,共 45 300 条(约 906 万支)。海关根据经验,断定该批货物可能是假冒产品,立即联系"Marlboro"商标权利人美国飞利浦莫里斯公司,经鉴定该批香烟全部是假冒产品。

近年来,针对经由深圳口岸出口假冒香烟数量较大的情况,深圳海关通过数据比对和情报分析,总结出假烟出口的四个重要风险点:① 重点渠道,一般贸易方式下经海运和陆路运输是假烟出口的主渠道;② 重点商品,因不涉及关税和许可证管理而较容易获得低风险快速通关,卫生洁具、锅具、工艺品等经常被用于伪报出口假烟的商品名称;③ 重点企业,短期内申报量突增的外地企业出口假烟的情况较多;④ 重点航线,经由东南亚、中东、欧洲、中国香港等地的航线运输出口假烟可能性较大。经过海关有针对性地开展精确打击和集中整治,深圳口岸出口假烟的情况一度得以缓解。但本次查获数量巨大的假烟案件,深圳海关意识到假烟出口的势头可能会再现,于是立即向关区内各口岸发布风险预警提示,要求现场加大使用检查设备对出口集装箱进行机检查验。

布控很快取得成效。2014 年 7 月 31 日和 8 月 1 日深圳海关隶属蛇口海关分别查获了江西省永丰县鑫源贸易有限公司以"锅具"名义申报出口的假冒"Marlboro"香烟 906 万支和黑龙江省密山市吉昌贸易有限责任公司以"滑板车"名义申报出口的假冒"Marlboro"香烟 946 万支。至此,深圳海关在短短 12 天内共查获出口假烟 2 758 万支。2015 年 1 月,深圳海关将罚没假烟进行了公开销毁。

启示:此案是海关利用风险分析技术有效提升知识产权执法效能的典型案例。假冒香烟是困扰我国执法的一个焦点问题。违法分子采取伪报货物名称、夹藏和伪装等手法,逃避海关知识产权执法。针对复杂的口岸监管环境,深圳海关不仅在实践中探索和积累了运用风险分析技术查缉假烟出口的成功经验,而且又在新的执法实践中成功地予以运用,在短时间内连续查获大量假烟。此案对我国海关运用风险分析技术提高进出口侵权货物的查获率具有重要的借鉴意义。

4. 知识产权权利人应承担的责任

（1）海关协助人民法院扣押侵权嫌疑货物或者放行被扣留货物的，知识产权权利人应当支付货物在海关扣留期间的仓储、保管和处置等费用。知识产权权利人未支付有关费用的，海关可以从其向海关提供的担保金中予以扣除，或者要求担保人履行有关担保责任。侵权嫌疑货物被认定为侵犯知识产权的，知识产权权利人可以将其支付的有关仓储、保管和处置等费用计入其为制止侵权行为所支付的合理开支。

（2）海关没收侵权货物的，知识产权权利人应当按照货物在海关扣留后的实际存储时间支付仓储、保管和处置等费用。但海关自没收侵权货物的决定送达收发货人之日起3个月内不能完成货物处置，且非因收发货人申请行政复议、提起行政诉讼或者货物处置方面的其他特殊原因导致的，知识产权权利人不需支付3个月后的有关费用。

（3）海关接受知识产权保护备案和采取知识产权保护措施的申请后，因知识产权权利人未提供确切情况而未能发现侵权货物，未能及时采取保护措施或者采取保护措施不力的，由知识产权权利人自行承担责任。

（4）知识产权权利人请求海关扣留侵权嫌疑货物后，海关不能认定被扣留的侵权嫌疑货物侵犯知识产权权利人的知识产权，或者人民法院判定不侵犯知识产权权利人的知识产权的，知识产权权利人应当依法承担赔偿责任。

5. 海关对当事人所提供担保的处理

（1）海关没收侵权货物的，应当在货物处置完毕并结清有关费用后，向知识产权权利人退还担保金或者解除担保人的担保责任。

（2）海关协助人民法院扣押侵权嫌疑货物或者根据规定放行被扣留货物的，收发货人可以就知识产权权利人提供的担保向人民法院申请财产保全。海关自协助人民法院扣押侵权嫌疑货物或者放行货物之日起20个工作日内，未收到人民法院就知识产权权利人提供的担保采取财产保全措施的协助执行通知的，海关应当向知识产权权利人退还担保金或者解除担保人的担保责任。

（3）海关放行被扣留的涉嫌侵犯专利权的货物后，知识产权权利人向海关提交人民法院受理案件通知书复印件的，海关应当根据人民法院的判决结果处理收发货人提交的担保金；知识产权权利人未提交人民法院受理案件通知书复印件的，海关应当退还收发货人提交的担保金。对知识产权权利人向海关提供的担保，收发货人可以向人民法院申请财产保全，海关未收到人民法院对知识产权权利人提供的担保采取财产保全措施的协助执行通知的，应当自处理收发货人提交的担保金之日起20个工作日后，向知识产权权利人退还担保金或者解除担保人的担保责任。

> **相关链接**
>
> 2014年中国海关共采取知识产权保护措施2.7万余次，查扣进出口侵权嫌疑货物近2.4万批，涉及商品近9 200万件，较2013年同比（以下同）分别增长14.03%、16.59%和21.09%。

2014年中国海关查扣的侵权嫌疑货物呈现以下特点：

（1）以海关依职权主动查扣为主。海关主动扣留的侵权嫌疑货物 2.3 万批，涉及商品 9 千余万件，分别占全年扣留批次和商品数量的 99.9% 和 98%。

（2）以侵犯商标专用权为主。海关扣留的侵权嫌疑货物涉及商标专用权、著作权和与著作权有关的权利、专利权等多种类型，其中涉及商标权的货物达 8 900 余万件，占扣留商品总数的 96.9%。

（3）集中在出口环节。海关在出口环节扣留侵权嫌疑货物逾 2.3 万批，占全年扣留批次的 96.5%，同比增长 16.33%；涉及商品 9 100 余万件，占全年扣留商品数量的 99.6%，同比增长 21.24%。

（4）以消费类商品为主。海关扣留侵权嫌疑货物主要是烟草制品、轻工产品、化妆护理产品、服装、五金机械、鞋类等商品。与 2013 年相比，医疗器械、烟草、珠宝首饰、化妆护理用品、存储介质等商品有较大幅度增长；五金机械、药品、帽类、通讯设备、玩具、食品饮料、箱包等商品则下降幅度较大。

（5）邮递和海运是查获侵权货物的主渠道。海关在进出境邮递渠道共查扣侵权嫌疑货物近 2 万批，约占全年扣留批次的 80.2%，同比增长 33%。在海运渠道查扣侵权嫌疑商品近 8 900 万件，约占全年扣留商品数量的 96.3%。

（6）侵权贸易地域范围更趋多元化。海关扣留的侵权嫌疑货物涉及 153 个国家和地区。侵权贸易的地域范围更加广泛和多元化，其中输往中东、非洲和南美地区国家的侵权商品数量增长明显。

资料来源：摘自《2014 年中国海关知识产权保护状况》，http://www.customs.gov.cn/publish/portal0/tab2559/ module5491/info739906.htm

2.5 海关行政处罚制度

2.5.1 海关行政处罚概述

1．海关行政处罚的含义和性质

（1）海关行政处罚的含义。海关行政处罚是指海关根据法律授予的行政处罚权力，对公民、法人或者其他组织违反海关法律、行政法规，依法不追究刑事责任的走私行为和违反海关监管规定的行为，以及法律、行政法规规定由海关实施行政处罚的行为所实施的一种行政制裁。

（2）海关行政处罚的性质。海关行政处罚作为一种行政制裁行为，通过对违反海关法的当事人财产、资格或声誉予以一定的剥夺或者限制，以达到规范进出境监管秩序、保护国家利益和他人合法权益的目的。海关行政处罚以当事人的行为违反海关法律、行政法规，并需要追究当事人的行政法律责任为前提，因此不能把海关行政处罚和海关行政强制措施相混淆。同时，对于应追究刑事法律责任的违反海关法的行为也不能以罚代刑，即不能用海关行政处罚代替刑事惩罚。

2. 海关行政处罚的基本原则

（1）公正、公开原则。公正原则是指海关对公民、法人或者其他组织的行政处罚，应当同其违反海关法行为的事实、性质、情节及危害程度相当；对有基本相同的违法行为的两个以上的公民、法人或者其他组织，如果其违法行为发生的环境条件、危害程度基本相同，受到的处罚也应基本相同。

公开原则是指有关海关行政处罚的法律、行政法规及规章应当公布；海关执法人员应当公开执法身份，出示执法证件；海关行政处罚的依据、证据、理由等应当向当事人公开。

（2）法定原则。法定原则包括海关行政处罚的法律依据、程序、主体及其职权等是法定的。

（3）处罚与教育相结合的原则。海关行政处罚的功能不只是单纯的处罚和惩戒，而是通过制裁手段，使违法者改正违法行为，形成守法自律意识，因此海关行政处罚的过程包含教育的内容。

（4）救济原则。海关行政处罚中的救济手段包括行政申诉、行政复议、行政诉讼和行政赔偿。

2.5.2 海关行政处罚制度的基本内容

1. 海关行政处罚的范围

应受海关行政处罚行为包括依法不追究刑事责任的走私行为和违反海关监管规定行为，以及法律、行政法规规定由海关实施行政处罚的行为。

> **提示** 《海关法》规定，走私情节严重的（主要以走私物的品种、数量和逃税额为标准），构成走私罪。认定和惩罚走私罪（追究刑事责任）属于司法机关的职能，不在海关行政处罚范围内；而依法不追究刑事责任的走私行为，以及涉嫌走私罪但人民检察院依法不追究刑事责任、构成走私犯罪但人民法院依法决定免于追究刑事责任的，应由海关依据《海关行政处罚实施条例》进行行政处罚。

（1）依法不追究刑事责任的走私行为。

依法不追究刑事责任的走私行为包括3类情形，即走私行为、按走私行为论处的行为和以走私的共同当事人论处的行为。

1）走私行为。违反《海关法》及其他有关法律、行政法规，逃避海关监管，偷逃应纳税款、逃避国家有关进出境的禁止性或者限制性管理，有下列情形之一的，是走私行为：① 未经国务院或者国务院授权的机关批准，从未设立海关的地点运输、携带国家禁止或者限制进出境的货物、物品或者依法应当缴纳税款的货物、物品进出境的；② 经过设立海关的地点，以藏匿、伪装、瞒报、伪报或者其他方式逃避海关监管，运输、携带、邮寄国家禁止或者限制进出境的货物、物品或者依法应当缴纳税款的货物、物品进出境的；③ 使用伪造、变造的手册、单证、印章、账册、电子数据或者以其他方式逃避海关监管，擅自将海关监管货物、物品、进境的境外运输工具，在境内销售的；④ 使用伪造、变造的手册、单证、印章、账册、电子数据或者以伪报加工贸易制成品单位耗料量等方式，致使海关监管货物、物品脱离监管的；⑤ 以藏匿、伪装、瞒报、伪报或者其他方式逃避海关监管，擅自将保税区、出口加工区等海关特殊监管区域内的海关监管货物、物品，运出区外的；⑥ 有逃避海关监管，构成走私的其他行为的。

> **提示** 走私行为在客观上首先表现为违反《海关法》及其他有关法律、行政法规，其次表现为逃避海关监管，这是构成走私行为必不可少的两个前提条件，二者缺一不可。

2）按走私行为论处的行为。《海关行政处罚实施条例》规定了以下两项以走私行为论处的行为。这些行为不具有典型的走私特征，但这些行为与走私行为联系密切，为走私货物、物品提供了销售、流通渠道，成为完成走私的一个重要环节，其违法性质、危害后果与直接走私行为相近，因此，为严厉打击走私违法行为，海关法规定应当按走私行为论处。

有下列行为之一的，按走私行为论处：① 明知是走私进口的货物、物品，直接向走私人非法收购的。② 在内海、领海、界河、界湖，船舶及所载人员运输、收购、贩卖国家禁止或者限制进出境的货物、物品，或者运输、收购、贩卖依法应当缴纳税款的货物，没有合法证明的。

> **提示** "合法证明"是指船舶及其所载人员依照国家有关规定或者依照国际运输惯例所必须持有的证明其运输、携带、收购、贩卖所载货物、物品真实、合法、有效的商业单证、运输单证及其他有关证明、文件。

3）以走私的共同当事人论处的行为。与走私人通谋为走私人提供贷款、资金、账号、发票、证明、海关单证的，与走私人通谋为走私人提供走私货物、物品的提取、发运、运输、保管、邮寄或者其他方便的，以走私的共同当事人论处。

（2）违反海关监管规定的行为。违反海关监管规定的行为是指海关管理相对人在从事运输工具、货物、物品的进出境活动或从事海关监管货物的运输、储存、加工、装配、寄售、展示等业务活动中，违反《海关法》及其他有关法律、行政法规的规定，且未构成走私的行为。主要表现为违反海关关于进出境监管的具体要求、监管程序和监管手续，没有按照海关规定履行应尽的义务，在海关的执法实践中简称为"违规"行为。

根据《海关行政处罚实施条例》，违反海关监管规定的行为主要有：① 违反国家进出口管理规定，进出口国家禁止进出口货物的；② 违反国家进出口管理规定，进出口国家限制进出口的货物或属于自动进出口许可管理的货物，进出口货物的收发货人向海关申报时不能提交许可证件的；③ 进出口货物的品名、税则号列、数量、规格、价格、贸易方式、原产地、起运地、运抵地、最终目的地或者其他应当申报的项目未申报或者申报不实的；④ 擅自处置监管货物，违规存放监管货物，监管货物短少灭失且不能提供正当理由的，未按规定办理保税手续，单耗申报不实，过境、转运、通运货物违规，暂时进出口货物违规的；⑤ 报关资格违规（非法代理、行贿、未经许可从事报关业务、骗取许可）、主管人员和直接责任人员的处罚；⑥ 其他违法（中断监管程序、伪造、变造、买卖单证、进出口侵犯知识产权货物等)。

> **提示** 走私行为与违规行为的区别
>
> (1) 主观故意不同。走私具有很强的主观目的性,其行为的目的就在于偷逃国家应缴税款或逃避国家对进出境运输工具、货物、物品的禁止或限制性管制,并往往有针对性地采取各种伪装欺骗手法,企图逃避海关监管;而违规行为在主观认识上通常表现为"过失"状态,没有很明确的追求逃税、逃证的主观目的性,通常也不会采取有针对性的欺骗手法来逃避海关监管。
>
> (2) 客观行为不同。走私为了达到逃税、逃证的目的,通常会采取欺骗手法逃避海关监管,而且这种逃避海关监管的手法是行为人在明知或应知条件下有针对性采取的。而违规行为一般都不会采取欺骗手法来掩饰自己的过失行为,其行为往往没有明确的逃税、逃证的针对性和目的性,发生的环节也多是在程序和手续方面不履行海关规定的义务。
>
> (3) 行为危害结果不同。走私行为侵害的主体是国家关于运输工具、货物、物品进出境税收和管制的实体性规定,通常会产生逃税、逃证的实质性危害,《海关行政处罚实施条例》规定的走私行为和以走私行为论处的行为都会直接产生逃税、逃证的结果。而违规行为侵害的是海关监管的程序、手续及具体要求等进出境管理秩序。

(3) 法律、行政法规规定由海关实施行政处罚的行为。除《海关法》规定了走私行为和违反海关监管规定的行为由海关处理外,还包括其他法律、行政法规,以及国务院的规范性文件规定由海关实施处罚的行为的处理。

2. 海关行政处罚的管辖

行政处罚的管辖是指行政机关或者法律、法规授权的组织,实施行政处罚权限的划分和分工。根据《海关行政处罚实施条例》,海关行政处罚的管辖权规定如下。

(1) 由发现违法行为的海关管辖,也可以由违法行为发生地海关管辖。

(2) 两个以上海关都有管辖权的案件,由最先发现违法行为的海关管辖。

(3) 管辖不明确的案件,由有关海关协商确定管辖,协商不成的,报请共同的上级海关指定管辖。

(4) 重大、复杂的案件,可以由海关总署指定管辖。

一个海关只有同时具有地域管辖、级别管辖、职权管辖三个权能,才具有行政处罚权。

3. 海关行政处罚的形式

由于海关行政处罚的违法标的物分别为禁止、限制进出口的货物,应缴纳税款的货物,既属限制进出口又属应税的货物,以及法律规定的其他特殊货物(如固体废物)等,其造成的危害后果是不同的。因此,《海关行政处罚实施条例》对上述不同违法行为所涉及的违法标的做出了不同的处罚规定。

(1) 海关行政处罚的基本形式。海关行政处罚的基本形式主要包括:① 警告;② 罚款;③ 没收走私货物、物品、运输工具及违法所得;④ 撤销报关等企业的注册登记,取消报关从业资格,暂停从事有关业务或者执业;⑤ 取缔未经注册登记和未取得报关从业资格从事报关业务的企业和人员的有关活动。

（2）海关行政处罚的具体方式。

1）对走私行为的行政处罚。《海关行政处罚实施条例》对走私行为的行政处罚有以下方式：① 没收走私货物、物品及违法所得；② 可以并处偷逃应纳税款3倍以下罚款；③ 专门用于走私的运输工具或用于掩护走私的货物、物品应当予以没收；④ 2年内3次以上用于走私的运输工具或用于掩护走私的货物、物品，应当予以没收；⑤ 藏匿走私货物、物品的特制设备、夹层、暗格，应当予以没收或责令拆毁。使用特制设备、夹层、暗格实施走私的，应当从重处罚；⑥ 在海关注册的企业、报关人员，构成走私犯罪或1年内有2次以上走私行为的，海关可以撤销其注册登记，取消其报关从业资格。

2）对违反海关监管规定行为的行政处罚。《海关行政处罚实施条例》对违规行为的处罚规定了下列方式：① 警告，警告作为一种正式的海关行政处罚类型，在依据《海关行政处罚实施条例》的规定对有关违法行为给予警告处罚时，应严格按照《行政处罚法》所规定的程序实施（单独给予警告处罚的，可以适用行政处罚简易程序）；② 罚款，罚款是对违规行为的一种重要的处罚种类，几乎涉及违反《海关行政处罚实施条例》关于海关监管行为处罚的所有条款，同时，《海关行政处罚实施条例》在处罚幅度上还做了上下限规定，减少了处罚的随意性；③ 没收违法所得，没收违法所得是《海关行政处罚实施条例》中增加的对违规行为的处罚种类，使处罚更加具有针对性；④ 暂停有关企业或人员从事有关业务或执业、撤销海关注册登记或取消报关从业资格，使海关对违规行为的处罚有更多的选择性和针对性，对整顿和规范企业行为具有深远影响；⑤ 未经海关注册登记和未取得报关从业资格从事报关业务的，予以取缔。

2.6 海关事务担保制度

2.6.1 海关事务担保概述

1. 海关事务担保的含义

海关事务担保，是指与海关管理有关的当事人在向海关申请从事特定的经营业务或办理特定的海关手续时，其本人或海关认可的第三人以向海关提交保证金、实物或保证函等财产、权利，保证在一定期限内履行其承诺的义务的法律行为。

《海关法》第六十七条对担保主体资格做了原则规定，即具有履行海关事务担保能力的法人、其他组织或者公民，可以成为担保人。法律规定不得为担保人的除外。这一规定包括了三层含义：一是担保人要具有履行海关事务担保能力；二是担保人可以是法人、其他组织或者公民；三是法律规定不得为担保人的除外。

> **提示：** 不能成为担保人的主体
> 根据我国担保法等有关法律的规定，以下主体不得成为担保人：
> （1）国家机关不得为担保人。国家机关之所以不得担任担保人，是因为它主要从事

国家活动，其财产和经费源于国家财政和地方财政的拨款，并主要用于符合其设立宗旨的公务活动。国家机关的财产和经费若用于清偿担保义务，不仅与其活动宗旨不符，而且也会影响其职能的正常发挥。

（2）学校、幼儿园、医院等以公益为目的的事业单位、社会团体不得为担保人。这类单位、团体的设立，具有增进社会公共利益的目的，其为海关事务提供担保，就有可能减损其用于公益目的的财产，无疑有违其设立的宗旨。

（3）企业法人的分支机构、职能部门不得为担保人。由于企业法人的分支机构和职能部门不具有法人资格，没有独立的财产，不能独立承担法律责任，因此它不具备作为担保人的条件，没有代为偿付能力。以上这些法律规定对履行海关事务担保的担保人同样是适用的。

2. 担保人的担保责任

《海关法》规定："担保人应当在担保期限内承担担保责任。担保人履行担保责任的，不免除被担保人应当办理有关海关手续的义务。"海关则应当及时为被担保人办理有关海关手续。

（1）担保责任。具有履行海关事务担保能力的人，以向海关提交现金、实物或保证函等财产、权利的方式，保证在一定期限内履行其承诺的法律义务，必须承担相应的法律责任，这一责任又称为担保责任。即由担保人向海关提供担保，承诺当被担保人不履行海关义务时，由其来履行的责任，比如进出口货物的收发货人在未缴纳关税前将货物提取，事后又不办理关税缴纳手续的，那么担保人就要承担按照承诺将所提供的担保抵作税款的责任。

（2）担保期限。担保人应当在担保期限内承担担保责任。所谓担保期限，是指始于担保生效终于担保消灭的时间阶段。由于履行海关义务都有一定的法律上的时间要求，因此为履行海关义务所提供的担保自然也不是无期限的，担保人仅在担保期限内承担担保责任，逾期，即使被担保人未履行海关义务，担保人也不再承担担保责任。所以确定担保期限对于确定担保责任具有重要的法律意义。鉴于法律规定可适用担保的范围内所涉及的事项千差万别，不可能对此做统一规定，因而担保期限主要由海关行政法规及海关规章来制定。

（3）担保解除。被担保人如能在规定的期间内履行担保承诺的义务或规定的担保期间届满，担保人的担保责任则应依法予以解除。

> **提示** 担保人履行担保责任的，不免除被担保人应当办理有关海关手续的义务。这是海关事务担保与一般的民事法律担保的重要区别。由于海关与被担保人不是平等民事主体之间的关系，而是以国家权力为基础的监管与被监管的关系，所以并不因为担保人承担了担保责任就免除了被担保人对海关所承担的法律义务，被担保人就可以不再办理有关的海关手续，因此无论担保人是否履行了担保责任，被担保人都有办理有关海关手续的义务。

3. 海关事务担保的作用和性质

（1）海关事务担保的作用。海关事务担保制度是解决简化手续、加速通关与严密监管、防范风险这一对海关管理矛盾的有效方法之一,既能维护国家利益不被侵害,又能便利守法企业、促进贸易效率的提高。同时,担保制度对进出境活动的当事人也会产生较强的制约作用,促进企业守法自律,按时履行其承诺的义务。

(2)海关事务担保的性质。

1)履行性。当事人提供的担保,具有在规定期限内由当事人履行其在正常情况下应当履行其承诺义务的性质。

2)惩罚性。如果由于当事人的过错,不能履行担保事项所列明的义务,海关将依法对当事人给予惩罚,让其承担一定的法律责任,以达到惩戒和教育的目的。

3)补偿性。对涉及税款的担保,无论是责令补缴税款,还是将保证金抵作税款,或者通知银行扣缴税款,主要目的还是在于补偿和保证国家进出口税收。

2.6.2 海关事务担保制度的基本内容

1. 海关事务担保的适用

根据《海关法》和《海关事务担保条例》等法律规范,海关事务担保的适用包括一般适用、其他适用、海关事务担保的免除和海关事务总担保等情况。

(1)海关事务担保的一般适用。海关事务担保的一般适用可以使当事人获得提前放行、办理特定海关业务以及免于扣留财产等便利,主要有以下4种情形。

1)当事人申请提前放行货物的担保。在确定货物的商品归类、估价和提供有效报关单证或办结其他海关手续前,当事人向海关提供与应纳税款相适应的担保,向海关申请提前放行货物的。

有下列情形之一的,当事人可以在办结海关手续前向海关申请提供担保,要求提前放行货物:① 进出口货物的商品归类、完税价格、原产地尚未确定的;② 有效报关单证尚未提供的;③ 在纳税期限内税款尚未缴纳的;④ 滞报金尚未缴纳的;⑤ 其他海关手续尚未办结的。

国家对进出境货物、物品有限制性规定,应当提供许可证件而不能提供的,以及法律、行政法规规定不得担保的其他情形,海关不予办理担保放行。

2)当事人申请办理特定海关业务的担保。当事人申请办理下列特定海关业务的,按照海关规定提供担保:① 运输企业承担来往内地与港澳公路货物运输、承担海关监管货物境内公路运输的;② 货物、物品暂时进出境的;③ 货物进境修理和出境加工的;④ 租赁货物进口的;⑤ 货物和运输工具过境的;⑥ 将海关监管货物暂时存放在海关监管区外的;⑦ 将海关监管货物向金融机构抵押的;⑧ 为保税货物办理有关海关业务的。

当事人不提供或提供的担保不符合规定的,海关不予办理特定海关业务。

3)税收保全担保。进出口货物的纳税义务人在规定的纳税期限内有明显的转移、藏匿其应税货物以及其他财产迹象的,海关可以责令纳税义务人提供担保;纳税义务人不能提供担保的,海关依法采取税收保全措施。

4)免于扣留财产的担保。① 有违法嫌疑的货物、物品、运输工具应当或者已经被海关依法扣留、封存的，当事人可以向海关提供担保，申请免予或者解除扣留、封存。② 有违法嫌疑的货物、物品、运输工具无法或者不便扣留的，当事人或者运输工具负责人应当向海关提供等值的担保；未提供等值担保的，海关可以扣留当事人等值的其他财产。③ 有违法嫌疑的货物、物品、运输工具属于禁止进出境，或者必须以原物作为证据，或者依法应当予以没收的，海关不予办理担保。④ 法人、其他组织受到海关处罚，在罚款、违法所得或者依法应当追缴的货物、物品、走私运输工具的等值价款未缴清前，其法定代表人、主要负责人出境的，应当向海关提供担保；未提供担保的，海关可以通知出境管理机关阻止其法定代表人、主要负责人出境。⑤ 受海关处罚的自然人出境的，适用上述规定。

（2）海关事务担保的其他适用。进口已采取临时反倾销措施、临时反补贴措施的货物应当提供担保的，或者进出口货物收发货人、知识产权权利人申请办理知识产权海关保护相关事务等，依照一般适用的规定办理海关事务担保。法律、行政法规有特别规定的，从其规定。

（3）海关事务担保的免除。根据《海关法》的有关条款，如其他法律、行政法规根据实践需要规定在特定情形下可以免除担保提前放行货物的，这种"免除担保"的特别规范优先于"凭担保放行"的一般规定。因此，在特定规范适用的范围内，海关可以对未办结海关手续的货物免除担保而给予先行放行。

当事人连续两年同时具备下列条件的，可以向直属海关申请免除担保，并按照海关规定办理有关手续：① 通过海关验证稽查；② 年度进出口报关差错率在3%以下；③ 没有拖欠应纳税款；④ 没有受到海关行政处罚，在相关行政管理部门无不良记录；⑤ 没有被追究刑事责任等。

（4）海关事务总担保。当事人在一定期限内多次办理同一类海关事务的，可以向海关申请提供总担保。海关接受总担保的，当事人办理该类海关事务，不再单独提供担保。

可申请总担保的情形有：① ATA单证册项下暂准出口货物，由中国国际商会统一向海关总署提供总担保；② 经海关同意，知识产权权利人可以向海关提供金额不低于人民币20万元的总担保；③ 由银行对纳税义务人在一定时期内通过网上支付方式申请缴纳的进出口税费提供的总担保。

总担保的适用范围、担保金额、担保期限、终止情形等由海关总署规定。

2．海关事务担保的方式

担保人可以以下列财产、权利提供担保：

（1）人民币、可自由兑换货币。这是担保人向海关缴纳现金的一种担保形式。无论是人民币还是可自由兑换货币，从性质上都是金钱，而金钱是一种特殊的物，是一定财产的象征与等价物，因此也是最为传统和最普遍使用的担保方式。

（2）汇票、本票、支票、债券、存单。这几种担保物所代表的是能够以金钱估价的财产权利，具有可让与性，因此是一种适合设立担保的权利。

（3）银行或非银行金融机构的保函。保函是由担保人按照海关的要求向海关提交的、由银行或者非银行金融机构签发的、订有明确权利义务的一种担保文件，它依赖于银行或非银行金融机构的信用,具有一定的可靠性,因此也是一种适合作为担保物的担保方式。

> **提示** (1)根据《中华人民共和国银行法》的规定,中国人民银行作为中央银行不能为任何单位和个人提供担保,不属于银行担保的范畴。
> (2)对于 ATA 单证册项下的进出口货物,由中国国际商会这一特殊的第三方为担保人,为展览品等暂准进出口货物提供保函方式的担保。

(4)海关依法认可的其他财产、权利。担保人除可以上述几种财产、权利作为担保物提供担保外,还可用海关依法认可的其他财产、权利提供担保。

3. 海关事务担保的实施

(1)担保金的分类及适用。根据业务性质的不同,担保金可分为税款类担保金、风险类担保金和案件类担保金。

1)税款类担保金适用于下列情形:① 海关尚未确定商品归类、完税价格、原产地、进口货物/物品数量等征税要件的;② 正在海关办理减免税审批手续的;③ 申请延期缴纳税款的;④ 暂时进出境的;⑤ 进境修理和出境加工的;⑥ 因残损、品质不良或者规格不符,纳税义务人申报进口或者出口无代价抵偿货物时,原进口货物尚未退运出境或者放弃交由海关处理的,或者原出口货物尚未退运进境的;⑦ 对缉私、稽查缴获的货物执行风险较大的追补税款情事的;⑧ 其他按照有关规定应当收取税款担保金的情形。

2)风险类担保金适用于下列情形:① 对实施联网监管的相关加工贸易企业收取的风险担保金;② 对加工贸易货物备案征收的风险担保金;③ 对同一经营单位申请将剩余料件结转到另一加工厂收取的风险担保金;④ 对从事转关运输的企业收取的风险担保金;⑤ 对加工区之间往来的货物不能按照转关运输办理的企业收取的风险担保金;⑥ 对进口货物收货人在申请减免滞报金期间因故需先行提取货物收取的风险担保金;⑦ 对租赁进出口货物、物品收取的风险担保金;⑧ 其他按照有关规定收取的风险担保金。

3)案件类担保金包括下列情形:① 对无法或者不便扣留的货物、物品或者运输工具收取的等值担保金;② 对受海关处罚,在出境前未交清罚款、违法所得和依法追缴的货物、物品、走私运输工具的等值价款的当事人收取的担保金;③ 对涉及知识产权保护收取的担保金;④ 其他按照有关规定收取的担保金。

(2)担保金金额。在确定担保金额方面,《海关事务担保条例》坚持的原则是既要保证国家税收不受损失,又不能增加当事人的经济负担。因此,《海关事务担保条例》规定,当事人提供的担保应当与其需要履行的法律义务相当,其担保金金额按照下列标准确定:

1)为提前放行货物提供的担保,担保金额不得超过可能承担的最高税款总额。

2)为办理特定海关业务提供的担保,担保金额不得超过可能承担的最高税款总额或者海关总署规定的金额。

3)因有明显的转移、藏匿应税货物及其他财产迹象被责令提供的担保,担保金额不得超过可能承担的最高税款总额。

4)为有关货物、物品、运输工具免予或解除扣留、封存提供的担保,担保金额不得超过该货物、物品、运输工具的等值价款。

5)为罚款、违法所得或者依法应当追缴的货物、物品、走私运输工具的等值价款未缴清前出境提供的担保，担保金额应当相当于罚款、违法所得数额或者依法应当追缴的货物、物品、走私运输工具的等值价款。

此外，有违法嫌疑的货物、物品、运输工具无法或不便扣留的，当事人或运输工具负责人应当向海关提供等值的担保；未提供等值担保的，海关可以扣留当事人等值的其他财产。

（3）保函。除上述须用担保金申请担保的外，担保人均可以保证函方式申请担保。在实施保证函担保时，因担保人所要担保的情况不同，在实际使用时，对担保人的身份也有相应的要求。

4．办理海关事务担保的程序

（1）担保的申请。凡符合申请担保条件的货物，由当事人向办理有关货物进出口手续的海关申请担保。办理担保，当事人应当提交书面申请，以及真实、合法、有效的财产、权利凭证和身份或者资格证明等材料，并按海关审核确定的担保方式提供担保。

（2）担保的受理。海关应当自收到当事人提交的材料之日起5个工作日内对相关财产、权利等进行审核，并决定是否接受担保。当事人申请办理总担保的，海关应当在10个工作日内审核并决定是否接受担保。符合规定的担保，自海关决定接受之日起生效。对不符合规定的担保，海关应当书面通知当事人不予接受，并说明理由。担保财产、权利不足以抵偿被担保人有关法律义务的，海关应当书面通知被担保人另行提供担保或者履行法律义务。

（3）担保的变更。被担保人履行法律义务期限届满前，担保人和被担保人因特殊原因要求变更担保内容的，应当向接受担保的海关提交书面申请及有关证明材料。海关应当自收到当事人提交的材料之日起5个工作日内做出是否同意变更的决定，并书面通知当事人；不同意变更的，应当说明理由。

（4）担保财产、权利的退还。《海关事务担保条例》规定，当事人已经履行有关法律义务、不再从事特定海关业务或者担保财产、权利被海关采取抵缴措施后仍有剩余的，海关应当书面通知当事人办理担保财产、权利的退还手续。

1)应予退还的情形。有下列情形之一的，海关应当书面通知当事人办理担保财产、权利退还手续：① 当事人已经履行有关法律义务的；② 当事人不再从事特定海关业务的；③ 担保财产、权利被海关采取抵缴措施后仍有剩余的；④ 其他需要退还的情形。

2)退还手续。自海关要求办理担保财产、权利退还手续的书面通知送达之日起3个月内，当事人无正当理由未办理退还手续的，海关应当发布公告。自海关公告发布之日起1年内，当事人仍未办理退还手续的，海关应当将担保财产、权利依法变卖或者兑付后，上缴国库。海关履行职责，金融机构等有关单位应当依法予以协助。

（5）担保的销案。当事人必须于规定的担保期限届满前，凭"海关保证金、风险担保金、抵押金收据"或留存的保函向海关办理销案手续。在当事人履行了向海关承诺的义务后，海关将退还当事人已缴纳的担保资金或注销已提交的保函。

5. 担保人、被担保人的法律责任

被担保人在规定的期限内未履行有关法律义务的，海关可以依法从担保财产、权利中抵缴。当事人以保函提供担保的，海关可以直接要求承担连带责任的担保人履行担保责任。

担保人、被担保人违反《海关事务担保条例》，使用欺骗、隐瞒等手段提供担保的，由海关责令其继续履行法律义务，处 5 000 元以上 50 000 元以下的罚款；情节严重的，可以暂停被担保人从事有关海关业务或撤销其从事有关海关业务的注册登记。

担保人、被担保人对海关有关海关事务担保的具体行政行为不服的，可以依法向上一级海关申请行政复议或向人民法院提起行政诉讼。

本章小结

1. 本章主要介绍了我国海关管理制度的基础知识，以及海关统计制度、海关稽查制度、海关行政处罚制度、知识产权海关保护制度和海关事务担保制度等各项制度的内容。通过本章的学习，为实际业务操作奠定良好的理论基础和制度保障。由于海关监管制度和海关税收征管制度所涉及的内容广泛而且重要，在本教程中独立成章来介绍，故未包含在本章中。

2. 海关管理制度是一系列调整海关管理活动的法律规范，与进出境事务相关的管理制度以海关行政法规为主要内容，如《知识产权海关保护条例》、《海关统计条例》、《海关稽查条例》、《海关事务担保条例》、《海关行政处罚实施条例》等，熟悉这些法律规范是理解海关管理制度的基本要求。

练习题

一、单选题

1. 目前我国海关统计体系采用的是（　　）。
   A．总贸易体系　　　　　　　　B．专门贸易体系
   C．总贸易体系和专门贸易体系
2. 对于保税货物，海关的稽查期限是（　　）。
   A．海关监管期限内　　　　　　B．海关放行货物之日起 3 年内
   C．海关监管期限及其后的 3 年内
3. 走私情节严重的构成走私罪的行为，其认定和处罚（　　）。
   A．在海关行政处罚范围内　　　B．属于司法机关的职能
   C．不在司法机关的职能范围内
4. 下列说法不正确的是（　　）。
   A．海关对没收的侵权货物可以直接用于社会公共事业的，海关可以将货物转交给有关公益机构用于社会公益事业

B．海关对没收的侵权货物可以有偿转让给知识产权权利人

C．对进口假冒商标货物，在清除货物上的商标标识后可以通过依法拍卖进入商业渠道

5．在海关事务担保范围内，国家对进出境货物有限制性规定，收发货人提交了许可证件申请担保放行的，海关应办理担保手续，但（　　）规定不得担保的除外。

A．法律、行政法规　　　　　　B．部委规章

C．地方性法规

二、多选题

1．根据联合国关于国际货物统计原则，我国将进出口货物分为（　　）。

A．列入海关统计的进出口货物

B．不列入海关统计的货物

C．不列入海关统计但实施单项统计的货物

D．其他

2．下列说法正确的是（　　）。

A．海关进行稽查时，将组成稽查组，其成员不得少于2人

B．海关工作人员与被稽查人有直接利害关系的应当回避

C．海关进行稽查时可以查询被稽查人在银行或其他金融机构的存款账户

D．使用减免税进口货物的企业不属于海关稽查的对象

3．海关行政处罚的种类包括（　　）。

A．警告　　　　B．罚款　　　　C．没收走私货物

D．对从事走私犯罪的嫌疑人依法追究刑事责任

4．下列选项中，（　　）是海关事务中适用于听证程序的海关行政处罚形式。

A．没收进出口货物、物品、运输工具

B．撤销报关企业的海关注册登记，取消其报关从业资格

C．对报关员处1万元以上罚款

D．海关暂停报关单位的报关业务，暂停其报关执业

5．根据《知识产权海关保护条例》，海关对知识产权的保护分为（　　）。

A．依企业保护　　B．依职能保护　　C．依职权保护　　D．依申请保护

6．担保人可以（　　）作为担保。

A．美元、港币、不丹国货币　　　　B．空头支票

C．深圳发展银行提供的保函　　　　D．海关认可的企业自有厂房

三、判断题

1．海关统计的原始资料是进出口货物报关单。（　　）

2．《海关稽查条例》是海关总署根据《海关法》的规定制定的。（　　）

3．明知是走私进口的货物、物品，直接向走私人非法收购的行为按走私行为论处。（　　）

4．知识产权海关保护的备案是海关知识产权保护的前提。（   ）

5．担保人可以以人民币或其他货币为履行海关义务的收发货人提供担保。（   ）

6．担保人应当在担保期限内承担担保责任。担保人履行担保责任的，可以免除被担保人应当办理有关海关手续的义务。（   ）

四、实训题

某市A公司于2015年5月在M海关申报进口电子元器件。因急于向客户交付货物，所以向海关申请先行放行货物。该货物属于海关可以担保放行的范围，海关要求其提供与货物税款相应的103万元人民币保证金或银行保函。A公司以资金周转困难和银行不为其出具保函为由，拒绝提供保证金和保函，并于次日拿着公司的房产证到海关要求以公司房产进行抵押担保。M海关以担保方式不合适拒绝接受A公司的担保申请。请问：M海关是否有权拒绝A公司的抵押担保申请方式？

第3章
进出口货物的国家管制

受赠印刷品仍要受到贸易管制

2009年，国内某大学接受了一批来自美国某大学捐赠的图书，用于该校图书馆的建设，并委托一家国际物流有限公司以"其他进出口免费"的贸易方式向海关申报进口，这批图书涉及语言、教育、文学、科技等领域，共计50 000册。海关关员在审核其报关单数据时发现，此票货物已构成印刷品的特征，且数量超过100册，根据国家对进口印刷品的管理规定，这批图书需要委托中国图书进出口有限公司或者其他具有印刷品进口业务权的公司代理办理进口事宜，并要提供国务院新闻出版行政主管部门的进口批准文件、目录清单、有关报关单证及其他需要提供的文件。由于该大学在不了解印刷品进口相关规定的情况下接受了外方的赠予，且没有委托具有印刷品进口资质的公司代办，更没有办理相关的批文，因此导致货物滞港不能正常通关。更为严重的是，按照规定，海关对无印刷品进口业务权和无法提供相关文件的单位应予退关，而这批图书正是属于这一范畴。

这一案例表明，除具有印刷品进口业务权的公司外，许多企事业单位对于图书等印刷品进口申报了解尚浅。印刷品及音像制品的进口业务，由国务院有关行政主管部门批准或者指定经营，未经批准或者指定，任何单位或者个人不得经营印刷品及音像制品进口业务。

可见，印刷品的进口受到诸多贸易政策的管制，比如进口业务权的取得、印刷品数量的核定和通关手续。因此企业在申报时应提前了解相关规定，做好准备。

受赠印刷品虽然不属于贸易，但仍受到贸易管制。受赠单位应当向海关提交赠送方出具的赠送函和受赠单位的接受证明及有关清单。接受境外赠送的印刷品超过100册或者音像制品超过200盘的，受赠单位除向海关提交上述单证外，还应当提交国务院有关行政主管部门的批准文件。

资料来源：根据《中国海关》2009年第9期整理

本章学习目标

◆ 掌握禁止、限制、自由进出口货物和技术管理的基本内容；

第3章 进出口货物的国家管制

- ◆ 掌握进出口货物许可证管理制度和自动进出口许可证管理制度的基本内容；
- ◆ 熟悉出入境检验检疫管理制度的基本内容；
- ◆ 熟悉对外贸易经营资格管理制度进出口货物付汇收汇管理制度的基本内容；
- ◆ 了解国家对特殊进出口货物管制的基本内容。

学习导航

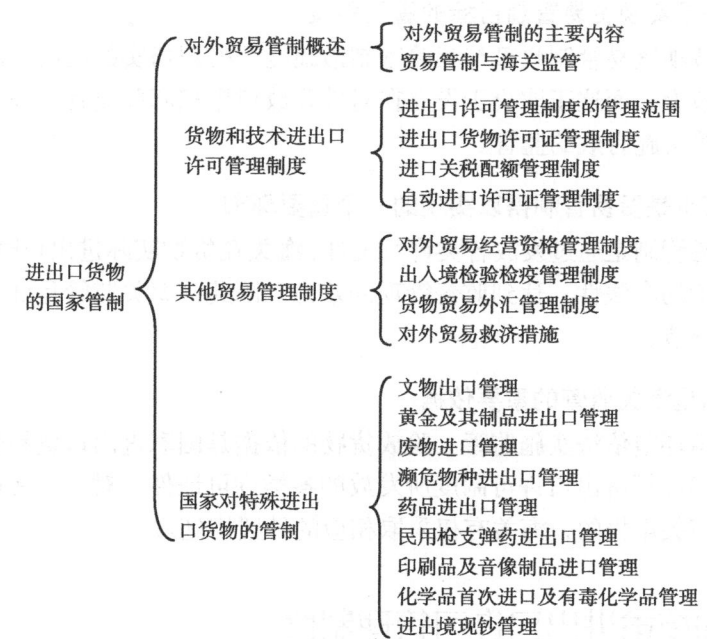

3.1 对外贸易管制概述

3.1.1 对外贸易管制的主要内容

对外贸易管制，简称"贸易管制"，是指一国政府从国家的宏观经济利益和国内外政策需要出发，在遵循国际贸易有关规则的基础上，对本国的对外贸易活动实施有效的管理而实行的各种贸易政策、制度或措施的总称。

加入世贸组织标志着中国已全面融入国际经济体系，因此中国必须按照世贸组织规则，结合国情，实行必要、合理、规范的对外贸易管制。现我国对外贸易管制的主要内容可概括为"证"、"备"、"检"、"核"、"救"5个字。

（1）"证"主要是指进出口许可证件，即法律、行政法规规定的各种具有许可进出性质的证明。进出口许可证是货物、技术进出口的证明文件，是我国贸易管制的最基本手段。

65

（2）"备"是指对外贸易经营资格的备案登记。对外贸易经营者未按规定办理备案登记的，海关不予办理进出口货物的验放手续。

（3）"检"是指商品质量的检验检疫、动植物检疫和国境卫生检疫，简称"三检"。

（4）"核"是指进出口收、付汇核销。

（5）"救"是指贸易管制中的救济措施，包括反倾销、反补贴和保障措施。

3.1.2 贸易管制与海关监管

1. 海关监管是实现贸易管制目标的重要手段

国家制定的各项贸易管制政策与相关管制措施能否得到切实的贯彻和落实，主要集中表现在进出境环节上，而这正取决于设立在对外开放口岸和海关监管业务集中的海关，能否对货物、技术等实施有效的监管。

2. 海关监管也是贸易管制得以实现的一个重要环节

国家对外贸易管制是通过发放各类许可证件，海关在货物实际进出口时查验许可证件，以确定进出口货物的合法性，达到监督管理的效力。因此，海关监管是确保对外贸易管制得以实施的重要环节。

3. 贸易管制是海关监管的重要依据

海关在进出境环节依法实施监管、验放货物的依据是国家进出口贸易管制政策与国家对外贸易主管部门依据进出口许可制度所发放的各类许可证件。对于"无证"的进出口货物或不能如实向海关申报的，海关有权采取相应的处置措施。

3.2 货物和技术进出口许可管理制度

进出口许可管理制度是指国家根据《中华人民共和国货物进出口管理条例》（以下简称《货物进出口管理条例》）、《中华人民共和国技术进出口管理条例》（以下简称《技术进出口管理条例》）等相关法律、行政法规，对进出口货物所实行的一种行政管理制度。国家一般通过签发进出口许可证件来表示准许货物或技术的进出口。

3.2.1 进出口许可管理制度的管理范围

进出口许可管理制度的管理范围包括禁止进出口货物和技术管理、限制进出口货物和技术管理、自由进出口货物和技术管理。

1. 禁止进出口货物和技术管理

（1）禁止进出口货物管理。列入国家公布禁止进出口商品目录的商品和其他法律禁止或停止进出口的商品，任何企业不得经营进出口。禁止进出口货物种类如表3-1所示。

表3-1 禁止进出口货物种类

禁止进口货物	禁止出口货物
列入《禁止进口货物目录》的商品： 1. 缔结或参加国际条约、协定，为保护自然环境和资源，如禁止进口破坏臭氧层的四氯化碳、濒危物种犀牛角、虎骨等 2. 旧机电产品类：涉及生产安全（压力容器类）、人身安全（电器、医疗设备）和环境保护（汽车、工程及车船机械类） 3. 对环境有污染的固体废物类：如城市垃圾、医疗废物、含铅汽油淤渣等13类别废物	列入《禁止出口货物目录》的商品： 1. 缔结或参加国际条约、协定，为保护自然环境和资源，如禁止出口破坏臭氧层的四氯化碳、濒危物种犀牛角、虎骨等。禁止出口有防风固沙作用的发菜和麻黄草等植物 2. 为保护森林，禁止出口截面直径>4cm、长度>10cm棒装木炭
国家有关法律、法规明令禁止进口的商品，如不符合规定的废物、受放射性污染的废旧金属；来自疫区的动物及其产品、旧服装、右置方向盘汽车、国产手表复进口、血液制品和带有种族歧视的黑人牙膏等	国家有关法律、法规明令禁止出口的商品，如禁止出口未定名或新发现并有重要价值的野生植物等 禁止出口劳改产品
其他	其他

（2）禁止进出口技术管理。《中国禁止出口、限制出口技术目录》中禁止进口的技术涉及钢铁冶金、有色金属冶金、化工、石油炼制、石油化工、消防、电工、轻工、印刷、医药、建筑材料生产技术11个技术领域的26项技术。

  我国禁止进境的物品包括：① 各种武器、仿真武器、弹药及爆炸物品；② 伪造的货币及伪造的有价证券；③ 对中国政治、经济、文化、道德有害的印刷品、胶卷、照片、唱片、影片、录音带、录像带、激光视盘、计算机存储介质及其他物品；④ 各种烈性毒药；⑤ 鸦片、吗啡、海洛因、大麻以及其他能使人成瘾的麻醉品、精神药物；⑥ 带有危险性病菌、害虫及其他有害生物的动物、植物及其产品；⑦ 有碍人畜健康的、来自疫区的以及其他能传播疾病的食品、药品或其他物品。

《中国禁止出口、限制出口技术目录》中禁止出口的技术涉及测绘、地质、药品生产、农业技术在内的25个技术领域的31项技术。

2．限制进出口货物和技术管理

（1）限制进出口货物管理。我国《货物进出口管理条例》和《技术进出口管理条例》明确规定："国家规定有数量限制的进、出口货物，实行配额管理；其他限制进、出口货物，实行许可证件管理；实行配额管理的限制进、出口货物，由国务院商务主管部门和国务院有关经济管理部门按照国务院规定的职责划分进行管理。"

可见，我国对于限制进出口货物所采用的管理方式是：配额管理+许可证件管理，即进出口企业先申领配额证明，再申请领许可证，凭许可证办理通关手续。

> **相关链接**
>
> 我国限制出境物品包括：①金银等贵重金属及其制品；②国家货币；③外币及其有价证券；④无线电收发信机、通信保密机；⑤贵重中药材；⑥一般文物；⑦海关限制出境的其他物品。

我国限制进出口货物管理方式如图 3-1 所示。

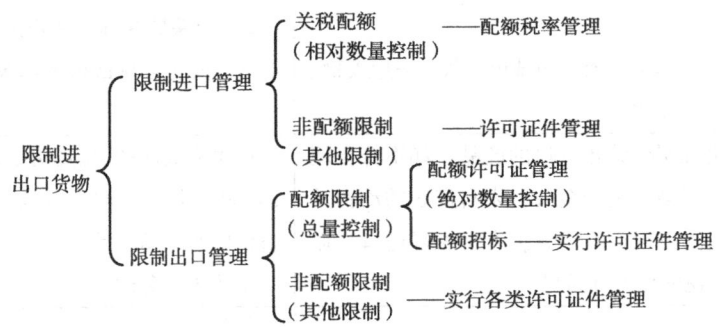

图 3-1 我国限制进出口货物管理方式

配额管理适用于国家规定了数量限制的进出口货物，也称配额限制。非配额管理主要涉及对货物品种的限制。由于国家主要通过许可证件而不是通过配额来进行管理，故它又可称为非配额限制，以区别于配额限制。非配额管理也即"许可证件管理"。

> **相关链接**
>
> （1）自 2005 年起，根据我国入世时的降税承诺及其具体安排，国家已经取消了对于进口产品的数量限制规定，所以现阶段内，我国对于限制进口货物只实行许可证件管理。
>
> （2）2005 年 2 月以前，我国曾对输往设限国家协议项下的纺织品实行一种被动性质的配额限制管理。2005 年 3 月起，我国已不再对出口纺织品采用配额管理，而改用自动出口许可证管理。

> **提示** 许可证件包括：①进出口许可证，即国家批准外贸经营者进出口某些货物或技术的证明文件；②各种具有许可性质的证明、文件，即国家各相关主管部门所签发的准许特定种类的货物进出口的证明文件，如黄金产品的出口准许证、进口废物批准证书等。

（2）限制进出口技术管理。限制进出口技术的具体范围是《中国禁止出口、限制出口技术目录》、《中国禁止进口、限制进口技术目录》中已列明的除禁止进出口和自由进出口的技术以外,国家明确规定限制进出口的技术。

进出口属于限制类技术的步骤如图 3-2 所示。

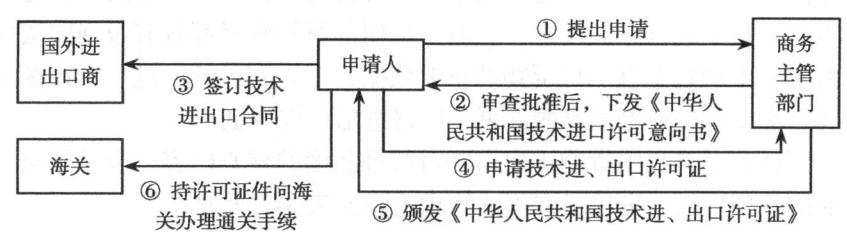

图 3-2 进出口属于限制类技术的步骤

3. 自由进出口货物和技术管理

(1)自由进出口货物管理。除国家规定禁止、限制进出口货物、技术以外的其他货物均属于自由进出口范围。但基于监测的需要或为加强纺织品出口统计分析和监测,及时向出口经营者发布纺织品出口预警信息等目的,国家仍对部分自由进出口的货物实行自动许可管理。

(2)自由进出口技术管理。除禁止、限制进出口的技术,均属于自由进出口的技术。基于监测进出口的需要,国家对其实行合同登记管理。经商务主管部门登记,在 3 个工作日内颁发《技术进出口合同登记证》,凭此向海关、外汇、银行、税务等部门办理报关手续。

> **相关链接**
>
> (1)我国现行的与贸易管制有关的法律主要有:《中华人民共和国对外贸易法》、《中华人民共和国海关法》、《中华人民共和国进出口商品检验法》、《中华人民共和国进出境动植物检验法》、《中华人民共和国固体废物污染环境防治法》、《中华人民共和国国境卫生检疫法》、《中华人民共和国野生动物保护法》、《中华人民共和国药品管理法》、《中华人民共和国文物保护法》、《中华人民共和国食品卫生法》。
>
> (2)我国现行的与贸易管制有关的行政法规主要有:《中华人民共和国进出口管理条例》、《中华人民共和国技术进出口管理条例》、《中华人民共和国进出口关税条例》、《中华人民共和国知识产权海关保护条例》、《中华人民共和国核出口管制条例》、《中华人民共和国野生动植物保护条例》、《中华人民共和国外汇管理条例》。
>
> (3)我国现行的与贸易管制有关的部门规章主要有:《货物自动进口许可管理办法》、《出口收汇核销管理办法》、《进口药品管理办法》、《机电产品自动进口许可管理实施细则》、《出口许可证管理规定》、《外商投资企业自动进口许可管理实施细则》。
>
> (4)目前我国所加入或缔结的涉及贸易管制的国际条约主要有:《京都公约》——关于简化和协调海关制度的国际公约、《濒危野生动植物种国际公约》、《蒙特利尔议定书》——关于消耗臭氧层物质的国际公约、《精神药物国际公约》、《伦敦准则》——关于化学品国际贸易资料交流的国际公约、《鹿特丹公约》——关于在国际贸易中对某些危险化学品和农药采用事先知情同意程序的国际公约、《巴塞尔公约》——关于控制危险废物越境转移及其处置、《国际纺织品贸易协定》、《建立世界知识产权组织公约》。

3.2.2 进出口货物许可证管理制度

许可证是国家批准外贸经营者进口或出口某种货物或技术的证明文件,是我国外贸管制方面最基本、最重要的官方文件之一,对于任何外贸经营者都具有很强的法律约束力。同时它也是海关监管和验放进出口货物的重要依据,即外贸经营者进、出口国家规定限制进出口的货物,必须事先征得国家的许可,取得进出口许可证。

进出口许可证管理是我国货物进出口许可管理制度的核心内容,也是国家限制进出口的一种最主要的管理形式。进出口许可证管理内容如表 3-2 所示。

表 3-2 进出口许可证管理内容

许可证管理目录的制定、调整	国务院商务主管部门或其会同国务院有关部门制定
许可证的管理	经商务部授权,配额许可证事务局(简称许可证局)统一管理、指导全国各发证机构的签发工作
许可证的申领	按国家进出口许可证管理商品分级发证目录的要求,向各级签发机关办理。(有配额要求的要先取得配额才可申领)
许可证签发方式	三级分类签发制度:许可证局;商务部驻各地特派员办事处;商务部授权的各省市的商务厅(局)、商务委(厅、局)
许可证有效期	进口:一年;出口:6 个月 跨年使用时,进口许可证有效期不得超过次年的 3 月 31 日 出口许可证有效期截止时间不得超过当年 12 月 31 日 供港、澳地区鲜活冷冻商品有效期为 1 个月
许可证使用	"一批一证"、"一证一关"

注:"一批一证"是指进、出口许可证在有效期内一次性用于报关。
"一证一关"指进口许可证或出口许可证只能在入境地海关或者目的地海关或者出境地海关用于报关。

 一般情况下,进、出口货物适用"一批一证"制度。对于不实行"一批一证"的商品,发证机关应在进、出口许可证"备注"栏中注明"非一批一证"字样。
"非一批一证"的商品,外资企业和补偿贸易项下的出口商品,其许可证有效期自发证之日起最长为 6 个月,并允许在同一口岸多次报关,但在有效期内不得超过 12 次。海关在进、出口货物通关时根据实际进出口数量做必要批注。

相关链接

(1)2015 年实行进口许可证管理的货物共 2 种:重点旧机电产品(由商务部配额许可证事务局负责签发)和消耗臭氧层物质(由商务部授权的地方商务主管部门发证机构负责签发)。

在京中央企业的进口许可证由许可证局签发。消耗臭氧层物质的进口许可证实行"一批一证"制。

（2）2015年实行出口许可证管理的货物共48种，分别实行出口配额许可证、出口配额招标和出口许可证管理。

实行出口配额许可证管理：小麦、玉米、大米、小麦粉、玉米粉、大米粉、棉花、锯材、煤炭、原油、成品油、锑及锑制品、锡及锡制品、白银、铟及铟制品、磷矿石等。

实行出口配额招标：蔺草及蔺草制品、滑石块（粉）、镁砂、甘草及甘草制品。

实行出口许可证管理：冰鲜牛肉、冻牛肉、矾土、稀土、焦炭、石蜡、钨及钨制品、碳化硅、消耗臭氧层物质、铂金（以加工贸易方式出口）、部分金属及制品、钼、钼制品、天然砂（含标准砂）、柠檬酸、青霉素工业盐、维生素C、硫酸二钠、氟石、摩托车（含全地形车）及其发动机和车架、汽车（包括成套散件）及其底盘等28种货物。

3.2.3 进口关税配额管理制度

我国对限制进口的商品，实行关税配额证管理。对外经营者在取得关税配额证后允许按照关税配额税率征税进口，超过限额则按照配额外税率征税进口，如表3-3所示。

表3-3　进口关税配额证管理内容

2009年实施关税配额管理的商品	农产品（食糖、羊毛、毛条、小麦、玉米、大米、棉花）	工业品（尿素，磷酸氢二铵，含氮、磷、钾三种肥效元素的矿物肥及化学肥等三种农用肥料）
主管及发证机关	商务部（食糖、羊毛、毛条）及国家发展和改革委员会（小麦、玉米、大米、棉花）	商务部的化肥进口关税配额管理机构负责发放许可证件、统计、咨询和其他授权工作
配额类别	全球配额	全球配额
许可证件的名称	《农产品进口关税配额证》	《化肥进口关税配额证明》
许可证有效期	申请期：每年的10月15日至30日 有效期：每年1月1起至当年12月31日 如需延期的，可向原发证机构申请办理换证，但最迟不超过下一年2月底	商务部公布下一年的关税配额数量为每年的9月15日至10月14日 申请期限：每年的10月15日至10月30日 商务部于每年12月31日前将化肥关税配额分配到进口用户
许可证使用	"非一批一证"（一证多批）	"一批一证"、"一证一关"

3.2.4 自动进口许可证管理制度

1. 自动进口许可证管理制度简介

自动进口许可证管理制度是国家基于对货物的统计和监督需要，实行的一种在任何情况下对进口申请一律予以批准的进口许可制度。它具有自动登记性质，是我国进出口许可管理制度中的重要组成部分，也是目前被各国普遍使用的一种进口管理制度。

《自动进口许可证》由商务部授权配额许可证事务局、商务部驻各地特派员办事处、各省、自治区、直辖市、计划单列市商务主管部门，以及部门和地方机电产品进出口机构（以下统称发证机构）签发。

自动进口许可管理相关内容如表3-4所示。

表3-4　自动进口许可管理相关内容

证件名称	《自动进口许可证》 《重要工业品自动进口许可证明》等
适用范围	《自动许可管理货物目录》1、2、3 （目录1为一般商品；目录2为机电产品，其中又分三个目录；目录3为重要工业品）
发证机关	商务部配额许可证事务局负责中央企业进口目录1、3商品的发证工作；各省、自治区、直辖市、计划单列市及新疆生产建设兵团商务主管部门负责本地企业进口目录1、3商品（铜精矿除外）的发证工作；商务部驻各地特派员办事处负责中央企业以外的其他企业进口铜精矿的发证工作；目录2机电产品按目录规定分别由商务部、地方或部门机电办发证
许可证使用	"一批一证"（实行"非一批一证"的商品，备注栏内应加以注明，在有效期内累计使用不得超过6次）
有效期	6个月，在公历年度内有效

进口经营者申请自动进口许可证需提交的材料

（1）自动进口许可证申请表。
（2）货物进口合同。
（3）行政主管机关核准经营范围的法定文件复印件。
（4）属于委托代理进口的，需提交委托人与进口经营者签订的代理进口合同。
（5）对进口货物用途或最终用户有特定规定的，应提交进口货物用途或最终用户符合国家规定的证明材料。
（6）商务部规定的其他需提交的材料。

2．自动进口许可证管理的商品范围

实施自动进口许可管理的商品包括一般商品、机电产品（包括旧机电产品）、重要工业品。

可免交自动进口许可证的情况有：① 加工贸易项下进口并复出口的（成品油除外）；② 外资企业作为投资进口或投资额内生产自用的（旧机电产品除外）；③ 货样广告品、试验品进口，每批次价值不超过5 000元人民币的；④ 暂时进口的海关监管货物；⑤ 进入保税区、出口加工区等海关特殊监管区域及进入保税仓库、保税物流中心的属自动进口许可证管理的货物；⑥ 国家法律、法规规定的可免交自动进口许可证的其他货物。

根据《中华人民共和国进出口条例》、《货物自动进口管理办法》、《机电产品进口自动许可实施办法》规定，2015年取消光盘生产设备、工程机械、纺织机械、金属加工机床及汽车产品类别中81种商品的自动进口许可管理；将大麦、高粱、木薯、玉米酒糟纳入自动许可管理，自2015年9月1日执行。

3．报关规范

进口属于自动进口许可管理的货物，收货人（包括进口商和进口用户）在办理海关报关手续前，应向所在地或相应的发证机构提交自动进口许可证申请。海关凭加盖自动进口许可证专用章的《自动进口许可证》办理验放手续。银行凭《自动进口许可证》办理售汇和付汇手续。

提示： 因中欧、中美纺织品备忘录于2008年12月31日到期，2009年取消纺织品的临时出口许可管理。

3.3 其他贸易管理制度

3.3.1 对外贸易经营资格管理制度

对外贸易经营资格管理制度主要由进出口经营权管理制度和进出口经营范围管理制度组成。

1．进出口经营权管理制度

目前，我国对外贸易经营者资格管理实行备案登记制。进出口经营权是指在我国境内的法人、其他组织或者个人依法办理了备案登记后取得的对外签订进出口合同的资格。未按规定办理备案登记的，海关不予受理其报关。

进出口经营者的必备条件

（1）有自己的名称和组织机构，依法办理了工商登记或者其他执业手续。
（2）有明确的对外贸易经营范围。
（3）具有其经营的对外贸易业务所必需的场所、资金和专业人员。
（4）委托他人办理进出口业务达到规定的实绩或者具有必需的进出口货源。
（5）法律、行政法规规定的其他条件。

2．进出口经营范围管理制度

（1）经营范围是指国家允许企业从事生产经营的具体商品类别和服务项目，具体体现在国家允许对外贸易经营者从事进出口经营活动的内容和方式上。外贸经营者只能在备案登记的经营范围内经营，否则将不能领到进出口许可证件。

（2）国营贸易。为使国家能够对关系国计民生的重要进出口商品实行有效的宏观管理，国家在一定时期内对部分进出口商品还实行国营贸易管理。

国营贸易是指由特定的法人企业或其他组织代表国家所从事的部分商品的进出口经营活动。国营贸易实质上具有指定的性质。即实行国营贸易管理的进出口业务在一般情况下只能由经授权的企业来进行。擅自进出口实行国营贸易管理货物的，海关不予放行。

国营贸易经营的主要商品是重要农产品和部分重要工业品。2005年列入出口国营贸易管理的有玉米、大米、煤炭、原油、成品油、棉花、锑、钨、白银等。

（3）指定经营是指国家所具体指定的特定企业或其他组织可以从事的部分商品的进出口贸易活动。指定经营的主要商品是烟草制品和部分工业品。

> **提示** 国营贸易和指定经营的区别
>
> 根据我国与世界贸易组织签订的《中华人民共和国加入议定书》中所承诺，国营贸易是可以一直保留下去的，而指定经营贸易需要在谈判结果所承诺的时间内取消。

3.3.2 出入境检验检疫管理制度

1. 出入境检验检疫制度

出入境检验检疫制度是指由国家出入境检验检疫部门依据我国有关法律、行政法规和我国政府所缔结或者参加的国际条约协定，对出入我国国境的货物及其包装、物品及其包装物、交通运输工具、运输设备和进出境人员实施检验检疫监督管理。其检验目的是为维护国家荣誉和对外贸易有关当事人的合法权益，保护人民生命财产安全。

出入境检验检疫制度包括进出口商品检验制度、进出境动植物检疫制度和国境卫生监督制度。

自1999年起，我国原出入境卫生检疫、动植物检疫和进出口商品检验机构合并成出入境检验、检疫机构，归属中华人民共和国质量监督检验检疫总局。

目前，我国检验检疫机构为中华人民共和国质量监督检验检疫总局及其分支机构，推行"一次报验、一次取样、一次检验检疫、一次卫生除害处理、一次收费、一次发证放行"的工作规程和"一口对外"的国际通用的检验检疫模式。

进出口商品检验、进出境动植物检疫、国境口岸卫生监督比较如表3-5所示。

表3-5 进出口商品检验、进出境动植物检疫、国境口岸卫生监督比较

	法律依据	检查要求	检查重点
进出口商品检验	《中华人民共和国商检法》及其相关法规	列入《出入境检验检疫机构实施检验检疫的进出境商品目录》的商品，即强制性的法定检验 合同检验、公正签订和委托检验	进出口商品的质量、规格、质量、包装是否符合安全、标准。侧重于商业性要求
进出境动植物检疫	《进出境动植物检疫法》及其相关法规	全部是法定检验	进出境动植物有无传染性疾病、寄生虫病或有无携带有害生物。侧重于卫生要求

续表

	法律依据	检查要求	检查重点
国境口岸卫生监督	《国境卫生检疫法》、《食品卫生法》及其相关法规	全部是法定检验	出入境的交通运输工具、货物、运输容器及口岸辖区的公共场所、环境、生活设施、生产设备的卫生检查、鉴定、评价、采样检验。侧重于卫生要求

2. 出入境检验检疫管理

国家质量监督检验检疫总局根据对外贸易需要,公布调整《出入境检验检疫机构实施检验检疫的进出境商品目录》(以下简称《法检目录》)和《实施入境验证的进口商品目录》。

3. 出入境货物通关单

对列入《法检目录》和其他法律、法规需要进行检验检疫的货物,进出口收发货人或其代理人在办理进出口报关手续前,必须向口岸检验检疫机构报检。海关凭检验检疫机构出具的《入境货物通关单》或《出境货物通关单》验放。

出入境货物通关单均实行"一批一证"制度管理。

(1)入境货物通关单适用范围:列入《法检目录》的商品;外商投资财产价值鉴定(受国家委托,为防止外商隐瞒对华投资额而对其以实物投资形式进口的投资设备的价值进行的鉴定);进口可用作原料的废物;进口旧机电产品;进口货物发生短少、残损或其他质量问题需对外索赔时,其赔付的进境货物;进口捐赠的医疗器械;国家法律、法规明确规定由出入境检验检疫机构负责检验检疫的入境货物或特殊物品等。

(2)出境货物通关单适用范围:列入《法检目录》的商品;出口纺织品标志;对外经济技术援助物资及人道主义紧急救灾物资;国家法律、法规明确规定由出入境检验检疫机构负责检验检疫的出境货物或特殊物品等。

法定检验检疫的出入境货物检验检疫工作程序包括:

(1)入境货物的检验检疫工作程序如图3-3所示,即先放行通关,后进行检验检疫。

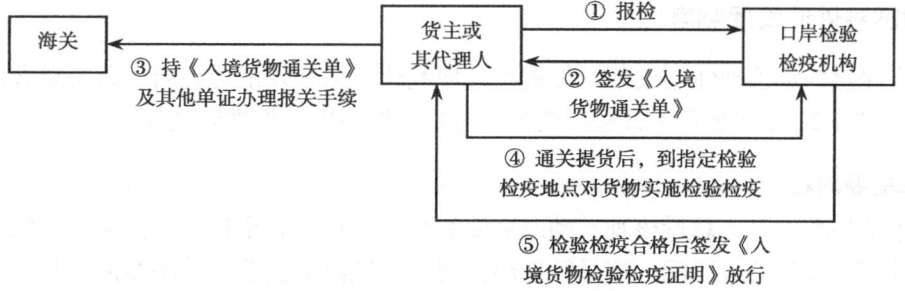

图3-3 入境货物的检验检疫工作程序

(2)出境货物的检验检疫工作程序如图3-4所示,即先检验检疫,后放行通关。

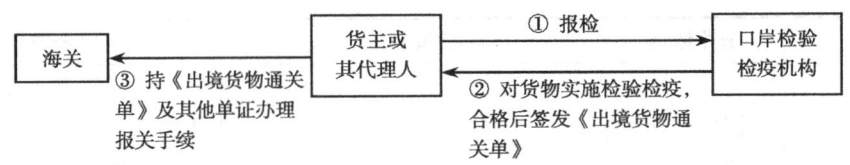

图 3-4　出境货物的检验检疫工作程序

应用案例：进境流向货物逃检案

2014年3月至2015年2月，宁波某公司为青岛某公司代理进口了4批从台湾进口的乙烯-乙酸乙烯酯共聚物，该4批货物均从天津口岸进境，目的地为浙江省宁波市。该4批货物在天津口岸进境时，宁波某公司分别委托天津两家货运公司向天津检验检疫局报检，天津检验检疫局依法签发4份《入境货物调离通知单》，并明确告知："上述货物需调往目的地检验检疫机构实施检验检疫，请及时与目的地检验检疫机构联系。上述货物未经检验检疫，不准销售、使用。"但宁波某公司在4批货物通关进境后，并没有与宁波检验检疫局联系，而直接予以销售。

分析：《中华人民共和国商检法》规定，法定检验的进口商品的收发货人应当持合同、发票、装箱单、提单等必要的凭证和相关批准文件，向海关报关地的出入境检验检疫机构报检，海关放行后20天内，收货人应向出入境检验检疫机构申请检验，未经检验不准销售、使用。

此案中，4批货物的报关地（天津）与目的地（宁波）在不同辖区，属于进境流向货物，宁波某公司应履行"进境流向报检"和"异地施检报检"两次报检义务。即该公司除在进境口岸（天津）办理流向报检手续外，还应在货物通关进境后到目的地（宁波）检验检疫机构办理异地施检的报检手续（申请检验），并接受目的地检验检疫机构的检验。

该公司在没有接受宁波检验检疫局检验的情况下擅自予以销售，客观上造成了逃避进口商品法检的事实，应当承担相应的法律责任。

3.3.3　货物贸易外汇管理制度

为进一步深化外汇管理体制改革，促进贸易便利化，国家外汇管理局、海关总署和国家税务总局决定自2012年8月1日起在全国实施货物贸易外汇管理制度改革。

1. 改革主要内容

（1）改革的核心内容：总量核查、动态监测和分类管理。总量核查是指对企业的资金流和货物流进行非现场总量匹配，按月筛选出需要重点监测的企业。动态监测是指人工对企业货物贸易的各个方面进行持续分析，实现全口径动态监测。分类管理是指根据非现场、现场核查结果，结合遵守外汇管理规定等情况，将企业分成A、B、C三类，A类企业贸易外汇收支适用便利化的管理措施，可凭进口货物报关单、合同或发票等任一能够证明交易真实性的单证在银行办理付汇，出口收汇无须联网核查。B 类企业贸易外汇收支由银行实施电子数据核查，C 类企业贸易外汇收支须经外汇局逐笔登记后办理。

（2）调整出口报关流程。取消出口收汇核销单，企业办理出口报关时不再提供核销单。

（3）简化出口退税凭证。自 2012 年 8 月 1 日起报关出口的货物，企业申报出口退税时不再提供出口收汇核销单；税务部门参考外汇局提供的企业出口收汇信息和分类情况，依据相关规定，审核企业出口退税。

2．改革后企业主要业务环节

（1）成为"贸易外汇收支企业名录"内企业。外汇局实行"贸易外汇收支企业名录"（以下简称名录）登记管理，统一向金融机构发布名录。金融机构不得为不在名录的企业办理贸易外汇收支业务。企业依法取得对外贸易经营权后，应当持有关材料到外汇局办理名录登记手续方可取得贸易外汇收支业务资格。

保税监管区域企业取得相关外汇登记证明后，只需签署《货物贸易外汇收支业务办理确认书》，自动列入名录。名录内企业直接到外汇指定银行就可办理外汇收支业务。

（2）新进名录企业实施辅导期管理。辅导期限为发生首笔贸易外汇收支业务之日起 90 天内。辅导期结束以后，企业需进行辅导期业务报告。辅导期企业应填写专门的《进出口收付汇信息报告表》，逐笔对应货物进出口与收付汇或转口贸易收支数据，现场报送至外汇局。

（3）不同分类的企业规定不同范围的义务性报告。

（4）企业可登录应用服务平台，通过监测系统办理相关业务。企业应到外汇局领取本企业管理员用户名和密码，企业管理员的唯一功能是设置本企业业务操作员，登录应用服务平台，通过监测系统办理具体业务。

3.3.4 对外贸易救济措施

贸易救济措施是 WTO 允许成员国采用的对一国产业进行保护的措施。它主要包括反补贴、反倾销和保障措施。我国依据 WTO 有关《反倾销协议》、《补贴与反补贴措施协议》和《保障措施协议》及我国《对外贸易法》的有关规定，制定颁布了《反补贴条例》、《反倾销条例》及有关针对保障措施的有关规定。

1．反倾销措施

（1）临时反倾销措施。指进口方主管机构经过调查，初步认定被指控产品存在倾销，并对国内同类产业造成损害，据此可以依据 WTO 所规定的程序进行调查，在全部调查结束之前，采取临时性的反倾销措施，以防止在调查期间国内产业受到损害。

目前，临时反倾销措施主要有两种形式：一是征收临时反倾销税；二是要求现金保证金、保函或者其他形式的担保。要求担保需要由国务院商务主管部门做出决定并予以公告，海关自公告实施之日起执行。

临时反倾销措施实施的期限：自临时反倾销措施决定公告规定实施之日起，不超过 4

个月;在特殊情形下,可以延长至9个月。

(2)最终反倾销措施。对最终被确定倾销成立并由此对我国国内产业造成损害的,可以在正常海关税费之外征收反倾销税。

2. 反补贴措施

(1)临时反补贴措施。初裁被确定补贴成立并由此对国内产业造成损害的,可以采取临时反补贴措施。临时反补贴措施采取担保(现金保证金或保函)或征收临时反补贴税的形式。

临时反补贴措施实施的期限不超过4个月。

(2)最终反补贴措施。自临时反补贴措施决定公告规定实施之日起,在为完成磋商的努力没有取得效果的情况下,终裁决定确定补贴成立并因此对国内产业造成损害的,可对其征收反补贴税。

> **提示** 征收临时、最终反倾销税及反补贴税的程序均为由国务院商务主管部门提出建议,国务院关税税则委员会根据其建议做出决定,由国务院商务主管部门予以公告。海关自公告规定实施之日起执行。

3. 保障措施

根据WTO《保障措施协议》的有关规定,保障措施可分为临时保障措施和最终保障措施。

(1)临时保障措施。它是指在紧急情况下,如果延迟会造成难以弥补的损失,进口国与成员国之间可不经磋商而采取临时性保障措施。临时保障措施的实施期限不得超过200天,并且此期限计入保障措施总期限。

临时保障措施一般采取提高关税的形式。如果事后调查不能证实进口激增对国内有关产业已经造成损害或损害威胁,则增收的关税应立即退还。

(2)最终保障措施。可以采取提高关税、纯粹的数量限制和关税配额形式,但保障措施应仅在防止或救济严重损害的必要限度内实施。

保障措施的实施期限一般不超过4年,如果仍需继续采取保障措施,必须同时满足4个条件:对于防止或者救济严重损害仍有必要;有证据表明该产业正进行调整;已经履行有关对外通知、磋商的义务;延长后的措施不严于延长前的措施,但保障措施全部实施期限(包括临时保障措施期限)不得超过10年。

> **提示** 保障措施在性质上完全不同于反倾销措施和反补贴措施。反补贴和反倾销措施针对的是价格歧视这种不公平贸易,保障措施针对的则是公平贸易条件下进口产品激增的情况。

3.4 国家对特殊进出口货物的管制

3.4.1 文物出口管理

下列物品系受国家保护的文物，只能由国家或省、自治区、直辖市文物行政管理部门依法批准的单位在准许的范围内专营，其他任何单位和个人均不得经营。

（1）1911 年以前中国和外国制作、生产、出版的陶瓷器、金银器、铜器和其他金属器、玉石器、漆器、玻璃器皿、各种质料的雕刻品及雕塑品、家具、书画、碑帖、拓片、图书、文献资料、织绣、文化用品、邮票、货币、器具、工艺美术品等。

（2）1911 年至 1949 年中国和外国制作、生产、出版的上款所列物品中具有一定历史、科学、艺术价值者。具体品类由各省、自治区、直辖市文物行政管理部门确定，报国家文物局备案。

（3）1949 年后已故著名书画家的作品，名单由国家文物局确定。

《中华人民共和国文物保护法》规定，珍贵文物、革命文物等禁止出境；一般文物限制出境，贸易性文物出口需经国家指定口岸鉴定机构进行鉴定，并发给许可出口证件及文化部的批准文件。个人携带文物出境时必须向海关申报。

- 证件名称：一般文物出境凭《文物出口许可证》，珍贵文物凭《文物出口特许证》办理海关出境手续。
- 发证机关：国家文物局及文物行政管理部门。
- 报关规范：文物出境除需文物证明外，还要经文物鉴定部门鉴定并加盖火漆印。"A"字头火漆印表示该文物属文物经营单位外销文物；"B"字头为私人携带出境文物；"C"字头为依法批准的超限文物。

对境外人员在我国文物商店购买的文物出口，海关凭文物商店盖有"外汇购买"印章的特许出口文物核销发票验收。

3.4.2 黄金及其制品进出口管理

黄金及其制品进出口管理属于我国进出口许可管理制度中限制进出口管理范畴。《中华人民共和国金银管理条例》规定，进出口《黄金及其制品进出口管理商品目录》的货物均需凭证验放过关。黄金及其制品包括氰化金、氰化金钾（含金 40%）、其他金化合物、非货币用金粉、非货币用未锻造金、非货币用金半成金、货币用未锻造金（包括镀铂的金）、金的废料、镶嵌钻石的黄金制品首饰及其零件、镶嵌濒危物种制品的金首饰及零件、其他黄金首饰及其零件、黄金工业用制品、实验室用制品。

- 证件名称：黄金出口需申领中国人民银行制发的《黄金及其制品进出口准许证》。
- 发证机关：中国人民银行或其授权的中国人民银行分支机构。

3.4.3 废物进口管理

国家基于资源循环使用、节省资源、降低生产成本、解决国内生产经营需求和可持续发展的需要，在严格控制的前提下，允许进口部分可用作原料的固体废物。

我国对进口可用作原料的固体废物实行注册登记（签订合同前应当取得国家质检总局的注册登记）和对进口可用作原料的固体废物实施装运前检验制度（由出入境检验检疫机构或其指定的检验机构检验）。

我国废物进口管理的基本原则是：不能用作原料的固体废物禁止进口；进口可用作原料的固体废物实行限制及自动许可管制。

- 证件名称：《进口废物批准证书》。
- 发证机关：国家环境保护总局。
- 适用范围：列入《国家限制进口的可用作原料的废物目录》（第二批）中涉及的11类、15个商品编码的废物、《自动进口许可管理类可用作原料的废物目录》中涉及22类、22个商品编码的废物。
- 报关规范：列入上述目录的废物需向海关交验《进口废物批准证书》和《入境货物通关单》办理通关手续；《进口废物批准证书》实行"非一批一证"管理，进口废物不能转关（废纸除外），即只能在口岸海关办理申报进境手续。

3.4.4 濒危物种进出口管理

《中华人民共和国森林法》、《中华人民共和国野生动物保护法》和《中华人民共和国野生植物保护条例》和我国参加的《濒危野生动植物种国际贸易公约》中所称的各种野生动植物物种统称为濒危物种。

凡列入《濒危野生动植物种国际贸易公约》附录一和附录二文件中的全部物种，列入《国家重点保护动物名录》和《国家珍贵树种名录》的全部物种均是珍贵稀有野生动植物种，是濒危野生动植物种进出口管理的范围。上述物种是指：① 活的或死的动物、植物；② 任何可辨认的部分；③ 物种的衍生物；④ 人工培养的野生物种；⑤ 野生动物的皮张、羽毛、掌骨、器官等。另外，凡含有珍贵稀有野生动植物成分的中药材，也属于濒危野生动植物种进出口管理的范围。

濒危物种进出口管理主管部门：中华人民共和国濒危物种进出口管理办公室（以下简称"国家濒管办"）。

国家濒管办的职责：会同国家其他部门，依法制定或调整《进出口野生动植物种商品目录》，签发《濒危野生动植物种国际贸易公约允许进出口证明书》（以下简称《公约证明》）、《中华人民共和国濒危物种进出口管理办公室野生动植物允许进出口证明书》（以下简称《非公约证明》），《非〈进出口野生动植物种商品目录〉物种证明》（以下简称《非物种证明》），实施进出口限制管理。

报关规范：

（1）向海关提交《公约证明》。凡列入《进出口野生动植物种商品目录》中属于《濒危野生动植物物种国际贸易公约》成员国（地区）应履行保护义务的物种的进出口通关，报关单位须事先申领并向海关提交《公约证明》。《公约证明》实行"一批一证"制度。

（2）向海关提交《非公约证明》。凡列入《进出口野生动植物种商品目录》中属于我国自主规定管理的野生动植物及其产品的进出口通关，报关单位须事先申领并向海关提交《非公约证明》。《非公约证明》实行"一批一证"制度。

（3）向海关提交《非物种证明》。对海关无法认定的、未列入《进出口野生动植物种商品目录》的动植物物种的进出口，以及列入《进出口野生动植物种商品目录》的非《濒危野生动植物物种国际贸易公约》附录植物物种的进口，由国家濒管办进行认定并出具《非物种证明》，报关单位凭此办理报关手续。

应用案例：切莫携带濒危动植物制品回国

2015年8月7日，杭州海关关员从乘坐MU598次航班入境的一名中国籍旅客行李中查获象牙制品122件，主要为手镯、筷子和图章等，共计2 315g。杭州海关统计数据显示，2015年，该关在空港口岸查获违规携带濒危动植物品案件数为去年同期的两倍。海关查获旅客携带的濒危动植物制品多从非洲购得，当事人为劳务输出及我国援助非洲的专家、医生、工程师等。他们将象牙等视为"非洲当地特产"带回国，根本不知道携带象牙是违法的。

我国是《濒危野生动植物种国际贸易公约》的成员国，对此，我国制定了《中华人民共和国野生动物保护法》等有关法规。其中规定了进、出口非洲象牙及其任何产品，必须经出口国政府和进口国政府征得濒危野生动植物种国际贸易公约秘书处同意后，发给《允许出口证明》和《允许进口证明书》，凭以向海关申报进、出口。

3.4.5 药品进出口管理

我国对进出口药品实行分类和目录管理，即对精神药品、麻醉药品、放射性药品和医用毒性药品的进出口实行分类管制，对一般性药品实行目录管制。

- 适用范围及证件名称：列入《精神药品管制品种目录》中的进出口药品，凭《精神药品进（出）口准许证》办理通关手续；列入《麻醉药品管制品种目录》中的进出口药品，凭《麻醉药品进（出）口准许证》办理通关手续；对除上述特定药物以外的其他一般性药品，国家实行目录管理。进口列入《进口药品管理目录》、《生物制品目录》和首次在中国境内销售的药品，凭《进口药品通关单》办理通关手续。
- 发证机关：国家食品药品监督管理局。
- 报关规范：列入上述目录的药品进出口时所须证明实行"一批一证"制度。

3.4.6 民用枪支弹药进出口管理

（1）非国防工业部门进口军用枪支、弹药（含样品）。必须首先报经主管部门批准，并经所在省、自治区、直辖市公安厅（局）同意，凭以上部门签发的批准文件办理进境手续。

（2）体育部门进口的各种射击运动用枪支、弹药（含样品）。必须事先报经国家体委批准，并经所在省、自治区、直辖市公安厅（局）同意，海关凭以上批准证件核收。

（3）林业、狩猎部门进口狩猎用枪支弹药（含样品）。必须事先报经林业部门批准，进口时须经所在省、自治区、直辖市公安厅（局）同意，海关凭以上批准证件验放。

3.4.7 印刷品及音像制品进口管理

1．印刷品进口管理

印刷品指通过将图像或文字原稿制为印版，在纸张或其他常用材料上翻印内容相同的复制品。诸如进出境摄影底片、纸型、绘画、剪贴、手稿、手抄本、复印件及其他含有文字、图像、符号等内容的货物、物品的，都要按照有关进出境印刷品的监管规定进行监管。

（1）通关要点。

1）印刷品的进口业务需由国务院有关行政主管部门批准或指定经营。

2）经营单位申报前应当持国务院新闻出版行政主管部门的进口批准文件、目录清单、有关报关单证及其他需要提供的文件向海关办理进口手续。

3）受赠单位应当向海关提交赠送方出具的赠送函和受赠单位的接受证明及有关清单。接受境外赠送的印刷品超过100册或音像制品超过200盘的，受赠单位除向海关提交上述单证外，还应当提交国务院有关行政主管部门的批准文件。

4）用于展览、展示的印刷品及音像制品进出境，主办或参展单位应当按照国家有关规定向海关办理暂时进出境手续。

5）个人携带、邮寄进境的宗教类印刷品及音像制品在自用、合理数量范围内的，准予进境。超出个人自用、合理数量进境或以其他方式进口的宗教类印刷品及音像制品，海关凭国家宗教事务局、其委托的省级政府宗教事务管理部门或国务院其他行政主管部门出具的证明予以征税验放。

（2）个人自用进境的印刷品。

1）规定数量以内，海关免税验放；单行本发行的图书、报纸、期刊类出版物每人每次10册（份）以下；成套发行的图书类出版物，每人每次3套以下。

2）规定数量以外，但仍属于合理数量以内的个人自用进境印刷品，海关对超出规定数量部分予以征税放行。

3）超出合理数量的，按货物进口办理相关手续。

4）个人携带、邮寄单行本发行的图书、报纸、期刊类出版物进境，每人每次超过50册（份）的；个人携带、邮寄成套发行的图书类出版物进境，每人每次超过10套的，或者构成货物特征的，海关将对全部进境印刷品按照进口货物依法办理相关手续。

2．音像制品进口管理

音像制品指录有内容的录音带、录像带、唱片、激光唱盘和激光视盘等。

音像制品进口时，海关根据有关规定检验，凭有关证明放行。

- 发证机关：国家新闻出版署。
- 证件名称：《中华人民共和国国家新闻出版署进口音像制品批准单》。
- 适用范围：由新闻出版署指定的经营单位经营进口的音像制品。

个人携带和邮寄用于非经营目的的音像制品进出境，按照《中华人民共和国海关对个人携带和邮寄印刷品及音像制品进出境管理规定》的规定，在自用合理数量内，而且其内容不违反有关规定的，海关予以放行。

- 报关规范：凭新闻出版署的批准文件办理有关进口手续，海关凭有效的《进口音像制品批准单》办理验放手续。

3.4.8 化学品首次进口及有毒化学品管理

化学品首次进口是指外商或其代理人向中国出口其未曾在中国登记过的化学品，即使同种化学品已有其他外商或其代理人在中国进行登记，仍被视为化学品首次进口。

- 发证机关：国家环境保护局。
- 适用范围和证件名称：经营属首次进境的化学品（不包括食品添加剂、医药、兽药、化妆品、放射性物质），经登记，对符合规定的发给准许进口的《化学品进口环境管理登记证》，评议办理通关手续。

列入《中国禁止或严格限制的有毒化学品名录》的有毒化学品，海关凭国家环境保护局签发的《有毒化学品进（出）口环境管理放行通知单》验收。进出口有毒化学品属国家实施其他进出口管制的，如进出口许可证管理、商检等，在进出口通关时，还应出具其他授权机关签发的有关证件。

- 报关规范：实行"一批一证"制度，每份通知单在有效期内只能报关使用一次。

3.4.9 进出境现钞管理

1．列入进出口管理范围的现钞

银行经营外汇业务收付外币现钞（可自由兑换货币、纸币及硬币）需调出境外或从境外调入的、调运货币现钞 HS 商品编码为"98013000"，商品名称为"流通中的货币现钞"。

2．国家对进出境现钞的验放规定

银行办理外币现钞进出口业务时，海关凭《银行调运外币现钞进出境许可证》验放。人民币现钞进出境，海关凭中国人民银行货币金银局的批件验放。外币现钞进出境仅限于北京、上海、福州、广州、深圳口岸报关。

应用案例：杭州海关旅检现场查获非法携带 150 万港元出境案

2005 年 7 月，杭州海关缉私局受理了一起非法携带 150 万元港元出境案，超限携带的 142 万港元被依法暂扣。

7 月 1 日是实行进出境旅客书面申报的第一天，当天下午 4 时许，两名浙江籍男子虞某、严某欲乘坐 MF893 次航班由杭州出境前往澳门，被查获时共非法携带了 150

万港元现金，没有向海关做如实的书面申报。其中，虞某身上携带了60万港元现金、严某身上携带了90万港元现金。

据了解，虞某、严某过萧山国际机场海关旅检时，在"出境旅客行李物品申报单"上均做了"否"字申报，在填写申报单的第10项"超过20 000元人民币现钞，或超过折合5 000美元外币现钞"时均否认携带，并保证所有申报属实。

在通过海关"绿色通道"时，虞某、严某身上携带的大量现金被发现。现场海关按自用合理数量的有关规定，在准许每人携带4万港币后放行出境，其余的142万港元按规定暂扣。

资料来源：摘自国际在线2005年7月6日

本章小结

1. 对外贸易管制是一国政府行使国家主权，实现其监督管理职能的一个重要体现。为发展本国经济、保护本国经济利益，或者为达到政治、经济、军事等目的，履行国际公约规定的义务，各国政府都会制定并不断调整自己的对外贸易管制政策，并采取各种措施来实现对外贸易的管制。

2. 现我国外贸易管制的主要内容可概括为"证、备、检、核、救"，即我国对外贸易管制的目标主要依靠政府行政管理手段来实现。国家各职能部门通力合作，特别是通过海关机构在进出境环节对货物、技术实施监督管理来达到有效管制对外贸易的目的。

练习题

一、单选题

1. 《进口许可证》原则上实行"非一批一证"制度，对不实行"非一批一证"的商品，发证机关在签发进口许可证时必须在备注栏中注明："非一批一证"字样，该证在有效期内可使用（　　）。

　　A. 12次　　　　　B. 8次　　　　　C. 6次　　　　　D. 无次数限制

2. （　　）不属于我国政府禁止进口的范围。

　　A. 犀牛角和虎骨

　　B. 右置方向盘的汽车

　　C. 未列入《国家限制进口的可用作原料的废物目录》和《自动进口许可管理类可用作原料的废物目录》的固体废物

　　D. 列入《国家限制进口的可用作原料的废物目录》和《自动进口许可管理类可用作原料的废物目录》的固体废物

3. 我国目前对对外贸易经营者的管理实行（　　）。

　　A. 自由进出制　　　　　　　　B. 登记和核准制

　　C. 审批制　　　　　　　　　　D. 备案登记制

4．下列进出口许可证中实行"非一批一证"管理的是（   ）。
  A．进口废物批准证书
  B．《濒危野生动植物种国际贸易公约》允许进出口证明书
  C．精神药品进口准许证
  D．进口药品通关单

5．向海关申报出口列入《进出口野生动植物种商品目录》中属于《濒危野生动植物种国际贸易公约》成员国应履行保护义务的物种时，报关单位应向海关提交的证明为（   ）。
  A．《公约证明》正本联 B．《公约证明》副本联
  C．《物种证明》正本联 D．《物种证明》副本联

二、多选题

1．货物、技术进出口许可管理制度是我国进出口许可管理制度的主体，其管理范围包括（   ）。
  A．禁止进出口货物和技术
  B．限制进出口货物和技术
  C．自由进出口的技术
  D．自由进出口中部分实行自动许可管理的货物

2．根据我国法律，商检机构对进出口商品实施检验的标准包括（   ）。
  A．法律、行政法规规定的强制性标准
  B．外贸合同约定的检验标准
  C．样品标准
  D．生产国标准

3．下列关于国家对限制进口货物管理的表述正确的是（   ）。
  A．国家实行限制进口管理的货物，必须依照国家有关规定取得国务院对外贸易主管部门或者由其会同国务院有关部门许可，方可进口
  B．实行配额或者非配额限制的进口货物，采用配额许可证管理
  C．关税配额内进口的货物，按照配额内税率缴纳关税
  D．关税配额外进口的货物，按照配额外税率缴纳关税

4．《中华人民共和国货物进出口管理条例》根据管理的不同需要，将进出口货物分为（   ）。
  A．禁止进出口货物   B．限制进出口货物
  C．鼓励进出口货物   D．自由进出口货物

5．下列对进口音像制品海关监管表述正确的是（   ）。
  A．进口业务由文化部指定的经营单位经营
  B．供教学参考的音像制品进口，亦由指定的经营单位经营
  C．海关凭有效的《中华人民共和国文化部进口音像制品批准单》办理验放手续
  D．随同设备进口的专用软件不在此管理范围

三、判断题

1．进口配额证明，在有效期内没有申领进口许可证的，一律作废。（　　）

2．出口非配额限制是以经国家行政许可并签发许可证件的方式来实现出口限制的贸易管制措施。（　　）

3．出口黄金及其制品，出口企业应事先向中国人民银行申领《黄金及其制品出口准许证》。（　　）

4．某公司进口了一批铜废碎料，根据国家现行规定，该公司在办理进口报关手续时，必须向海关递交由国家环保总局签发的进口废物批准证书。（　　）

5．对外贸易经营者只能在国家允许的范围内为本企业从事对外贸易经营活动，不可以接受他人的委托，在经营范围内代为办理对外贸易业务。（　　）

四、实训题

2015年2月，河北省某企业向当地海关申报进口一批化肥，货物运抵海关监管区内的仓库。海关根据情报，在没有通知该公司的情况下，由仓库人员陪同对这批货物进行了查验，发现该批货物是监控化学品。该企业以海关查验时报关员不在场为由，拒绝承认查验结果，并以此认为当地海关不得以此对其处罚。该企业的诉求是否合理？

下 篇
报关业务技能

第4章
一般进出口货物的报关程序

报关单的修改

一外贸公司委托天津 A 报关有限公司代理进口报关，在天津港海运进口 ABS 塑脂 720 包，毛重 36 000 千克。A 报关公司在向海关申报前，仔细核对了装箱单、提单等全部单据，显示该批货物的毛重为 36 000 千克，于是填制好报关单向海关申报。海关接受申报后，对该批货物进行开箱查验，查验方式及内容：机检并称重。海关查验并称重后发现该批货物的实际毛重为 38 000 千克，与实际申报的不符。外贸公司表示发货人有可能在发货时未准确称重，同意海关查验结果。

在确认实际申报的数量确实有误后，外贸公司通过 A 报关公司向海关说明重量申报错误的原因并提供准确单证，经海关认可后办理报关单的修改手续。

启示： 由于毛重是运输舱单的重要数据之一，需要先更新进口舱单数据，再办理报关单数据的修改手续。在修改毛重时，应同时考虑净重是否存在申报错误的风险，需要向收货人进一步确认。

本章学习目标

- ◆ 了解一般进出口货物的含义、特点及范围；
- ◆ 熟悉申报的含义及对一般进出口货物申报地点、期限与日期的规定；
- ◆ 熟悉一般进出口货物申报时应交验的单证及申报程序；
- ◆ 掌握海关查验的概念及海关对查验地点、方法、时间的规定；
- ◆ 掌握海关放行的含义及放行的形式；
- ◆ 了解海关通关作业模式。

第4章 一般进出口货物的报关程序

学习导航

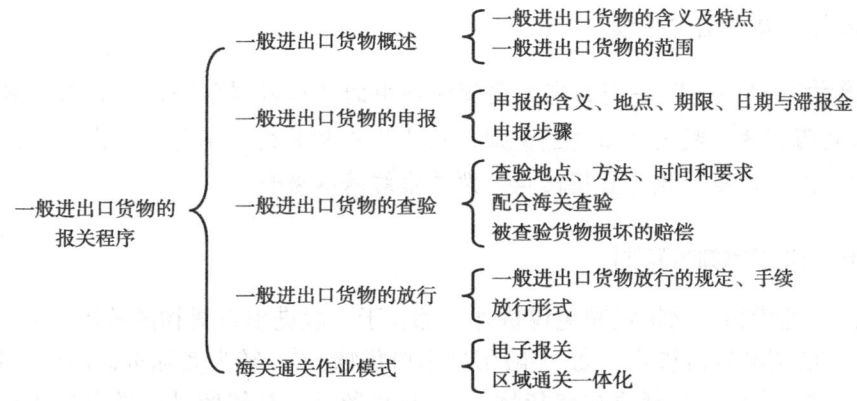

报关程序是指进出口货物的收发货人、进出境运输工具的负责人、进出境物品所有人或其代理人按照海关的规定，办理货物、运输工具、物品进出境及相关海关事务的手续和步骤。本章所指的报关程序主要限于进出境货物的报关程序。

货物进出境时，其收发货人或其代理人必须向进出境口岸海关请求申报，交验规定的证件和单据，接受海关人员对其所报货物的查验，依法缴纳海关关税和其他由海关代征的税费，然后才能由海关批准货物的放行。从海关方面看，其业务程序是：接受申报—查验货物—征收关税—结关放行；从进出口货物收发货人方面来说，其相应的报关程序为：提出申报—配合查验—缴纳税费—提取货或装运出口。

4.1 一般进出口货物概述

4.1.1 一般进出口货物的含义及特点

（1）一般进出口货物的含义。一般进出口货物是一般进口货物和一般出口货物的合称，是指在进出境环节缴纳了应征的进出口税费并办结了所有必要的海关手续，海关放行后不再进行监督管理，可以直接进入生产和消费流通领域的进出口货物。其报关程序由进出口申报、配合查验、缴纳税费、提取或装运货物4个环节构成。

> **提示** 一般进出口货物并不完全等同于一般贸易货物。"一般贸易"是指国际贸易中的一种交易方式，是买卖双方将货物所有权转让所采用的方式。按"一般贸易"交易方式进出口的货物即为一般贸易货物。一般进出口货物，是按照海关一般进出口监管制度监管的进出口货物。二者之间有很大区别。一般贸易货物在进口时可以按"一般进出口"监管制度办理海关手续，这时它就是一般进出口货物；如符合条件可以享受特

定减免税优惠，按"特定减免税"监管制度办理海关手续，这时它就是特定减免税货物；如经海关批准保税，按"保税"监管制度办理海关手续，这时它就是保税货物。

（2）一般进出口货物的特点：在进出境时缴纳进出口税费；进出境时提交相关的许可证件；海关放行即办理结关手续。

> **提示** "一般"一词是海关监管业务中的一种习惯用语，是相对于其他海关特殊监管形式而言的。我国《海关法》对一般进出口货物的规定与世界海关组织《京都公约》中的"结关内销"和"直接出口"两项附约基本吻合。

4.1.2 一般进出口货物的范围

实际进出口的货物，除特定减免税货外，都属于一般进出口货物的范围，包括以下 10 类货物：① 一般贸易进口货物；② 一般贸易出口货物；③ 转为实际进口的保税货物、暂准进境货物或转为实际出口暂准出境货物；④ 易货贸易、补偿贸易的进出口货物；⑤ 不准予保税的寄售代销贸易货物；⑥ 承包工程项目实际进出口货物；⑦ 外国驻华商业机构进出口陈列用样品；⑧ 外国旅游者小批量订货出口的商品；⑨ 随展览品进出境的小卖品；⑩ 免费提供的进口货物（商业往来的赠送属于一般进口货物），包括：a. 外商在经济贸易活动中赠送的进口货物（外国政府免费赠送属于法定减免货物）；b. 外商在经济贸易活动中免费提供的试车材料等；c. 我国在境外的企业、机构向国内单位赠送的进口货物。

> **提示** 实际进出口货物是指实际出口货物和实际进口货物。实际出口货物是指出口后不再进口的货物；实际进口货物是指进口后不再出口的货物。

4.2 一般进出口货物的申报

4.2.1 申报的含义、地点、期限、日期与滞报金

1. 申报的含义

申报，即通常所说的狭义报关，是指进出口货物的收发货人、受委托的报关企业，依照《海关法》及有关法律、行政法规和规章的要求，在规定的期限、地点，采用电子数据报关单和纸质报关单形式，向海关报告实际进出口货物的情况，并接受海关审核的行为。申报与否及是否如实申报，是区别走私与非走私的重要界限之一。因此，海关法律对进出口货物的申报，包括申报的资格、申报时提交的单证、申报时间、申报内容都做了明确的规定，把申报制度以法律的形式规范下来。

申报是一般进出口货物报关程序的第一个环节，也是关键的环节。申报质量如何，直接影响到企业在对外贸易活动中能否顺利报关。海关接受申报，将严格审核单证，审核单证是海关监管的第一个环节，它不仅为海关监管的查验和放行环节打下了基础，也为海关的征税、统计、查私工作提供了可靠的单证和资料。

2. 申报地点

根据《海关法》的规定，进出口货物的申报地点，应遵循以下3个原则。

（1）进出境地原则。在一般正常情况下，进口货物应当由收货人或其代理人在货物的进境地向海关申报，并办理有关进口海关手续；出口货物应当由发货人或其代理人在货物的出境地向海关申报，并办理有关出口海关手续。

（2）转关运输原则。由于进出口货物的批量、性质、内在包装或其他一些原因，经收发货人或其代理人申请，海关同意后，进口货物也可以在设有海关的指运地，出口货物也可以在设有海关的起运地向海关申报，并办理有关进出口海关手续。这些货物的转关运输，应当符合海关监管要求，必要时，海关可以派员押运。

有关转关运输货物的报关程序见本教材第6章的相关内容。

> **相关链接**
>
> 在简化转关运输监管方面，海关进行了一系列的贸易便利化改革措施，先后推出了"属地申报、口岸验放"、"属地申报、属地放行"等海关通关作业模式，大大方便了进出口企业，降低了通关成本，提高了通关效率。

（3）指定地点原则。经电缆、管道或其他特殊方式输送进出境的货物，经营单位应当按海关的要求定期向指定的海关申报并办理有关进出口海关手续。这些以特殊方式输送进出境的货物，输送路线长，往往需要跨越几个海关甚至几个省份；输送方式特殊，一般不会流失；有固定的计量工具，如电表、油表等。因此，上一级海关的综合管理部门协商指定其中一个海关管理、经营单位或其代理人可直接与这一海关联系报关即可。

> **提示** 以保税、特定减免税和暂准进境申报进口或进境的货物，因故改变使用目的从而改变货物性质转为一般进口时，进口货物的收货人或其代理人应当在货物所在地主管海关申报。

3. 申报期限

申报期限是指货物运到口岸后，法律规定收发货人或其代理人向海关申报的时间限制。

（1）进口货物的申报期限。根据《海关法》第二十四条的规定，进口货物的申报期限为自运输工具申报进境之日起14日内。

> **提示** 经海关批准准予集中申报的进口货物，自装载货物的运输工具申报进境之日起1个月内办理申报手续。
>
> 经电缆、管道或其他特殊方式进出境的货物，进出口货物收发货人或其代理人应当按照海关的规定定期申报。
>
> 申报期限从运输工具申报日的第2天开始计算，即运输工具的申报日并不计入。

（2）出口货物的期限。《海关法》第二十四条规定，出口货物的发货人除海关特准外，应当在货物运抵海关监管区后、装货的24小时以前向海关申报。

规定出口货物的申报期限主要是为了留给海关一定的时间,办理正常的查验和征税等手续,以维护口岸的正常货运秩序。除了需紧急发运的鲜活、维修和赶船期货物等特殊情况之外,在装货的 24 小时以内申报的货物海关一般暂缓受理。

4. 申报日期

申报日期是指申报数据被海关接受的日期。

进出口货物收发货人或其代理人的申报数据自被海关接受之日起,其申报的数据就产生法律效力,即进出口货物收发货人或其代理人应当向海关承担"如实申报"、"如期申报"等法律责任。因此,海关接受申报数据的日期非常重要。

在不使用电子数据报关只提供纸质报关单申报的情况下,海关工作人员在报关单上做登记处理的日期,为海关接受申报的日期。

以电子数据报关单方式申报的,申报日期为海关计算机系统接受申报数据时记录的日期,该日期将反馈给原数据发送单位,或公布于海关业务现场,或通过公共信息系统发布。电子数据报关单经过海关计算机检查被退回的,视为海关不接受申报,进出口货物收发货人或其代理人应当按照要求修改后重新申报,申报日期为海关接受重新申报的日期。

海关已接受申报的报关单电子数据,经人工审核后,需要对部分内容修改的,进出口货物收发货人、受委托的报关企业应当按照海关规定进行修改并重新发送,申报日期仍为海关原接受申报的日期。

不论以电子数据报关单方式申报或以纸质报关单方式申报,海关以接受申报数据的日期为申报的日期。

> **提示** 在先采用电子数据报关单申报,后提交纸质报关单申报的情况下,申报日期以海关接受电子数据报关单申报的日期为准。

5. 滞报金

进口货物收货人未按规定期限向海关申报产生滞报的,由海关按规定征收滞报金。

(1) 滞报金的计算与征收。进口货物滞报金应按日计征,以自运输工具申报进境之日起第 15 日为起征日,以海关接受申报之日为截止日,起征日和截止日均计入滞报期间。

进口货物自运输工具申报进境之日起超过 3 个月还没有向海关申报,其进口货物由海关提取变卖处理的,滞报金的征收,以运输工具申报进境之日起第 15 日为起始日,以该 3 个月的最后一日为截止日。

转关运输货物在进境地申报的,以自载运进口货物的运输工具申报进境之日起第 15 日为起征日;在指运地申报的,以自货物运抵指运地之日起第 15 日为起征日。

进口货物收货人在向海关传送报关单电子数据申报后,未在规定期限或核准的期限内递交纸质报关单,海关予以撤销电子数据报关单处理,进口货物收货人重新向海关申报,产生滞报的,以自运输工具申报进境之日起第 15 日为起征日,以海关重新接受申报之日为截止日。

进口货物收货人申报并经海关依法审核,必须撤销原电子数据报关单重新申报,产生滞报的，经进口货物收货人申请并经海关审核同意，滞报金的征收，以撤销原电子数据报关单之日起第15日为起征日，以海关重新接受申报之日为截止日。

滞报金的日征收金额为进口货物完税价格的0.5‰，以人民币"元"为计征单位，不足人民币1元的部分免予计征。

征收滞报金的计算公式：

$$滞报金金额=进口货物完税价格×0.5‰×滞报期间（滞报天数）$$

滞报金的起征额为人民币50元，不足50元的可以免征。

> **提示** 滞报金的起征起始日如遇法定节假日，则顺延至其后第一个工作日。
>
> 规定进口货物的报关期限和征收滞报金是为了运用行政手段和经济手段，促使进口货物收货人或其代理人及时报关，从而加速口岸货运，减少积压，使货物早日投入生产和使用。
>
> 进口转关运输货物的收货人、受委托的报关企业应当自运输工具申报进境之日起14日内，向进境地海关办理转关运输手续，有关货物应当自运抵指运地之日起14日内向指运地海关申报。转关运输货物在进境地产生滞报的，由进境地海关征收滞报金；在指运地产生滞报的，由指运地海关征收滞报金。

（2）滞报金的减免。有下列情形之一的，进口货物收货人可以向海关申请减免滞报金：

1）政府主管部门有关贸易管理规定变更，要求收货人补充办理有关手续或者政府主管部门延迟签发许可证件，导致进口货物产生滞报的。

2）产生滞报的进口货物属于政府间或国际组织无偿援助和捐赠用于救灾、社会公益福利等方面的进口物资或其他特殊货物的。

3）因不可抗力导致收货人无法在规定期限内申报，从而产生滞报的。

4）因海关及相关执法部门工作原因致使收货人无法在规定期限内申报，从而产生滞报的。

5）其他特殊情况经海关批准的。

有下列情形之一的，海关不予征收滞报金：

1）收货人在运输工具申报进境之日起超过3个月未向海关申报，进口货物被依法变卖处理，余款按《海关法》第三十条规定上缴国库的。

2）进口货物收货人在申报期限内，根据《海关法》有关规定向海关提供担保，并在担保期限内办理有关进口手续的。

3）进口货物收货人申报并经海关依法审核，必须撤销原电子数据报关单重新申报，因删单重报产生滞报的。

4）进口货物经海关批准直接退运的。

5）进口货物应征收滞报金金额不满人民币50元的。

> **提示** 进口货物因被行政扣留或者刑事扣押不能按期申报而产生滞报的，其扣留或者扣押期间不计算在滞报期间内。

《海关滞报金缴款通知》见附件1。

 **附件1**

____海关滞报金缴款通知

编号：

_____公司：

  你公司于____年____月____日在我关报关进口的_____，报关单号_____，已滞报____天，产生滞报金_____元人民币。请你公司收到此通知后，速到海关办理缴纳滞报金手续。

经办人：
中华人民共和国____海关（印章）
年 月 日

第一联：企业留存

____海关滞报金缴款通知

编号：

_____公司：

  你公司于____年____月____日在我关报关进口的_____，报关单号_____，已滞报____天，产生滞报金_____元人民币。请你公司收到此通知后，速到海关办理缴纳滞报金手续。

经办人：
中华人民共和国____海关（印章）
年 月 日

  兹收到报关单编号为_____的《____海关滞报金缴款通知》（编号_____）正本一份。

签收单位：
签 收 人：
日　　期：

第二联：海关留存

4.2.2 申报步骤

1. 进口需接到进口提货通知,出口需备齐出口货物

进口货物的收货人或代理人接到运输单位寄交的"提货通知单",即表示欲进口的货物已经到达港口、机场、车站或其他运输地点,收货人应当立即准备向海关办理报关手续,或委托报关企业向海关申请办理报关手续。出口货物的发货人应根据出口合同的规定,备齐出口货物后,向运输公司办理租船订舱或其他的运输手续,同时准备向海关办理报关手续,或委托报关企业办理报关手续。

2. 委托报关者需办理报关委托协议

需要委托报关企业向海关办理申报手续的,在货物进口或出口之前,应在进出口口岸向报关企业办理委托报关手续。报关企业凭委托方的报关委托书或报关委托协议接受报关委托。进出口货物收发货人应当向报关企业提供委托报关事项的真实情况。报关企业接受进出口收发货人的委托,办理报关手续时,应当对委托人所提供情况的真实性、完整性进行合理审查。报关企业未对进出口货物的收发货人提供情况的真实性、完整性履行合理审查义务或违反海关规定申报的,应当承担相应的法律责任。

《代理报关委托书》、《委托报关协议》分别见附件2和附件3。

附件2

代理报关委托书

编号:□□□□□□□□□□

我单位现_____(A. 逐票 B. 长期)委托贵公司代理_____等通关事宜。(A. 填单申报 B. 辅助查验 C. 垫缴税款 D. 办理海关证明联 E. 审批手册 F. 核销手册 G. 申办减免税手续 H. 其他)详见《委托报关协议》。

我单位保证遵守《海关法》和国家有关法规,保证所提供的情况真实、完整、单货相符。否则,愿承担相关法律责任。

本委托书有效期自签字之日起至____年____月____日止。

委托方(盖章):

法定代表人或其授权签署《代理报关委托书》的人(签字)

年 月 日

📖 **附件 3**

委托报关协议

为明确委托报关具体事项和各自责任,双方经平等协商签订协议如下:

委托方		被委托方	
主要货物名称		*报关单编码	No.
HS 编码	☐☐☐☐☐☐☐☐	收到单证日期	年 月 日
货物总价		收到单证情况	合同☐ 发票☐
进出口日期	年 月 日		装箱清单☐ 提(运)单☐
提单号			加工贸易手册☐ 许可证件☐
贸易方式			其他
原产地/货源地		报关收费	人民币: 元
其他要求:		承诺说明:	
背面所列通用条款是本协议不可分割的一部分,对本协议的签署构成了对背面通用条款的同意。		背面所列通用条款是本协议不可分割的一部分,对本协议的签署构成了对背面通用条款的同意。	
委托方业务签章:		被委托方业务签章:	
经办人签章:		经办报关员签章:	
联系电话: 年 月 日		联系电话: 年 月 日	

(白联:海关留存,黄联:被委托方留存,红联:委托方留存) 　　中国报关协会监制

3. 准备申报单证

(1) 申报提交单证种类。申报单证可以分为报关单和随附单证两大类。报关单是报关员按照海关规定格式填制的申报单,包括进出口货物报关单和带有进出口货物报关单性质的单证。随附单证包括基本单证、特殊单证。基本单证是指与进出口货物直接相关的商业和货运单据,主要包括商业发票、装箱单、提(装)货凭证(或运单、包裹单)、载货清单(舱单)等。一般来说,任何货物的申报,都必须有基本单证。特殊单证是指国家有关法律规定实行特殊管制的证件,主要包括进出口许可证件、加工贸易手册(包括纸质手册、电子账册、电子化手册)、特定减免税证明、作为某些货物进出境证明的原进出口货物报关单、出口收汇核销单、货物原产地证明、贸易合同等。

> **提示** 随附单证和报关单中"随附单据"的区别
>
> 随附单证是指除报关单以外,随附报关单一起向海关申报的单证,包括基本单证、特殊单证,如合同、发票、装箱清单、载货清单(舱单)、提(运)单、代理报关授权委托协议、进出口许可证件、海关要求的加工贸易手册(纸质或电子数据的)等。
>
> 报关单中的"随附单据"栏仅填报除进出口许可证以外的监管证件代码及编号,但合同、发票、装箱单、许可证等随附单证不在"随附单据"栏填报。

> **提示** 租赁贸易货物进口申报,必须提交租赁合同。而其他货物进口申报不一定需要贸易合同,因此贸易合同对于租赁贸易货物申报来说是一种特殊单证。
>
> 具有进出口货物报关单性质的单证包括特殊监管区域进出境备案清单、进出口货物集中申报清单、《ATA 单证册》、过境货物报关单、快件报关单等。

《进(出)口货物报关单》是进出口货物的收发货人、报关企业向海关递交的申报货物情况的法律文书,是海关依法监管货物进出口的重要凭证。报关单位须如实、认真填写,并对报关单的真实性、合法性负责,承担相应的法律和经济责任。

(2)准备申报单证的原则:基本单证、特殊单证、预备单证必须齐全、有效、合法;填制报关单必须真实、准确、完整;报关单与随附单证必须一致。

> **提示** 报关企业代理报关的,还必须提交代理报关授权委托协议。
>
> 货物实际进出口前,海关已对该货物做出预归类决定的,进出口货物的收发货人、受委托的报关企业在货物实际进出口申报时应当向海关提交《预归类决定书》。

4. 申报前看货取样

进口货物的收货人,在向海关申报前,为了确定货物的品名、规格、型号等,可向海关提出查看货物或提取货样的书面申请。海关审核同意的,派员到场监管。

涉及动植物及其产品以及其他须依法提供检疫证明的货物,如需提取货样,应当按照国家的有关法律规定,事先取得主管部门签发的书面批准证明。提取货样后,到场监管的海关工作人员与进口货物的收货人在海关开具的取样记录和取样清单上签字确认。

> **提示** 进口货物申报前看货取样的作用
>
> 一是为了让进口收货人对实际进口货物的情况有一个全面准确的了解,避免因货物的收发双方因信息沟通不畅或交付的单证不清等造成的申报不实;二是进口货物申报前的看货、取样对违反《海关法》的案件查缉中认定当事人或犯罪嫌疑人的主观方面也具有重要作用。

5. 向海关申报

(1)电子数据申报。进出口货物收发货人或其代理人可以通过终端申报方式、委托 EDI 方式、自行 EDI 方式、网上申报方式 4 种电子申报方式中的一种,将报关单内容录入海关电子计算机系统,生成电子数据报关单。

进出口货物收发货人或其代理人在委托录入或自行录入报关单数据的计算机上接收海关发送的"接受申报"报文和"现场交单"或"放行交单"通知，即表示电子申报成功。如收到"不接受申报"的报文，则应当根据报文提示修改报关单内容后重新申报。

（2）提交纸质报关单及随附单证。海关审结电子数据报关单后，进出口货物收发货人或其代理人应当自接到海关"现场交单"或"放行交单"通知之日起10日内，持打印的纸质报关单，备齐规定的随附单证，到货物所在地海关提交书面单证，办理相关海关手续。

（3）修改申报内容或撤销申报。海关接受进出口货物申报后，电子数据和纸质的进出口货物报关单不得修改或撤销；确有正当理由的，经进出口货物收发货人或其代理人向原接受申报的海关提出申请，海关审核批准，可以修改或撤销。正当理由包括：① 由于计算机、网络系统等方面的原因导致电子数据申报错误的；② 海关在办理出口货物的放行手续后，由于装运、配载等原因造成原申报货物部分或全部退关需要修改或撤销报关单证及其内容的；③ 报关人员由于操作或书写失误造成申报差错，但未对国家贸易管制政策的实施、税费征收及海关统计指标等造成危害的；④ 海关审价、归类审核或专业认定后需对原申报数据进行修改的；⑤ 根据贸易惯例先行采用暂时价格成交、实际结算时按商检品质认定或国际市场实际价格付款方式需要修改原申报数据的。

海关已经决定布控、查验进出口货物的，进出口货物的收发货人、受委托的报关企业不得修改报关单内容或撤销报关单证。

海关发现进出口货物报关单需要修改或撤销，但进出口货物收发货人或其代理人未提出申请的，海关应通知进出口货物收发货人或其代理人。进出口货物收发货人或其代理人填写"进出口货物报关单修改/撤销确认书"，对进出口货物报关单修改/撤销的内容进行确认，确认后完成海关对进出口货物报关单的修改或撤销。

> **提示** 报关单是进出口货物收发货人或其代理人就进出口货物的真实情况向海关所做的报告，报关单一经海关接受，即产生法律上的确定力和约束力，海关应根据报关单上的内容进行审核并结合查验来确认单货是否相符，进出口货物的收发货人或其代理人必须对其提交给海关的报关单内容的合法性和准确性负责。报关单证在海关接受后一般不可修改或撤销。

4.3 一般进出口货物的查验

进出口货物查验，简称查验，是指海关为确定进出口货物收发货人向海关申报的内容是否与进出口货物的真实情况相符，或者为确定商品的归类、价格、原产地等，依法对进出口货物进行实际核查的执法行为。

查验是国家赋予海关的一种依法行政的权力。进出口货物，除海关总署特准可以免验的以外，都应接受海关的查验。

海关通过查验，一是检查核对实际进出口货物与申报环节中所申报的内容是否一致，即单货是否一致，通过实际的查验发现申报审单环节所不能发现的有无瞒报、伪报和申报不实等走私、违规、逃漏关税或其他进出口问题。二是通过查验可以验证申报审单环节提出的疑点，为征税、统计和后续管理提供可靠的监管依据。因为进出口货物的税则分类号列及适用税率、申报的价格等海关是否接受，均决定于查验的结果。如查验不实，税则归类及海关估价不当，不仅适用的税率可能发生差错，且估价也可能或高或低，致使税负不公，从而使国家或进出口货物的收发货人蒙受损失。

4.3.1 查验地点、方法、时间和要求

1．查验地点

海关查验货物，应当在海关监管区内实施，即进出口口岸码头、车站、机场、邮局或海关的其他监管场所进行。

因货物易受温度、静电、粉尘等自然因素影响，不宜在海关监管区内实施查验，或者因其他特殊原因，需要在海关监管区外查验的，经进出口货物收发货人或者其代理人书面申请，海关可以派员到海关监管区外实施查验。

在海关监管区外查验货物，进出口货物收发货人或者其代理人应当按照规定向海关缴纳规费。

2．查验方法

（1）按照查验程度，海关查验可以分为彻底查验和抽查。彻底查验是指对一票货物逐件开拆包装、验核货物实际状况的查验方式。抽查是指按照一定比例有选择地对一票货物中的部分货物验核实际状况的查验方式。

（2）按照操作方式，查验可以分为人工查验和机检查验。

1）人工查验包括外形查验和开箱查验。外形查验是指对外部特征直观、易于判断基本属性的货物的包装、唛头和外观等状况进行验核；开箱查验是指将货物从集装箱、货柜车厢等箱体中取出并拆除外包装后，对货物实际状况进行验核。

2）机检查验是指以利用技术检查设备为主，对货物实际状况进行验核。

海关可以根据货物情况和实际执法需要，确定具体的查验方式。

3．查验时间

在海关决定查验时，即将查验的决定以书面通知的形式通知进出口货物收发货人或者其代理人，约定查验的时间。查验时间一般约定在海关正常的工作时间内。

在一些进出口业务繁忙的口岸，海关也可以接受进出口货物收发货人或者其代理人的请求，在海关正常工作时间以外安排实施查验。

对于危险品或者鲜活、易腐、易烂、易失效、易变质等不宜长期保存的货物，以及因其他特殊情况需要紧急验放的货物，经进出口货物收发货人或者其代理人申请，海关可以优先安排查验。

4．海关在查验中的要求

（1）进出口货物的收发货人或其代理人必须到场，并按海关的要求负责办理货物的搬

运、拆装箱和重封货物的包装等工作。

（2）海关认为必要时，也可以复验、径行开验或者提取货样，货物保管人员应当到场作为见证人。

1）复验。海关可以对已查验货物进行复验。有下列情况之一，海关可以复验：经初次查验未能查明货物的真实属性，需要对已查验货物的某些性状做进一步确认的；货物涉嫌走私违规，需要重新查验的；进出口货物收发货人对海关查验结论有异议，提出复验要求并经海关同意的；其他海关认为必要的情形。

> **提示** 已经参加过查验的查验人员不得参加对同一票货物的复验。

2）径行开验。径行开验是指海关可以在进出口货物收发货人或者其代理人不在场的情况下，对进出口货物进行开拆包装查验。

有下列情形之一的，海关可以径行开验：进出口货物有违法嫌疑的；经海关通知查验，进出口货物收发货人或者其代理人届时未到场的。

海关径行开验时，存放货物的海关监管场所经营人、运输工具负责人应当到场协助，并在查验记录上签名确认。

4.3.2 配合海关查验

海关查验货物时，进出口货物收发货人或者其代理人应当到场，配合海关查验。

进出口货物收发货人或者其代理人在配合海关查验时应当做好以下工作：

（1）负责按照海关的要求搬移货物、开拆和重封货物的包装等。

（2）预先了解和熟悉所申报的货物情况，如实回答查验人员的询问和提供必要的资料。

（3）协助海关提取需要进一步检验、化验或鉴定的货样，收取海关出具的清单。

（4）查验结束后，认真阅读查验人员填写的"海关进出境货物查验记录单"，注意以下情况的记录是否符合实际：开箱的具体情况；货物残损情况及造成残损的原因；提取货样的情况；查验结论。查验记录准确、清楚的，应即签名确认。

4.3.3 被查验货物损坏的赔偿

1. 赔偿范围

《海关法》第九十四条规定："海关在查验进出境货物、物品时，损坏被查验的货物的，应当赔偿实际损失。""实际损失"是指由于海关关员的责任造成被查验货物、物品损坏的，海关应当按规定赔偿当事人直接经济损失。直接经济损失的金额是根据被损坏的货物、物品或其他部件受损程度或修理费用确定。必要时，可凭公证机构出具的鉴定证明确定。

2. 不予赔偿的范围

在下述情况下，海关对被查验货物造成的损失不予赔偿：① 由于收发货人或其代理人搬移、开拆、重封包装或保管不善造成的损失；② 易腐及易失效货物、物品在海关正常工作程序所需时间（含扣留或代保管期间）所发生的变质或失效，当事人未事先向海关声明的；③ 海关正常检查产生的不可避免的磨损；④ 在海关查验之前已发生的损坏和海关查验之后发生的损坏；⑤ 由于不可抗力的原因造成货物、物品的毁坏和损失。

3．赔偿办法

（1）若海关关员在查验货物、物品时，损坏被查验的货物、物品，应如实填写《中华人民共和国海关查验货物、物品损坏报告书》（见附件4）一式两份，由查验关员和当事人双方签字，各留一份。海关依法进行开验、复验或者提取货样时，应会同有关货物、物品保管人共同进行，如造成货物、物品损坏，查验人应请在场的保管人员作为见证人在《损坏报告书》上签字，并及时通知货主。

（2）进出口货物的收发货人或其代理人在收到《损坏报告书》后，可与海关共同协商确定货物、物品的受损程度。受损程度确定后，以海关审定的完税价格为基数，确定赔偿金额。报关人和海关对赔偿金额有争议时，可向法院起诉，由法院裁定和判决赔偿金额。

4．赔偿时间

赔偿金额确定后，由海关填发《中华人民共和国海关损坏货物、物品赔偿通知单》，报关人自收到《赔偿通知单》之日起3个月内凭单向海关领取赔款，或将银行账号通知海关划拨，逾期海关不再赔偿。赔款一律用人民币支付。

> **提示** 海关赔偿的范围仅限于在实施查验过程中，由于查验人员的责任所造成被查验货物损坏的直接经济损失。
>
> 进出口货物的收发货人或其代理人在海关查验时对货物是否受损坏未提出异议，事后发现货物有损坏的，海关不负赔偿责任。

📖 **附件4**

中华人民共和国海关查验货物、物品损坏报告书

（　　）关字第　　号

货物、物品所有人（代理人）：
地址、电话：
货物名称：
数　量：
单　价：
发票号：
合同号：
申报进出境日期：
开验日期：
开验地点：

```
备注：
损坏情况：

值班关员（签印）
货物（物品）所有人（代理人）（签印）
见证人（签印）
年    月    日
```

4.4 一般进出口货物的放行

一般进出口货物的放行是指进出口货物在办完向海关申报、接受查验、缴纳税费等手续后，由海关在货运单据上签印放行。进出口货物的收发货人或其代理人凭海关签印放行的货运单据提取进口货物或将出口货物装至运输工具并运离出境。

4.4.1 一般进出口货物放行的规定、手续

对一般进出口货物来说，放行表示解除海关监管，海关放行即结关。因此，海关在口岸放行环节的工作是对整个通关程序中的申报、查验、征税环节的工作进行复核。

1．进出口货物放行的规定

（1）进口货物的通关程序是否合法，手续是否齐全，各项签章是否完整、有效。

（2）进出口货物的申报单证是否齐全、有效、有无遗漏。

（3）海关查验进出口货物的记录和批注是否准确，是否符合规范。

（4）应税、应费进出口货物缴纳税费的情况。

（5）属于担保放行或缓税处理的进出口货物的手续的合法性。

（6）有关监管货物的登记、备案记录是否完整正确。

（7）构成走私违规行为的是否已经处罚。

进出口货物的收发货人或其代理人，应在放行环节积极协助海关做好上述工作，随时答复海关的复核询问或提供有关单据，保证放行手续的迅速办理。

2．进出口货物放行的手续

（1）海关进出境现场放行和货物结关。

1）海关进出境现场放行是指海关接受进出口货物的申报、审核电子数据报关单和纸质报关单及随附单证、查验货物、征免税费或接受担保后，对进出口货物做出结束海关进出境现场监管决定，允许进出口货物离开海关监管现场的工作环节。

海关进出境现场放行一般由海关在进口货物提货凭证或出口货物装货凭证上加盖海关放行章。进口货物的收发货人或其代理人凭以到海关监管仓库提取货物，出口货物的发货人或其代理人凭以装运到运输工具上起运出境。

在实行"无纸通关"申报方式的海关，海关做出现场放行决定时，通过计算机将海关决定放行的信息发给进出口货物收发货人或其代理人和海关监管货物保管人。进出口货物收发货人或其代理人从计算机上自行打印海关通知放行的凭证，凭以提取进口货物或将出口货物装运出境。

2）货物结关是进出口货物办结海关手续的简称。进出口货物由其收发货人或其代理人向海关办理完所有的海关手续，履行了法律规定的与进出口有关的一切义务，就办结了海关手续，海关不再进行监管。

> **提示** 放行与结关
>
> 海关进出境现场放行有两种情况：一种情况是货物已经结关。对于一般进出口货物，放行时进出口货物的收发货人或其代理人已经办理了所有海关手续，因此，海关进出境现场放行即等于结关；另一种情况是货物尚未结关，对于保税货物、减免税货物、暂准进出口货物，部分其他进出口货物，放行时进出口货物的收发货人或其代理人并未全部办完所有的海关手续，海关在一定期限内还需进行监管，所以该类货物的海关进出境现场放行不等于结关。

（2）提取货物或装运货物。进出口货物的收发货人或其代理人凭海关的放行章去办理提取进口货物或将出口货物装运出境。

（3）签发报关单证明联。进出口货物的收发货人或其代理人在办理提取进口货物或装运出口货物的手续后，如需要海关签发有关货物的进口、出口证明联或办理其他证明手续的，均可向海关提出申请。常见的证明联主要有：① 进口付汇证明、出口收汇证明；② 出口收汇核销单；③ 出口退税证明；④ 货物进/出口证明书。

3．出口货物退关

出口货物退关是指已申报出口的货物经海关查验放行后，因故未能装入出境运输工具，出口申报人申请办理退运出海关监管区而不再出口的行为。申请退关货物发货人应当在退关之日起3天内向海关申报退关原因，经海关核准后方能将货物运出海关监管场所。

已征出口税的退关，经海关核准后方能将货物运出海关监管场所。已征出口税的退关货物，可以在缴纳税款之日起一年内，提出书面申请，陈述理由连同纳税收据向海关申请退税。海关接受申报并放行后，由于运输工具配载等原因，全部或部分货物未能装载上原申报的运输工具的，出口货物发货人应向海关递交《出口货物报关单更改申请》。其中对全部未出口，海关审批后，按退关处理，重新办理出口报关手续。对部分货物未出口，海关对原申报出口的货物做全部退关处理，然后再对实际出口的货物办理重新报关手续。

4.4.2 放行形式

海关放行的基本形式有3种：征税放行、海关事务担保放行、信任放行。

1. 征税放行

进出口货物在取得海关放行前，如属应税货物，应由海关的税收部门按照《中华人民共和国关税条例》和《中华人民共和国进出口税则》的规定，对进出口货物征收有关关税和代征税后，签印放行。

2. 海关事务担保放行

（1）当事人申请提前放行货物的担保。在货物进出境通关过程中，海关对报关人的申报提出质疑或确认报关人申报需要补充相关单证，报关人无法在短期内满足海关要求但需要海关先行放行货物时，可向海关提出担保申请，提供与应纳税款相适应的担保，海关可以先行放行货物。担保放行主要有下列情形：① 进出口货物的商品归类存在争议，等待海关归类部门的归类结果；② 进出口商品的完税价格存在争议，报关人需要提供成交证明或与海关进行价格磋商；③ 原产地尚未确定；④ 有效报关单证尚未提供的，如需发货人提供货物成分、含量说明等。

国家对进出境货物有限定性规定，应当提供许可证而不能提供的，以及法律法规规定不得担保放行的其他货物，海关不得办理担保放行。

（2）办理担保的程序。

1）担保申请。报关人按照海关的要求，填写担保申请，并提供货物报关单证，包括发票、装箱单、合同、许可证件及相关说明材料。所有报关单证和担保申请需要盖经营单位公章，以保证文件的有效性。必要时，需要向海关提交真实、合法、有效的财产或权利凭证及海关要求的其他材料。

2）海关审核。报关人向海关递交担保申请后，海关进入审核流程。担保申请经海关审核通过后，报关人凭审批文件到现场海关办理放行手续；需要缴纳保证金的担保业务，在缴纳保证金后，办理放行手续。

（3）担保销案。报关人在限期内履行有关义务或海关依法要求担保的情形不再存在的，海关将即时书面通知报关人办理财产、权利凭证退还手续，报关人须于规定的担保期限届满前，凭海关保证金收据或留存的标准函或其他担保凭证向海关办理销案手续。

在进出口货物的商品归类、完税价格、原产地尚未确定等担保放行情况下，当此类担保货物进出口后向海关提交了可以证明申报货物的商品归类、完税价格以及原产地信息的正确、真实、符合规定的相关资料，海关确认后可以办理销案手续。

> **提示** 因商品归类、完税价格、原产地等情况向海关提交的证明材料与实际申报存在差异，由此带来报关单相关栏目的修改，依据《中华人民共和国进出口货物报关单修改和撤销管理办法》和《中华人民共和国海关行政处罚实施条例》的相关规定执行。

3. 信任放行

信任放行是海关为适应外向型经济发展的需要，在有效监管的前提下，对监管模式进行改革的一项措施。海关根据进出口企业的通关信誉、管理水平等因素，对其进行评估分类。对被海关确认为高信用的各类企业给予通关便利，采取集中报关、预先报关、信任放行等优惠措施，使这些企业的进出口货物在口岸进出口时径直放行，事后一定时期内，通过分批或集中定期纳税来完备海关手续。这种放行制度是建立在海关与企业、报关人相互信任的前提下的。但在方便企业的同时，也给海关带来一定的管理风险。为此，各地海关采取与企业签订"信任放行"的谅解备忘录，实行"义务监管员"制度，即企业按海关要求推荐义务监管员，经海关培训合格后发证上岗，代替海关行使权力。有的海关还开辟了"信得过企业窗口"，对这些企业的货物随到随放，由业务监管员代替海关查验。这些措施为企业节省了通关费用，同时也缓解了海关监管力量不足的矛盾。当然，经海关批准的"信得过企业"，如发现违反海关规定的情况，海关可以提出警告。情节严重的，可立即取消通关优惠企业资格，并依法从严处理。

4.5 海关通关作业模式

为了更好地服务我国经济的对外发展，提高贸易便利化水平，大幅度减少通关审批手续和作业环节，降低企业办理货物通关的时间和经济成本，海关近年来推出了一系列的监管创新。在借助信息化技术和手段的基础上，海关提出了区域通关一体化的监管机制，实施了"属地申报、口岸验放"、"属地申报，属地放行"等简化通关作业程序的做法。本节将介绍其中主要的通关作业模式和做法。

4.5.1 电子报关

1. 电子报关的含义

电子报关是指进出口货物的收发货人或其代理人，按照《中华人民共和国海关进出口货物报关单填制规范》（以下简称《规范》）有关要求，向海关传递报关单电子数据，并备齐随附单证的申报方式。

《海关法》规定："办理进出口货物的海关申报手续，应当采用纸质报关单和电子数据报关单的形式。"这一规定确定了电子报关的法律地位，使电子数据报关单和纸质报关单具有同等的法律效力。

在一般情况下，进出口货物的收发货人或其代理人应当采用纸质报关单和电子数据报关单形式向海关申报，即进出口货物收发货人或其代理人先向海关计算机系统发送电子数据报关单，接收到海关计算机系统发送的"接受申报"电子报文后，凭以打印纸质报关单，附必需的其他单证，提交给海关。

在某些特殊情况下，进出口货物收发货人或其代理人可以单独使用纸质报关单向海关申报；在特定条件下，进出口货物收发货人或其代理人可以单独使用电子数据报关单向海关申报。

> **提示** 在现阶段法定报关方式是纸质报关单和电子数据报关单同时使用。但随着计算机技术和网络技术的发展，全面推行电子报关是报关方式的发展方向。

2. 电子申报方式

（1）终端申报方式。进出口货物的收发货人或其代理人使用连接海关计算机系统的计算机终端录入报关单内容，直接向海关发送报关单电子数据。

（2）EDI 申报方式。进出口货物的收发货人或其代理人在计算机中安装 EDI 申报系统，在该系统中录入报关单内容，由计算机转换成标准格式的数据报文向海关计算机系统发送报关单电子数据。它包括自行 EDI 申报方式和委托 EDI 申报方式。

（3）网上申报方式。进出口货物的收发货人或其代理人在计算机中安装"中国电子口岸"系统，登录"中国电子口岸"网站，在"联网申报"系统中录入报关单内容，通过"中国电子口岸"向海关计算机系统发送报关单电子数据。

3. 电子通关系统

我国海关已经在进出口货物通关作业中全面使用计算机进行信息化管理，成功地开发运用了多个电子通关系统。

（1）海关 H883/EDI 通关系统。H883/EDI 通关系统是中国海关报关自动化系统的简称，是我国海关利用计算机对进出口货物进行全面信息化管理，实现监管、征税、统计三大海关业务一体化管理的综合性信息利用项目。

（2）海关 H2000 通关系统。H2000 通关系统是对 H883/EDI 通关系统的全面更新换代项目。

H2000 通关系统在集中式数据库的基础上建立了全国统一的海关信息作业平台，不但提高了海关管理的整体效能，而且使进出口企业真正享受到简化报关手续的便利。进出口企业可以在其办公场所办理加工贸易登记备案、特定减免税证明申领、进出境报关等各种海关手续。

（3）中国电子口岸系统。中国电子口岸系统又称口岸电子执法系统，简称电子口岸，是与进出口贸易管理有关的国家 12 个部委利用现代计算机信息技术，将各部委分别管理的进出口业务信息电子底账数据集中存放在公共数据中心，为政府管理机关提供跨部门、跨行业联网数据核查，为企业提供网上办理各种进出口业务的国家信息系统。

电子口岸系统和海关通关系统，尤其是和 H2000 通关系统连接起来，构成了覆盖全国的进出口贸易服务和管理的信息网络系统。进出口企业在其办公室就可以上网向海关及国家其他有关部委办理与进出口贸易有关的各种手续；与进出口贸易有关的海关及国家各有关部委也能在网上对进出口贸易进行有效管理。

中国电子口岸系统结构如图 4-1 所示。

1）中国电子口岸系统的主要功能。

① 数据交换。通过中国电子口岸平台，政府与政府部门、政府部门与企业之间可实现数据交换和共享。数据交换对象包括 12 个国家行政管理机关、社会团体、事业单位、国内外企业、驻华使领馆、个体工商户等。

② 事务处理。中国电子口岸系统可为政府部门和企业办理核销单审批、加工贸易合同审批、减免税审批、报关单申报、进出口许可证件和外汇核销单的申领、结付汇核销、保

税区台账申请、ATA 单证申请等提供实时在线服务。

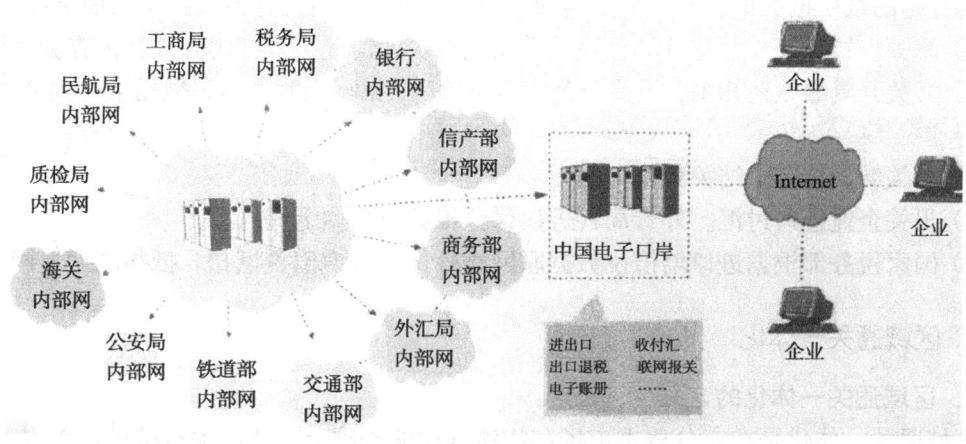

图 4-1　中国电子口岸系统结构

③ 身份认证。中国电子口岸系统入网用户都要经过工商、税务、质检、外贸、海关、外汇 6 个部门严格的入网资格审查,才能取得入网 IC 卡开展网上业务,从而有效解决网上业务信任关系和法律责任问题。

④ 存证举证。根据国家行政管理机关的授权及中国电子口岸数据中心与各用户单位之间签订的协议,中国电子口岸系统数据中心针对部分联网应用项目承担存证举证的责任,电子数据存证期为 20 年。

⑤ 标准转换。按照国家行政管理机关各部门及企业用户的需要,由中国电子口岸系统数据中心对交换数据进行代码转换,如组织机构代码转换、业务单证代码转换、参数数据代码转换等。

⑥ 查询统计。根据提供共享业务数据主管部门或单位的授权,有控制地开放数据查询和统计服务。共享数据包括进出口报关单数据、企业经济户口档案数据、外汇核销单数据、海陆空铁邮及快件等货运数据、知识产权数据等。

⑦ 网上支付。针对用户支付税费和货款的需求,由中国银行、工商银行、农业银行、交通银行、招商银行等商业银行在中国电子口岸系统设立网上银行,为用户开设电子账户,提供资金支付、信用担保、账务管理等多种金融服务。

⑧ 网络隔离。企业及个人与政府部门的联网通过电子口岸系统实现"一点接入",使电子口岸成为政府网关,并实现政府网与互联网的逻辑隔离,从而确保政府网络的安全性。

2)电子口岸报关操作流程。以进口通关为例,其通关流程如下:

① 进口企业通过自身与海关联网的计算机,或者通过预录入单位(报关企业)将报关数据向海关业务数据处理中心传输。

② 海关业务数据处理中心收到数据后,对报关数据进行逻辑校验,对监管条件进行审核,并自动做出判别。对符合要求的,发出回执,通知企业海关已接受申报;对不符合要求的,则退回不接受申报,企业根据计算机提示进行修改和补充。

③ 报关企业收到海关业务数据处理中心的计算机发来的"接受申报"信息后,在规定期限持打印的纸质报关单,备齐规定的随附单证,到货物所在地海关提交书面单证。

④ 海关审核单证,并与计算机报关数据核对。如情况正常,则办理具体查验手续。

⑤ 海关开具缴款通知书,报关企业缴纳税款后,银行同时将这该数据上传到公共数据中心。

⑥ 海关结关放行。结关数据上网。

⑦ 报关企业进口付汇。外管局将进口付汇报关单数据上网。

⑧ 国家税务部根据进口增值税数据联网查核,进行增值税抵扣。抵扣数据上网。

4.5.2 区域通关一体化

1. 区域通关一体化的含义

区域通关一体化是在充分尊重市场和物流规律的基础上,各海关打破关区界限,通过建立区域通关中心,打造统一的申报平台、风险防控平台、专业审单平台和现场作业平台,形成"一个中心,四平台"的区域通关一体化专业架构,进一步提升贸易便利化水平,实现区域内企业自主选择申报纳税和验放地点,实现区域内海关高效统一执法和全程对接服务,有力推动区域经济全面协调发展。

2. 区域通关一体化的便利

区域通关一体化的建设会给企业更多的自主权:企业可以根据实际需要,自主选择口岸清关、转关、"属地申报、口岸验放"、"属地申报、属地放行"、一体化通关等任何一种通关方式;企业可按照经营单位注册地、货物进出境地(或直属海关集中报关点)自主选择接单现场,并据此确定报关单的申报口岸;允许报关企业一地注册、多地报关,允许区域外报关企业在区域内设立分支机构并在区域内直接报关;区域通关一体化报关单需要实施查验的,可以由企业根据物流实际需要,自主选择在口岸或在属地海关监管场所实施查验。

3. 区域通关一体化作业新模式

(1)"属地申报、口岸验放"模式。该模式是指符合海关规定条件的守法水平较高的企业,在其货物进出口时,可以自主选择向属地海关申报,并在口岸海关办理货物验放手续的通关模式。

> **提示** 属地海关是指进出口货物收发货人注册地所在地直属海关业务管辖的区域范围。口岸海关是指进出口货物的实际进出境所在地直属海关和隶属海关。

(2)"属地申报、属地放行"模式。该模式是"属地申报、口岸验放"通关模式的一种方式,即符合海关规定条件的高资信企业,在其货物进出口时,可以自主选择向属地海关申报,并在属地海关办理货物放行手续。

(3)通关作业无纸化。该作业是指海关以企业分类管理和风险分析为基础,按照风险等级对进出口货物实施分类,运用信息化技术改变海关验核进出口企业递交的纸质报关单及随附单证办理海关通关手续的做法，直接对企业通过中国电子口岸录入申报的报关单及随附单证的电子数据进行无纸审核、验放处理的通关作业方式。

应用案例：东北地区海关区域通关一体化

东北地区海关区域通关一体化改革从2015年4月26日启动后，4万余家外贸企业直接受惠，企业自主选择向经营单位注册地海关、货物实际进出境地海关或其直属海关集中报关点办理申报、纳税和查验放行手续，由此享受到"四省（区）如一家"、"六关如一关"的通关便利。

对改革带来的通关便利，吉林省一汽大众汽车有限公司深有感触。该公司通过区域通关一体化方式，从大连海关直接申报进口并放行货物。"以往，我们通过传统的转关方式通关，海关通关一体化改革以来，我们公司有超1 000 TEU的集装箱在大连报关、验放，每票货物节约出两天左右的时间，通关成本也降低了不少。"公司进出口部副经理赵悦说。

同样享受到异地报关便利的大连瑞新国际物流公司报关部经理曲雅杰介绍，在大连海关单证中心申报进口一批汽车零部件，几分钟后，这批货物在内蒙古满洲里口岸顺利入境，而在以前，像这样跨区域进出口的货物，还需要到当地海关办理手续。得益于东北三省和内蒙古开始实行的海关通关一体化改革，企业可自主选择四省区任何一个海关报关和入境，非常方便。

目前，海关总署进行了全国区域通关一体化跨区域互联互通系统的全面开通，将海关区域通关五大板块（东北地区、京津冀、丝绸之路经济带、长江经济带、泛珠四省区）合并为全国统一模式。

大连、沈阳、长春、哈尔滨、呼和浩特、满洲里6个海关作为东北地区海关区域通关一体化改革板块，与京津冀、长江经济带、广东地区和丝绸之路经济带海关构成了"3+2"的全国海关区域通关一体化格局。

本章小结

1．一般进出口货物的报关从海关方面看，其业务程序是：接受申报、查验货物、征收关税、结关放行；从进出口货物收发货人方面来说，其相应的报关程序为：提出申报、配合查验、缴纳税费、凭单取货或装运出口。

2．申报制度是法定制度。海关对进出口货物申报的地点、时间、申报时应提交的单证等都有明确的规定。对进口货物而言，申报期限为自运输工具申报进境之日起14日内。从第15日开始征收滞报金，超过3个月仍无人申报，海关可以对货物进行变卖处理。所得款项在1年内，经收货人申请，在扣除有关费用后，将余款发还申请人。逾期无人申请的，上缴国库。对出口货物而言，应在装货24小时之前向海关申报。

3．查验是国家赋予海关的一种依法行政的权力。进出口货物，除海关总署特准可以免验的以外，都应接受海关的查验。海关一般在海关监管区和海关正常的工作时间内实施查验，但经进出口货物的收发货人或其代理人申请，海关也可派关员在海关监管区以外的地点实施查验。在查验时，进出口货物的收发货人或其代理人应到场，配合海关的查验工作。海关认为必要时，也可以径行开验、复验或者提取货样。

4．海关进出境现场放行是海关接受进出口货物的申报、审核电子数据报关单和纸质报关单及随附单证、查验货物、征收税费或接受担保后，对进出口货物做出结束海关进出境现场监管决定，允许进出口货物离开海关监管现场的工作环节。

5．申报是海关放行和结关的前提和基础，没有进出口货物收发货人或其代理人的申报行为就不能启动货物进出境的报关程序，更谈不上海关的放行和结关。海关放行是结关的前提，但海关放行不等同于结关。货物性质不同，其结关方式也不同。一般进出口货物是放行结关，保税货物是核销结关，减免税货物是解除海关监管手续结关，暂准进出口货物是销案结关。

6．海关通关制度的改革及全面推行电子报关都需要一个渐进的过程。目前区域通关一体化的推行极大地便利了企业的进出境贸易活动，提高了贸易便利化水平。

练习题

一、单选题

1．下列属于报关基本单证的有（　　）。
   A．原产地证明书　　　　　　　B．装箱单
   C．进出口贸易合同　　　　　　D．汇票

2．不属于出口货物报关单证明联的是（　　）。
   A．出口收汇证明　　　　　　　B．进口货物证明书
   C．出口收汇核销单　　　　　　D．出口退税证明

3．不属于海关接受担保放行范围的是（　　）。
   A．暂时进出口货物
   B．经海关同意，将海关未放行的货物暂时存放于海关监管区之外的场所的进出口货物
   C．国家限制进出口的货物，未领到进出口货物许可证的
   D．国家限制进出口的货物，已领取了进出口许可证件，因故不能及时提供的

4．某公司进口货物于4月2日（周一）由"海鸥"号海轮运抵上海口岸，船舶于同日申报进境。该批货物的完税价格为人民币1 000万元，该公司于4月20日去申办货物进口手续。问该公司应缴纳多少滞报金？（　　）
   A．20 000元　　B．2 000元　　C．25 000元　　D．2 500元

5．配额许可证、动植物检验检疫证、特定减免税证明属于报关单证中的（　　）。
   A．基本单证　　B．主要单证　　C．特殊单证　　D．预备单证

二、多选题

1. 进出口货物收发货人或其代理人配合海关查验的工作主要包括（　　）。
   A. 负责搬移货物，开拆和重封货物的包装
   B. 回答查验关员的询问
   C. 负责提取海关需做进一步检验、化验或鉴定的货样
   D. 签字确认查验记录

2. 海关接受申报的时间，下列表述正确的是（　　）。
   A. 经海关批准单独以电子数据报关单形式向海关申报的，以"海关接受申报"的信息发送给进出口货物收发货人或其代理人，或公布于海关业务现场的时间为接受申报的时间
   B. 经海关批准单独以纸质报关单形式向海关申报的，以海关在纸质报关单上进行登记处理的时间为接受申报的时间
   C. 在先以电子数据报关单形式向海关申报，后以纸质报关单形式向海关申报的情况下，海关接受申报的时间以海关接受纸质报关单申报的时间为准
   D. 在采用电子和纸质报关单申报的一般情况下，海关接受申报的时间以海关接受电子数据报关单申报的时间为准

3. 下列关于进出口货物申报期限的表述正确的是（　　）。
   A. 进口货物的收货人应当自货物进境之日起14日内向海关申报
   B. 进口货物的收货人应当自装载货物的运输工具申报进境之日起14日内向海关申报
   C. 出口货物的发货人除海关特准的外，应当在货物运抵海关监管区后、装货的24小时以前向海关申报
   D. 出口货物的发货人除海关特准的外，应当在货物运抵海关监管区装货后的24小时以前向海关申报

4. 因海关关员的责任造成被查验货物损坏的，进出口货物收发货人或其代理人可以要求海关赔偿。但下列哪些情况海关将不予赔偿（　　）？
   A. 海关正常查验时所产生的不可避免的磨损
   B. 由于不可抗拒的原因造成货物的损坏、损失
   C. 由于海关关员的责任造成被查验货物损坏的直接经济损失以外的其他经济损失
   D. 海关查验时进出口货物收发货人或其代理人对货物是否受损失未提出异议，事后发现货物有损坏的

5. 下列单证属于报关特殊单证的是（　　）。
   A. 贸易合同　　　　　　　　　B. 装箱单
   C. 货物原产地证明　　　　　　D. 加工贸易手册

三、判断题

1. 进出口货物报关是指进出口货物收发货人或其代理人向海关办理货物进出境手续及

相关海关事务的过程。（　　）

2．进出口货物的收发货人或其代理人可以以中国人民银行的保函向海关提供担保。（　　）

3．电子数据报关单被海关退回的，进出口货物的收发货人或其代理人应当按照要求修改重新申报，申报日期为海关接受重新申报的日期。（　　）

4．进口货物滞报金的日征收金额为进口货物关税税额的 0.5‰。（　　）

5．进口货物的申报期限为自装载货物的运输工具申报进境之日起 14 个工作日内。（　　）

6．按"一般贸易"交易方式进出口的货物即为一般进出口货物。（　　）

7．在海关查验时，进出口货物的收发货人或其代理人应尽量到场，帮助海关关员开箱和封箱。（　　）

8．海关的放行即意味着海关监管的结束，进口货物可以进入生产和流通领域。（　　）

四、实训题

华丰集团有限公司以 CIF 上海 USD9 600/公吨从法国进口 HHM5502BN 薄膜级低压高密度聚乙烯 200 公吨。该商品列入法检范围，属自动进口许可管理并实行"一批一证"制。进口合同规定了数量装载的机动幅度为正负 5%。载运该批货物的"紫荆"号轮于 8 月 20 日申报进境。收货单位申报前看货取样时，发现实际到货的数量为 195 公吨。

1．请问该单位向海关办理进境申报的最迟日期。

2．该单位向海关办理货物进境申报时应当提交的单证有（　　）。

  A．进口货物报关单　　　　　　　B．自动进口许可证
  C．入境货物通关单　　　　　　　D．进口合同

3．该单位向海关办理进口申报时，其申报数量应为多少？

第 5 章
保税进出口货物的报关程序

加工贸易料件擅自内销案

圣达公司是一家新加坡独资企业,投资总额 5 000 万美元,专门从事汽车轮胎制造。该公司以加工贸易方式从国外进口天然橡胶、钢丝及促进剂等物料,生产制造成不同类型的汽车轮胎后按一定比例内销及出口。公司的进出口只由一名专职报关员负责。

对轮胎专业知识知之甚少的报关员到海关办理了加工贸易合同备案手续,领了手册,开始进料出货。因为公司产品同时有出口和内销两部分,进口料件时,报关员就按照立项审批的内外销比例将一部分进入手册,另外一部分按照一般贸易方式在进口环节直接打税进口,殊不知巨大的关务隐患就此埋下祸根。产品的各种耗料比例数额严重失实而没有人关注纠正;财务、仓库及生产车间将保税料件和一般贸易进口料件混在一起,在仓储及财务管理上没有严格区分、单独立账,致使严重的关务问题得不到及时反映和解决。于是,由于高报单耗形成的大量保税料件源源不断进入内销产品。

经海关稽查确认,自 2005 年至 2008 年的 3 年时间里,公司未经海关同意,擅自将保税方式进口的 4 832 吨天然橡胶、300 吨钢丝、27 吨促进剂等料件用于生产内销轮胎,总案值 4 000 多万元。除了补征税款外,海关还将依照《行政处罚实施条例》第十八条相关条款科以罚款。根据《办理行政处罚案件程序规定》,在正式的《处罚决定书》制发前,海关以《行政处罚告知单》形式把将要做出的处罚通知公司,听取公司对案件的陈述和申辩意见。

接到海关的《稽查通知书》后,圣达公司行政副总裁立即向国外的总裁做了报告,总裁示意:既然详细的数据连我们公司自己也说不清楚,海关又能怎么样?哪里想到,海关稽查关员进入公司第三天就把大概的内销数字算出来了。不过,为了把案子办扎实,三个稽查关员在公司待了整整一个月,收集了翔实的证据,海关决心让圣达挨罚挨得心服口服。

听证会上,海关就事实认定、内销数量及价格的确定等内容向公司方面进行了详细说明,并针对其中的一些有争议的数字再次派员到公司进行反复核实后做了相应调整,公司接受了海关处罚并放弃了行政复议和行政诉讼。

补税和罚款从经济上来说固然是一个不小的损失,但让新加坡圣达总部更难以接受的是公司几十年良好的合规记录遭到了破坏。

启示:对一个从事加工贸易业务的企业来说,进口料件及由此产生的任何衍生物,包括成品、次品、废品、剩余料、边角料、下脚料、废料等,不论是否有商业价值,不论以什么方式,即除了正常的复出口以外的转内销、放弃、销毁、赠送等,都必须事先获得海关的同意。只要提前向海关报告并严格按照海关的要求办理相关手续,关务风险就大大降低,所以储备合格的关务管理人是企业领导者需要提前解决好的一个问题。

资料来源:根据《中国海关》2008 年第 9 期整理

本章学习目标

- ◆ 掌握保税制度与保税货物的概念及其特征;
- ◆ 掌握加工贸易进口料件银行保证金台账制度;
- ◆ 掌握纸质手册、电子账册管理下的保税加工货物及其报关程序;
- ◆ 了解保税仓库、保税区、出口加工区及其货物的报关程序;
- ◆ 了解海关对出口监管仓库管理的相关规定。

学习导航

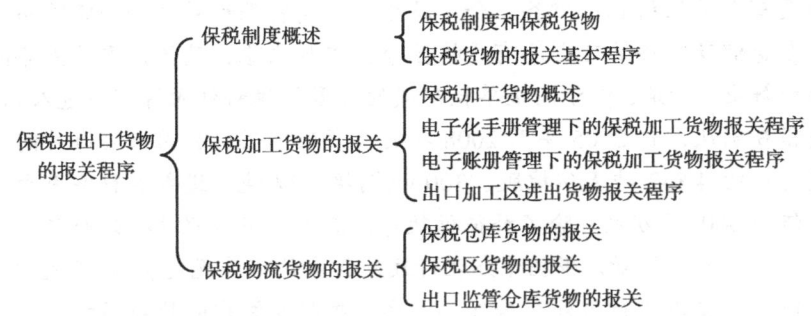

5.1 保税制度概述

16 世纪中期,在意大利的里窝那产生了最初的保税形式——保税储存制度,里窝那也成为世界上第一个实行保税制度的城市。

随着各国间经贸往来的不断扩大,专门从事国家间商品转口贸易的商人也越来越多。为适应国际转口贸易的需要,照顾进口商的利益,保税制度应运而生并逐渐成为一种国际上通行的海关监管制度。国际经济界人士认为保税制度对所在地区经济起到了支柱作用,将它喻为"20 世纪末最流行的经济维生素"。

5.1.1 保税制度和保税货物

1. 保税制度的概念及其形式

保税制度是指经海关批准的境内企业所进口的货物,在海关监管下,在境内指定的场所储存、加工、装配,并暂缓缴纳各种进口税费的一种海关监管业务制度。

对从事转口贸易的进口商,因其进口的货物尚未确定最终流向,海关允许那些复运出口的货物在免纳进口关税的情况下,在境内储存一段时间,以便于货物存储人有充分时间寻找国外买主,从而可降低其货物成本;对准备进入本国市场的进口货物,因可以暂缓交税,也减轻了进口商的资金压力。

参照国际上通行的做法,保税储存和保税加工成为我国保税制度的两大基本形式。为国际商品贸易服务的保税储存,有保税仓库、保税区、寄售代销、免税品商店等;为加工制造服务的保税加工,有来料加工、进料加工、保税工厂、保税集团、保税区等。

考虑到我国的国情,我国保税制度的重点是促进对外加工制造业的发展,以充分利用资金、技术,发挥本国劳动力资源优势,加快国民经济建设的发展。

2. 保税货物的定义及分类

我国《海关法》以法律形式明确了保税货物的定义,即"经海关批准,未办理纳税手续进境,在境内储存、加工、装配后复运出境的货物"。根据保税货物进入关境的目的不同,可以将保税货物分为保税加工货物和保税物流货物。

3. 保税货物的海关监管特征

(1)经海关批准。海关是国家的进出境监督管理机关,进境货物是否可以保税必须由海关来决定,即货物保税必须经海关批准。海关批准货物保税的原则有3个。

1)合法经营。它包括货物合法、方式合法、企业合法、证件合法。即申请保税的料件或申请保税的形式或申请人本身不属于国家禁止的范围,并且获得有关主管部门的许可,有合法进出口的凭证。

2)复运出境。所有保税货物经加工、装配后应该复运出境,且进出基本平衡。

3)可以监管。加工环节、进出境环节均要符合海关监管要求,必要时海关可要求有关当事人提供担保,以防止因为某种不合理因素造成监管失控。

(2)为特定目的。我国《海关法》将保税货物限定于为两种特定目的而进口的货物,即进行贸易活动(保税储存)和加工制造活动(保税加工、装配)。

(3)受海关监管的暂免缴纳税费。保税货物进境后主要进行特定的储存和加工,在其尚未决定最终流向时,可暂时免纳进口环节各项税款,但不是免税。

保税货物从进境提取货物之日起到完成仓储、加工、装配后复运出境或结关之日止必须置于海关监管之下,凡是储存、加工、装配的地点均是海关监管的地点。待货物确定最终流向后,复运出境或办理正式进口手续,海关再决定免税或征税。

(4)保税货物海关监管的延伸。保税货物的海关监管与一般进出口货物相比,无论是时间还是场所,都必须延伸。从地点上说,保税货物运离进境地口岸海关监管场所后进行储存、加工、装配的地方,都是海关监管的场所。

> **相关链接**
>
> 从时间上说，保税货物在进境地被提取并不是海关保税监管的结束，而是继续，海关一直要监管到加工、装配后复运出境或者办结正式进口手续最终核销结案为止。这里涉及两个期限（见表 5-1）。

表 5-1 保税货物和一般进出口货物受海关监管的时间和地点的不同点

货物的种类	海关监管的时间	海关监管地点
一般进出口货物	进口货物：从进境起到办结海关手续提取货物止 出口货物：向海关申报起到装运出境止	货物进出境口岸的海关监管场所
保税货物	从进境提货始，直到储存、加工、装配后复运出境办结海关核销手续或正式进口海关手续为止	在海关监管期间，货物储存、加工、装配的任何地点

（5）应复运出境。保税货物的最终流向应当是以原状或加工后产品复运出境，这是构成保税货物的重要前提。经海关批准保税进境后的货物，一旦决定不复运出境，就改变了保税货物的特性，不再是保税货物，而应当按照留在境内的实际性质办理相应的进口手续，如加工贸易进口料件经批准内销、保税仓库货物出库进入国内市场等。

（6）核销结关。保税货物经过海关核销后才能结关。海关要确认进出数量是否平衡、确认成品是否由进口料件生产。

4．保税货物的期限

（1）保税加工货物的期限包括两部分：准予保税期限和申请核销期限（见表 5-2）。

1）准予保税期限是指经海关批准保税后在境内储存、加工、装配的时间限制，即海关准予缓办进口纳税手续的期限。其起点是进境申报之日，最后一天是复运出境或办理正式进口手续的日子。

2）申请核销期限是指保税货物的经营人向海关申请核销的最后日期。

表 5-2 保税加工货物的准予保税期限和申请核销期限

监管模式	准予保税期限	申请核销期限
纸质手册管理	原则上为 1 年，经批准可以延长 1 年	手册到期之日或最后一批成品出运后 30 天内核销
电子账册管理	企业电子账册记录第一批料件进口之日起到该电子账册被核销止	180 天为 1 个报核周期：首次报核从海关批准电子账册建立之日起算，满 180 天后的 30 天内报核，以后则从上一次的报核日期算，满 180 天后的 30 天内报核
出口加工区	加工贸易料件进区到成品出区结关止	向海关每 180 天申报一次保税加工货物的进出境、进出区实际情况
珠海园区	加工贸易料件进区到成品出区结关止	自企业开展业务之日起，每年向海关办理报核手续 1 次

（2）保税物流货物的保税期限（见表 5-3）。

表 5-3　保税物流货物的保税期限

保税物流货物的监管形式	保税期限
保税仓库	1 年，经批准可以申请延长 1 年
出口监管仓库	6 个月，经批准可以申请延长 6 个月
保税物流中心 A 型	存放时间为 2 年
保税物流中心 B 型	经批准可以申请延长 1 年
保税区、保税物流园区、保税港区	没有时间限制

5.1.2　保税货物的报关基本程序

保税货物的报关与一般进出口货物不同，它不是在某一时间上办理了进口或出口手续后即完成了报关，而是要办理从进境、储存或加工到复运出境全过程的各种海关手续，才真正完成了保税货物的报关。

保税货物的报关基本程序是：备案申请保税—进出境报关—报核申请结案。

1．备案申请保税（前期阶段）

保税货物进口前，经营保税货物的单位向海关提出将要进口货物的保税申请，当海关给予批准后，所进口货物才能保税。这有利于海关对企业申请进口的保税货物进行审核、备案，便于海关今后的监管和统计。

> **提示**　经国家批准的保税区域，包括保税区、出口加工区，从境外运入区内的储存、加工、装配后复运出境的货物，已经整体批准保税，备案阶段与报关阶段合并，省略了按照每个合同或每批货物备案申请保税的环节。

经海关批准的保税仓库，进境入库之前必须以每批货物为单位进入备案申请保税的环节：仓库经营人保税申请—主管海关审核批准保税—凭证办理申报货物进境入库手续。

加工贸易进口料件，包括来料加工、进料加工、外商投资企业履行产品出口合同、保税工厂、保税集团进口料件，必须以每个合同为单位进入备案申请保税阶段。其具体环节是：企业合同备案—海关批准保税—设立（或不设立）银行保证金台账—海关核发加工贸易手册。

2．进出境报关（中期阶段）

所有经海关核准保税的货物，在进出境时都必须和其他货物一样进入进出境报关阶段。一般进出口货物的进出境报关阶段包括 4 个环节：申报—配合查验—缴纳关税—海关放行。保税货物也要进入进出境报关阶段，但所不同的是，保税货物暂缓纳税，不进入第三个环节，即不进入纳税环节（但应当收取海关监管手续费）。

保税货物进出境报关阶段的具体环节包括：申报—配合查验—缴纳或免纳海关监管手续费—提取或装运货物。

> **提示** 保税货物海关放行并没有结关，而是要进入海关监管阶段。

3. 报核申请结案（后期阶段）

报核申请结案：根据企业在海关的备案，当加工合同完成后或储存货物复运出境后，企业向海关申请对进口的保税货物进行核销结关。

保税货物进出口报关，海关也加盖"放行"章，但这种放行不是结关，只是整个监管过程的一个环节。保税货物是核销结关，核销才是保税货物结关的标志。其具体的环节是：企业报核—海关受理—实施核销—结关销案。

所有经海关批准的保税货物，都必须按规定由保税货物的经营人向主管海关报核，海关受理报核后进行核销，核销后视不同情况，分别予以结关销案。

5.2 保税加工货物的报关

5.2.1 保税加工货物概述

随着国际产业分工细化，产业转移推进，一件最终产品的各个环节在空间上日益分离，这导致国际贸易中完全由一国生产的工业制成品越来越少，加工贸易成为国际贸易的主要方式。我国现代化建设的快速发展离不开加工贸易。

1. 保税加工货物的概念及特征

（1）保税加工货物的概念。保税加工货物是指经海关批准未办理纳税手续进境，在境内加工、装配后复运出境的货物，通常被称为加工贸易保税货物。

保税加工货物包括：① 专为加工、装配出口产品而从国外进口且海关准予保税的原材料、零部件、元器件、包装物料、辅助材料等（简称料件）；② 用进口保税料件生产的成品、半成品；③ 在保税加工生产过程中产生的副产品、残次品、边角料和剩余料件。

> **相关链接**
>
> 加工贸易，即料件从境外进口，在境内加工装配后，成品运往境外的贸易。通常有来料加工、进料加工两种形式，两种形式的共同点和区别如下。
>
> 共同点："两头在外"，即原料来自国外，成品又销往国外。
>
> 区别：（1）来料加工在加工过程中均未发生所有权的转移，原料运进和成品运出属于同一笔交易，原料供应者即成品接受者，是以商品为载体的劳务出口。
>
> A（国外的厂商）—原料供应→ 我国的企业B —成品出口→ A（国外的厂商）
>
> （2）在进料加工中，原料进口和成品出口是两笔不同的交易，均发生了所有权的转移，原料供应者和成品购买者之间也没有必然的联系。
>
> A（国外的厂商）—原料供应→ 我国的企业B —成品出口→ C、D、E（国外的其他厂商）
>
> （3）在来料加工中，我方不承担销售风险，不负盈亏，只收取工缴费；而在进料

加工中，我方是赚取从原料到成品的附加价值，要自筹资金、自寻销路、自担风险、自负盈亏。

（2）保税加工货物的特征。

1）料件进口时暂缓缴纳进口关税及进口环节海关代征税，成品出口时除另有规定外无须缴纳关税。

2）料件进口时除国家另有规定外免予交验进口许可证件，成品出口时凡属许可证件管理的，必须交验出口许可证件。

3）进出境海关现场放行并未结关。

2. 海关对保税加工货物的监管模式

目前，海关对加工贸易保税货物监管模式有两大类：一类是非物理围网的监管模式，采用纸质手册管理或计算机联网监管；另一类是物理围网的监管模式，是指经国家批准设立海关特殊监管区域，企业在物理围网的封闭区域内从事保税加工业务，海关在卡口进行监管的监管方式，包括出口加工区和跨境工业园区，采用电子账册管理（见图5-1）。

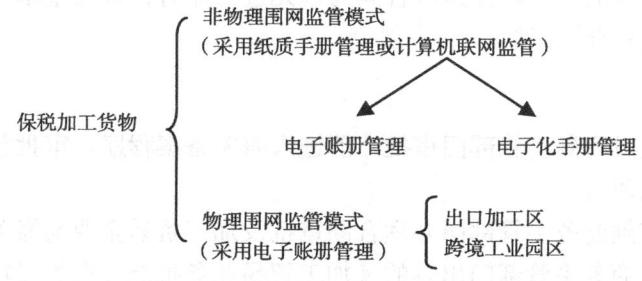

图5-1 保税加工货物的监管模式

（1）物理围网监管。物理围网监管是指经国家批准，在境内或边境线上划出一块地方，实现物理围网，让企业在围网内专门从事保税加工业务，由海关进行封闭式的监管。

在境内的保税加工封闭式监管模式称为出口加工区，在边境线上的保税加工封闭式监管模式称为跨境工业园区。

（2）非物理围网监管。采用纸质手册管理或计算机联网管理。

1）纸质手册管理。这是一种传统的监管模式，主要是用加工贸易登记手册进行加工贸易合同内容的备案，凭以进出口，并记录进口料件出口成品的实际情况，最终凭以办理核销结案手续。

这种监管方式在海关对保税加工货物监管中曾经起过相当大的作用，目前使用范围也较普遍。但随着对外贸易和现代科技的高速发展，已经不再适用数量大、品类杂、产品生命周期短等新时期加工贸易的特征，因此将逐渐被联网监管模式所代替。

2）计算机联网监管。联网监管是指海关通过计算机网络从实行全过程计算机管理的加工贸易企业提取监管所必需的财务、物流、生产经营等数据，与海关计算机管理系统相连接，从而实施对保税货物监督的一种模式。海关利用计算机手段对企业加工贸易生产物流数据进行核查，并根据情况下厂实际核查保税加工货物，企业通过计算机网络向海关办理备案、变更、核销、进出口货物等有关手续。一切都通过计算机网络进行，所以这种监管也被称为电子围网的监管模式。

用电子围网对保税加工货物实施监管目前有两种模式，即建立电子账册管理和建立电子化手册管理。

电子账册管理是以企业整体加工贸易业务为单元实施对保税加工货物的监管。其基本原则是：一次审批、分段备案、滚动核销、控制周转、联网核查。一般针对大型企业，不再执行银行"保证金台账"制度。

电子化手册管理则仍然以企业的单个加工贸易合同为单元实施对保税加工货物的监管，但不再使用传统的纸质手册。海关为联网企业建立电子底账，一个加工贸易合同建立一个电子化手册，仍执行银行"保证金台账"制度。

5.2.2 电子化手册管理下的保税加工货物报关程序

电子化手册管理模式的主要特征是以合同为单元进行监管，报关基本程序是：商务审批—备案—进出口报关—合同报核。

1. 商务审批

加工贸易业务须经过商务主管部门审批才能进入海关备案程序。审批包括加工贸易合同、加工贸易经营范围两类。

加工贸易经营企业到商务主管部门办理合同审批及加工贸易企业与海关联网监管的申请手续。经审批后，凭商务主管部门出具的《加工贸易业务批准证书》、《加工贸易企业经营状况和生产能力证明》及商务主管部门审批同意的加工贸易合同到海关备案并建立电子账册、电子化手册。

2. 合同备案

（1）合同备案的含义。加工贸易合同备案是指加工贸易企业持合法的加工贸易合同到主管海关备案，申请保税并建立加工贸易电子化手册或其他准予备案的凭证的行为。

海关受理合同备案，是指海关根据国家规定在接受加工贸易合同备案后，批准合同约定的进口料件保税，并把合同内容转化为手册内容建立电子化手册或核发其他准予备案的凭证。

> **提示**　海关受理的加工贸易合同必须合法有效，即加工贸易合同通过了商务部门的审批；加工贸易合同所涉及的料件受国家贸易管制，但获得了许可并持有许可证等。

（2）合同备案的企业。国家规定开展加工贸易业务应当由经营企业到加工企业所在地主管海关办理加工贸易合同备案手续。

1）经营企业是对外签订加工合同，负责原材料进口及成品出口的各类进出口企业和外商投资企业，以及经批准获得来料加工经营许可的对外加工装配服务公司。

2）加工企业是受经营企业的委托，负责对进口料件进行加工组装，具有法人资格的企业，以及由经营企业设立的虽不具有法人资格，但实行相对独立核算并已经办理工商营业证（执照）的工厂。

> **提示**：加工贸易合同必须由具有外贸经营权的经营企业签订，也可以与国内加工企业联合对外签订。
>
> 经营企业和加工企业可能是同一个企业，也可能不是同一个企业。经营企业和加工企业必须已经在海关注册登记。

合同备案步骤：合同审批—合同备案—开设台账—核发手册。

加工贸易合同经商务审批通过后持证明及所需许可证件进入海关合同备案的程序，其步骤为：① 将合同相关内容预录入与主管海关联网的计算机。② 由海关审核确定是否准予备案。准予备案的，由海关确定是否需要开设加工贸易银行保证金台账。③ 需办理开设台账手续的，应向银行（中国银行、工商银行）办理台账保证金专用账户设立手续。已设立台账保证金专用账户的企业，凭"海关注册登记证明"向银行进行一次性备案登记。银行与海关目前采用台账电子化联网管理模式。企业在预录入端收到回执后，直接凭银行签发的电子"银行保证金台账登记通知单"向海关办理加工贸易备案手续，无须再往返于海关与银行之间传递单证，有关单证的电子数据均实现网上传输。④ 不需要开设台账的，直接向海关领取加工贸易手册或其他备案凭证。

相关链接

开展加工贸易进口料件在1万美元以下（含1万美元）的加工贸易项目及合同不再报商务部门审批，海关凭各部委直属总公司的批件及协议、合同办理合同登记备案手续。

（3）合同备案内容。

1）备案应提供的单证包括：① 商务主管部门签发的《加工贸易业务批准证》（1万美元以下的进口辅料除外）和《加工贸易加工企业生产能力证明》；② 经营企业对外签订的加工贸易合同、与加工企业签订的委托加工合同；③ 《加工贸易合同备案申请表》、《进口料件备案申请表》及经预录入的《企业加工合同备案呈报表》；④ 加盖企业印章的空白加工贸易登记手册；⑤ 属于加工贸易国家管制商品的需交验主管部门的许可证件；⑥ 产品生产工艺流程、为确定单耗和损耗率所需的有关资料（进料非对口除外）等。

备案商品：① 加工贸易禁止类商品不准备案；② 进出口消耗臭氧层物质、易制毒化学品、监控化学品，在备案时需要提供进出口许可证或两用物项进出口许可证复印机；③ 进出口音像制品、印刷品，提供新闻出版总署印刷复制司的批准文件；进口工业再生废料，提供国家环保总局的《进口废物批准证书》；进出口地图产品及附有地图的产品，提供国家测绘局的批准文件和样品或样图。

根据国家产业政策的要求，为优化加工贸易产品结构，国家制定了《加工贸易分类管理目录》，将加工产品分为禁止类、限制类、允许类。禁止类包括：国家明令禁止进出口的商品；为种植、养殖而进口的商品；可能引起高污染、高能耗的商品；低附加值、低技术含量的商品；其他列明的加工贸易禁止类商品。限制类涉及进口料件和出口成品的有2 000多种。允许类：除禁止类和限制类以外的商品。

2）备案准予保税的额度：合同中准予备案的料件全额保税；合同中不准予备案的料件按一般进口办理（包括试车材料、未列明消耗性物料等）需照章征税。

▶ 提示　消耗性物料是指加工贸易合同项下进口完全不物化在出口产品中或不随着产品出口的，而在加工出口产品过程中消耗掉的物品。加工贸易进口的消耗性物料除燃料、磨料、触媒剂、催化剂、洗涤剂可以根据不同情况予以保税外，其他的都应照章征税。

试车材料是企业为调试设备、培训员工等进口的料件，进口时应照章征税。

（4）台账制度。加工贸易银行保证金台账制度是指经营加工贸易单位或企业在加工贸易合同签订后，经外经贸主管部门和海关批准，按合同备案料件金额在指定银行（中国银行和工商银行）申请设立加工贸易进口料件保证金台账（存放等值于进口料件的关税和进口环节增值税税款的保证金）。加工成品在规定的加工期限内全部出口，经海关核销后，由银行核销保证金台账并返还保证金。其程序为：台账开设—台账变更—台账核销。

若企业在合同规定的加工期内未能及时出口或经批准转内销的，海关将会同税务部门和银行对企业进行税款追缴。对于逾期不向海关办理核销手续的加工贸易企业，银行不再为其开设新台账。

保证金台账的核心内容是将企业和商品分类，按企业及商品类别不同，对加工贸易实行风险管理，对部分企业进口的部分料件，由银行按照海关根据限定计算的金额征收保证金。对于风险较低的加工贸易不设台账，即"不转"；或设台账不付保证金，即"空转"；对于风险较高的加工贸易开设台账并付部分或全部保证金，即"实转"。

根据加工贸易银行保证金台账分类管理的原则，或不设台账，或设台账不付保证金，或设台账并付保证金，如表5-4所示。

表5-4　加工贸易银行保证金台账分类管理

台账分类管理内容	禁止类商品		限制类商品		允许类商品	
	东部	中西部	东部	中西部	东部	中西部
高级认证企业	不准开展加工贸易		空转		不转	
一般认证企业					空转	

续表

台账分类管理内容	禁止类商品		限制类商品		允许类商品	
	东部	中西部	东部	中西部	东部	中西部
一般信用企业	不准开展加工贸易		半实转		空转	
失信企业			不准开展加工贸易			
特殊监管区域企业			不转			

注：① 东部地区包含辽宁省、北京市、天津市、河北省、山东省、江苏省、上海市、浙江省、福建省、广东省。中西部地区指东部地区以外的中国其他地区。

② 半实转指设台账并按进口的限制类商品应征税款的50%征收保证金。

为了简化手续，进口料件金额在1万美元及以下的加工贸易企业按规定不设台账或台账保证金空转，因此也不必向银行交付保证金。加工贸易企业进口金额在5 000美元及以下的客供服装辅料（拉链、纽扣、鞋扣、扣绊、揿扣、垫肩、胶袋、花边等78种）免领手册，但必须凭出口合同向主管海关备案。

（5）合同备案凭证。海关受理合同备案后，企业应当领取海关准予备案的凭证。

电子化手册编号。按规定可以不设台账的合同，在准予备案后，由企业直接向受理合同备案的主管海关领取电子化手册编号。

按规定在银行开设了台账的合同，由企业凭银行签发的《银行保证金台账登记通知单》到合同备案的主管海关领取电子化手册编号。

企业凭此登记册办理进出口货物的备案、报关、报核等程序。

其他准予备案的凭证。对为生产出口产品而进口属于国家规定的78种列明服装服装辅料、且金额在5 000美元及以下的合同免于建立电子化手册，直接凭出口合同备案准予保税后，凭海关在备案出口合同上的签章和编号进入进出口报关阶段。

（6）合同备案的变更。已经在海关登记备案的加工贸易合同，其品名、规格、金额、数量、加工期限、单损耗、商品编码等发生变化的，需向主管海关办理合同备案变更手续，开设台账的合同还需变更台账。其加工期限的变更称为合同延期。相关规定如表5-5所示。

表5-5 加工贸易合同备案变更应办理的手续

变更内容	应办理的手续
1. 合同变更	一般需报经商务部门批准
2. 贸易性质、商品品种不变，合同变更金额小于1万美元（含1万美元），延期不超过3个月的合同	可直接到海关和银行办理变更手续，不需经商务主管部门重新审批
3. 原1万美元以下的合同，变更后进口金额超过1万美元	A、B类企业应重新开设台账 B类企业合同变更后，进口料件如涉及限制类商品的，加收相应的保证金

续表

变更内容	应办理的手续
4. 企业管理类别调整，合同从空转变为实转	对原备案合同交付台账保证金 经海关批准，可以对未完成部分收取保证金
5. 企业类别调整为失信企业	已备案合同经海关批准，交付保证金后继续执行，但是不得再变更和延期
6. 对允许类商品改为限制类商品的加工合同	已备案的合同不再交付保证金 原允许类和限制类商品改为禁止类商品的，已经备案的合同按照国家即时发布的规定办理

（7）与合同备案相关的事项。

1）异地加工贸易备案申请。异地加工贸易，也叫跨关区异地加工贸易，指一关区内的加工贸易企业，将进口料件委托另外一个关区内的加工生产企业进行加工，生产出成品后，回收出口的加工贸易。

加工贸易经营企业应向该企业所在地主管海关办理备案手续，需要开设银行台账的，在调入地加工企业所在地指定银行开设台账。

2）加工贸易单耗申报。加工贸易单耗是指加工贸易加工企业在正常生产条件下加工生产单位出口产品所耗用的进口保税料件的数量。单耗包括净耗和工艺损耗。

加工贸易企业可以在备案时、货物出口、深加工结转或内销前向海关申报单耗。经海关批准后也可在报核前向海关申报单耗。申报单耗应填写《中华人民共和国海关加工贸易单耗申报单》。加工贸易审批机关在严格审核企业所申报的单耗后签发《加工贸易业务批准证》，海关凭以备案。

3）加工贸易外发加工申请。加工贸易外发加工是指加工贸易企业因自身生产工序限制，需将加工过程中的某道工序委托其他加工企业（承揽企业）进行加工，在规定的期限内将加工后的产品运回本企业并最终出口的行为。加工贸易外发加工需向海关提出申请，并经海关批准后进行。

4）加工贸易串料申请。串料是指因生产需要，将一个出口合同内的料件用于生产另外一个出口合同的产品。具体要求如下：① 需向海关提交书面申请；② 保税料件之间、保税料件和进口非保税料件之间的串换须符合同品种、同规格、同数量的条件；③ 保税料件和国产料件之间的串换，必须符合同品种、同规格、同数量、关税税率为零的条件，且商品不涉及许可证；④ 经海关批准，经营企业因保税料件和非保税料件之间发生串换，串换下来同等数量的保税料件，由企业自行处置。

3．进出口报关

电子化手册管理下的保税加工货物报关，适用进出口报关阶段程序，有进出境货物报关、深加工结转货物报关和其他保税加工货物报关。

（1）进出境货物报关。保税加工货物进出境由加工贸易经营单位或其代理人凭电子化手册编号或持有其他准予合同备案的凭证向海关申报。加工贸易保税货物进出口报关与其他货物进出口一样，也要经过申报、配合查验、缴纳税费（没有批准保税的缴纳进口税，批准保税的缴纳监管手续费）、提取货物或装运货物的阶段。

但加工贸易保税货物进出口报关与一般进出口货物报关的最大不同点是：加工贸易保税货物报关时，在计算机系统中已经有备案底账，因此，是在备案底账基础上直接输入电子数据报关。加工贸易保税货物进出口报关与备案底账连通的这一计算机功能被称为加工贸易中期核注。其目的是将加工贸易备案地海关与口岸海关通过计算机联网，对加工贸易备案数据在加工贸易实际报关时进行自动识别和扣减，为加工贸易最后核销打好基础。

加工贸易保税货物进出口报关要求：① 报关时所提供的有关单证内容必须与备案时的数据一致；② 报关时的数据必须与备案时的数据完全一致，且商品的名称、数量、规格、计量单位、币种等应与备案时的完全一样，且字面相同；③ 报关人可以是加工经营企业本身，也可以是其代理；④ 报关时须提供加工贸易登记手册（纸质或电子）或其他准予合同备案的凭证；⑤ 属于国家管制的进出口商品，必须提供有关部门的许可证件。

报关时应注意两个问题。① 许可证件管理。a. 进口料件，除易制毒化学品、监控化学品、消耗臭氧层物质、原油、成品油等个别规定商品外，均可免予交验进口许可证件；b. 出口成品，属于国家规定应交验出口许可证的，在出口报关时必须交验出口许可证。② 税收管理。a. 准予保税加工贸易进口料件，进口时暂缓纳税；b. 生产成品出口时，若全部使用进口料件生产，不征收出口关税；c. 生产成品出口时，部分使用进口料件生产，按使用国产料件的比例征收关税。计算公式如下：

出口关税＝出口货物完税价格×出口关税税率×出口产品中使用的国产料件比例

例如，一套设备的 80%是用进口料件生产，20%是用国内的料件生产，那么，这个产品出口的时候，按 20%的国内的料件来征收关税。

（2）深加工结转货物报关。

1）加工贸易保税货物深加工结转的含义。加工贸易保税货物深加工结转是指加工贸易企业将保税进口料件加工的产品转至另一加工贸易企业进一步加工后再出口的经营活动。其特点是两家企业不在一个关区，其中一家加工贸易企业完成加工后不直接出口，而是结转给下一家加工贸易企业完成加工后出口。

> **提示** 跨关区异地加工、加工贸易外发加工、跨关区深加工结转的区别
>
> （1）跨关区异地加工材料直接运到关区以外的其他企业进行加工。例如，天津的一家企业将进口的料件委托给苏州的一家企业进行加工，即属于跨关区异地加工。
>
> （2）加工贸易外发加工，是将加工的某道工序，委托别的企业进行加工。例如，上海的一家企业所进行的是服装的加工贸易，将裁剪这道工序，交给了上海的另外一家加工企业来加工，或者委托给苏州的一家企业进行加工。这种情况就属于加工贸易外发加工。
>
> 跨关区异地加工，两个企业是在不同的关区；而加工贸易外发加工可以是同一个关区，也可以是两个不同的关区。跨关区异地加工是全权委托另外一个加工企业；而加工贸易外发加工，不是全权委托，而是将加工的某道工序，委托别的企业进行加工，对方

将这道加工工序做好以后，还得运回，继续加工，然后复出口。

（3）跨关区深加工结转，是将料件在自己的加工区内已经完成了加工，然后转到另外一个关区进行进一步的加工。未经加工的料件不得结转。两个加工企业不在同一个关区，且要办理结转手续。

例如，某企业购进生产原料一批，其中80%的加工产品直接返销境外，20%的加工产品结转给另一关区，其他加工贸易企业继续加工后返销境外，那么，某企业将20%加工产品结转给另一关区其他加工贸易企业继续加工后返销的做法，在海关管理中，称为跨关区加工贸易深加工结转。

2）加工贸易保税货物深加工结转的程序步骤。加工贸易保税货物深加工结转程序要经过计划备案—收发货登记—结转报关三个环节。

① 计划备案。由转出企业、转入企业向各自的主管海关提交加工贸易保税货物深加工结转申请表，申报结转计划。

> **提示** 有下列情形之一的，加工贸易企业不得办理深加工结转手续：① 不符合海关监管要求，被海关责令限期整改，在整改期内的；② 有逾期未报核手册的；③ 由于涉嫌走私已经被海关立案调查，尚未结案的。加工贸易企业未按照海关规定进行收发货的，不得再次办理深加工结转手续。

② 收发货登记。转出企业、转入企业在海关备案申请保税货物深加工结转后，应该按照海关核准的计划进行实际发货，并在实际结转情况登记表上如实登记，并加盖企业结转专用章。遇退货情况，也应在结转情况登记表上如实填写，并注明"退货"，加盖企业结转专用章。

③ 结转报关。转出企业、转入企业实际收发货后，应当按照规定办理结转报关手续。

> **提示** 加工贸易深加工结转的计划备案是转出企业先办理，转入企业后办理。在报关手续的办理上，转入企业先报关，转出企业后报关。

（3）加工贸易其他保税货物的报关。加工贸易其他保税货物是指生产过程中产生的剩余料件、边角料、残次品、副产品、受灾保税货物和经批准不再出口的成品、半成品、料件等。

剩余料件是指生产过程中剩余的可以用来继续加工成品的料件。

边角料是指加工过程中，在海关核准的单耗内产生的无法再用于该合同项下的数量合理的废料、碎料、下脚料等。

残次品是指加工过程中产生的有严重缺陷或者不能达到出口要求的成品或半成品。

副产品是指加工出口合同规定的制成品时同时产生的且出口合同未规定应当复出口的一个或一个以上的其他产品。

受灾保税货物是指加工过程中因不可抗力原因或海关认可的正当理由造成的损毁、灭失或短少，使得产品无法复出口的保税进口料件或加工产品。

加工贸易企业应在登记手册有效期内对加工贸易的剩余料件、边角料、残次品、副产品处理完毕；其处理方式可有内销、结转、退运、放弃、销毁等。

1）内销报关。加工贸易因故需转内销的应经商务部门审批，加工贸易企业凭《加工贸易保税进口料件内销批准证》办理内销料件正式进口报关手续，缴纳进口税和缓税利息，属进口许可证管理的，补交许可证。对由于改进工艺和改善经营管理环节结余的进口料件和用结余料件生产的制成品以及再生产过程中产生的副产品、残次品，经营单位申请内销，海关按表 5-6 中办法处理后予以核销。

表 5-6 海关对申请内销保税货物的处理

加工贸易其他保税货物	申报价格	税款的缴纳	适用税率	缓税利息的缴纳
边角料	按照海关审定价格申报	按申报数量缴税	海关接受申报，办理纳税手续之日的税率	不缴纳
剩余料件	按进口时的价格申报			缴纳
残次品	根据其所用料件进口时的价格申报	根据单耗折算数量计征税款		
副产品	按照海关审定价格申报	按报验状态计征税款		

> **提示** 申请内销的剩余料件，如果金额占该加工贸易合同项下实际进口料件总额 3%及其以下且总值在人民币 1 万元以下（含 1 万元），免于审批，免交许可证，但仍需缴纳进口税。

2）结转报关。剩余料件可以结转到另一个加工贸易合同生产出口，但必须在同一经营单位、同一加工厂、同样的进口料件和同一加工贸易方式的情况下结转。

加工贸易企业应向海关提出申请，并提交有关的书面材料、清单。经海关批准可以办理结转手续，未经海关批准的，则根据规定将剩余料件做退运、征税内销、放弃或销毁处理。

3）退运报关。加工贸易企业因故将剩余料件、边角料、残次品、副产品等退运出境的，持登记手册等向口岸海关报关，办理出口手续，留存有关报关单备查。

4）放弃报关。加工贸易企业应向海关提出书面申请，经批准并开具放弃加工贸易货物交接单，企业凭交接单将货物运到海关指定仓库，并办理货物报关手续。未得到海关批准的，该货物则只能按退运、征税内销、销毁处理。

5）销毁。对于不能办理结转或不能放弃的货物，所属货物企业可以申请销毁，经海关批准并派员监督销毁，企业收取海关出具的销毁证明材料，以备报核。

6）受灾货物的报关。加工贸易企业在受灾后 7 日内向主管海关书面报告，并提供有关材料，海关可派员核查取证。其中，① 货物灭失或失去使用价值，可由海关审定，免税；② 需销毁的受灾货物，同其他保税货物销毁处理一样；③ 可再利用的，按照海关审定的保税货物价格，按照对应的税率缴纳进口税和缓税利息；④ 因不可抗力造成的受灾保税货物处理时，属于许可证管理的，免交许可证。反之，应当交验进口许可证。

4. 合同报核

（1）合同报核的含义。报核是指加工贸易企业在加工合同履行完毕或终止后，按照规定的期限和规定的程序，向该企业主管海关申请核销结案的行为。经营企业向海关报核时应如实申报进口料件、出口成品、边角料、剩余料件、残次品、副产品以及单耗（单位耗料量）等情况。

合同核销是指加工贸易经营企业加工复出口并对未出口的货物办妥有关海关手续后，凭规定单证向海关申请解除监管，经海关审查核实符合海关规定，予以办理解除监管手续的海关行政许可事项。

（2）报核的时间：经营企业应在规定的时间内完成合同，并自加工贸易登记手册项下最后一批成品出口或者加工贸易登记手册到期之日起30日内向海关申请报核；因故提前终止的合同，自合同终止之日起30日内向海关报核。

（3）报核凭证：① 企业合同核销申请表；② 进出口货物报关单；③ 核销核算表；④ 其他海关需要的材料。

（4）报核步骤：① 整理单据。合同履约后，应及时将登记手册和报关单进行收集、整理、核对。② 计算单耗。根据有关账册记录、生产工艺资料等计算此合同的实际单耗，并填写核销核算表（与备案单耗不一致的，应在最后一批成品出口前进行更正）。③ 填核销预录入申请单，办理预录入手续。④ 携带所有报核的单证到主管海关报核，并填写报核签收回联单。

（5）特殊情况的报核。① 遗失进出口货物报关单的合同报核。企业可以用报关单留存联报核，或者以报关单复印件加盖原报关地海关印章后保核。② 无须建立手册的5 000美元及以下的78种列明服装辅料的合同报核。企业直接持注明备案编号的一般进出口货物报关单、合同、核销核算表报核。③ 撤销合同的报核。企业凭商务主管部门批件和手册报核。④ 有违规行为的加工贸易合同的核销。凭海关的相关证明材料办理核销手续，如"行政处罚决定书"、裁决书"等。

相关链接

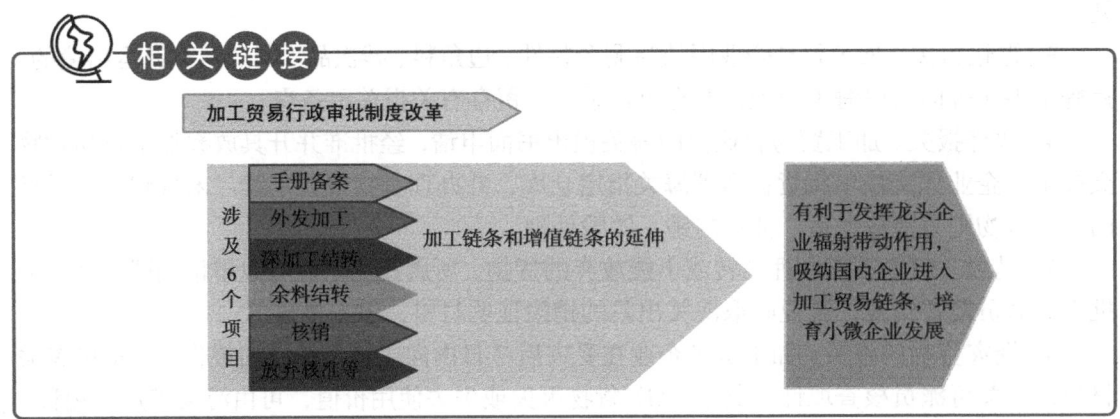

	改革前	改革后	管理的转变
外发加工	企业每次开展业务,都需要事前到海关递交申请	企业可以采取自主组织外发加工生产,后向海关备案的模式	以合同为单元向以企业为单元,由事前审批向事后实货核查的转移
深加工结转	转入转出双方企业需要分别到各自主管海关递交结转申请	双方企业可以足不出户完成深加工结转申报录入手续,仅需几分钟	这一改革举措可以为企业节省大量人工、交通和快递等费用

5.2.3 电子账册管理下的保税加工货物报关程序

1. 电子账册的建立

电子账册的建立要经过保税加工联网企业的申请和审批、加工贸易业务的申请和审批、建立电子账册和商品归并关系三个步骤。

(1) 保税加工联网企业的申请和审批。具备下列条件的加工贸易企业可以向所在地直属海关申请加工贸易联网监管:① 在中国关境内具备加工贸易经营资格的独立法人,在海关注册,以出口为主的生产型企业;② 守法经营,资信可靠,内部管理规范,对采购、生产、库存、销售等实行全程计算机管理;③ 能按照海关监管要求提供真实、准确、完整并具有被查核功能的数据;④ 有足够的资产或资金为本企业实行联网监管应承担的经济责任提供总担保。

申请电子账册管理模式的加工贸易联网监管的企业在向海关申请联网监管前,应当先向企业所在地商务主管部门办理前置审批手续,由商务主管部门对企业的加工贸易经营范围依法进行审批。

(2) 加工贸易业务的申请和审批。联网企业的加工贸易业务由商务主管部门审批。商务主管部门收到联网企业申请后,审定联网企业的加工贸易资格、业务范围和加工生产能力。对非国家禁止开展的加工贸易业务予以批准,并签发《联网监管企业加工贸易业务批准证》。

联网企业申请开展加工贸易业务应提交的单证:① 工商营业执照复印件;② 海关对企业实施联网监管的验收合格证书;③ 企业进出口经营权批准文件;④ 加工企业注册地县级以上商务主管部门出具的《企业状况和生产能力证明》正本;⑤ 联网企业上年度加工贸易出口情况的证明材料;⑥ 经营范围清单,含进口料件和出口制成品的品名及4位数的HS编码;⑦ 其他审批机关认为需要出具的证明文件或材料。

(3) 建立电子账册和商品归并关系。

1) 建立电子账册。联网企业凭商务主管部门签发的《联网监管企业加工贸易业务批准证》向所在地主管海关申请建立电子账册。海关以商务主管部门批准的加工贸易经营范围、年生产能力等为依据,建立电子账册。

电子账册包括加工贸易"经营范围电子账册"和"便捷报关电子账册"。

"经营范围电子账册"用于检查控制"便捷报关电子账册"进出口商品的范围,不能直接报关。

"便捷报关电子账册"用于加工贸易货物的备案、报关和核销。

电子账册编码为12位,"经营范围电子账册"第一、第二位为标记代码"IT","便捷报关电子账册"第一位为标记代码"E",因此"便捷报关电子账册"也叫"E"账册。

2) 建立商品归并关系。商品归并关系是指海关与联网企业根据监管的需要按照中文品名、HS编码、价格、贸易管制等条件,将联网企业内部管理的"料号级"商品与电子账册备案的"项号级"商品归并或拆分,建立一对多或多对一的对应关系。

联网企业应将开展加工贸易所需进口料件、出口成品清单及商品归类报送主管海关,由主管海关完成商品的归类审核工作,根据情况建立商品归并关系。

2. 备案

备案即企业凭商务主管部门的批准证通过网络分别向海关办理"经营范围电子账册"备案和"便捷报关电子账册"备案手续。

(1) "经营范围电子账册"备案内容为经营单位名称及代码、加工单位名称及代码、批准证件编号、加工生产能力、加工贸易进口料件和成品范围(商品编码前4位)。企业的经营范围、加工能力等发生变更时,经商务主管部门批准后,企业可通过网络向海关申请变更。

(2) "便捷报关电子账册"备案内容包括:① 企业基本情况表,包括经营单位及代码、加工企业及代码、批准证编号、经营范围账册号、加工生产能力等;② 料件、成品部分,包括归并后的料件、成品名称、规格、商品编码、备案计量单位、币制、征免方式等;③ 单耗关系,包括成品版本号、对应料件的净耗、损耗率等。

海关可根据企业的加工能力设定电子账册最大周转金额,并可对部分高风险或需要重点监管的料件设定最大周转数量。电子账册进口料件的金额、数量加上电子账册剩余料件的金额、数量不得超过最大周转金额和最大周转数量。

3. 进出口货物报关

电子账册模式下联网企业的保税加工货物报关与电子化手册模式一样,也有进出境货物报关、深加工结转货物报关和其他保税加工货物报关。

(1) 进出境货物报关。

1) 报关清单的生成。使用"便捷报关电子账册"办理报关手续,企业应先根据实际进出口情况,从企业系统导出料号级数据生成归并前的报关清单,通过网络发送到电子口岸。报关单应按照加工贸易合同填报监管方式,进口报关清单填制的总金额不得超过电子账册最大周转金额的剩余额。

2）报关单的生成。联网企业进出口保税加工货物应使用企业内部的计算机，采用计算机原始数据形成报关清单，报送中国电子口岸。电子口岸将企业报送的报关清单根据归并原则进行归并，并分拆成报关单后发送回企业，由企业填报完整的报关单内容后，通过网络向海关正式申报，如图 5-2 所示。

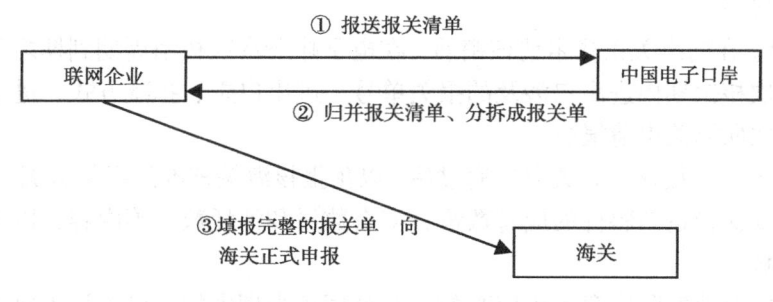

图 5-2 报关单的生成

3）报关单的修改与删除。

报关单修改：不涉及报关清单的报关单内容可直接进行修改，涉及报关清单的报关单内容修改必须先修改报关清单，再重新进行归并。

报关单删除：报关单申报后，一律不得修改，只能删除。

> **提示** 填制报关单要求
>
> 联网企业备案的进口料件和出口成品等内容，是货物进出口时与企业实际申报货物进行核对的电子底账，因此申报数据与备案数据应当一致。

进口报关单的总金额不得超过电子账册最大周转金的剩余值，如果电子账册对某项下料件的数量进行限制，报关单上该项商品的申报数量不得超过其最大周转量的剩余值。

4）申报方式选择。可根据需要和海关规定分别选择有纸报关和无纸报关方式申报。

选择无纸报关的，海关做出放行决定时，通过计算机将"海关放行"报文发送给进出口货物收发货人或其代理人和海关监管货物保管人，进出口货物收发货人或其代理人从计算机上自行打印海关通知放行凭证，凭以办理进口货物的提货或出口货物装船发运离境手续。海关凭同时盖有申报单位和代理企业的提货专用章的"放行通知书"办理"实货放行"手续；报关单位凭同时盖有经营单位、报关单位及报关员印章的纸质单证办理"事后交单"事宜。

选择有纸报关的，由本企业的报关员办理现场申报手续。

（2）深加工结转货物报关。与电子化手册管理下的保税货物深加工结转报关一样。

（3）其他保税加工货物报关。与电子手册管理下的其他保税货物报关一样，故不再赘述。

4．报核和核销

电子账册采用的是"以企业为单元"的管理方式，一个企业只有一个电子账册。电子账册实行滚动核销形式，即对电子账册按照时间段进行核销，将某个确定的时间段内企业的加工贸易进出口情况进行平衡核算。

联网企业在向海关正式申请核销前应以电子报文形式向海关申请报核。

（1）企业报核。

1）预报核。在向海关正式申请核销前，在电子账册本次核销周期到期之日起30天内，要求企业对本次核销期内进出口涉及的报关单号、进出口岸、扣减方式、进出标志等信息以电子报文形式向海关申请报核。

2）正式报核。预报核经海关审核通过后，以预报核海关核准的报关数据为基础，准确、详细地填报本期保税进口料件的应有数量、实有数量和消耗数量等内容，以电子数据向海关正式申请报核。

经海关认定企业实际库存多于应存数，有合理正当理由的，可以计入电子账册下期核销，对其他原因造成的，依法处理。

联网企业不再使用电子账册的应当向海关申请核销。电子账册核销完毕，海关予以注销。

（2）海关核销。海关核销的目的是掌握企业在某个时段进口的各项保税加工料件的使用、流转、损耗的情况，确认是否符合以下的平衡关系：

进口保税料件（含深加工结转进口）=出口成品折料（含深加工结转出口）+

内销料件+内销成品折料+剩余料件+损耗–退运成品折料

> **提示** 对联网企业实行定期或周期性的核销制度。一般规定180天为一个报核周期。首次报核期限为电子账册建立之日起180天后的30天内；以后报核期限为上次报核之日起180天后的30天内。

核销的同时可正常进出口通关，电子账册核销不是清零式的核销，允许企业料件有余量，核销后剩余料件可自动转入下期继续使用出口。

5.2.4 出口加工区进出货物报关程序

1．出口加工区的含义及功能

（1）出口加工区的含义。出口加工区是经国务院批准在中华人民共和国境内设立的，由海关对保税加工进出口货物进行封闭式监管的特定区域。

（2）出口加工区的功能。出口加工区具有保税加工、保税物流及研发、检测、维修等业务功能。

2．出口加工区的管理及优惠政策

（1）出口加工区的管理。出口加工区是海关监管的特定区域，加工区与境内其他区域之间设置符合海关监管要求的隔离设施及闭路电视监控系统，在进出区通道设立卡口。

海关在加工区内设立机构，对进、出加工区的货物及区内相关仓储、运输企业实行24

小时不间断监控，区内企业应向海关办理注册手续，建立符合海关要求的电子计算机管理数据库，并与海关计算机联网，进行电子数据交换。

区内不得经营商业零售业务，不得建立营业性的生活消费设施。除安全人员及企业值班人员外，其他人员不得在区内居住。

（2）出口加工区的优惠政策。

1）出口加工区与境外之间进、出的货物，除国家另有规定外，不实行进出口配额、许可证件管理。

2）境内区外进入出口加工区视同出口，办理出口手续，可以办理出口退税（进区办出口）。

3）从境外运入出口加工区的加工贸易货物全额保税，出口加工区区内开展加工贸易业务，不实行"加工贸易银行保证金台账"制度，但适用电子账册管理。

4）区内企业从境外进口的自用的生产、管理所需设备、物资，除交通车辆和生活用品外，予以免税。

出口加工区的设立要求

出口加工区原则上设在经国务院批准的国家级经济技术开发区内，面积严格控制在 2.3 平方公里。可以进入出口加工区的企业有三类：① 出口加工型企业；② 专为出口加工企业生产提供服务的仓储企业；③ 经海关核准专门从事加工区内货物进、出的运输企业。加工贸易业务归口省级外经贸部门管理。

3. 出口加工区货物报关

出口加工区内企业在进出境货物前，应向出口加工区主管海关申请设立电子账册，包括"加工贸易电子账册（H 账册）"和"企业设备电子账册"。企业凭经海关审核通过的电子账册办理进出境和进出区货物报关手续。

（1）与境外之间。出口加工区与境外之间进出口货物报关实行备案制，由货主或其代理人填写《出口加工区进（出）境货物备案清单》，向主管海关备案。

1）对于跨关区进出境的出口加工区货物，一般按转关运输中的直转方式办理转关。但下列情况可不按转关运输方式办理：① 出口加工区内企业跨关区进口车辆、邮递物品、个人随身携带物品；② 从保税区或保税仓库提取货物进区；③ 出区在异地口岸拼箱出口货物等。

2）对于同一关区内的出口加工区进出境货物，一般按直通式报关。

① 进境。货物到港后，收货人或其代理人向口岸海关录入转关申报数据，并持《进口转关货物申报单》《汽车载货登记簿》，向口岸海关物流监控部门办理转关手续；口岸海关审核同意企业转关申请后，向出口加工区海关发送转关申报电子数据，并对运输车辆进行加封。

货物运抵出口加工区后,收货人或其代理人向出口加工区海关办理转关核销手续,出口加工区海关物流监控部门核销《汽车载货登记簿》,并向口岸海关发送转关核销电子回执;同时,收货人或其代理人录入《出口加工区进境货物备案清单》,并凭运单、发票、装箱单、电子账册编号,法定商检商品和国家另有规定的还须凭检验检疫机构出具的《入境货物报关单》以及有关许可证件等单证,向出口加工区海关办理进境备案报关手续;出口加工区海关审核有关报关单证,确定是否查验,对不需要查验的货物予以放行;对须查验的货物,由海关实施验货后,再办理放行手续。出口加工区海关向区内企业签发有关备案清单证明联。

② 出境。发货人或其代理人录入《出口加工区出境货物备案清单》,凭运单、发票、装箱单、电子账册编号等单证,向出口加工区海关办理出境备案申报;在出口加工区海关办理出关申报数据,并持《出口加工区出境货物备案清单》、《汽车载货登记簿》,向出口加工区海关物流监管部门办理出口转关手续;出口加工区海关审核同意企业转关申请后,向口岸海关发送转关申报电子数据,并对运输车辆进行加封。

货物运抵出境地海关后,发货人或其代理人向出境地海关办理转关核销手续,出境地海关核销《汽车载货登记簿》,并向出口加工区海关发送转关核销电子回执;货物实际离境后,出境地海关核销载货清单(通称舱单),并反馈出口加工区海关,出口加工区海关凭以签发备案清单证明联。

(2)与境内区外其他地区之间。

1)出口加工区运往境内区外货物的报关。出口加工区运往境内区外的货物,由区外企业录入《进口货物报关单》,凭发票、装箱单,法定商检商品和国家另有规定的,还须凭检验检疫机构出具的《入境货物报关单》,以及有关许可证件等单证,向出口加工区海关办理进口报关手续。进口报关结束后,区内企业填制《出口加工区出境货物备案清单》,凭发票、装箱单、电子账册编号等单证,向出口加工区海关办理出区报关手续。

货物经出口加工区海关查验放行后,出口加工区海关分别向区外企业核发《进口货物报关单》进口付汇证明联,向区内企业核发《出口加工区出境货物备案清单》出境收汇证明联。

2)境内区外运入出口加工区货物的报关。境内区外运入出口加工区的货物由区外企业录入《出口货物报关单》,凭购销合同(协议)、发票、装箱单等单证,向出口加工区海关办理出口报关手续。出口报关结束后,区内企业填制《出口加工区进境货物备案清单》,凭购销发票、装箱单、电子账册编号等单证,向出口加工区海关办理进区报关手续。货物经出口加工区海关查验放行后,出口加工区海关分别向区外企业核发《出口货物报关单》出口收汇证明联,向区内企业核发《出口加工区出境货物备案清单》进境付汇证明联。

3)出口加工区深加工结转货物的报关。出口加工区深加工结转是指区内企业将本企业加工生产的产品直接或通过保税仓库企业转入其他出口加工区、保税区等海关特殊监管区域内及区外加工贸易企业进一步加工后复出口的经营活动。区内企业应按有关规定办理报关手续。

第 5 章 保税进出口货物的报关程序

4．监管和报关要点

（1）加工区与境外之间进、出的货物不实行进出口配额、许可证件管理。易制毒化学品、能够制造化学武器的化工品、实行出口被动配额管理的商品及国家另有规定的商品须申领相应的许可证件。国家禁止进、出口的货物，不得进、出加工区。因国内技术无法达到产品要求，须将国家禁止出口或统一经营商品运至加工区内进行某项工序加工的，应报商务主管部门批准，海关比照出料加工办法进行监管，对运入加工区的货物，不予签发《出口退税报关单》。

（2）出口加工区区内企业开展加工贸易业务不实行加工贸易银行保证金台账制度，不征收监管手续费，不核发加工贸易登记手册，使用电子账册管理，实行备案电子账册的滚动累加、核扣，每半年核销一次。

（3）对加工区运往境内区外的货物，按进口货物报关，进入一般进口报关程序，如属许可证件管理的，出具有效的进口许可证件，缴纳进口关税、增值税、消费税。

（4）从境内区外进入加工区的货物视同出口，办理出口报关手续。其出口退税，除法律、法规另有规定外，按照以下规定办理：从境内区外进入加工区供区内企业使用的国产机器、设备、原材料、零部件、元器件、包装物料以及建造基础设施，加工企业和行政管理部门生产、办公用房所需合理数量的基建物资等，按照出口货物的管理规定办理出口报关手续，海关签发《出口退税报关单》。境内区外企业凭报关单出口退税联向税务部门申请办理出口退（免）税手续。

（5）从出口加工区区外进入加工区的货物，须经区内企业进行实质性加工后，方可运出境外。出口加工区区内加工企业不得将未经实质性加工的进口原材料、零部件销往区外。区内从事仓储服务的企业，其仓储目的是为区内加工贸易服务，因此不得将从境外进口的仓储原材料、零部件提供给区外企业。

（6）出口加工区区内企业经主管海关批准。可在境内区外进行产品测试、检验和展示活动。测试、检验和展示的产品，应比照海关对暂时进口货物的管理规定，办理出区手续。

出口加工区货物的报关手续如表 5-7 所示。

表 5-7 出口加工区货物的报关手续

类　　型	方　　式	报关手续
进出境报关 （出口加工区与境外之间进、出口货物报关）	跨关区进出境	进出境货物备案清单
	同一直属海关 关区内进出境	直转转关方式
进出区报关 （与境内区外其他地区）	加工区运往境内区外货物报关 （先区外企业办理进口报关手续，后区内企业办理出区报关手续）	区外企业录入进口报关单，向出口加工区海关办理进口报关（进口报关结束） 区内企业填制《出口加工区出境货物备案清单》及提供必要的单证办理出区报关手续

续表

类型	方式	报关手续
进出区报关（与境内区外其他地区）	境内区外运入出口加工区货物报关（先区外企业办理出口报关手续，后区内企业办理进区报关手续）	区外企业录入出口报关单，向出口加工区海关办理出口报关（出口报关结束） 区内企业填制《出口加工区进境货物备案清单》及提供必要的单证办理进区报关手续
	出口加工区深加工结转货物报关是指区内企业按有关规定办理报关手续，将本企业加工生产的产品直接或通过保税仓库企业转入其他出口加工区、保税区等海关特殊监管区域内及区外加工贸易企业进一步加工后复出口的经营活动	对转入其他出口加工区、保税区等海关特殊监管区域的：转入企业凭其所在区管委的批复办理结转手续，对转入特殊区域外加工贸易企业的，转入企业凭商务主管部门的批复办理结转手续 对转入特殊监管区域的：转出、转入企业分别在自己的主管海关办理结转手续，对转入特殊监管区域外加工贸易企业的，转出、转入企业在转出地主管海关办理结转手续

▶ **提示** 对转入特殊监管区域外加工贸易企业的货物，区内企业和区外企业应当比照加工贸易深加工结转的办法办理结转和报关手续，但有3点不同：① 计划申报先转入，再转出；不是先转出，再转入；② 转入备案后，30天内转出企业备案，不是20天；③ 收发货登记后30天内报关，不是90天。

5.3 保税物流货物的报关

保税物流货物是指经海关批准未办理纳税手续进境，在境内进行分拨、配送或储存后复运出境的货物，也称为保税仓储货物。包括采用非物理围网监管的保税仓库、出口监管仓库、保税物流中心 A 型的货物和采用物理围网监管的保税物流中心 B 型、保税物流园区、保税区、保税港区货物。

5.3.1 保税仓库货物的报关

1. 保税仓库概述

（1）保税仓库的含义。保税仓库是经海关批准设立的专门用于存放保税货物和其他未办结海关手续货物的仓库。根据国际上通行的保税制度要求，我国对进境存入保税仓库的货物：① 可暂时免纳进口税款；② 免领进口许可证（能制造化学武器和易制毒化学品除外）或其他进口批件（对国家实行加工贸易项下进口需申领配额许可证的商品，在存入保税仓库时，应事先申领进口许可证）；③ 不实行银行保证金台账制度，免领《登记手册》；④ 全额保税进库存储，由海关监管。保税货物在海关规定的存储期内复运出境或办理正式进口手续。

> **相关链接**
>
> 经海关批准可以存入保税仓库的货物有：① 加工贸易进出口货物；② 转口货物；③ 供应国际航行的船舶航空器的油料、物料和维修用零部件；④ 供应维修外国产品所进口寄售的零配件；⑤ 外商进口暂存物品；⑥ 未办结海关手续的一般贸易进口货物；⑦ 经海关批准的其他未办结海关手续的进境货物。

（2）保税仓库的分类。

1）按使用对象不同，可分为自用型、公共型、专用型保税仓库。自用型保税仓库是有关外贸专业公司自营的或由加工生产企业设立的，仅存储供本企业自用的保税货物。公共型保税仓库是根据公众需要设立的，专门为社会提供仓储服务的海关监管仓库。专用型保税仓库是专门用来存储具有特定用途或特殊种类商品的海关监管仓库。

2）按最终用途的不同，可分为液体危险品保税仓库、备料保税仓库、寄售维修保税仓库和其他专用型保税仓库。液体危险品保税仓库是指符合国家关于危险化学品仓储规定的，专门提供石油、成品油或其他散装液体危险化学品保税仓储服务的保税仓库。备料保税仓库是指常年从事加工贸易，出口国家鼓励产品的加工生产企业存储为加工复出口产品所进口的原材料、设备及其零部件的保税仓库。寄售维修保税仓库是指存储未转为实际进口前的寄售商品和寄售零配件的保税仓库。

（3）设立保税仓库应当具备的条件：① 经工商注册登记，具有法人资格。② 注册资本不低于 300 万元人民币。③ 具备向海关缴纳税款的能力。④ 经营特殊许可商品存储的，应当持有规定的特殊许可证件。⑤ 经营备料保税仓库的加工贸易企业，年出口额最低为 1 000 万美元。⑥ 具有专门存储保税货物的营业场所并达到以下要求。a. 符合海关对保税仓库布局的要求；b. 具有海关监管要求的安全隔离设施、监管设施和办理业务必需的其他设施（如库房、库区、围墙、消防、保安等）；c. 具备复核海关监管要求的保税仓库计算机管理系统并与海关联网；d. 符合国家土地管理、规划、交通、消防、安全、质检、环保等方面的法律、行政法规有关规定；e. 公用保税仓库面积最低为 2 000 平方米，液体危险品保税仓库面积最低为 5 000 平方米，寄售维修保税仓库面积最低为 2 000 平方米。⑦ 配备经海关培训认可的专职管理人员（如仓库主任、库管员、业务员、报关员）。

（4）设立保税仓库的步骤：提交书面申请—主管海关审核（20 个工作日提出初审意见）—报送直属海关（20 日内审查完毕）—出具批准文件（设立之日起 30 天内）—报海关总署备案。

经海关审核并实地勘察后，符合建立报税仓库条件的，予以批准并核发《保税仓库登记证书》。经批准的保税仓库，应在其明显的地方挂有"海关监管保税仓库"字样的标牌。

> 申请建立报税仓库应向海关提交的文件包括：填制好的《保税仓库申请书》；商务主管部门批准经营此项业务的文件；工商行政管理部门颁发的营业执照副本；维修、寄售型业务应交验与外商签订的合同副本。

2. 保税仓库货物的报关手续

（1）进库报关。货物在保税仓库所在地海关入境时，进出口货物的收发货人及其代理人应持加盖有"保税仓库货物"印章的进口货物报关单一式三份，连同货物运单、发票、装箱单等向海关申报。经海关查验放行后，报关单一份由海关留存，两份随货带交保税仓库。保税仓库经理人应于货物入库后，即在上述报关单上签收，一份留存，一份交回海关存查。进入保税仓库的报关程序为：申报—配合查验—提取货物（入库）。

（2）出库报关。保税货物出库按去向和用途可能出现进口报关和出口报关两种情况，报关人应按规定办理相应报关手续。

保税仓库货物的报关手续如表5-8所示。

表5-8 保税仓库货物的报关手续

类 型	方 式	去向和用途	报关手续
进库报关	进口报关	在保税仓库所在地入境	除三种情况外，免证
		在保税仓库所在地以外入境	按照进口货物转关运输办理
			按照进口货物异地传输办理
出库报关	进口报关	出库用于加工贸易	按加工贸易货物报关程序办理
		出库用于特定减免税用途	按减免税货物报关程序办理
		出库用于国内市场或其他	按一般进出口货物报关程序办理
	出口报关	出库出口	按一般出口货物报关程序办理
		退运	

> **提示** 保税仓库需"二次报关"才能提取货物
>
> 因为保税仓库货物流向不定，或转口或内销或做加工贸易使用，起到货物中转站的作用，所以保税仓库进口货物应首先申报进口存入仓库，待货物流向确定以后，再办理有关进口手续，即需"二次报关"后才能提取货物。
>
> 保税工厂是专门或主要从事出口产品生产加工的企业，所需进口料件用途明确，所以其进口手续与加工贸易大体相同，申报进口后可直接进入工厂加工制造。

3. 保税仓库货物的报关要点

（1）保税仓库存储货物的保税期限为1年，特殊情况下经海关批准可延期，但不得超过1年。

（2）货物存储期满仍未转为进口或复运出境的，海关将其变卖，所得价款比照《海关法》第二十一条的规定处理。

（3）保税仓库所存货物受海关监管，未经批准并办理相应手续，任何人不得出售、提取、交付、调换、抵押、挪作他用。

（4）货物在存储期间发生短少、损毁，除由于不可抗力的原因外，其仓库经理人要向海关缴纳短少、灭失部分货物的税款，并承担相应的法律责任。

（5）保税仓库货物可以进行包装、分级分类、简单拼装、加刷唛码、分拆等简单加工，但不得对所存货物进行实质性加工。

（6）保税仓库经营企业应于每月 5 日前以电子数据或书面形式，向主管海关申报上一个月仓库收、付、存情况，并随附有关单证，由主管海关核销。

5.3.2 保税区货物的报关

保税区一般建立在国际贸易条件便利、经济技术发达的港口或国际机场等区域，区域内新建或扩建码头、车站、道路、仓库、厂房及通信等基础设施，一国建立保税区的主要目的是，通过对区域实施特殊的优惠政策，吸引外资，促进本国经济的发展。我国保税区的主要功能是加工、转口贸易、仓储和展示，使其具有出口加工、保税仓储和国际贸易多项功能。

1．保税区的含义及优惠政策

保税区是经国务院批准的设立在中国境内的具有保税加工、储运、转口功能的由海关监管的特定区域。保税区内设置行政管理机构和企业，除安全保卫人员外，区内不允许人员居住。

海关对保税区的监管

海关依照《保税区海关监管办法》，对进出保税区的货物、运输工具、个人携带物品实施监管。保税区周围需建筑围墙或适当的障碍物，与非保税区隔离。

保税区实行海关稽查制度。区内企业应当向海关办理注册登记、建立符合海关监管要求的账册并与海关实行电子计算机联网，进行电子数据交换。海关对进出保税区的货物、物品、运输工具、人员及区内有关场所，有权依照《海关法》的规定进行检查、查验。

保税区享有以下免税优惠：① 区内生产性的基础设施建设项目所需的机器、设备和其他基建物资，予以免税；② 区内生产企业自用的生产、管理设备和自用合理数量的办公用品及其所需的维修、零配件，生产用燃料，建设生产厂房和仓储设施所需的物资、设备（除交通车辆和生活用品外），予以免税；③ 保税区行政管理机构自用合理数量的管理设备和办公用品及其所需的维修零配件，予以免税。

其他货物或物品从境外进入保税区应当依法纳税。

2．保税区货物的报关手续

保税区货物分进出境报关和进出区报关。保税区与境外之间进出的货物应办理货物进出境报关手续。保税区与非保税区之间进出的货物，应办理货物进出区报关手续。

（1）进出境报关。进出境报关采用报关制和备案制相结合的运行机制。

1）报关制。保税区与境外之间进出境货物，属自用的（保税区内企业进口自用合理数量的机器设备、管理设备、办公用品及工作人员所需自用合理数量的应税物品及货样），采用报关制，即填写进出口报关单，进入报关程序。

2）备案制。保税区与境外之间进出境货物，属非自用的（保税区内企业所需的加工贸易料件和转口货物、仓储货物进出境），采取备案制，即由进出口收发货人或其代理人填写进出境货物备案清单，向保税区海关备案。

（2）进出区报关。根据不同情况，进出区报关进入不同的报关程序。从非保税区进入保税区的货物，按照正常出口的报关手续办理，货物实际出口后才能办理出口退税。

1）保税进口料件和用保税进口料件生产的成品、半成品进保税区，视同出口。应填写出口报关单，提供《加工贸易登记手册》及有关的许可证件，海关不签发出口退税报关单。

保税料件及其生产的成品、半成品出保税区，视同进口，按货物不同流向填写不同的进口货物报关单。① 出区进入国内市场的，按正常进口报关手续办理。② 出区用于加工贸易的，进入保税货物报关程序，填写加工贸易报关单，提供《加工贸易登记手册》，按批准的保税额度保税。③ 出区给享受特定减免税的企业使用的，进入减免税货物报关程序。

2）进出区外发加工。外发加工是指加工贸易企业出口产品生产的某一环节由其他企业代为加工的业务。保税区企业出区外发加工，或区外企业进区外发加工，应事先经主管海关核准。

进区，即区内加工企业接受非区内企业的加工委托，应凭外发加工合同，向保税区海关办理委托加工料件的备案手续，并专料专用，加工出区后核销，不进入进出境报关程序，不填写进出口后报关单，不缴纳税费。

出区，即区内企业委托非区内企业加工的，主要工序应在区内进行，区外加工企业应在加工企业所在地海关办理备案手续，进入加工贸易合同备案程序，包括建立银行保证金台账制度，加工期限最常为 6 个月，情况特殊下，经海关批准还可延长 6 个月。备案后，进入加工贸易出区报关程序。

3）设备进出区。进区不管施工还是投资，均以设备清单向保税区海关备案，不进入报关程序，不缴纳出口税，海关不签发出口退税报关单，设备系从国外进口已征进口税的，不退进口税；设备出区，也不进入报关程序，由保税区海关凭设备清单核销结案。

保税区货物的报关手续如表 5-9 所示。

表 5-9 保税区货物的报关手续

类　型	目　　的		报关手续
进出境报关	与境外之间进出境货物，属自用的		报关制
	与境外之间进出境货物，属非自用的		备案制
进出区报关	保税进口料件和用保税进口料件生产的成品、半成品进出区	进区	报出口
		出区	报进口，根据货物不同流向填写不同的进口货物报关单
	进出区外发加工	进区加工	凭外发加工合同向保税区海关备案，加工出区后核销

续表

类 型	目 的	报关手续	
进出区报关	进出区外发加工	出区加工	由区外加工企业向其所在地海关办理加工贸易备案,加工进区后核销
	设备进出区	进出区	向保税区海关备案

3. 保税区货物的报关要点

（1）除国家明令规定的商品需要许可证外，其他货物不需要提供许可证件。例如，进口易制毒化学品、能够制造化学武器的化工品、消耗臭氧层物质要有许可证；生产激光光盘要经主管部门批准，但不实行银行保证金制度，料件全额保税。

（2）禁止进出口的货物不准开展加工贸易。

（3）从非保税区进入保税区的货物，按照出口货物办理手续。

（4）保税区内的转口货物可以在区内仓库或区内其他场所进行简单的加工。

> **思考** 通过查找资料，对保税区、保税港区、保税物流中心、综合保税区的政策、功能等方面进行研究比较。

> **提示** 保税物流园区是应区港联动，整合保税区的仓储功能和邻近港口的装卸、运输功能，实现保税区域与港口一体化运作的需求而设立的，它是在保税区规划面积或者毗邻保税区的特定港区内设立，在保税区和港区之间开辟直通式通道，专门发展现代国际物流业的海关特殊监管区域。保税物流园区具有国际贸易、国际中转、保税仓储等功能，货物入区退税，但不能进行加工制造业务。物流园区虽然有专门通道与港区相连，但在监管上仍与港口分属不同海关，因此不具有实际的口岸功能。
>
> 保税港区设立在国家对外开放口岸港区和与之相连的特定区域内，具有口岸、物流、加工、贸易等功能，拥有保税区、出口加工区、保税物流园区"三区合一"的政策优势，港区合一，是我国目前开放程度最高、政策最优的海关特殊监管区域。

5.3.3 出口监管仓库货物的报关

1. 出口监管仓库概述

出口监管仓库是指经海关批准后，对已办结海关出口手续的货物进行存储、保税货物配送，提供流通性增值服务的海关专用监管仓库。

其主要功能是物流和仓储。

出口监管仓库一般分为出口配送型仓库（以实际离境为目的）和国内结转型仓库。仓库可存放货物的范围包括：一般贸易出口货物；加工贸易出口货物；从其他海关特殊监管区域、场所转入的出口货物；其他已办结海关出口手续的货物。

2. 出口监管仓库的设立

经营出口监管仓库，必须建立、健全各种管理制度；必须符合海关监管要求，为海关提供办公场所、交通工具，向海关缴纳规费。海关则需要对出口监管仓库的管理人员进行培训、考核，以使仓库管理人员能够自觉遵守海关规定，配合海关工作。

> **相关链接**
>
> 2006年1月1日施行的《中华人民共和国海关对出口监管仓库及所存货物的管理办法》将出口监管仓库分为出口配送型仓库和国内结转型仓库。出口配送型仓库是指存储以实际离境为目的的出口货物的仓库，还可以存放为拼装出口货物而进口的货物。国内结转型仓库是指存储用于国内结转的出口货物的仓库。

3. 出口监管仓库货物的报关要求

（1）存入出口监管仓库的货物，必须由发货人或其代理人，根据货物不同的贸易性质，按正常出口手续持有关批准文件，填具出口报关单，向仓库所在地主管海关申报。经海关审核查验，符合规定且单货相符的，由海关监管存入出口监管仓库。

（2）转关运输的出口货物，一般在启运地办理出口手续，由启运地海关查验后，将货物施加关封，运至出口监管仓库，仓库经理人应当填具入仓单，向仓库所在地主管海关申报接受存放该批货物。

> **提示** 按规定，出口监管仓库存放的出口货物，应当是已经办理出口结汇手续的货物。但在外贸实践中，出口货物一般是在外商收到货物或我方货物离岸后才进行结汇。因此，通常的做法是，除许可证商品海关需要验核外商信用证或有无银行监督收汇外，海关可不负责审核存入出口监管仓库的货物是否已结汇。

（3）货物的进出库及库存等情况应记入账册，以便海关进行核销。货物的进出库单应经仓库管理人员、报关员签名，加盖单位公章，经海关签章后，作为货物进出仓库的依据。

（4）存入出口监管仓库的货物可进行简单加工职能。即经主管海关同意，可以在仓库内进行品质检验、分级分类、分拣分装、加刷唛码、刷贴标志、打膜、改换包装等流通性增值服务。未经海关许可，在存储期间，不得开拆、提取、交付、发运、改装、抵押、转让等。

（5）仓库所存货物在存储期间发生灭失或短少，除不可抗力原因外，其灭失或短少部分应由仓库经理人承担缴纳货物灭失或短少部分进口税款的责任，并由海关按有关规定处理。

（6）存入出口监管仓库的货物实际出口时，由仓库填写出库单向海关申报，经海关审核确认有此批货物的，予以监装或查验后出口。从一关区监管至另一关区实际出口的，应当按照转关运输货物的监管手续办理，由启运地海关加施关封至另一关区验封出口。

（7）存入出口监管仓库的货物，不得转为内销。特殊情况下需要内销的，应当按照一般进口货物办理进口手续。

（8）出口监管仓库的存储期为6个月，如遇特殊情况，可向海关申请延期，但延期最长不能超过6个月。期满货物必须运出境外，否则由海关作价变卖处理，价款在扣除运输、装卸、存储等费用和税款后，其余款予以发还。余款超过一年无人申请的，上缴国库。

海关每年都要对出口监管仓库的经营、管理情况进行审核。对经营情况好、无违法行为的，准予其继续经营；对管理差、经营情况不好的，或有违法行为的，可以给予暂停营业、进行整顿或停止营业的处罚。

本章小结

1．保税储存和保税加工成为我国保税制度的两大基本形式。本章主要介绍了保税进出口货物的海关监管特征及其报关过程，包括加工贸易保税进出口货物的报关、保税仓库、保税工厂、保税区、出口加工区及出口监管仓库货物的报关。这几种进出口货物的报关的共同特点是：都具有保税性质或享受了一定的税收优惠。

保税货物的报关程序与一般进出口货物的报关程序不同在于，它具体分为备案申请保税、进出境报关及报核申请结案三个阶段。

2．加工贸易保税货物进口后，在国内加工，其制成品还需要再出口，为了方便加工企业，减轻加工企业的负担，允许其在货物进口时不缴纳关税。加工贸易保证金台账制度和企业分类管理是当前对一般加工贸易管理的主要措施。

加工贸易进口料件，包括来料加工、进料加工、外商投资企业履行产品出口合同、保税工厂、保税集团进口料件，必须以每一个合同为单位进入备案申请保税阶段；保税仓库在每一批货物进境入库之前，必须以每一批货物为单位进入备案申请保税阶段；对保税区、出口加工区，从境外运入区内的储存、加工、装配后复运出境的货物，已经整体批准保税，备案阶段与报关阶段合并，省略了按照每一个合同或每一批货物备案申请保税的环节。

3．加工贸易货物与保税货物的区别。

加工贸易货物是指加工贸易项下的进口料件、加工成品以及加工过程中产生的边角料、残次品、副产品等。与保税货物的区别在于：① 概念不同，《中华人民共和国海关法》规定，保税货物是指经海关批准未办理纳税手续进境，在境内储存、加工、装配后复运出境的货物。② 范围不同，保税货物不仅包括加工贸易货物，还包括出口加工区货物、保税区货物、保税仓储货物以及经海关批准未办理纳税手续进境、在境内展示及寄售的货物等；加工贸易货物可以分为部分保税货物和先征后退货物。③ 用途不同。加工贸易货物用途十分明确，货物进口后用于加工出口；保税货物的用途不明确，大多数货物进境后必须在出特殊区域或海关特定监管场所时才能最终确定，且形式多样。

4．保税货物为海关监管货物，未经海关许可不得挪作他用。核销是保税货物结关的标志，是保税货物解除海关监管的必要手续。储存类保税货物进出数量一致即可核销结关，但加工贸易企业在加工合同履行完毕或终止后，按照规定的期限和规定的程序，要向海关报核时应如实申报进口料件、出口成品、剩余料件、边角料、残次品、副产品以及单耗（单位耗料量)等情况,以便海关确认出口成品是否由进口料件生产,即必须确认出口产品单耗标准和串料问题。

练习题

一、单选题

1. 保税业务中,进料加工和来料加工的相同之处是( )。
   A. 料件都需要进口,加工成品都需要出口
   B. 料件进口时都全额保税
   C. 成品出口时属国家许可证管理的商品都免领出口许可证
   D. 加工期限都应在进口之日起1年内加工成品复出口

2. 保税集团开展进料加工业务进口的料件,应自进口之日起1年内加工成品出口,如有特殊情况需延长加工期的,牵头企业应向主管海关申请,但延长期最长不得超过( )。
   A. 3个月   B. 半年   C. 1年   D. 18个月

3. 某服装加工厂与外商签订了一份加工服装出口合同,该厂报关员到海关办理该批合同的备案手续时,无须向海关提交的单证资料为( )。
   A. 加工贸易合同批准证   B. 加工生产企业加工生产能力状况
   C. 加工贸易登记手册   D. 加工贸易合同

4. 保税区和出口加工区共有的主要功能是( )。
   A. 仓储运输   B. 商品展示   C. 加工贸易   D. 转口贸易

5. 向海关报关时适用保税区进境货物备案清单的是( )。
   A. 保税区从境外进口的加工贸易料件
   B. 保税区销往国内非保税区的货物
   C. 保税区区内企业从境外进口自用的机器设备
   D. 保税区管理机构从境外进口的办公用品

6. 加工贸易保证金台账管理制度对不同类别企业和不同类别的商品分别实行保证金台账的"空转"和"实转",下列不正确的是( )。
   A. 实行A类管理的企业,一般实行保证金台账"空转"
   B. 实行C类管理的企业,实行保证金台账"实转"
   C. 加工限制类商品的B类企业加工允许类商品,实行保证金台账"实转"
   D. 加工允许类商品的B类商品,实行保证金台账"空转"

二、多选题

1. 根据《海关法》对保税货物的定义,下列选项中不属于保税货物的有( )。
   A. 来料加工合同项下进口的料件和加工成品
   B. 为保证来料加工合同的顺利执行,外商提供以工缴费偿还价款的专用设备
   C. 来料加工合同项下进口包装物资

D．临时进口货样

2．根据我国《海关法》的规定，保税区内企业可以开展的业务有（　　）。

　　A．可从事出口加工，保税仓储

　　B．可从事国际转口贸易

　　C．可从事与上述业务相关配套服务业务

　　D．保税仓储国家禁止进出口的货物、物品

3．对于履行加工贸易合同中产生的剩余料件、边角料、残次品、副产品等，在海关规定的下列处理方式中需要填制报关单向海关申报的有（　　）。

　　A．销毁　　　　B．结转　　　　C．退运　　　　D．放弃

4．根据现行规定，在下列情况下，属出口配额许可证管理的货物可免领出口许可证的是（　　）。

　　A．展品出境　　　　　　　　B．加工贸易成品出口

　　C．由出口加工区运往境外　　D．经批准直接退运

5．依法批准设立的外商投资企业，应向企业所在地主管海关办理企业登记备案手续。下列属于登记备案时应向海关提供的文件的是（　　）。

　　A．商务部签发的外商投资企业批准证书

　　B．工商行政管理部门颁发的营业执照

　　C．企业章程

　　D．验资报告

6．下列对海关电子账册管理方式表述正确的是（　　）

　　A．是海关在联网基础上，以加工贸易企业为单元的一种监管模式

　　B．是在商品归并关系确立的基础上建立的一种监管模式

　　C．电子账册管理的加工贸易企业，可以向海关分段备案

　　D．是一种适宜对各类加工贸易企业监管的模式

三、判断题

1．因为来料加工进口的料件和加工的成品所有权属外商，外商有权在我境内直接提取加工的成品。（　　）

2．废旧汽车、摩托车及其主要部件的拆解、翻新属国家禁止开展加工贸易商品，不得办理进料加工业务。（　　）

3．根据海关规定，进料加工合同登记备案时企业必须向海关递交必要的单证和其他相关性资料，其中委托加工协议和产品技术资料不属于"海关认为必要的其他有关资料"。（　　）

4．保税和暂准进口货物，在其加工、储存、使用期间需转运至另一设关地点，海关的监管责任将随之延伸（或转移）并需办理"转关"手续。（　　）

5．企业设立保税仓库应向仓库所在地主管海关提交书面申请，主管海关报直属海关审批，直属海关批准设立保税仓库后报海关总署备案。（　　）

四、实训题

山东某国际物流有限公司A（A类管理企业）受山东某进出口有限公司B（B类管理企业）的委托，凭"C"字头备案号的登记手册向青岛海关申报进口未缝制整张狐皮1 000张及辅料一批，以履行狐皮大衣的出口合同。货物进口后，交由山东某服饰有限公司C（B类管理企业）。合同执行期间，因加工企业生产规模有限，经与境外订货商协商后更改出口合同，故狐皮耗用数量减为600张。经批准，剩余的400张狐皮中的300张结转至另一加工贸易合同项下；100张售于山东某服饰有限公司D（C类管理企业）用以生产内销产品。根据上述案例，回答下列问题：

1．上述报关活动中涉及的各家企业，谁是报关活动相关人？
2．根据加工贸易银行保证金台账制度的规定，1 000张进口狐皮是否应设台账，并缴付保证金？
3．300张狐皮结转至另一加工贸易合同项下，必须符合什么规定？
4．在加工过程中产生的边角料，企业应如何处理？

第6章
其他进出口货物的报关程序

是不是所有抵偿的货物均可免税

某企业以一般贸易方式进口了一台风力驱动发电机组,通关后,在国内运输过程中发生了交通事故,造成货物全损。好在该企业已针对货物的运输安全向国内保险公司投保,按照保险条款,保险公司向该企业全额赔付货款。根据合同规定,该企业通过保险公司赔付的方式从国外重新又购进一台相同的设备,并向海关申请以无代价抵偿方式进口。虽然发生了事故,延误了货物投入使用的时间,但该企业并不担心,认为货款由保险公司赔付,而重新进口的货物又是按照"无代价抵偿"货物方式免税进口,应该没有资金损失。

但企业在向海关申报重新进口的货物时,却被告知该批货物必须照章纳税。该企业完全无法接受这一结果。由于该企业与保险公司签订的赔偿细则中,并没有相关关税的赔偿条款,因此涉及此票货物的95万余元人民币关税税款可能只得由企业自己负担。明明是因为进口货物受损而重新购进的货物,为什么还要纳税呢?

因为"无代价抵偿"方式免税通关的货物是有条件的:第一,抵偿货物的原因是原进出口货物残损、短少、品质不良或者规格型号不符,且在海关放行后发现;第二,补偿或者更换的货物必须与原货物相同或者与合同规定相符;第三,重新进口的货物必须为进出口货物的发货人、承运人或者保险公司免费补偿或者更换;第四,纳税义务人向海关申报办理无代价抵偿货物进出口手续必须在原进出口合同规定的索赔期内,且不超过原货物进出口之日起3年;第五,必须同时提交海关规定的相关单证。

由于原进口货物的成交方式为 CIF,可知该票货物的权责已在进口口岸通关提货后完全转移给国内收货人,国内运输过程中出现交通事故造成的损失由进口企业自己造成,此全损与定义中发货人、承运人造成的残损是不同的;此外,对该企业进行赔付的保险公司与定义中由发货人、承运人投保的保险公司也不相同。所以该企业从国外重新购买的相同设备不符合"无代价抵偿"监管方式,不能按照无代价抵偿货物免税进口,而应按一般贸易进口货物的有关规定缴纳关税及进口环节税。

在了解了上述政策规定之后,该企业最终缴纳税款人民币95万余元。

由于特殊监管方式货物进出口时必须符合免税条件才能免税进口,因此进出口企业在办理通关手续前，一定要核对进出口状况是否符合免税条件，同时企业在制定索赔合同、与保险公司签订保险条款时，要根据具体情况，不要"忘记"关税。

资料来源：根据《中国海关》2010年第2期整理

本章学习目标

◆ 了解减免税货物的含义、海关监管特征及报关程序；
◆ 了解暂准进出口货物的特征及其报关程序；
◆ 了解《ATA 单证册》制度及其在我国的适用范围；
◆ 区别并了解转关运输货物、过境货物、转运货物、通运货物的含义及报关程序；
◆ 了解无代价抵偿进口货物、进出境修理货物、出料加工货物的报关程序；
◆ 了解溢卸或误卸进口货物、放弃进口货物、超期未报关进口货物的报关程序。

学习导航

其他进出口货物的报关程序
- 减免税货物的报关
  - 减免税货物海关监管特征
  - 减免税货物报关程序
- 暂准进出口货物的报关
  - 暂准进出口货物的含义及其特征
  - 《ATA 单证册》制度
  - 展览品的报关
  - 集装箱箱体的报关
  - 暂时进出口货物的报关
- 转关运输货物的报关
  - 转关运输概述
  - 转关运输货物的报关程序
  - 转关运输货物海关监管规定
- 其他货物的报关
  - 过境、转运、通运货物的报关
  - 无代价抵偿进口货物的报关
  - 进出境修理货物的报关
  - 溢卸或误卸进口货物、放弃进口货物、超期未报关进口货物的报关

6.1 减免税货物的报关

减免税货物是海关根据国家政策规定准予减免税进境，并使用于特定地区、特定企业、特定用途的进口货物（见表6-1）。特定地区是指我国关境内由行政法规规定的特别限定区域，包括保税区、出口加工区。特定企业是指由国务院规定的行政法规专门规定的企业，包括外商投资企业。特定用途是指国家规定可以享受减免税优惠的进出口货物只能用于行政法规专门规定的用途，包括国家鼓励发展的内外资项目、科教用品、残疾人专用品。特定地区、企业和用途三个条件不必同时满足，只需满足其中一个条件即可。

由于减免税货物有地区、企业和用途的限制，海关需要对其进行后续管理。

表 6-1 减免税货物

特定地区	保税区
	出口加工区
特定企业	外商投资企业（中外合资、中外合作、外商独资）
	"四胞"投资企业（港、澳、台同胞及华侨在大陆的投资企业）
特定用途	国内投资项目
	利用外资项目
	科教用品（适用单位：专门从事科研开发的机构、高等院校、财政部等有关部门批准的其他科研开发机构和学校、国家重点实验室、国家工程技术研究中心等）
	残疾人用品

> **提示** 保税货物与减免税货物的区别（见表 6-2）

我国为扩大对外开放，吸引外资，引进先进技术，对特定地区、特定企业、特定用途（简称"三个特定"）的进口货物，曾制定了一系列进口优惠政策，如对外商投资企业进口机器设备予以免税，对企业技术改造项目所引进先进技术设备予以减税等。

减免税货物与保税货物均属海关监管货物。在进口货物前须到海关办理相关手续，在进口时均不缴纳税款，即海关给予税收优惠待遇。在海关监管期间，经营者承担不得擅自转让、出售的法律义务。但海关对这两类货物的管理方法及办理程序有很大区别。

表 6-2 保税货物与减免税货物的区别

	性 质	货物范围	海关手续	海关监管方式
保税货物	以复运出境为前提，为支持、鼓励出口	流动资产部分：商品、原材料、零部件、元器件	向海关备案，由海关核发《加工贸易登记手册》	根据去向不同分别办理相应的手续
减免税货物	针对"三个特定"，为支持鼓励其在国内使用或消费	固定资产部分：机器设备、仪器、仪表等	办理减免税申请，海关签发《征免税证明》	监管期满解除监管（时效管理）

6.1.1 减免税货物海关监管特征

1. 在特定条件下或特定范围内减免进口关税及进口环节增值税

特定减免税是我国海关关税优惠政策的重要组成部分，国家实行特定减免税的目的是优先发展特定地区的经济，鼓励外商在我国的直接投资，促进国有大中型企业和科学、教育、文化、卫生事业的发展。可见，这种关税优惠具有鲜明的特定性，只能在国家行政法规规定的特定条件下或特定范围内减免进口关税及进口环节增值税。

> **提示** 减免税货物不能免除进口环节消费税。

2. 不豁免进口许可证

按国家有关进出境管理的法律、法规,特定减免税货物享受的仅仅是税费方面的减免待遇,进口货物需要提交许可证的,一般不能免除提供许可证件的义务,以下情况除外:① 港澳台同胞及华侨的投资企业进口本企业自用的机器设备可以豁免进口许可证。② 外商投资企业在投资总额内进口涉及机电产品自动进口许可管理的也可以豁免有关许可证。

> **提示** 应在投资总额内,而且必须是机电产品自动进口许可管理。

3. 接受海关监管

《海关法》规定,减免税货物"未经海关核准并补缴关税,不得移作他用"。这意味着享受特定减免税优惠进口的货物,其用途须受限制。

减免税货物在使用期间,应按照海关的要求,定期或不定期呈报反映减免税货物使用情况的报表,配合海关抽查收货人或使用单位的账册或实存数,接受海关的监督。对监管期限内因故出售、转让和移作他用的,提前向海关报告并补缴进口税和增值税。

4. 有确定的海关监管期限

进口货物在使用过程中其商业价值将逐步下降,有的可能报废或损耗,因此海关对进口货物使用限制界定在一定的年限内。即在规定的年限内,货物进口验放后仍受海关监控,特定期限到期后,减免税货物的收货人应当向海关提出申请,方可解除海关监管。

减免税货物监管期限如表 6-3 所示。

表 6-3 减免税货物监管期限

减免税货物的种类	海关监管年限
船舶、飞机、建筑材料(包括钢材、木材、胶合板、人造板、玻璃等)	8 年
机动车辆(特种车辆)、家用电器	6 年
机器设备、其他设备、材料	5 年

6.1.2 减免税货物报关程序

减免税货物的报关程序包括 3 个阶段:前期阶段(货物进口前的减免税申请)、进出境报关、后续阶段(申请解除海关监管)。

1. 货物进口前的减免税申请

《进出口货物征免税证明》是货物进口时申报按减免税方式报关的基本凭证。

(1)特定地区减免税货物进口申请。

1)保税区减免税货物进口申请的程序为:备案登记—申领《进出口货物征免税证明》—核发《进出口货物征免税证明》。

2)出口加工区减免税货物进口申请的程序为:备案登记—建立企业设备电子账册—海关在电子账册中进行登记。

(2)特定企业(主要是指外商投资企业)减免税货物进口申请的程序为: 备案登记—申

领《进出口货物征免税证明》—签发《进出口货物征免税证明》。

外商投资企业在经批准设立并领取工商营业执照后，应向企业所在地主管海关（企业所在地未设海关的，向管辖该地区海关业务的分管海关）办理企业的减免税登记备案手续。经海关审核确认企业性质、经营条件、减免税范围后予以登记，并发给《外商投资企业征免税手册》。

已在海关办理企业登记备案手续的外商投资企业，在进口特定减免税机器设备等货物以前，向主管海关提交《外商投资企业征免税登记手册》、发票、装箱单等，并将申请进口货物的有关数据输入海关计算机系统。经海关核准后，签发《进出口货物征免税证明》。

（3）特定用途减免税申请。

1）国内投资项目、利用外资项目减免税申请的程序为：国内投资项目、利用外资项目，经批准后，凭《国家鼓励发展的内外资项目确认书》、发票、装箱单等，向主管海关提出减免税申请。海关审核后，签发《进出口货物征免税证明》。

2）科教用品减免税进口申请的程序为：资格认定—签发《科教用品免税登记手册》—签发《进出口货物征免税证明》。办理科学研究和教学用品免税进口申请时，应当持有关主管部门的批准文件，向主管海关办理资格认定手续。海关审核后，签发《科教用品免税登记手册》。科教单位在进口特定减免税科教用品以前，向主管海关提交《科教用品免税登记手册》、合同等单证，并将申请进口货物的有关数据输入海关计算机系统，海关核准后签发《进出口货物征免税证明》。

3）残疾人专用品减免税申请。残疾人在进口特定减免税专用品以前，应向主管海关提交民政部门的批准文件，海关审核后，签发《进出口货物征免税证明》。

民政部门或中国残疾人联合会所属单位批量进口残疾人专用品、专用仪器、专用生产设备前，出具民政部门或中国残疾人联合会（包括省、自治区、直辖市的民政部门）出具的证明函，海关凭以审核签发《进出口货物征免税证明》。

《进出口货物征免税证明》的使用

《进出口货物征免税证明》的有效期为 6 个月，即持证人应在海关签发《进出口货物征免税证明》的 6 个月内进口经批准的减免税货物，如有特殊情况，可以申请延长，延长期限最长为 6 个月。

《进出口货物征免税证明》实行"一证一批"的原则，即一份《进出口货物征免税证明》上的货物只能在一个进口口岸一次性进口。如果一批特定减免税货物需要分两个及两个以上口岸进口，或者分两次及两次以上进口的，持证人需事先分别申领征免税证明。

2．进出境报关

在减免税货物运抵口岸后，收货人或其代理人应向海关办理进口报关手续。

减免税货物的报关与一般进出口货物的报关程序基本一致，由进口申报、陪同查验、缴纳税费和提取货物四个作业环节构成。但因其享有减免税待遇，因此报关时还应注意以下几点：① 向海关提交《进出口货物征免税证明》。进口收货人或其代理人除向海关提交报关单等普通需要的单据外，还应向海关提交《进出口货物征免税证明》。外商投资企业、科教用品减免税进口还应分别携带海关核发的《外商投资企业征免税手册》《科教用品免税登记手册》。② 如货物涉及进出境国家管制的，应呈验事先申领的进口许可证件。但对某些外商投资和某些种类的许可证件，国家规定有特殊优惠政策的，可以豁免进口许可证件。③ 按规定缴纳海关监管手续费。④ 填制减免税货物进口报关单时，报关单上"备案号"栏目应填写《进出口货物征免税证明》上的12位编码（第一位为标志代码Z）。若将12位编码填错，则不能通过计算机逻辑审核，或在提交纸制报关单时无法顺利通过海关审单。⑤ 外商投资企业在投资总额内进口的机器设备在填制报关单上的"贸易方式"栏时，应分别填写"合资合作设备"或"外资设备物品"；在投资总额以外用自有资金进口的自用机器设备，则应填写"一般贸易"。⑥ 申报减免税货物的商品名称、规格必须与《进出口货物征免税证明》所列一致。

3. 申请解除海关监管

（1）监管期限届满申请解除海关监管。

减免税货物限于特定区域、特定企业、特定用途使用，一般情况下解除海关监管的前提条件是减免税货物监管期限届满，经有关企业的申请，海关核准后核发《减免税货物解除监管证明》，至此，减免税货物办结全部海关手续，海关解除对货物的监管。

（2）监管期限未届满申请解除海关监管。减免税货物在监管期限内要求在国内销售、转让、放弃或退运境外的，应视不同情况，到海关办理相应手续方可解除海关监管。① 在海关监管期内销售、转让的，原提交征免税证明的申请人应向海关办理缴纳进口税费的手续。② 企业将货物转让给同样享受进口减免税优惠的企业，接受货物的企业应当先向主管海关申领《进出口货物征免税证明》，凭以办理货物的结转手续。③ 退运出境的，企业应先向原审批进口的商务主管部门申请，持批准文件向出境地海关办理货物出口退运申报手续。出境地海关监管货物出境后，签发《出口货物报关单》，企业持该报关单及其他有关单证向主管海关申领解除监管证明。④ 要求放弃减免税货物的，向主管海关提交放弃货物的书面申请，经海关核准后，按规定来办理手续。海关将货物拍卖，所得款项上缴国库后签发收据，企业凭此收据向主管海关申领解除监管证明。⑤ 外商投资企业投资项下进口的减免税设备，因特殊原因需要在海关监管期内销售、转让的，企业应先向原审批进口的商务主管部门申请，持批准文件向海关办理缴纳进口税费的手续。海关按照使用的时间折旧估价征税后，签发解除监管证明书，企业即可将原减免税货物在国内销售、转让。

（3）企业破产清算时，减免税货物的处理。企业进入破产清算程序时，对于还处在海关监管期内的减免税货物，企业应首先向主管海关申请，经主管海关同意，缴纳应纳税款，获得解除监管证明，然后才能够处理该货物。对于属于许可证件管理的货物，当初未申领许可证件的，凭人民法院的判决或仲裁机关的仲裁证明，可以免予补办进口许可证件，按规定补缴税款后,即可签发该货物解除监管证明。

6.2 暂准进出口货物的报关

随着国际经济贸易的不断增长,各国之间贸易、技术、文化、科学等方面的往来日益频繁,人们为了各种目的需暂时携运某种货物、样品、器材进入他国。对这一类暂时进口货物提供报关上的便利,可以促进国家间经济、技术、科学、文化活动的开展。

《伊斯坦布尔公约》

世界海关组织(WCO)(原海关合作理事会,CCC)为了简化和协调各国的海关手续,针对以前制定的有关暂准进口公约存在分散性的问题,于1990年6月26日在伊斯坦布尔组织谈判签署了《暂准进口公约》,又称《伊斯坦布尔公约》,其宗旨在于采用一种国际统一的管理暂准进口的国际规则,保证海关手续的高度简化和协调,为国际交流提供便利和实际利益。

6.2.1 暂准进出口货物的含义及其特征

1. 暂准进出口货物的含义

暂准进出口货物是指为了特定的目的经海关批准,暂时进境或者暂时出境,并在规定的期限内复运出境或复运进境的货物。按照海关监管的方式,暂准进出口货物又分为4类:① 使用《ATA 单证册》报关的暂准进出口货物;② 不使用《ATA 单证册》报关的展览品;③ 盛装货物的容器(集装箱箱体);④ 暂时进出口货物(除上述3种方式报关外的其他暂准进出口货物)。

2. 暂准进出口货物的特征

(1)有条件的暂免进出口税费。对于经海关核准的暂时进口货物,申报人应向海关缴纳保证金,或提供海关认可的书面担保后,准予暂时免领进口许可证件和免纳进口税费。到期复运出境时,经海关查明是原进口货物,发还所交保证金。

(2)免于提交进出口许可证件,但涉及公共道德、公共安全、公共卫生的货物提交许可证件的义务不能免除。

(3)货物在规定的期限内应原状复运进出境。一般应于进境或出境之日起6个月内复运出境或复运进境。期满不复运进出境的应向海关办理正式进出境手续并照章纳税。

(4)根据货物实际使用情况向海关办理核销结关手续。

暂准进出口货物的海关监管期限如表6-4所示。

表 6-4　暂准进出口货物的海关监管期限

货物类别		期　限	延期管理规则
使用《ATA 单证册》报关的暂准进出口货物		进境或出境之日起 6 个月内	超过 6 个月的，须直属海关的批准，如有特殊情况超过 1 年的，须经海关总署批准
进出境展览品	进境展览品	进境之日起 6 个月内	可延期，但最长不超过 6 个月
	出境展览品	出境之日起 6 个月内	如延期须向主管海关申请
进境的境外集装箱箱体		进境之日起 6 个月内	可延期，但最长不超过 3 个月
暂时进出口货物		进境或出境之日起 6 个月内	可延期，但最长不超过 6 个月

6.2.2　《ATA 单证册》制度

1.《ATA 单证册》及其优势

《ATA 单证册》是《暂准进口单证册》的简称。《暂准进口单证册》是世界海关组织（前海关合作理事会）在有关条约中规定使用的，用于替代各缔约方海关暂准进出口货物报关单和税费担保的国际性报关文件。目前，《ATA 单证册》可以在欧盟，美国、日本、加拿大、澳大利亚、新加坡、印度、波兰、匈牙利等 60 多个国家和地区自由通用。

ATA 是由法文"Admission Temporaire"与英文"Temporary Admission"的首写字母复合而成，意为"暂时允许进入"，即货物在暂准进口国进口后，在一年内原状复出口。

《ATA 单证册》是国际性的报关文件，专用于暂准进口货物报关使用。它既代替了货物在国内外报关时所需要的所有报关文件，又使货物免纳进口关税，且无须提供担保金，确保持证人可以快捷方便地办理海关手续。因此，《ATA 单证册》又被国际经贸界称为"货物护照"（或"货物免税报关证"）。《ATA 单证册》具有以下优势。

① 免进出口税费。《ATA 单证册》项下货物免缴各种进出口税，无须向海关预缴税款或提供高额担保。② 免填报关单。《ATA 单证册》代替了货物出入境时的报关单，进出各国口岸时使用同一份文件。③ 免进出口许可证。④ 免报关资格。海关规定，持证人可自行办理报关手续，对报关资格没有限制，免去了委托代理报关的费用和时间。⑤ 出入境地点没有限制。持证人可在任一海关口岸报关，复进口报关手续不必在原出口地海关办理。⑥ 国际通用，报关快捷。《ATA 单证册》得到各国海关的认可，有些国家还设有专门的《ATA 单证册》绿色报关通道。⑦ 一次申请，一年有效。超过此期限的，可以申请延期，延期最长不超过 3 次，每次延长期限不超过 6 个月。⑧ 适用对象广泛。个人、企业、公司（均不要求进出口经营权）、事业单位及其他经济组织均可申请《ATA 单证册》。特别适用于赴国外举办或参加展览会、博览会的纺织服装企业。⑨ 免展览批件。《ATA 单证册》项下用于参加展览会的货物，在出口报关时免展览批件。但如果进出境展览品及相关货物受公共道德、公共安全、公共卫生、动植物检疫、濒危野生动植物保护、知识产权保护等限制的，展览品所有人或其代理人应当向海关提交进出口许可证件。

? 思考 向海关办理《ATA 单证册》项下货物的报关时，相比一般的报关有哪些便利？

《ATA 单证册》的格式

《ATA 单证册》由 4 种颜色的彩单组成，一式八联，分别用于货物在暂准进口国的进出口报关、在所在国出口和复进口的报关和过境国的过境报关。每经过一国海关使用一页，无须再填制进出口报关单。

一页绿色封面单证（包括单证册的编号、签发机构、有效期等）、一页黄色出口单证、一页白色进口单证、一页黄色复进口单证、一页白色复出口单证、两页蓝色过境单证（进境地和出境地海关分别签注和保存）、一页绿色封底。

《ATA 单证册》必须使用英语或法语，如果需要，可以同时使用第三种语言印刷。

我国接受中文或英文的《ATA 单证册》的申报，用英文填写的《ATA 单证册》，海关可要求提供中文译本。用其他文字填写的《ATA 单证册》，必须随附忠实原文的中文或英文译本。

2.《ATA 单证册》在我国的适用

（1）适用范围。我国自 1998 年 1 月起实施《ATA 单证册》制度。我国于 1993 年加入《关于货物暂准进口的 ATA 单证册海关公约》、《货物暂准进口公约》和《展览会和交易会公约》及其附约。因此，根据我国加入的国际公约、展览会、交易会、会议及类似活动项下的货物可使用《ATA 单证册》报关。除此之外的货物，我国海关不接受持《ATA 单证册》办理进出口申报手续。

（2）出证及担保商会。在国际上，《ATA 单证册》的签发和担保一般是国际商会国际局和各国海关批准的各国国际商会。每个国家只能有一个担保商会，担保商会有权指定多个国内出证商会，并对下属出证商会签发的《ATA 单证册》承担担保责任。

《ATA 单证册》应向货物所在国出证商会申办。中国国际贸易促进委员会/中国国际商会是我国《ATA 单证册》的唯一出证和担保协会。

正常使用《ATA 单证册》的过程是：（持证人）提出申请—缴费并提供担保—出证协会审核后签发《ATA 单证册》—在出境国暂时出境—又暂时到进境国—进境国放行—完成特定使用目的—在进境国复运出境—又复运回原来出境国（地区）。

（3）有效期。根据国际公约的规定，《ATA 单证册》的有效期最长是 1 年。但由于我国海关只接受展览品及相关货物使用《ATA 单证册》申报进出口，因此，《ATA 单证册》项下货物暂时进出境期限为自货物进出境之日期 6 个月。超过 6 个月的须经直属海关的批准，如有特殊情况超过 1 年的，须经海关总署批准。

3.《ATA 单证册》项下展览品的申报程序

（1）进境申报。进境展览品的所有人或其代理人持《ATA 单证册》向海关申报进境展览品时，先在海关核准的出证机构中国国际商会及其他商会，将《ATA 单证册》上的内容预录入进境地海关与商会联网的《ATA 单证册》电子核销系统，然后向展览会主管海关提交纸质《ATA 单证册》、提货单等单证。

海关在白色进口单证上签注，并留存白色进口单证正联，存根联随《ATA 单证册》其他各联退回进境货物收货人及其代理人。

> **提示** 先电子预录入，后提交纸质《ATA 单证册》。

（2）出境申报。出境展览品的所有人或其代理人持《ATA 单证册》向海关申报出境展览品时，向出境地海关提交国家主管部门的批准文件、纸质《ATA 单证册》、装货单等单证。

海关在绿色封面单证和黄色出口单证上签注，并留存黄色出口单证正联，存根联随《ATA 单证册》其他各联退回展览品所有人或其代理人。

（3）过境申报。展览品的所有人或其代理人持《ATA 单证册》向海关申报将货物通过我国转运至第三国参加展览会的，不必填制过境货物报关单。海关在两份蓝色过境单证上分别签注后，留存蓝色过境单证正联，存根联随《ATA 单证册》其他各联退回展览品所有人或其代理人。

4．《ATA 单证册》项下暂准进出口货物的核销结关

持证人在规定的期限内，将进境展览品和出境展览品复运出境或复运进境，海关在白色复出口单证和黄色复进口单证上分别签注、留存单证正联，存根联随《ATA 单证册》其他各联退持证人，正式核销结关。

持证人没有在规定的期限内复运进出境的，我国海关向担保协会，即中国国际商会提出追索。

《ATA 单证册》项下的货物因不可抗力原因受损，无法按原状复运进出境，《ATA 单证册》持证人需及时向主管海关报告，可以凭有关部门出具的证明材料办理复运进出境手续；因不可抗力原因灭失或失去使用价值的，经海关核准后，可以视同该货物已经复运进出境。

> **提示** 进境展览品自申报进境之日起至复运出境止，属于海关监管货物。未经海关许可不得擅自转让、出售或移作他用。

6.2.3 展览品的报关

1．进出境展览品的范围

进出境展览品包含：在展览会中展示或示范用的货物、物品，为示范展出的机器或器具所需用的物品，展览者设置临时展台的建筑材料及装饰材料，供展览品做示范宣传用的电影片、幻灯片、录像带、说明书、广告等。

展览品属海关同意的暂时进口货物，进口时免交进口关税和其他税费、免领进口许可证件，必须复运出境。出境展览，须提供担保，属敏感物项的，须提供许可证件。

> **提示** 进出境展览品自向海关申报进（出）境起，至复运出（进）境海关核销止，属于海关监管货物，应接受海关监管。

以下货物虽然在展览活动中使用，但不按进口展览品对待：① 展览会期间出售的小卖品，属于一般进出口货物范围；② 展览会期间使用的含酒精的饮料、烟叶制品、燃料，虽然不按一般进出口货物管理，但是海关对这些商品一律征收关税。③ 其中属于参展商随身携带进境的含酒精饮料、烟叶制品，按进境旅客携带物品的有关规定管理。

2. 展览品的进出境申报

（1）进境申报。① 举办国际展览会，在展览品进境 20 个工作日前，由展览会主办单位或参展单位持批准文件连同展览品清单或有关部门备案证明等相关单证一起送展出地海关办理登记备案手续，并提供担保。② 进境展览品由主办单位或其代理人在展出地海关申报进口，从非展出地进口的，以转关运输方式运至举办地海关报关。③ 展览品涉及检验检疫的、知识产权管制的，应提供相关许可证件。④ 海关一般在展览会举办地对展品开箱检查，海关查验时，展览品所有人或其代理人应当到场。⑤ 展览品在开箱进展馆前应通知海关，未经海关许可，不得开箱。

> **提示** 进境展览品的报关流程是：备案、担保、报关、查验、布展、展览、复出境、核销。

（2）出境申报。① 展览品出境在境外展览，由参展单位向出境地海关提交国家主管部门的批准文件、报关单、展览品清单一式两份报关。② 属于应征出口税的，向海关缴纳相当于税款的保证金。③ 属于核用品、核两用品及相关技术的出口管制商品，提交出口许可证。④ 小卖品、展卖品，按一般出口申报，属于许可证管理的，提交出口许可证。海关对出境展览品开箱查验核对后，将一份清单封入关封交申报人，凭以办理展览品复运进境申报手续。展览品的暂准进出境期限为 6 个月，即自展览品进（出）境之日起 6 个月内复运出（进）境。延长期限不超过 6 个月。

3. 展览品的核销阶段

（1）复运进出境。展览品的暂准进出境期限届满，展品所有人或其代理人应将展览品复运进出境，凭海关签发的报关单证明联到海关办理核销手续并取回保证金。

（2）转为正式进出口。进境展览品在展览期间被购买的，由展览会主办单位或其代理人向海关办理进口申报、纳税手续，属许可证管理的还应提交许可证件。出境展览品在境外参加展览会后被销售的，由海关核对展览品清单后要求有关主体补办正式出口手续。

（3）展览品放弃或赠送。展览品放弃给海关的，海关把展览品变卖后将所得上缴国库；展览品赠送的，受赠人应当根据进口礼品或经贸往来赠送品的相关规定向海关办理进口手续。

（4）展览品损坏、丢失、被窃。展览品毁坏的，海关根据毁坏程度估价征税；因不可抗力造成损毁或灭失的，海关核准后，视同该货物已经复运进出境，减征或免征进口税；

展览品丢失或被窃,海关按进口同类货物征税,凭公安部部门的证明,可不再交验许可证件。

6.2.4 集装箱箱体的报关

1. 集装箱的含义

集装箱的原意是容器,是指用钢、铝或玻璃钢等材料制成的一种大型装货容器。集装箱箱体既是一种运输工具,又是一种可以买卖的货物。作为运输工具,属于暂准进出口货物,进口免交进口税费、免领许可证件;作为一种货物,进口则需征税。海关对集装箱箱体的监管目的是防止以运输设备为名,逃税进口留在国内。

2. 暂准进出境集装箱的报关

(1)境内生产的集装箱及我国营运人购买进口的集装箱投入国际运输前,营运人应当向其所在地海关办理登记手续。无论是否装载货物,海关准予暂时进境和异地出境,营运人或者其代理人无须对箱体单独向海关办理报关手续,进出境时,也不受规定的期限限制。

(2)对从事国际贸易运输而暂时进境的外国集装箱(包括租界使用的),海关视同暂时进口货物管理。境外集装箱箱体暂准进境,无论是否装载货物,承运人或者其代理人应当对箱体单独填写进口货物报关单,向进境地海关申报进境集装箱的数量、尺寸、箱号等,并提供海关认可的担保。

暂准进境集装箱复运出境时,不论装货与否,承运人或者其代理人应当对箱体单独填写出口货物报关单,向出境地海关申报出境集装箱的数量、尺寸、箱号等,出境地海关核实后,将一份出口货物报关单退交申报人凭以向原进境地海关办理核销手续并取回保证金。

3. 暂时进出境集装箱的海关监管

(1)暂时进境集装箱应当于入境之日起 6 个月内复运出境。因特殊情况不能复运出境的,向暂准进境的海关提出延期申请,经海关核准后,可以延期,但是延期不得超过 3 个月。

(2)暂时进境集装箱在规定期限内不能复运出境的,应按进口集装箱向海关办理进口报关手续,并缴纳进口税费。

(3)进出境集装箱的承运人、保管人应将集装箱存放在海关同意的场所,并负责保护集装箱封志的完整。未经海关同意,不得擅自开启封志,装入或取出货物。

6.2.5 暂时进出口货物的报关

1. 暂时进出口货物的范围

暂时进出口货物主要是指国际组织、外国政府、外国及地区的企业、群众团体或个人为开展经济、技术、科学和文化合作交流而暂时运进我国境内的货物和物品。其范围主要包括:① 进行新闻报道或拍摄电影、电视节目、照片、幻灯片所需的摄像器材、胶片、录像带、车辆、服装、动物等;② 文化、体育交流活动中使用的表演、比赛用品等;③ 来华进行工程设施、学术、技术交流、讲学所需运进的设备、仪器、工具、车辆、教学用具等。④ 暂时进出的货样；⑤ 供安装、测试、检测设备时使用的仪器工具等。

2．暂时进出口货物的管理规定

（1）来大陆采访的港、澳、台记者运进的有关器材、用品，应办理中国记者协会或广播电影电视部的批准文件。

（2）短期来华的外国记者运进的有关器材、用品，应办理外交部新闻司的批准文件。

（3）来华拍摄电影、电视运进的有关器材、用品，应办理广播电影电视部的批准文件。

（4）来华进行文艺演出和其他文艺活动运进的服装、道具等，应办理文化部的批准文件。

（5）来华进行工程设施、学术、技术交流、讲学所需运进的设备、仪器、工具、车辆、教学用具等，经海关核准后，应向海关缴纳相当于货物进口税款金额的保证金，或者提供海关认可的担保。暂时进口货物复运出境，经海关核实后，退还保证金。

（6）暂时进口货物不必提交进口许可证件，但需要检验检疫、公共安全、公共卫生、知识产权许可的应提交许可证件。

3．暂时进出口货物的报关程序

（1）暂时进口货物的进境申报。暂时进口货物进境时应持填好的进口货物报关单向入境地海关申报，并提交主管部门暂时进境的批准文件、商业及货运单据，按海关规定缴纳保证金或提供担保。海关审核申报单证无误后验放货物。海关应将一份进口报关单退交申报人作为今后货物复运出境的依据，同时留存一份进口报关单和货物清单备案。

（2）暂时进口货物的复运出境。暂时进口货物在复运出境时，申报人应填写出口货物报关单向出境地海关申报，并提供原进口时的进口货物报关单和货物清单。海关审核后验放货物出境。海关将一份出口报关单退交申报人凭以向原进境地海关办理销案手续，海关退还保证金。

（3）暂时出口货物的出境申报及复运进境。暂时出口货物出境时应向海关提交出口报关单、主管部门暂时出境的批准文件、商业及货运单据等向出境地海关申报。需征出口税的，应按海关规定缴纳保证金或提供担保。

复运进境时申报人应填写进口报关单向海关申报，并提供原出口时的出口货物报关单和货物清单，海关审核后验放货物出境。海关将一份进口报关单退交申报人凭以向原出境地海关办理销案手续，海关退还保证金。

4．暂时进口货物的海关监管

（1）暂时进口货物自进境之日起至复运出境止，处于海关监管之下，只能用于特定目的，未经海关许可，不得出售、转让或移作他用。

（2）暂时进口货物自进境之日起6个月内复运出境。期满不复运出境的，应向海关办理正式进口手续并缴纳进口税款。需在境内延长使用期限的，应在期满前向海关申请延期，但延长期不得超过1年。

6.3 转关运输货物的报关

6.3.1 转关运输概述

1. 转关运输的含义

转关运输是海关为加速口岸进出口货物的疏运,方便收、发货人办理海关手续,依照《海关法》规定,允许进出口货物在海关的监管下,从一个海关运至另一个海关办理进出口海关手续的行为。

> **提示** 为什么会有"转关"
>
> 《海关法》规定:进出口货物除应当在进出境地办理海关手续外,经收发货人申请,海关同意,也可在远离进出境地且设有海关的进口货物的指运地或出口货物的启运地办理海关手续。因此海关对进出口货物的监管也将从进境地延伸至指运地,或者从启运地延伸至出境地,即要有两地海关共同完成海关应承担的全部管理责任。

2. 转关运输货物的类型

转关运输货物属海关监管货物,有以下 3 种基本类型。

(1)进口转关货物。它是指由进境地入境后,向海关申请转关,运往另一设关地点办理进口海关手续的货物。

例如,北京某公司从韩国进口一批货物,货运船舶驶抵天津港口后,北京某公司可以在天津新港办结海关手续,也可以经天津、北京两地海关的同意,在海关监管下将货物运到北京,在北京办结海关手续。

(2)出口转关货物。它是指在启运地已办理出口海关手续,运往出境地,由出境地海关监管放行的货物。

(3)境内转关货物。它是指从境内一个设关地点运往境内另一个设关地点并由该地海关监管放行的货物。例如,有些暂时进口货物或进境展览品在某一设关地展示之后,需要运到另一设关地继续展出,这时经两地海关同意后,即可将其监管转到另一设关地,并在最终展览地海关办理退运出境或结关手续。

> **相关链接**
>
> **转关运输涉及的概念包括进境地、出境地、启运地、指运地、承运人**
>
> 进境地、出境地是指货物进出关境的口岸。
>
> 启运地是指出口转关货物办理报关发运的地点,或者海关监管货物在国内转运时的始发地。
>
> 指运地是指进口转关货物运抵报关的地点或海关监管货物国内转运时的到达地。
>
> 承运人是指经海关核准,承运转关货物的企业。

3. 申请转关运输的条件

进出口货物经收发货人或其代理人向入境地（启运地）海关提出申请，并具备以下条件的，经海关核准后方可办理转关运输：① 指运地或及启运地应当设有海关并有海关批准的监管场所；② 转关运输的承运人应具备海关规定的条件并办理海关注册登记；③ 转关运输的承运车辆应符合海关监管要求（如具备密封装置），并承诺按海关对转关路线范围和途中运输时间所做的限定，将货物运往指定的场所。

4. 不得申请转关运输货物的范围

（1）废物类（废纸除外）。如动物废料、冶炼渣、木制品废料、纺织品废物、贱金属及其制品的废料、各类废旧五金、电机电器产品、废运输设备、特殊需进口的废物、废塑料和碎料及下脚料。

（2）可作为化学武器的化学品、化学武器关键前体、化学武器原料、易制毒化学品、消耗臭氧层物质、氯化钠。

（3）汽车类，包括成套的散件和二类底盘。

（4）国家检验检疫部门规定的必须在口岸检验检疫的商品。

5. 转关运输方式

转关货物的收发货人或其代理人可以采取以下 3 种方式办理转关手续。

（1）提前报关转关。它是指进口货物在指运地先申报，再到进境地办理进口转关手续；出口货物在货物未运抵启运地监管场所前先申报，货物运抵启运地监管场所后再办理出口转关手续的方式。

> **提示**　提前报关转关是在指运地或启运地海关以提前报关方式办理。

（2）直转转关。它是指进口货物在进境地海关办理转关手续，货物运抵指运地再在指运地海关办理报关手续；出口货物在货物运抵启运地监管场所报关后，在启运地海关办理出口转关手续，再到出境地海关办理出境手续的转关。

> **提示**　直转转关是在进境地或启运地海关以直接填报转关货物申报单的直转方式办理。

（3）中转转关。它是指货物的收发货人或其代理人向指运地或启运地海关办理进出口报关手续后，由境内承运人或其代理人统一向进境地或启运地海关办理进出口转关的方式。具有全程提运单，须换装境内运输工具的进出口中转货物适用中转转关方式运输。

6.3.2 转关运输货物的报关程序

1. 进口货物的转关运输

（1）提前报关转关。

1）进口货物收货人或其代理人（货主）在进境地海关办理进口货物转关手续前，在指运地海关填报录入《进口货物报关单》电子数据,以示申报。指运地海关提前受理电子申报后,计算机自动生成并打印《进口转关货物申报单》,传输至进境地海关。

2)货主在申报电子数据后,5日内持必要单据和《进口转关货物申报单》编号,向进境地海关申请办理转关手续,逾期未办,指运地海关撤销已经录入的电子数据。需提交的单据有:《进口转关运输货物核放单》(广东省内公路运输的出境汽车应提交《进境汽车载货清单》)、承运人资格证明(《汽车载货登记簿》或《船舶监管簿》)、提货单。

3)进境地海关办理相关手续,并对装有相关货物的集装箱或运输工具施加关锁、在《汽车载货登记簿》或《船舶监管簿》上批注签章,对转关货物进行实际放行。

4)货物运抵指运地海关监管场所后,指运地海关验核货物并向进境地海关发送转关货物的核销回执。

5)货主向指运地海关提交纸质的报关单及其他单据,按照正常的报关程序报关。

(2)直接转关。

1)货物的收货人或其代理人自运输工具申报进境之日起14日内,在进境地海关录入转关申报数据,持有关单证直接办理转关手续。需提交的单据有:《进口转关货物申报单》(广东省内公路运输的出境汽车应提交《进境汽车载货清单》)、承运人资格证明(《汽车载货登记簿》或《船舶监管簿》)、提货单。

2)在海关指定的时间内运抵指运地,自货物到达指运地之日起14日内,进口货物的收货人或代理人向指运地海关办理申报,逾期按规定缴纳滞报金。指运地海关在办理了进口手续后,按规定向进境地海关退寄回执。

(3)中转转关。中转转关也是进口货物提前在指运地报关后,再由承运人办理转关。

1)具有全程提运单、需换装境内运输工具的进口中转转关货物,其收货人或代理人向指运地海关办理进口报关手续。

2)由境内承运人或其代理人在5日内向进境地海关提交单据,批量办理转关手续。

需提交的单据有:《进口转关货物申报单》、《进口货物中转通知书》、按指运目的港分列的运输工具纸质舱单(空运方式提交联程舱单)。

▶提示 舱单是指进出境船舶、航空器、铁路列车负责人或其代理人向海关递交的真实、准确反映运输工具所载货物情况的纸质载货清单。

2. 出口货物的转关运输

(1)提前报关转关。

1)发货人或代理人在货物运抵启运地海关监管场所前,先向启运地海关申报录入《出口货物报关单》电子数据,由启运地海关提前受理电子申报,生成《出口转关货物申报单》数据,传送到出境地海关。

2)货物在电子申报之日起5日内,运抵启运地海关的监管场所并办理转关手续。需提交的单证有:《出口货物报关单》、《汽车载货登记簿》或《船舶监管簿》、广东省内公路运输的出境汽车应提交的《出境汽车载货清单》。

3）货物在海关监管下运至出境地，发货人或其代理人持启运地海关签发的出口货物报关单等单证向出境地海关办理监管出境手续。需提交的单证：启运地海关签发的《出口货物报关单》、《出口转关货物申报单》、《汽车载货登记簿》或《船舶监管簿》、广东省内公路运输的出境汽车应提交的《出境汽车载货清单》。

> **提示** 进口转关货物应在电子数据申报之日起 5 日内，向进境地海关办理转关手续。出口转关货物应于电子数据申报之日起 5 日内，运抵启运地海关监管场所，办理转关和验放手续。电子数据超过 5 日未办理手续的，将被启运地海关撤销提前报关的电子数据。

（2）直转转关。

1）发货人或代理人在货物运抵启运地海关监管场所后，进入报关程序，向启运地海关申报录入《出口货物报关单》电子数据，由启运地海关提前受理电子申报，生成《出口转关货物申报单》数据，传送到出境地海关。

2）在启运地办理转关手续。需提交的单证有：《出口货物报关单》、《汽车载货登记簿》或《船舶监管簿》、广东省内公路运输的出境汽车应提交的《出境汽车载货清单》。

3）货物在海关监管下转关运输到达出境地时，办理出境手续。需提交的单证有：《出口货物报关单》、《出口转关货物申报单》、《汽车载货登记簿》或《船舶监管簿》。

> **提示** 直转转关是在货物运抵启运地海关监管场所之后才进入报关程序；而提前报关转关是在货物运抵启运地海关监管场所之前就进入报关程序。此后两者报关手续相同。

（3）中转转关。

1）具有全程提运单、需换装境内运输工具的出口中转转关货物，其发货人或代理人向启运地海关办理出口报关手续。

2）由境内承运人或其代理人按运输货物分列舱单，向启运地海关批量办理货物转关手续。需提交的单证有：《出口转关货物申报单》、按出境运输工具分列的电子或纸质舱单、《汽车载货登记簿》或《船舶监管簿》。

3）启运地海关核发的《出口货物中转通知书》，承运人或代理人凭以办理中转货物出境手续。

3．境内货物的转关运输

从一个设关地运往另一设关地的海关监管货物（境内转关货物），除加工贸易深加工结转按有关规定办理外，按进口转关货物的规定办理。

1）申请人办理境内转关运输申请前，必须经启运地、指运地海关同意，由启运地海关向指运地海关发出联系函，指运地海关签注意见，交申请人。

2）申请人凭指运地海关的同意联系函，到启运地海关办理转关运输申请手续，其方式与进出口货物转关运输申请相同。

6.3.3 转关运输货物海关监管规定

（1）直转方式的进口转关运输货物，应当自运输工具申报进境之日起 14 天内向进境地海关办理转关手续，在海关规定期限内运抵指运地之日起 14 天内，向指运地海关办理报关手续。逾期按规定征收滞报金。

（2）进口转关运输货物自运输工具申报进境之日起超过 3 个月未向指运地海关申报的，由海关按《海关法》的规定做提取变卖处理，所得价款在扣除运输、装卸、储存等费用后，上缴国库。

（3）转关运输货物未经海关许可，不得开拆、改装、调换、提取、交付，对海关在运输工具上施加的封志，包括经海关认可的商业封志要保持完整，不得擅自开启或损坏。

（4）转关运输货物必须存放在经海关指定的仓库、场所。其仓库、场所的经理人应依法向海关负责，并按海关规定办理收存和交付手续。

（5）海关认为需要派员押运转关运输货物时，申请人或承运人应当按规定向海关缴纳规费，并为海关关员执行监管任务提供必要的工作条件。

（6）转关运输货物在国内运输途中发生损坏、短少、丢失等情况时，申请人、承运人或保税仓库负责人应及时向海关报告，对所损坏、短少、丢失的货物，除不可抗拒的原因外，申请人、承运人或保税仓库负责人应承担税负责任。

应用案例

长春市某进出口公司 A，购买韩国产新闻纸一批。货物进口时由大连口岸转关至长春海关办理该批货物的报关纳税手续。承担该批货物境内转关运输的是大连某运输公司 B。在运输途中，因汽车驾驶员王某吸烟，不慎引发火灾，致使该批新闻纸全部灭失。在这种情况下，由谁承担该批货物的纳税义务。

A 公司是该批货物的收货人，但因货物的转关运输是由 B 公司负责的，且该批货物的灭失发生在运输途中，故应由 B 公司承担纳税义务。

6.4 其他货物的报关

6.4.1 过境、转运、通运货物的报关

1. 过境货物

（1）过境货物的定义。过境货物是指以某种运输工具从一个国家的境外启运，在该国边境不论是否换装运输工具，通过该国境内的陆路运输（公路或铁路），继续运往境外其他国家的货物，又称过境转运货物。

国际贸易中，由于各国地理条件的差异，采用过境运输可以缩短运输距离，节省运输费用，如东亚、东欧之间的贸易往来就经常取道我国境内过境运输。横贯我国东西的亚欧大陆桥也成为亚欧各国之间货物运输的重要通道。

(2)过境货物的范围。

1)与我国有过境货物协定国家的过境货物,或者在同我国签有铁路联运协定的国家收、发货的过境货物,按照有关协定准予过境。

2)未签有上述协定,经国家有关部门批准,并向入境地海关备案后准予过境。从境外启运,经我国有关部门同意,载于航空器上越过我国境内领空,或者载于船舶上借道通过我国境内领海,继续运往境外的货物,不是过境货物。

3)下列货物禁止过境。① 来自或运往我国停止或禁止贸易的国家和地区的货物;② 各种武器、弹药、爆炸品及军需品(通过军事途径运输的除外);③ 各种烈性毒药、麻醉品、鸦片、吗啡、海洛因、可卡因等毒品;④ 我国法律、法规禁止过境的其他货物、物品。

海关对过境货物实行监管。其目的是防止过境货物在运输过程中滞留在国内,防止国内货物混入过境货物随运出境,防止我国禁止过境货物从我国过境。因此,过境货物的经营人应按海关有关规定办理过境货物的报关手续。

(3)过境货物的报关程序(见图6-1)。过境货物进境时经营人或报关企业向海关递交《过境货物报关单》及相关单证(运单、装箱单等),办理过境手续。海关核对货物无误后,在提运单上加盖"海关监管货物"印章,并将《过境货物报关单》和过境货物清单制作关封后加盖"海关监管货物"专用章,连同上述提运单一并交经营人或报关企业。出境地海关审核有关单证、关封并核对货物无讹后,加盖海关放行章,监管出境。

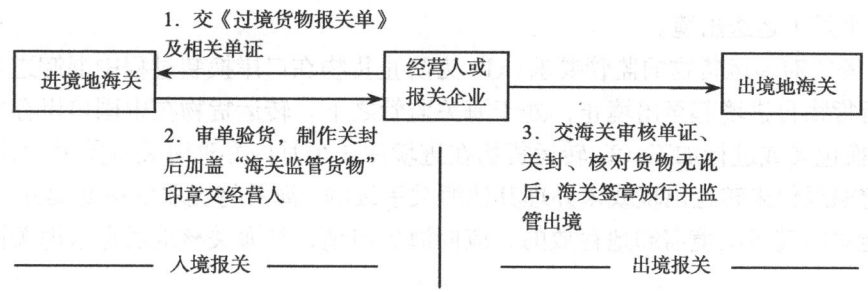

图6-1 过境货物报关程序

(4)海关对过境货物的特殊规定。

1)过境货物过境期限为6个月,特殊原因经海关同意可申请延期3个月。如果超过规定的期限3个月仍未过境的,海关依法提取变卖,变卖后的货款按有关规定处理。

2)过境货物在境内运输发生损毁或灭失的(除不可抗力外),经营人或报关企业应当负责向出境地海关补缴进口税款。

3)过境货物进境因换装运输工具等原因需卸地储存时,应当经海关批准并在海关监管指挥下存入海关指定或同意的仓库或场所。

4)过境货物进境后,出境前,应当按照运输主管部门规定的运输线路运输。运输部门没有规定线路的,由海关指定。

5)海关需要派员押运过境货物时,经营人或承运人应免费提供交通工具和执行监管任务的便利。

2. 转运货物

（1）转运货物的含义。转运货物是指由境外启运，通过我国境内设立海关的地点换装运输工具，而不通过境内陆路运输，继续运往境外的货物。其主要是在我国境内转机、转船的国际运输。

> **提示** 转运货物与过境货物的区别
>
> （1）是否需要通过陆路运输。过境货物需要通过陆路运输运往境外，而转运货物则不需通过陆路运输运往境外。
>
> （2）换装运输工具上。转运货物的收发货人均不在我国境内，收货人需在境内海关设立的地点换装运输工具后继续运往国外，而过境货物则可换可不换。

（2）转运货物的条件。进境运输工具载运的货物具备下列条件之一的可准予办理转运：① 持有转运或联运提货单的；② 进口载货清单内已经注明是转运货物的；③ 持有普通提货单，但起卸前向海关声明转运的；④ 误卸的进口货物，经运输工具经理人提供确实证件的；⑤ 因特殊原因申请转运，经海关批准的。

（3）转运货物的报关程序。装有转运货物的运输工具进境后，运输工具负责人应填写《外国货物转运准单》向海关申报，并提供列明转运货物的名称、数量、启运地和指运地等内容的《进口载货清单》。经海关核实后，转运货物在海关监管下换装运输工具并在规定时间内（3个月）运送出境。

（4）海关对转运货物的监管要求：① 为防止货物在口岸换装过程中混卸进口或混装出口，转运货物自进境起至出境止，处于海关监管之下。转运货物在中国口岸存放期间，不得开拆、换包装或进行加工；② 转运货物在进境后3个月内办理海关有关手续并转运出境，超出规定期限仍未转运出境或未办理其他海关手续的，海关将提取依法变卖处理；③ 转运货物不能立即转运出境需卸地存放的，应向海关申请，经海关核准后存入海关同意的仓库或场所。

3. 通运货物

（1）通运货物的含义。通运货物是指以船舶或航空器装载，由境外启运，经该国设立海关地点，不换装运输工具继续运往其他国家的货物。

由于国际货物运输的原因，运输工具需中途靠港或降落，其装载的未到达目的国的货物并不卸下，在运输工具完成靠、降作业后出境继续运输，海关对此类的管理主要是防止通运货物与其他货物的混卸、误卸，并监管其继续运往境外。

（2）通运货物的报关程序。运输工具进境时，运输工具负责人应凭注明通运货物名称和数量的《国际航行船舶进口报告书》或《国际民航飞机进口载货舱单》向进境地海关申报。海关在运输工具抵、离时对申报的货物予以核查，并监管货物实际离境。

（3）海关对通运货物的监管要求。通运货物自进境起至出境止，属于海关监管货物，未经海关许可不得从运输工具上卸下；运输工具因装卸其他货物需要搬运或倒装卸下通运货物时，应向海关申请，在海关监管下进行，并如数装回原运输工具。

过境货物、转运货物、通运货物的比较如表 6-5 所示。

表 6-5　过境货物、转运货物、通运货物的比较

	运输形式	是否在我国境内换装运输工具	启运地	目的地
过境货物	通过我国境内陆路运输	不论是否换装运输工具	我国境外	我国境外
转运货物	不通过我国境内陆路运输	换装运输工具	我国境外	我国境外
通运货物	由原装载航空器、船舶运载进出境	不换装运输工具	我国境外	我国境外

6.4.2　无代价抵偿进口货物的报关

1. 无代价抵偿进口货物的定义

无代价抵偿进口货物,又称"索赔进口货物",是指进口货物在征税或免税放行后,发现货物有残损、短少或品质不良、规格不符等问题,而由承运人、发货人或保险公司免费补偿或更换的同类货物。

2. 海关对无代价抵偿进口货物的管理规定

(1) 无代价抵偿进口货物应与原进口货物在品名、数量、价值及贸易性质等方面一致。

> **提示**　收发货人申报进出口的无代价抵偿进口货物,与退运出境或者退运进境的原货物不完全相同或与合同规定不完全相符的,经收发货人说明理由,海关审核认为理由正当且税则号列未发生改变的,仍属于无代价抵偿进口货物范围。
>
> 税则号列不一致,不属于无代价抵偿进口货物范围,属于一般进出口货物范围。

> **应用案例**
>
> 大连某航运公司完税进口一批驳船,使用不久后发现大部分驳船油漆剥落,向境外供应商提出索赔,供应商同意减价 60 万美元,并应进口方的要求以等值的驳船用润滑油补偿。则该批润滑油进口时办理的海关手续应当按一般贸易进口报关,缴纳进口税。

(2) 免交进出口许可证。无代价抵偿进口货物属于国家实行许可证等进口管理的商品,如原进口货物已退运境外,可不需申领进口许可证或其他进口证明文件。如原进口货物未退运出境或无法提供相应单证说明原进口货物已退运出境的,则应按规定申领进口许可证或有关进口证明文件。

(3) 不征收进口关税和进口环节税。如原货已退运境外或放弃交由海关处理,原进口货物已征税款又未退还的,其进口的无代价抵偿货物可予以免征进口关税和进口环节税。

如进出口与原货物或合同规定不完全相符的无代价抵偿货物,应当按规定计算与原出口货物的税款差额。高出原征收税款数额的应当征收超出部分的税款。对于进口的无代价抵偿货物要征收税费的,税率按海关接受申报进出口之日的税率来计征。

（4）无代价抵偿货物应在原进口合同规定的索赔期限内进口（最长不超过原货物进出口之日起3年），超出索赔期限的，海关不予按无代价抵偿进口货物办理。

3. 无代价抵偿进口货物的报关程序

无代价抵偿货物进口时，原进口单位或代理人应填写进口货物报关单，向进境地海关申报，并提供下列单证：① 原进口货物报关单；② 原进口货物税款缴纳证或《进出口货物证免税证明》；③ 进出口商检机构出具的原进口货物残损、短少或品质不良、规格不符的检验证明，以及买卖双方的索赔协议或其他有关证明；④ 原进口货物退运出境的出口货物报关单或交由海关处理的货物放弃处理证明等有关证明。进境地海关审核无误后，按无代价抵偿进口货物管理规定予以征税或免税，验放有关货物。

6.4.3 进出境修理货物的报关

在国际经济贸易中，为保证进、出口机器设备的正常使用，买卖双方通常订有维护修理的售后服务协议。由于某些机器设备专业技术的复杂性，需要将其运至维修条件较好的原生产厂家或维修点进行维修，这就产生了进出境修理这种特殊的进出口方式。

1. 进出境修理货物的定义

进出境修理货物是指运出境或者运进境进行维护修理后复运进境或复运出境的机械器具、运输工具或其他货物及为维修这些货物需要进出口的原材料、零部件。

2. 进出境修理货物的报关程序

（1）进境修理货物的报关。原出口货物需要运进境内进行维修，由原出口货物所有人向海关申报，填制进口报关单随附维修合同或协议、原出口货物报关单及发票等，并向海关提供税款担保后，免税进口。维修完成后复运出境，凭原修理货物进口申报时的报关单留存联或复印件核销，退还保证金，即运进维修（进口报关单及要求单证并提供担保）—复运出境（凭原修理货物进口申报时的报关单核销）

（2）出境修理货物的报关。

1）保修期内出境修理是免费修理，故免征进口关税。修理货物的出境需凭原进口报关单、保修协议、售后合同、发票等，填制出口报关单向海关申报。修理后复运进境，向海关提交出境维修的出口报关单并填制进口报关单，经海关查验确认后免税放行。

2）保修期外出境修理属收费修理，需收修理费，海关需征进口关税。修理货物的出境需凭原进口报关单、保修协议、售后合同、发票等，填制出口报关单向海关申报。修理后复运进境，向海关提交出境维修的出口报关单并填制进口报关单、修理费和材料费，经海关查验确认是原出境修理货物后，对修理费和材料费征收进口关税和进口代征税。出境修理货物出境是办理担保的，进口放行后还需办理担保销案手续。

3. 海关对进出境修理货物的监管要求

（1）进出境修理货物自进境之日起至复运出境止，属于海关监管货物，未经海关许可，不得擅自转让、出售或移作他用。

（2）进出境修理货物应在进、出境之日起 6 个月内复运出、进境。需延长期限的，应在期满前向海关申请延期。逾期不复运出境的，应办理正式进口手续，海关按一般进口货物计征进口关税和进口代征税。

（3）出境修理货物复运进境时，不得混装其他进口货物，也不得以其他进口货物顶替或以旧换新。

6.4.4 溢卸或误卸进口货物、放弃进口货物、超期未报关进口货物的报关

1. 溢卸或误卸进口货物

（1）溢卸、误卸进口货物的含义。溢卸进口货物是指未列入进口载货清单、运单的货物，或者多于进口载货清单、提单或货运单所列数量的货物。应该注意的是，在国际贸易中，只有超出进出口合同规定的溢短装条款的比例所装的货物才属于溢装进口货物。

误卸进口货物是指将指运境外或境内其他港口、车站的货物，误卸在本港（车站）。

（2）溢卸、误卸进口货物的报关规定

1）溢卸进口货物由原收货人接受的，原收货人或其代理人应填写进口货物报关单向进境地主管海关申报，并提供相关的溢卸进口货物证明。如属于国家限制进口的商品，应提供有关的许可证件，海关验核后按规定征税放行货物。

2）对运输工具负责人或其代理人要求以溢卸进口货物抵补短卸进口货物的，应与短卸进口货物原收货人协商同意，并限于同一运输工具、同一品种的货物。如非同一运输工具或不同航次之间以溢卸进口货物抵补短卸进口货物的，只限于同一运输公司、同一发货人、同一品种的进口货物。应注意的是，上述两种情况，都应填报进口货物申报单向海关申报。

3）误卸进口货物，如属于应运往国外的，运输工具负责人或其代理人要求将误卸进口货物退运国外时，经海关核实后可退运至境外；如属于运往国内其他口岸的误卸进口货物，可由原收货人或其代理人就地向进口地海关办理进口申报手续，也可以经进口地海关同意按转关管理办法办理转运手续。

4）对溢卸、误卸进口货物，原收货人不接受或不办理退运手续的，运输工具负责人或其代理人可以要求在国内进行销售，由购货单位向海关办理相应的进口手续。

5）溢卸、误卸进口货物，经海关审定属实的，由载运该货物的原运输工具负责人，自该运输工具卸货之日起 3 个月内，向海关申请办理退运出境手续；或者由该货物的收发货人，自该运输工具卸货之日起 3 个月内，向海关申请办理退运或申报进口手续。

6）溢卸、误卸进口货物属于危险品或者鲜活、易腐、易烂、易失效、易变质、易贬值等不宜长期保存的货物的，海关可以根据实际情况，提前依法提取变卖处理。变卖所得价款按有关规定做出相应处理。

2. 放弃进口货物

（1）放弃进口货物的含义。放弃进口货物是指进口货物的收、发货人或其所有人声明放弃，由海关提取依法变卖处理的货物。国家禁止或限制进口的废物、对环境造成污染的货物不得声明放弃。

（2）放弃进口货物的范围包括：① 没有办结海关手续的一般进口货物；② 保税货物；③ 在监管期内的减免税货物；④ 暂准进境货物；⑤ 其他没有办结海关手续的进境货物。

（3）放弃进口货物变卖价款的处理。由海关提取变卖处理的放弃进口货物的所得价款，优先拨付变卖处理实际支付的费用后，再扣除运输、装卸、储存等费用。如果不足以支付运输、装卸、储存等费用的，按比例分摊。变卖价款扣除相关费用后尚有余款的，上缴国库。

3. 超期未报关进口货物

（1）超期未报关进口货物的含义。超期未报关进口货物是指在规定的期限内未办结海关手续的海关监管货物。

（2）超期未报关进口货物的范围包括：① 自运输工具申报进境之日起，超过3个月未向海关申报的进口货物；② 在海关批准的延长期满仍未办结海关手续的溢卸、误卸进口货物；③ 超过规定期限3个月未向海关办理复运出境或者其他海关手续的保税货物、暂准进境货物；④ 超过规定期限3个月未运输出境的过境、转运和通运货物。

（3）超期未报关进口货物的处理。对超期未报关进口货物由海关提取依法变卖处理。① 被决定变卖处理的货物如属于《出入境检验检疫机构实施检验检疫的进出境商品目录》范围的，由海关在变卖前提请出入境检验检疫机构进行检验检疫，检验检疫费用和其他变卖处理实际支出的费用从变卖款中支付。② 变卖所得的价款，按顺序扣除相关费用和税款。扣除的顺序为：拨付变卖处理实际支出的费用—运费、装卸、储存费用—进口关税—进口环节海关代征税—滞报金。所得价款不足支付上述费用的，按比例支付。③ 按照规定扣除相关费用和税款后尚有余款的，自货物变卖之日起1年内，经进口货物收货人申请，予以返还；不予退还的，或者逾期不申请的余款上缴国库。④ 经海关审核符合被变卖进口货物收货人资格的发还余款申请人，应当按照规定，补办进口申报手续，属于许可证管理的，需提交有关进口许可证件和其他有关单证。

> ▶ **提示** 对于溢卸或误卸进口货物、放弃进口货物及超期未报关进口货物，海关均可依法变卖处理，但前提条件各不一样。
>
> 溢卸或误卸进口货物经海关审定确定，当事人又未在规定的期限内向海关申报办理进口或退运手续的，由海关变卖处理。
>
> 进口货物的收、发货人或其所有人声明放弃，可由海关提取依法变卖处理。
>
> 进口货物自运输工具申报进境之日起超过3个月未向海关申报，即为超期未报关进口货物，由海关变卖处理。

本章小结

1. 本章是在一般进出境货物报关的基础上，概述了几种特殊进出口货物的报关过程，包括减免税货物、展览品、集装箱箱体、暂时进出口货物、转关运输货物、过境货物、转运货物、通运货物、无代价抵偿进口货物、进出境修理货物、出料加工货物、溢卸或误卸进口货物、放弃进口货物、超期未报关进口货物的报关手续。

上述各类进出口货物，由于海关特定的监管目的，或由于货物进出口有其特殊用途，或进出口货物采用特殊贸易方式等特征，海关要求其货物的进出口证明文件和税款的缴纳等方面都有特殊的要求，海关对此类货物的进出口均有专门的管理措施。有关货物的报关，需要按照特殊的要求办理专门的报关。

进出境运输工具除直进直出的外，还有转关运输的情况。属于转关运输的运输工具还需要办理专门的转关运输手续。境内载运海关监管货物的运输工具主要是船舶和汽车。

2．减免税货物与保税货物的异同。

（1）性质不同。减免税货物是实际进口货物：针对3个特定（特定区域、企业、目的），在符合条件的情况下给予的税收优惠措施；保税货物：针对进境后又复运出境的特点简化了海关关税、许可证手续的一种制度。

（2）货物范围不同。减免税货物：固定资产部分为机器设备、仪器、仪表等；保税货物：流动资产部分为商品、原材料、零部件、元器件。

（3）海关手续不同。减免税货物：办理减免税申请，海关签发《征免税证明》；保税货物：向海关备案，由海关核发《加工贸易登记手册》。

（4）海关监管方式不同。减免税货物：监管期满解除监管（时效管理）；保税货物：根据去向不同分别办理相应的手续。

练习题

一、单选题

1．我国政府已经部分加入了《ATA公约》和《货物暂准进口公约》，目前《ATA单证册》在我国仅适用于部分货物，按照现行的规定下列不属于《ATA单证册》适用范围的货物是（　　）。

　　A．昆明世界园艺博览会上的进口展览品

　　B．广州商品交易会上的暂准进口货物

　　C．财富论坛年会暂准进口的陈列品

　　D．美国政府代表团访华人员随身携带的物品

2．郑州某企业使用进口料件加工的成品，在郑州海关办妥出口手续，经天津海关复核放行后装船运往美国。此项加工成品复出口业务，除按规定已办理了出口手续外，同时，还要办理的手续是（　　）。

　　A．境内转关运输手续　　　　　　B．货物过境手续
　　C．货物登记备案手续　　　　　　D．出口转关运输手续

3．无代价抵偿进口货物进口时，必须填写进口报关单，提供原进口报关单、税款缴纳证以及（　　）的检验证明。

　　A．海关　　　　　　　　　　　　B．进口单位

C．使用单位　　　　　　　　　D．国家进出口商检机构

4．关于无代价抵偿进口货物的税、证管理规定，下列表述中错误的是（　　）。

　　A．如属国家限制进口商品，与原货品名、数量、价值、贸易方式一样，无论原货是否退运境外，均可免予另办许可证件

　　B．对外商同意因残损而削价并补偿进口的同品名/同规格货物，如价格未超过削价金额的，可免税

　　C．对于车辆、家电等无代价抵偿进口货物，进口时可免税，但其留在国内的原货应视其残损程度估价纳税

　　D．无代价抵偿进口货物进口申报时，除进口货物报关单外，应随附原进口货物报关单、税款缴纳证、商检证书或索赔协议书

5．经海关确认的溢卸或误卸进口货物从（　　）3个月内，可由原装载船舶负责人或货物所有人向海关办理退运或进口手续。

　　A．运输工具进境之日起　　　　B．卸货之日起
　　C．卸完之日起　　　　　　　　D．向海关申报之日起

二、多选题

1．下列关于减免税货物管理的表述不正确的是（　　）。

　　A．特定减免税的申请，首先是减免税的资格确认，然后是《进出口货物征免税证明》的申领

　　B．国内投资项目和利用外资减免税资格确认的依据是由国务院有关部门或省市人民政府签发的《国家鼓励发展的内外资项目确认书》

　　C．民政部门或中国残疾人联合会所属单位专用品、专用仪器、专用生产设备的减免税，海关凭民政部门或中国残疾人联合会的批准文件签发《进出口货物征免税证明》

　　D．《进出口货物征免税证明》的有效期为6个月，且不得延期

2．特定减免税报关制度具有显著的管理特征，主要体现在以下哪几个方面？（　　）

　　A．脱离特定使用范围，应按实际去办理相应的报关和纳税手续
　　B．在特定条件和规定范围内使用可减免进口税费
　　C．原则上免予交验进出口许可证件
　　D．货物进口验放后仍需受海关监管

3．下列哪几项货物或物品使用暂准进出口报关制度？（　　）

　　A．进口待转口输出的转口贸易货物
　　B．在展览会中展示或示范用的进口货物、物品
　　C．承接一般进口货物进境的外国集装箱
　　D．来华进行文艺演出而暂时运进的器材、道具、服装等

4．按照海关规定，进出口货物在转关运输期间，其申请人/承运人或存放场所负责人应当向海关承担的义务有（　　）。

A．转关货物必须存放在海关规定的仓库/场所

B．存放转关货物的仓库/场所的负责人，必须按海关规定办理收存、交付手续

C．未经海关许可，转关货物不得开拆、改装、调换、提取、交付

D．转关运输途中，货物发生短少、损坏、丢失，应及时向海关报告，除不可抗力原因外，应承担税负责任

5．下列关于海关对进出境货物监管期限的表述正确的是（　　）。

A．《ATA 单证册》项下的展览品自货物进境之日起 6 个月内应当复运出境，但经海关批准后可以延期，延长的期限最长不得超过 3 个月

B．境外集装箱箱体暂准进境，应当于进境之日起 6 个月内复运出境，但经海关批准后可以延期，延长的期限最长不得超过 3 个月

C．过境货物的过境期限为 6 个月，但经海关批准后可以延期，延长的期限最长不得超过 3 个月

D．出料加工货物自出境之日起 6 个月内应当复运进境，但经海关批准后可以延期，延长的期限最长不得超过 3 个月

三、判断题

1．外商投资企业享受特定减免税优惠进口的机器设备自进口之日起超过 5 年的，可以向海关申请解除监管。（　　）

2．《进出口货物征免税证明》的有效期为 6 个月，且实行"一批一证"的原则，即一份征免证明上的货物只能在一个进口口岸一次性进口。（　　）

3．《ATA 单证册》下进境的展览品自货物进境之日起 6 个月内应当复运出境，特殊情况要延长，延长期不超过 6 个月的可以向直属海关申请延期，延长期超过 6 个月的需经海关总署批准。（　　）

4．以船舶或航空器装载从一国境外起运，经该国设立海关地点，不换装运输工具，继续运往其他国家的货物，称为转运货物。（　　）

5．暂准进境或出境的集装箱箱体无论是否装载货物，承运人或其代理人应当就箱体单独向海关申报。（　　）

四、实训题

中国华东某进出口公司与中国香港某公司以 FOB 高雄 18 美元/台的价格条款签订了进口 10 000 台原产于中国台湾的简易型电动可调气泵（属自动许可管理，法定商检商品）的合同。该批货物由和平号货轮载运进境。该公司向海关申报货物进口。海关验放后，收货人发现其中有 500 台损坏。经该公司与香港公司交涉，香港公司同意另免费补偿同数量、同品牌、同规格的货物。补偿货物在 1 个月后运到。

1．该批货物向海关申报进口时应提供哪些单证？

2．该批免费补偿货物进口时，报关单"贸易方式"栏应如何填报？

第 7 章
进出境运输工具及物品的报关程序

个人携带自用物品是否要交税

2009年9月,音乐发烧友李默旅游归国,随身携带在境外购买的120张价值42 000元人民币的CD从首都机场进境,并如实填写了《中华人民共和国进出境旅客行李申报单》。海关关员核对了CD数量及购买凭据显示的价格后,告知其应向新闻出版署申领《新闻出版署音像制品(成品)进口批准单》,凭批准单向海关照章纳税后方可带进。李默反复解释这些CD并非用于商业目的,纯属个人爱好收藏,所以无须申领批准单,也不应缴纳进口关税,但未得到海关允许。李默只好费尽周折地拿到了批准单,办理了进口手续,缴纳了9 960元关税及海关代收的增值税。事后李默总觉有点冤:自己的朋友也曾带回过CD,却从未听说有交过税的。明明是自用,而非出租、销售,且作为音乐发烧友,一次购买120张CD进境也属合理数量范围。于是2009年10月李默向北京海关提交了行政复议申请,要求复议机关撤销首都机场海关的征税决定,退还已征税款。

复议机关经审查认定,根据《中华人民共和国海关进出境印刷品及音像制品监管办法》第九条的规定,个人携带单碟(盘)发行的音像制品进境,每人每次超过100盘的,海关对全部进境音像制品按照进口货物依法办理相关手续。因此,首都机场海关要求李默按照进口货物办理所携带光盘征税进口手续于法有据,其征税决定认定事实清楚,程序合法。据此复议机关做出复议决定,维持原征税决定。

资料来源:根据《中国海关》编写

本章学习目标

- ◆ 了解我国海关对进出境运输工具和进出境物品的监管规定;
- ◆ 掌握进出境运输工具的报关程序;
- ◆ 了解航行于港澳小型船舶的报关程序及作业单证;
- ◆ 了解进出境旅客行李物品、进出境邮递物品及进出境快件的海关管理规定及报关程序。

第 7 章 进出境运输工具及物品的报关程序

学习导航

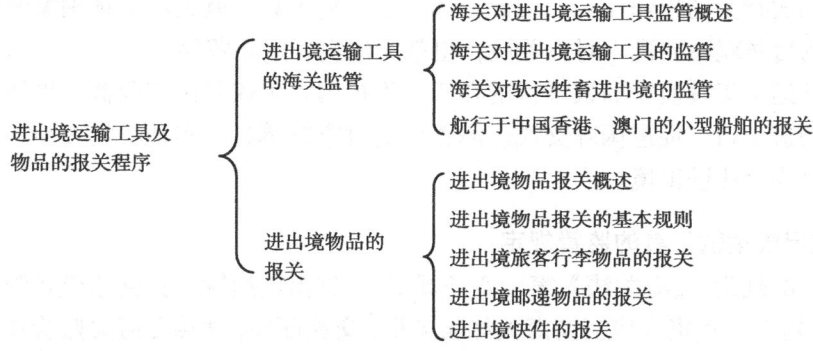

7.1 进出境运输工具的海关监管

国际贸易是国家或地区之间的商品交换活动。交易双方需要依靠运输工具将货物从一国运至另一国,即国际贸易的开展离不开运输工具。海关则对运输工具的进出境实施监管。进出境运输工具的报关也是进出境货物、物品报关作业中的重要一环。

目前,我国进出境运输工具的报关工作,一般由国际运输企业或国际船务代理企业承担。

7.1.1 海关对进出境运输工具监管概述

1. 海关对进出境运输工具的监管范围

《海关法》规定的进出境运输工具,是指用以载运人员、货物、物品进出境的各种船舶、车辆、航空器和驮畜。根据该规定,海关对进出境运输工具监管范围包括以下几个方面。

(1)船舶。它包括机动及非机动的进出关境的海上、国界江河上的来往船舶,转运、驳运进出境客货的船舶,兼营境内外客货运输船舶,装载普通客货的军船。按用途可分为客轮、货轮、客货轮。其中,货轮又可分为杂货船、散装货船、冷藏船、木材船、油轮、集装箱船和滚装船等。

(2)车辆。它主要包括铁路车辆和公路车辆。铁路车辆包括进出关境的客车、货车、行李车、邮车、机动车、发电车、轨道车和其他用途的车辆。公路车辆主要包括货柜车、罐装车及其他非机动车辆。

(3)航空器。它主要包括所有载运进出境旅客或进出口货物的进出关境的民用航空器。进出关境的军用航空器装载普通客货时,也受海关监管。

(4)驮畜。它包括载运进出境客货的马、驴、牛、骆驼等用于驮运的牲畜。

2. 海关对进出境运输工具监管的目的

在国际贸易中,买卖双方货物的交付通常需要国家间的长途运输来实现。承运人和运输工具作为这种运输行为的主体,需要根据货主的要求将相关的货物载运到指定的地点,起到完成国际间买卖行为的枢纽作用。因此,离开了运输工具,就无法实现国家间的商品流通,买卖双方的货物就不能进入对方关境,也就无法实现国际贸易。

海关对进出境运输工具监管的根本目的在于,维护国家主权和民族利益、贯彻国家对外贸易政策、方便进出口、促进国际交流。海关可通过审核单证、实地实物查验,确保运输工具及其所载货物合法进出境。

3. 海关对进出境运输工具的监管规定

(1)如实申报的规定。《海关法》第十四条规定:"进出境运输工具到达或者驶离设立海关的地点时,运输工具负责人应当向海关如实申报,交验证件,并接受海关监管和检查。"

运输工具在进境前所载和进境后所添装的物料、燃料应当向海关申报并接受海关监管,具体包括燃料用油、淡水、蔬菜、食品、船舶小卖部商品,以及船舶修理用品、零配件等。

进出境运输工具的申报与货物、物品的申报具有相同的法律效力,进出境运输工具的负责人必须对其交验单证的真实性负责。

(2)接受监管和检查的规定。海关在接受申报并对交验单证进行审核后,将根据申报事项和具体情况决定如何对运输工具进行实地、实物的监管和检查。海关在检查进出境运输工具时,按照《海关法》第十八条的规定:"运输工具负责人应当到场,并根据海关的要求开启舱室、房间、车门;有走私嫌疑的,应当开拆可能藏匿走私货物、物品的部位,搬移货物、物料。"

运输工具在装卸进出境货物、物品或者上下进出境旅客时,应当接受海关的监管。货物、物品装卸完毕,运输工具负责人应当向海关递交反映实际装卸情况的交换单据和记录。上下进出境运输工具的人员携带物品的,应当向海关如实申报,并接受海关检查。海关据此进行征税和统计。

> **提示** 进境的境外运输工具和出境的境内运输工具,未向海关办理手续并缴纳关税,不得转让或者移作他用。
>
> 运输工具作为货物以租赁或其他贸易方式进出口的,除办理进出境运输工具进境或者出境手续外,还应当按照有关规定办理进出境运输工具进出口报关手续。

(3)预报信息的规定。《海关法》第十六条规定:"进出境船舶、火车、航空器到达和驶离时间、停留地点、停留期间更换地点以及装卸货物、物品时间,运输工具负责人或者有关交通运输部门应当事先通知海关。"这使海关能到位监管,及时办理运输工具进出手续,保证货物、物品顺利装卸。

(4)指定路线行进的规定。由于海关并不都设立在关境线上,因此,进境运输工具在进境后还需继续驶往设关地点办理进境手续;出境运输工具在设关地办结海关手续后还需驶经关境线前往境外目的地。对这一行进过程,《海关法》第十五条明确规定:"进境运输工具在进境以后向海关申报以前，出境运输工具在办结海关手续以后出境以前，应当按照交通主管机关规定的路线行进；交通主管机关没有规定的，由海关指定。"运输工具在指定路线行进途中不得转道绕行、上下人员或装卸货物、物品。

7.1.2 海关对进出境运输工具的监管

1. 备案管理

备案管理是指海关对我国经营国际运输的有关企业及有关运输工具在实际营运前采取备案登记制度，即进出境运输工具、进出境运输工具负责人和进出境运输工具服务企业应当在经营业务所在地的直属海关或者经直属海关授权的隶属海关备案。海关对进出境运输工具、进出境运输工具负责人以及进出境运输工具服务企业的备案实行全国海关联网管理。

在海关办理备案时，应当按不同运输方式分别提交《进出境国际航行船舶备案表》、《进出境航空器备案表》、《进出境铁路列车备案表》、《进出境公路车辆备案表》、《运输工具负责人备案表》、《运输工具服务企业备案表》，并同时提交上述备案表随附单证栏中列明的材料。

海关对在海关备案的进出境运输工具服务企业和进出境运输工具所有企业、经营企业实施分类管理。

> **提示**　（1）运输工具负责人，是指进出境运输工具的所有企业、经营企业，船长、机长、汽车驾驶员、列车长，以及上述企业或者人员授权的代理人。
> （2）运输工具服务企业，是指为进出境运输工具提供符合海关规定的物料或者接受运输工具（包括工作人员及所载旅客）消耗产生的废、旧物品的企业。

2. 进境监管

进境运输工具负责人应当在规定时限将运输工具预计抵达境内目的港和预计抵达时间以电子数据形式通知海关。如因客观条件的限制，经海关批准，公路车辆负责人可以采用电话、传真等方式通知海关。在运输工具抵达设立海关的地点以前，运输工具负责人应当将进境时间、抵达目的港的时间和停靠位置通知海关。

进境运输工具负责人在运输工具抵达设立海关的地点或在进境前向海关办理申报手续，根据运输方式的不同，向海关分别提交《中华人民共和国海关船舶进境（港）申报单》（见表7-1）、《中华人民共和国海关航空器进境（港）申报单》、《中华人民共和国海关铁路列车进境申报单》、《中华人民共和国海关公路车辆进境（港）申报单》，以及上述申报单中列明应当交验的其他单证。海关接受进境运输工具申报后审核电子数据和纸质申报单证。进境运输工具在向海关申报以前，未经海关同意，不得装卸货物、物品，除引航员、口岸检查机关工作人员外不得上下人员。

表 7-1　中华人民共和国海关船舶进境（港）申报单

船名及船舶种类		IMO 编号	
呼号		抵达港口	
抵达日期及时间		船籍国	
船长姓名		上一港	
国籍证书（船籍港，签发日期，编号）			
总吨		净吨	|船舶代理名称和联系方式
船舶在港位置（锚位或泊位）			
航次摘要（先后挂靠港口，并在即将卸下留存货物的港口名下划线标注）			
货物简述			
船员人数（包括船长）		旅客人数	|备注
所附单证（标明份数）			
货物申报单		船用物品申报单	
船员名单		旅客名单	船舶对废弃物和残余物接受设施的需求
船员物品申报单			
注：进境船舶为租赁或其他贸易方式进口的，根据《中华人民共和国进出口关税条例》（国务院令第392号）的有关规定，应当向海关进行报关单申报。			

　　船长或其授权代理人签名_____　　　　　　　　日期____年__月__日

　　海关签注：_____　　　　　　　　　　　　日期____年__月__日

3. 停留监管

进出境运输工具到达设立海关的地点时，应当接受海关监管和检查。

海关检查进出境运输工具时，运输工具负责人应当到场，并根据海关的要求开启舱室、房间、车门；有走私嫌疑的，并应当开拆可能藏匿走私货物、物品的部位，搬移货物、物料。海关认为必要时，可以要求进出境运输工具工作人员进行集中，配合海关实施检查。海关检查完毕后，应当按规定制作《检查记录》。

海关认为必要的，可以派员对进出境运输工具值守，进出境运输工具负责人应当为海关人员提供方便。在海关值守时，进出境运输工具装卸货物、物品以及上下人员应当征得值守海关人员同意。

进出境运输工具负责人应当在进出境运输工具装卸货物的 1 小时以前通知海关；航程或者路程不足 1 小时的，可以在装卸货物以前通知海关。海关可以对进出境运输工具装卸货物实施监装监卸。进出境运输工具装卸货物、物品完毕后，进出境运输工具负责人应当向海关递交反映实际装卸情况的交接单据和记录。如进出境运输工具在海关监管场所停靠期间更换停靠地点的，其负责人应当事先通知海关。

4. 境内续驶监管

进出境运输工具在境内从一个设立海关的地点驶往另一个设立海关的地点的，进出境运输工具负责人应当按照有关规定办理驶离手续。驶离地海关应当制发关封。进出境运输工具负责人应当妥善保管关封，抵达另一设立海关的地点时提交给目的地海关。未经驶离地海关同意，进出境运输工具不得改驶其他目的地；未办结海关手续的，不得改驶境外。

进出境运输工具在境内从一个设立海关的地点驶往另一个设立海关的地点时，海关可以派员随运输工具实施监管，进出境运输工具负责人应当为海关人员提供方便。在抵达目的地以后，需要按照有关规定办理运输工具抵达手续。

5. 出境监管

出境运输工具离开设立海关的地点驶往境外的 2 小时以前，其负责人应当将驶离时间以电子数据形式通知海关。对临时出境的运输工具，其负责人可以在其驶离设立海关的地点以前将驶离时间通知海关。因客观条件限制，经海关批准，公路车辆负责人可以在车辆出境前采用电话、传真等方式通知海关。

运输工具出境时，其负责人应当按不同运输方式向海关申报，分别提交《中华人民共和国海关船舶出境（港）申报单》（见表 7-2）、《中华人民共和国海关航空器出境（港）申报单》、《中华人民共和国海关铁路列车出境申报单》、《中华人民共和国海关公路车辆出境（港）申报单》，以及上述申报单中列明应当交验的其他单证。

出境运输工具负责人在货物、物品装载完毕或者旅客全部登机（船、车）以后，应当向海关提交结关申请。海关审核无误的，制发《结关通知书》。海关制发《结关通知书》以后，非经海关同意，出境运输工具不得装卸货物、上下旅客。

出境运输工具驶离海关监管场所时，监管场所经营人应当通知海关。

进出境运输工具在办结海关出境或者续驶手续后的 24 小时未能驶离的，运输工具负责人应当重新办理有关手续。

表 7-2　中华人民共和国海关船舶出境（港）申报单

船名及船舶种类		IMO 编号	
呼号		驶离港口	
驶离日期及时间		船籍国	
船长姓名		下一港	
国籍证书（船籍港，签发日期，编号）			

续表

总吨		净吨		船舶代理名称和联系方式	
船舶在港位置（锚位或泊位）					

航次摘要（先后挂靠港口，并在即将卸下留存货物的港口名下划线标注）

货物简述

船员人数（包括船长）		旅客人数		备注	
所附单证（标明份数）					
货物申报单		船用物品申报单		船舶对废弃物和残余物接受设施的需求	
船员名单		旅客名单			

船长或其授权代理人签名_____   日期____年__月__日

海关签注：_____   日期____年__月__日

有关船舶的证明文书

国际航行船舶在进出各国关境时，除应按规定提交报关单证外，还应按国际通行惯例同时附带下列证明船舶本身在运营过程中的有关船舶文书。

船舶国际证书，也称船舶登记证书，是指经船舶所有国以法律程序证明认可船舶国籍、船籍港和船舶所有权的证书文件。根据海上国际公约的规定，船舶必须具备国籍并悬挂国旗，才能在公海上航行，否则被视为海盗船。

吨位证书是指船舶所属国家的航务主管机关对船舶总吨位及净吨位经丈量计算后，由国际公认的检验单位所签发的一种证明船舶设计运载能力和实际运载能力的书面证明。这也是各国海关征收船舶吨税的主要依据。

航海日记是船舶记载航行停泊、装卸货物、海事等有关情况的具有法律效力的船舶必备资料。其主要内容包括船舶动态、船位记录、气象情况、装卸货物情况和驶经港口有关当局上船办理有关手续的情况。

6．舱单管理

（1）舱单的概念。

进出境运输工具舱单（简称舱单）是指反映进出境运输工具所载货物、物品及旅客信息的载体,包括原始舱单、预配舱单、装(乘)载舱单。

> **提示** "原始舱单",是指舱单传输人向海关传输的反映进境运输工具装载货物、物品或者乘载旅客信息的舱单。
> "预配舱单",是指反映出境运输工具预计装载货物、物品或者乘载旅客信息的舱单。
> "装(乘)载舱单",是指反映出境运输工具实际配载货物、物品或者载有旅客信息的舱单。

进出境运输工具负责人、无船承运业务经营人、货运代理企业、船舶代理企业、邮政企业以及快件经营人等舱单电子数据传输义务人,应当按照海关备案的范围在规定时限向海关传输舱单电子数据。海关监管场所经营人、理货部门、出口货物发货人等舱单相关电子数据传输义务人应当在规定时限向海关传输舱单相关电子数据。对未按照规定传输舱单及相关电子数据的,海关可以暂不予办理运输工具进出境申报手续。

海关以接受原始舱单主要数据传输的时间为进口舱单电子数据传输时间;海关以接受预配舱单主要数据传输的时间为出口舱单电子数据传输的时间。

(2)舱单的递交和电子舱单的传输。

1)运输工具负责人或其代理人在运输工具进出境时(进境运输工具在卸货前,出境运输工具在离境前),应向海关递交进出境运输工具负责人签章的舱单。海关应将此舱单与运输工具负责人或其代理人传输的舱单电子数据进行核对、审核。审核无误后,方可接受进口货物的申报。

2)已经传输的舱单电子数据需要变更的,舱单传输人可以在原始舱单和预配舱单规定的传输时限以前直接予以变更,但是货物、物品所有人已经向海关办理货物、物品申报手续的除外。

舱单电子数据传输时间以海关接受舱单电子数据变更的时间为准。

3)海关在出境运输工具实际离境后,应及时收取清洁舱单及其电子数据,出口报关单及清洁舱单核销后,方予办理出口退税证明联的签发手续。

4)海关应按规定办理所在地运输工具负责人或其代理人注册手续,海关应将其有关业务印模、签字文本和舱单录入、传输、保送、缮制人员名单等文件材料存档备案。

7.1.3 海关对驮运牲畜进出境的监管

在我国国境的某些偏僻地区,与邻国之间的交通孔道因无公路,双方均以牲畜,如牛、马、象、驴等驮运货物进行贸易,海关在监管货物的同时,对于驮货的牲畜也进行监管。

《中华人民共和国西藏地区海关对进出国境驮运牲畜监管暂行办法》是海关对进出境驮运牲畜的监管依据,其规定:进境驮畜抵达后,或出境驮畜离境前,驮畜所有人或其代理人应向海关进行申报登记,注明驮畜的种类、数目。进境的外国牲畜要出具海关认可的保证书或缴纳保证金,保证复运出境;出境的中国牲畜要保证复运进境。登记后,海关即进行必要的检查。经海关核对无误后,发给登记证,凭此进出境。返回或出境时,交还登记证，由海关核销（或发还保证金）。

海关已经放行的牲畜，在返回时如有短少应予追查。如因病死亡或被野兽所害，海关可核销放行。如转让出卖，海关则按违反海关监管规定行为处理。

7.1.4 航行于中国香港、澳门的小型船舶的报关

1. 航行于中国香港、澳门的小型船舶的含义

航行于中国香港、澳门的小型船舶，是指经交通部或者其授权部门批准，专门来往于内地和香港、澳门地区之间，在境内注册经营客货运的小型机动船舶和非机动船舶。

这些船舶（载重吨位一般在1 000吨以下）具有体积小、吃水浅、回转快、装卸容易、航行内海方便、装货点分散的特点，特别适于装运粤、桂、闽三省（区），尤其是珠江三角洲进出港澳的货物，如装运那些时间要求紧、保鲜度要求高的鲜活商品和复杂的零星土特产品等。它是边境沿海地区对港澳贸易中广泛采用的运输方式，对加强内地与港澳经贸联系，稳定港澳生活物资有积极的作用。

2. 航行于中国香港、澳门的小型船舶的报关要求

（1）小型船舶的备案登记。小型船舶应当向船舶所在地海关办理登记手续。小型船舶办理登记备案，应当由船舶经营企业提出书面申请，并向海关递交有关文件。同时，要求小型船舶设施符合规定，包括船体内不得设置暗格、夹层等藏匿物品的场所。经海关审查合格的小型船舶，由海关核发《来往港澳小型船舶登记备案证书》和《来往港澳小型船舶进出境（港）海关监管簿》（以下简称《海关监管簿》）。

小型船舶需要异地作业，还应当到有关海关办理异地备案手续。海关每年需要对登记备案的小型船舶进行年审。对于违反登记办法的小型船舶，海关有权对其实施行政处罚。对参与走私活动的小型船舶，海关还可以收回其登记证明文件，取消其经营资格。

（2）进出境小型船舶的报关程序。为了对中小型船舶及所载货物实施严密的监管，海关在邻近港澳地区的水路咽喉地设有海关监管站。海关监管站负责为需要通过该航道的所有来往港澳的小型运输船舶办理进境手续，并制作关封。现有的海关监管站有属于拱北海关管辖的桂山岛和湾仔监管站及属深圳海关管辖的惠州三门岛监管站等。

小型船舶进境时，应当在海关监管站附近的指定锚地停泊，由小型船舶负责人向海关监管站办理舱单确认手续，经海关监管站在《海关监管簿》上签批并制作关封后，方可继续驶往境内目的港。同时船舶负责人应将海关制作的关封带给指运地海关，海关监管站则应在船舶预定抵达指运地时间前将舱单有关数据录入传送至指运地海关。

指运地海关依据关封内的文件，对进境船舶进行监管。进境船舶载有进口货物的，其载运的进口货物应向口岸海关办理申报、查验、放行手续。

小型船舶出境时，应当在海关监管站附近的指定锚地停泊，由小型船舶负责人将出境地口岸海关制作的关封交海关监管站确认，经海关监管站在《海关监管簿》上签批后，方可继续驶往境外目的港。除发现可疑情况外，海关监管站一般不进行开箱查验。根据需要，海关可以派员随船监管至目的港。

非经设有海关监管站的航道航行的来往港澳地区的小型船舶，可以向口岸海关和港务监督部门直接办理进出境运输工具和货物申报手续。

7.2 进出境物品的报关

7.2.1 进出境物品报关概述

1. 进出境物品的含义

《海关法》明确规定了海关依法对进出境运输工具、货物、行李物品、邮递物品和其他物品进行监管，并将行李物品、邮递物品和其他物品统称为"物品"。

> **提示** 进出境物品与进出口货物的区别
>
> 进出境物品属非贸易性质，进出口货物属贸易性质。一般情况下，物品进出境没有合同、协议，不需要许可证件，适用行邮税则。

2. 进出境物品的分类

进出境旅客行李物品和邮递物品是按进出境方式分类的"物品"类别中最为主要的两类。

（1）进出境旅客行李物品。它是指进出境旅客随身携带或以分离运输方式进出的本人自用（含旅行自用）和家用生活消费品、个人馈赠品和收藏品。

（2）进出境邮递物品。它是指境内外用户以国际邮递和国际快递方式寄递的非贸易性印刷品和邮包（含包裹、小包）。

7.2.2 进出境物品报关的基本规则

1. 自用、合理数量的规则

《海关法》第四十六条规定：个人携带的行李物品、邮寄进出境的物品，应当以自用、合理数量为限，并接受海关监管。

由于"物品"的本质特征是"非贸易性"，因此行邮物品报关以"自用、合理数量"为基本规则。

> **提示** 自用、合理数量的含义
>
> "自用"，对于旅客行李物品是指本人自用或家用及馈赠亲友而不为出售牟利；对个人邮递物品则指亲友之间的相互馈赠。
>
> "合理数量"，是指海关根据进出境旅客的旅行目的和居留状况，或邮件收件人的合理需要而确定的物品验放限值或限量。超出"自用、合理"范围携带、分运或邮递进出境的，不适用行邮物品报关制度。

2. 如实申报，接受海关查验的规则

《海关法》规定进出境行邮物品须由其所有人承担申报义务（包括进出境旅客行李物品的携运人，进出境邮递物品的收、寄件人）。海关对进出境行邮物品的申报与对进出口货物的申报的实质性要求是一致的，即必须如实申报，但申报的主体不同，申报的内容及手续相对简单。进出境物品所有人在申报时，主要应对进出境行邮物品的品名、价值、数量、规格、质量等向海关做出客观、真实的申明。行邮物品进出境时，其所有人应按照海关红绿通道制度或《万国邮政公约实施细则》规定的方式向海关申报。

3. 暂时免税进出境的规则

由于进出境人员身份各异、进出境物品品种繁杂，根据国际惯例和进出境报关的实际情况，《海关法》规定："经海关登记准予暂时免税进境或者暂时免税出境的物品，应当由本人复带出境或者复带进境"，"过境人员未经海关批准，不得将其所带物品留在境内。"这是一项有别于正常进出境行邮物品规则的特殊规则，是海关在确保进出境行邮物品报关法律规范得以有效实施的前提下，为暂时进出境人员提供的报关便利。

所谓"经海关登记准予暂时免税进境或免税出境的物品"，是指那些在正常情况下应当征税方能进出境的行李物品，能否作为暂时免税物品验放进出境则须由海关确认，并在《海关进出境旅客行李物品申报单》或海关规定的其他申报单上注明验放物品的情况（登记），供复带出（进）境时海关核对。暂时免税进出境物品的携带者应当就暂时免税进出境物品按照规定向海关提供担保，并由旅客在行李物品的监管时限内，办结进出境手续或将原物复带出（进）境。

对过境人员携带的物品，如其不离开海关监管区或海关监管下的运输工具，海关一般不予查验；而对于过境人员（旅客）获准离开海关监管区，转换运输工具出境的，其携运的行李物品也应按照暂时免税进出境物品的报关规定办理。

禁止进出境物品不得携带、暂时进出境或过境。

4. 逾期未报行邮物品的处置规则

进出境行邮物品逾期未向海关申报主要有以下3类情况：① 进出境行邮物品所有人申明放弃；② 在规定的进境后3个月限期内未向海关申报和无人认领；③ 经邮政企业确认无法投递又无法退回。

在上述情况下，3类进出境行邮物品已不可能按照正常报关法律制度来确定权利与义务的关系，并办理报关手续。《海关法》规定，可比照逾期未报货物的处理办法，依法由海关变卖处理。

其中，第①类情况涉及的物品在变卖后所得价款在扣除运输、装卸、储存等费用后上缴国库；第②类和第③类情况涉及的物品在变卖后所得价款在扣除运输、装卸、储存等费用和税款后，尚有余款的，自物品依法变卖之日起1年内，经进出境行邮物品所有人申请，予以发还。

第7章 进出境运输工具及物品的报关程序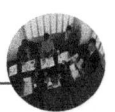

5．外交特权和豁免的规则

《海关法》第五十二条规定："享有外交特权和豁免的外国机构或者人员的公务用品或者自用物品进出境，依照有关法律、行政法规的规定办理。"据此，享有外交特权和豁免权的人员本人及与他共同生活的配偶、子女在华期间自用的生活用品（包括安家用品）随身携带进出境，可以口头方式申报予以免验、免税放行；以邮寄方式进出境，如属小包邮件可免填申报单，凭外交官证免税放行。

7.2.3 进出境旅客行李物品的报关

1．进出境旅客行李物品的分类及验放限量

海关对进出境旅客行李物品划分为3类，并对每一类物品的进出境规定了具体的限量管理标准（见表7-3）。

表7-3 中国籍旅客带进物品限量

类别	品　种	限　量
第1类物品	衣料、衣着、鞋、帽、工艺美术品和价值人民币1 000元以下（含1 000元）的其他生活用品	"自用、合理数量"的规则免税验放。其中价值人民币800元以上，1 000元以下的物品每种限1件
第2类物品	烟草制品、酒精饮料（国家高税专卖品）	香港、澳门地区居民及因私往来香港、澳门地区的内地居民，免税香烟200支，或雪茄50支，或烟丝250克；免税12度以上酒精饮料限1瓶（0.75升以下）
		其他旅客，免税香烟400支，或雪茄100支，或烟丝500克；免税12度以上酒精饮料限2瓶（1.5升以下）
第3类物品	价值人民币1 000元以上，5 000元以下（含5 000元）的生活用品	从2010年8月19日起，进境居民旅客携带在境外获取的个人自用进境物品，总值在5 000元人民币以内（含5 000元）的；非居民旅客携带拟留在中国境内的个人自用进境物品，总值在2 000元人民币以内（含2 000元）的，海关予以免税放行，单一品种限自用、合理数量，但烟草制品、酒精制品以及国家规定应当征税的20种商品等另按有关规定办理
		进境居民旅客携带超出5 000元人民币的个人自用进境物品，经海关审核确属自用的；进境非居民旅客携带拟留在中国境内的个人自用进境物品，超出人民币2 000元的，海关仅对超出部分的个人自用进境物品征税，对不可分割的单件物品，全额征税
		有关短期内多次来往旅客行李物品征免税规定、验放标准等事项另行规定

2. 进出境旅客行李物品的报关程序

进出境旅客行李物品的基本报关程序为：选择红绿双通道→向海关申报→接受海关查验→缴纳关税。

（1）选择红绿双通道。进出境旅客行李物品按"双通道制"报关。海关设置"申报"通道（又称"红色通道"）和"无申报"通道（又称"绿色通道"），供进出境旅客依《海关关于进出境旅客报关的规定》选择。"申报"或"无申报"通道的划分是以有无须办进出境验放手续为标准。凡旅客携带有规定应税或须登记复带出（进）境的物品，或者所携带的行李物品超出规定免税限量的，或者列入国家进出境禁、限范围的，以及其他不适于选择"无申报"通道（绿色通道）的旅客，均必须选择走"申报"通道（红色通道）。凡旅客携带进出境的物品没有超出海关规定免税限量的，且无违反国家进出境禁限规定的，可以选择走"无申报"通道（绿色通道）。不明海关规定或不知如何选择通道的旅客，应选择"申报"通道（红色通道）报关。

（2）向海关申报。

1）下列进境旅客应向海关申报。① 携带须经海关征税或限量免税的《旅客进出境旅客行李物品分类表》第2、3类物品（不含免税限量内的烟酒）者；② 非居民旅客及持有前往国家（地区）再入境签证的居民旅客携带途中必需的旅行自用物品超出照相机、便携式收录音机、小型摄影机、手提式摄录机、手提式文字处理机每种1件范围者；③ 携带人民币现钞6 000元以上，或金银及其制品50克以上者；④ 非居民旅客携带外币现钞折合5 000美元以上者；⑤ 居民旅客携带外币现钞折合2 000美元以上者；⑥ 携带货物、货样，以及携带物品超出旅客个人自用行李物品范围者；⑦ 携带中国检疫法规规定管制的动、植物及其产品和其他须办理验放手续的物品者。

2）下列出境旅客应向海关申报。① 携带须复带进境的照相机、便携式收录音机、小型摄影机、手提式摄录机、手提式文字处理机等旅行自用物品者；② 未将应复带出境物品原物带出或携带进境的暂时免税物品未办结海关手续者；③ 携带外币、金银及其制品未取得有关出境许可证或超出本次进境申报数额者；④ 携带人民币现金6 000元以上者；⑤ 携带文物者；⑥ 携带货物、货样者；⑦ 携带中国检疫法规规定管制的动、植物及其产品和其他须办理验放手续的物品者。

3）申报的主要单证。进出境旅客行李物品的所有人或其代理人申报时向海关呈验的主要单证有：① 申报单（证），包括进出境旅客行李物品申报单、港澳同胞回乡证（磁卡）、台湾居民来往大陆通行证、免税物品登记证、运输工具服务人员出入境携带物品登记本、集体申报单等；② 身份证件，包括护照、港澳同胞回乡证（同时又是申报单证）、国际海员证、中华人民共和国旅行证等。

（3）接受海关查验。除享受免验待遇的人员外，进出境人员的行李物品都需进行查验。① 行李简单、申报清楚的，可采用抽查方法或不开箱查验，口头询问放行；② 存在可疑迹象或有走私嫌疑的，则进行重点查验，必要时还可搜身。

（4）缴纳关税。海关总署根据《中华人民共和国进境物品进口税率表》制定《中华人民共和国进境物品归类表》，并根据实际情况制定《中华人民共和国进境物品完税价格表》，将常见的行李、邮递物品的完税价格列于表中供征税时使用。

应税个人自用物品由海关按照填发税款缴纳证当日有效的税率和完税价格计征进口税。

目前进口行邮税率有10%、20%、30%和50%四档。

行邮税税额以人民币从价计征，起征点为人民币50元，税额不足50元的不予征税。

计算公式为：

$$行邮税税额 = 完税价格 \times 税率$$

中华人民共和国进境物品进口税率表（2011年修订）

税号	税率（%）	物品名称
1	10	书报，刊物，教育专用电影片，幻灯片，原版录音带，录像带，金、银及其制品，计算机，视频摄录一体机，数字照相机等信息技术产品，照相机，食品，饮料，本表税号2、3、4税号及备注不包含的其他商品
2	20	纺织品及其制成品、电视摄像机及其他电器用具、自行车、手表、钟表（含配件、附件）
3	30	高尔夫球及球具、高档手表
4	50	烟、酒、化妆品

7.2.4 进出境邮递物品的报关

1．进出境邮递物品的分类

进出境邮递物品是由邮袋盛装的，目前的国际邮袋为帆布袋或尼龙袋。按照邮袋的流向及目的，可分为进境邮袋、出境邮袋、过境邮袋和转运邮袋；按照邮袋盛装物品的性质可分为信件邮袋（白色封口）、印刷品邮袋（蓝色封口）、包裹邮袋（黄色封口）、特种邮件邮袋（红色封口）和空袋（绿色封口）5种。

2．进出境邮袋的报关程序

《海关法》第四十八条规定："进出境邮袋的装卸、转运和过境，应当接受海关监管。邮政企业应当向海关递交邮件路单。"同时又规定："邮政企业应当将开拆及国际邮袋的时间事先通知海关，海关应当按时派员到场监管查验。"

根据上述规定，邮袋进出境时，邮政企业作为邮袋运转责任的承担者，必须由其负责向海关办理邮袋的申报并提供相关的信息。申报的方式是邮政企业向海关递交由邮政企业制发的载明邮袋情况的"路单"。海关则根据"路单"对各类邮袋进行监管。

（1）进境邮袋报关手续。邮袋自进境的运输工具卸下，邮政企业将邮件总包路单呈递给海关申报进境。经海关核签后按不同寄达地制作关封交邮政企业，随同邮袋一起由邮袋至寄达地互换局。邮袋运至互换局后，邮政企业应当通知海关驻邮政企业办事处，由海关派员对路单、邮袋、封志进行核查。核查无误后，在海关监管下开袋。对装有包裹或小包的邮袋，海关根据邮政企业编制的包裹和小包清单进行核对。

（2）出境邮袋报关手续。出境邮袋在封发前，邮政企业应当通知海关，由海关派员监管封袋。对即将入袋的包裹、小包邮件等逐包核查是否已加盖"海关放行"戳记。对无放行标记的，暂不得入袋，须办理有关邮递物品的验放手续。出境邮袋封袋后，邮政企业应将其编制的邮件路单交海关核查制作关封，邮政企业携关封随邮袋交出境地海关，出境地海关验凭关封监管邮袋出境。

（3）转运邮袋报关手续。转运邮袋是指由进境地海关根据邮政企业提供的路单核查签印后，制作关封交邮政企业运至寄达地海关开封验放的进境邮袋；或者由内地互换局海关查验封袋，将路单签印后制作关封，转运至出境地交换站或互换局，经出境地海关核查后出境的邮袋。转运邮袋实际上是邮袋的转关运输，不同于转运货物的"转运"概念。

（4）过境邮袋的报关手续。过境邮袋是指由一个国家邮政部门经我国境内，继续运往另一国家的邮政部门的邮袋。入境地海关核验邮件路单后，制作关封随同邮袋交出境地海关复核放行。对装有禁止进境物品的邮袋不准过境，应责令入境地邮局退运境外。海关对过境和转运邮袋的监管与对过境货物和转关运输货物的监管类似。

3. 进出境个人邮包的报关制度

《海关法》第四十九条规定："邮件进出境的物品，经海关查验放行后，有关经营单位可投递或者交付。"

由邮袋承装经邮递进出境的个人邮包是进出境物品中的主要部分，也是海关管理的重点，是否准许进出境，应否征税或可免税都需在办理报关手续时由海关审核确定。经海关检查放行，邮政企业方可封发投递。

（1）进出境个人邮包的申报。进出境个人邮包的申报方式是由特殊的邮递运输方式决定的。我国是《万国邮政公约》的签约国，自然应遵守公约的有关规定。根据《万国邮政公约实施细则》的规定，进出境个人邮包必须由寄件人填写"报税单"（小包邮件填写绿色验机标签），列明所寄物品的名称、价值、数量、向邮包寄达国家的海关申报。与进出境旅客行李物品的书面申请直接由所有人呈递给海关不同，进出境邮递物品（包括个人邮包）的"报税单"和"绿色标签"（除出境个人邮包），如在设有海关的地方寄出，寄件人应直接向当地驻邮政企业的海关申报并呈验外，其他情况通常是随物品通过邮政企业呈递给海关。申报人对申报是否属实负有法律责任。

（2）进出境个人邮包接受查验。进出境个人邮包中除按规定享受免税待遇者外，都必须通过海关查验。海关查验的目的是核对邮包内装物品与申报是否一致，有无禁限物品，有无超出自用合理数量，并以此确定邮包内装物品的征免验放措施。

查验在设有海关办事机构的邮政企业进行。除设有海关驻邮政企业办事处的市区内的出境个人邮包由寄件人向海关申报交验外，其余的出境个人邮包和所有进境个人邮包均由邮政企业代理向海关申报查验手续，负责邮包的开拆和重封。海关查验采用"机验"和"开验"的方式进行。

（3）进出境个人邮包的纳税。进境个人邮包的物品（享受免税除外），均应由收件人或其代理人按照《入境行邮物品进口税税率表》向海关缴纳进口税。海关对应税物品按《行邮物品税则归类表》进行归类，确定应用税率。由于进境个人邮包收件人分散，为便利纳税人就地纳税并使纳税款能及时入库，海关委托邮政企业代收进口税。进出境个人邮包查验完毕，应税物品缴纳进口税，并经复核放行后，有关邮政企业方可投递。在海关放行前，邮政企业应承担有关物品的保管责任。

（4）退寄等各种特殊情况的处置。

1）退寄邮包的处置。超出限值规定或不准进境的邮包，除经海关特准以外，应由收件人或其代理人在接到海关通知之日起3个月内退寄境外（港澳邮包由邮政企业直接退寄）。过期不退，由邮政企业送交海关变卖处理。收件人拒收的邮包或要求退寄的邮包，也按上述办法处置。

2）改寄邮包的处置。进口个人邮包若因收件人搬迁别处，或者收件人要求改寄其他地方，其处置规定是改寄其他国家（地区），须经海关查验后放行：① 改寄国内，属邮政企业业务范围，海关一般不予过问；② 改寄涉及应税物品，应办妥注销进口税手续。

3）放弃邮包的处置。凡收件人拒收又要求不退寄并声明放弃的，或寄件人在报税单上声明如无法投递则放弃的邮包，由邮政企业定期送海关变卖处理。

> **提示** 邮寄进境和旅客携带进境相同物品在征税方面的差异
>
> 由于历史和现实的原因，对邮寄进境和旅客携带进境的个人自用物品，管理政策有所差异，主要表现为：
>
> 个人邮递物品受到价值限制，即个人寄自或寄往港、澳、台地区的物品，每次限值为800元人民币；寄自或寄往其他国家和地区的物品，每次限值为1 000元人民币。个人邮寄进出境物品超出规定限值的，应办理退运手续或者按照货物规定办理通关手续。但邮包内仅有一件物品且不可分割的，虽超出规定限值，经海关审核确属个人自用的，可以按照个人物品规定办理通关手续。

7.2.5 进出境快件的报关

1. 进出境快件的定义及分类

（1）进出境快件的定义。快件也称快递，是指进出境快件运营人，以向客户承诺的快速的商业运作方式承揽、承运的进出境的货物、物品。快件的特点是大宗、批量承运和派送（"门到门"，甚至"桌到桌"）。

（2）快件营运人。进出境快件运营人是指在我国境内依法注册，在海关登记备案的从事进出境快件营运业务的国际货物运输代理企业。运营人申请办理进出境快件代理报关业务的，应当按照海关对国际货物运输代理企业的注册管理规定在所在地海关办理登记手续。

快件运营人到海关办理注册登记时应具备下列条件：

1）内资国际货物运输代理企业及其分支机构已经获得国务院对外贸易主管部门或者其委托的备案机构办理的《国际货运代理企业备案表》；外商投资国际货物运输代理企业已经

获得国务院对外贸易主管部门颁发的《外商投资企业批准证书》，获准经营进出境快件业务；外商投资国际货物运输代理企业分公司已经获得国务院对外贸易主管部门的批准文件，获准经营进出境快件业务。

2）已经领取工商行政管理部门颁发的《企业法人营业执照》，准予或者核定其经营进出境快件业务。

3）已经在海关办理报关企业注册登记手续。

4）具有境内、外进出境快件运输网络和两个以上境外分支机构或代理人。

5）具有本企业专用进出境快件标识、运单，运输车辆符合海关监管要求并经海关核准备案。

6）具备实行电子数据交换方式报关的条件。

7）快件的外包装上应标有符合海关自动化检查要求的条形码。

8）与境外合作者（包括境内企业法人在境外设立的分支机构）的合作运输合同或协议。

进出境快件运营人不再具备上述所列条件之一或者在一年内没有从事进出境快件运营业务的，海关注销该运营人从事进出境快件报关的资格。

相 关 链 接

快件业的发展

为适应全球市场需求，许多国际知名的专业快件公司纷纷在世界各地广泛设立分支机构，形成了一个比较完善的、基本覆盖全球的商业运输网络，快件公司也发展成为跨国专业快件公司。如美国联邦快递公司（FedEx）、敦豪国际快件公司（DHL）、美国联合包裹运送服务公司（UPS）、天地国际快件公司（TNT）及日本的海外新闻普及社（OCS）。中国的邮政快件专递（EMS）除继续与各国邮政开办全球特快邮政专递外，还与TNT集团合办快件业务。

大型国际快件公司已向物流业发展，为客户提供的是"门到门"甚至"桌到桌"的一站式服务，即包括揽货、跨境运输、代理清关、分拣、派送等一系列服务。例如，TNT与上海大众汽车工业公司合资成立了专业物流公司、UPS为国际知名的计算机企业提供地四方物流服务。

许多快件公司以本国的总公司为基地，在一些国家或地区设立洲际或区域的快件集散中心，同时根据区域经济的发展需要，在一些国家的机场设立分拣作业中心。公司通过建立计算机网络系统，实现公司总部与全球各子公司和代理机构的全面联网，作业信息完全通过计算机进行管理。

一些快件公司还开发了供海关作业的计算机应用系统，使海关可以在快件集散中心作业现场利用快件公司的计算机系统直接验放快件。

（3）进出境快件的分类。为适应快件的快速商业运作方式，海关对进出境快件实行集中管理、分类报关的监管方式。进出境快件可分为以下3类。

1）文件类快件。即根据《海关法》规定予以免税的无商业价值的文件、单证、单据和资料。

2）个人物品类快件。即旅客自用合理数量的与旅客分离的行李物品、亲友间互相馈赠的物品和其他个人物品。

3）货物类快件。即除前两类货物以外的进出境快件。货物类快件又分为3类。第1类快件分进出境两种：一种为进境关税税额在《中华人民共和国进出口关税条例》规定的关税起征数额以下的货物和海关准予免税的进境货样及广告品；另一种为出境的货样和广告品（法律、法规规定实行许可证管理的、应征出口关税的、需出口收汇的、需出口退税的除外）。第2类快件仅指进境快件，是应予征税的货样、广告品（法律、法规规定实行许可证管理的、需进口付汇的除外）。第3类是以上两类以外的货物。

2. 进出境快件的报关程序

（1）进出境快件采用纸质文件方式和电子数据交换方式向海关办理进出境快件的申报手续。

（2）进境快件应当自运输工具申报进境之日起14日内、出境快件在运输工具离境3小时之前，向海关申报。

（3）文件类进出境快件的运营人填写《中华人民共和国进出境快件KJ1报关单》、总运单（副本）等单证报关。

（4）个人物品类进出境快件的运营人填写《中华人民共和国进出境快件个人物品申报单》、每一进出境快件的分运单、进境快件收件人和出境快件发件人身份证影印件和其他海关需要的单证报关。

（5）货物类进出境快件的报关。① 对关税税额在50元以下的货物和货样、广告品填写《中华人民共和国进出境快件KJ2报关单》、每一进出境快件的分运单、发票和海关需要的其他单证；② 对应征税的货样、广告品（法律、行政法规规定需要许可证件的和进口付汇的除外）填写《中华人民共和国进出境快件KJ3报关单》、每一进出境快件的分运单、发票和海关需要的其他单证；③ 其他货物类进境快件，一律按海关对进出口货物报关的规定办理。

> **➡ 提示** 快件报关与货物报关的对比
>
> （1）监管要求和报关程序不同：除货物类中第3类快件的报关与货物报关完全相同外，其他类别的快件报关手续相对简便，使用简化的总清单式的报单。
>
> （2）申报的单证格式不同：除货物类中第3类快件使用报关单外，其他快件使用专门格式的快件申报单，即KJ1报关单、KJ2报关单、KJ3报关单和快件个人物品申报单4种。
>
> （3）申报人不同：除货物类中第3类快件外，快件运营人向海关办理进出境快件报关手续，按海关分类规定分别向海关提交有关单证并办理征免验放手续。而货物是由货物收发货人或其代理人向海关办理报关纳税手续。

本章小结

本章主要介绍海关对进出境运输工具、进出境旅客行李物品、进出境邮递物品、进出境快件的报关管理规定。进出境运输工具不同于货物，具有反复出入境的特点，因此，进出境运输工具的报关有专门的报关制度。载运进出境货物、旅客的运输工具包括船舶、火车、汽车、飞机、驮畜等。进出境运输工具的报关包括：海关对进出境运输工具本身的要求和运输工具载运进出境货物需要办理的报关手续。一般进出境运输工具报关的基本阶段为：申报、检查、缴纳税费（如船舶吨税等）、放行等几个基本环节。不论哪一种境内运输工具，载运海关监管货物的运输工具都需要经海关批准，向海关办理手续，并在载运期间遵守有关规定。

进出境物品与进出境货物的不同，在于进出境物品是以非贸易方式进出境，如由旅客携带或邮递进出境的商品。进出境物品报关由进出境旅客行李物品的报关和进出境邮递物品的报关两部分组成。

进出境旅客行李物品的报关，需要在确定出入境人员的类别和携带物品的分类的基础上，按照有关人员携带某类物品的限值、限量要求，办理具体的报关手续。

进出境旅客行李物品的申报不同于进出境货物，它实行国际上通行的"申报"和"无申报"制度，即红绿通道验放制度。

进出境物品的纳税也不同于进出口货物，其税费的种类限于针对进口物品征收关税，税费的计算标准和缴纳时间与进出口货物也不相同。

邮袋进出境时，邮政企业作为邮袋运转责任的承担者，必须由其负责向海关办理邮袋的申报并提供相关的信息。申报的方式是邮政企业向海关递交由邮政企业制发的载明邮袋情况的"路单"。海关则根据"路单"对各类邮袋进行监管。

练习题

一、单选题

1．下列进出境人员在进出境时，（　　）可选择绿色通道报关。

　　A．携带需复带进境物品的人员

　　B．选择通道有困难的人员

　　C．外交签证人员及享受免验礼遇的人员

　　D．持《进口免税物品登记证》的旅客

2．受海关监管的国际民航机的范围，不包括的类型是（　　）。

　　A．进出我国关境的外国籍民用航空运输飞机

　　B．经我国政府批准进出我国关境执行商业性飞行的外国籍军用运输机

　　C．我国飞行于国际航线的民用航空机

　　D．国家元首和政府首脑乘坐的专机

3．国际联运列车载运的货物、物品进出境时，进出境车站持有关单证向海关申报。其中，申报的单证不包括（　　）。

　　A．货物运单及随附文件　　　　B．行李、包裹运行报单及随附文件
　　C．货物交接单或行李、包裹交接单　D．原产地证书

二、多选题

1．根据进出境旅客行李物品"双通道制"的报关规定，下列表述中正确的通道选择是（　　）。

　　A．携带按规定应征税物品进境的旅客应选择"申报"通道
　　B．不明海关规定或不知如何选择通道的旅客可选择"无申报"通道
　　C．携带须登记复带出（进）境物品的旅客可选择"无申报"通道
　　D．携带物品超出规定免税限量的旅客应选择"申报"通道

2．进出境旅客申报所带的行李物品，按不同对象，采取不同方式。下列表述正确的是（　　）。

　　A．长期出国人员凭《进口免税物品登记证》，向海关办理申报手续
　　B．船员携带物品进口，可凭《船员携带物品进出口申报表》申报
　　C．所有进出境人员均需填写《旅客行李物品申报单》
　　D．外交信使及因公经常进出境人员，可实行口头申报办法

3．下列有关海关对国际航行船舶在港停留期间实行监管的说法，哪些是正确的？（　　）

　　A．船舶停港期间移泊、变更国籍或拍（变）卖，应及时办理相应的手续。更换停泊的地点和时间，由港务主管部门事先通知海关
　　B．船舶抵达口岸前未办妥进境手续，或没有递交舱单，或未递交舱单保函的，不得装卸货物、物品
　　C．船舶停港期间装卸货物需经海关准许，货物必须卸存在经海关同意的仓库、场所。海关根据需要，可以监督货物装卸作业，并对货物实施查验
　　D．船舶服务人员携带物品上下船，可以不向海关申报

三、判断题

1．进境运输工具在进境以后向海关申报以前，出境运输工具在办结海关手续以后出境以前，应当根据交通主管机关规定的路线行进；交通主管机关没有规定的，由海关指定。（　　）

2．运输工具在装卸进出境货物、物品或者上下进出境旅客时，应当接受海关的监管。货物、物品装卸完毕，运输工具负责人应当向海关递交反映实际装卸情况的交换单据和记录。（　　）

3．运输工具在进境前所载和进境后所添装的物料、燃料应当向海关申报并接受海关监管。其中淡水、蔬菜、食品不包括在内。（　　）

四、实训题

一名美籍华裔在北京首都机场入境时,填报了没有携带不准入境货品通过绿色通道,被海关截获携带了 200g 的金银制品。他以 200g 金银制品为礼品,不知道需申报为由,提起抗辩。请问这种说法能否立住脚?为什么?

第 8 章
进出口税费的征收

引导案例

某市一进口商 B 有限公司于 2009 年 12 月 24 日首次向该市北仑海关申报产地为韩国的氯乙烯 27 000 公吨,申报单价为 CIF 680 美元/公吨,进口商提供了合同、发票、提单等单证。合同为 2009 年 9 月 1 日到 2010 年 12 月 31 日的长期合约,供货方为韩国 A 股份有限公司。根据合约的规定,进口商每月将进口 2 万~3 万公吨氯乙烯。

合同中买卖双方约定采用公式作价:即每公吨氯乙烯的 CIF 价=0.23×乙烯价+0.83×二氯乙烷价+固定加工费及运费 115 美元/公吨。乙烯采用的是某石油股份有限公司出售给 A 股份有限公司的价格减去 8 美元。二氯乙烷由"HARRIMAN"报道杂志中 CIF 亚洲的平均价格计算。加工费与运费之和为固定值 115 美元/公吨。对于计价期,合同中规定为"前一个月的价格计之"。从其作价公式分析,其价格为典型的跨国公司内部转移定价。

海关审价人员对比申报同期氯乙烯国际行情东南亚均价为 CIF 720 美元/公吨,以及其他口岸进口韩国氯乙烯的价格为 CIF 710~775 美元/公吨,认为其申报价格偏低。于是海关制发"价格质疑通知书",质疑理由:买卖双方存在特殊关系,且可能对成交价格有影响。企业填写的《价格申报单》中证明买卖双方之间为子母公司。企业说明,该氯乙烯作价公式仅适用于 B 公司,而其他公司与母公司订货时,价格另议。

海关根据《海关审定进出口货物完税价格办法》第十六条规定,确定买卖双方存在特殊关系,于是进行特殊关系影响成交价格的审核认定、价格磋商,收集相关材料,认为其申报价格将使该进口商以较低的生产成本获取较高的利润。海关遂不接受进口商的申报价格,并启动海关估价程序,与进口商磋商。由于 A 股份公司未向除 B 有限公司之外的我国境内无特殊关系的买方出售氯乙烯,也未见其他厂商生产的氯乙烯的销售记录,企业方面也未能举证,鉴于以上几点,海关排除采用相同和类似货物成交价格方法。而倒扣价格方法是以被估货物、相同类似进口货物在境内销售的价格为基础估定的,B 有限公司进口氯乙烯是用于生产聚氯乙烯(PVC),未进行销售,所以倒扣方法也无法使用。计算方法所需要的生产使用的原材料价值和加工费用的标准,限于条件无法收集,而 B 有限公司也拒绝进一步提供相关资料。最后海关根据估价方法的顺序确定采用合理方法估价,按照 CIF 价 720 美元/公吨做出初步的估价决定,并对随后进口的 10 票报关单也按照该价格估价征税,共计补税额 142 万元。由于该企业长期进口氯乙烯,用于生产下游的聚氯乙烯,为了正确评估进口商的利润水平,海关将继续对原料进口后生产销售的 PVC 的相关成本及合理利润等开展后续价格核查及监控。

本章学习目标

- ◆ 了解关税的概念、种类、征收范围、征收标准、计算方法;
- ◆ 了解消费税、增值税的概念、征收范围、征收标准、计算方法;
- ◆ 掌握进出口货物完税价格的审定原则、估价方法及汇率适用的规定;
- ◆ 掌握进出口货物原产地的确定原则、方法及税率适用的规定;
- ◆ 熟悉进出口环节减免税的种类、适用范围。

学习导航

进出口税费的征收
- 进出口税费概述
  - 关税
  - 海关代征进口环节税
  - 海关代征的其他税、费
- 进出口货物完税价格的审定及计算
  - 进口货物完税价格审定及计算
  - 出口货物完税价格审定及计算
- 进出口税费的减免、缴纳与退补
  - 关税的减免
  - 进出口税费的缴纳与退补
- 进口货物原产地的确定与税率适用
  - 进口货物原产地的确定
  - 税率适用
- 进出口税费的计算
  - 进出口关税的计算
  - 进口环节税的计算
  - 滞纳金的计算

8.1 进出口税费概述

进出口税费是指在进出口环节中由海关依法征收的关税、消费税、增值税、船舶吨税等税费。

8.1.1 关税

1. 关税的概念

关税是进出口货物经过一国关境时,由政府所设置的海关根据国家制定的关税政策及进出口税则，向进出口商人征收的一种流转税。关税属于国税，由海关代表国家向纳税义务人征收。其课税的对象是进出口货物及进出境的行李物品、邮递物品及其他物品，关税的纳税义务人是进出口货物的收发货人、进出境物品的所有人或其代理人。

关税是一种间接税，它具有强制性、无偿性和预定性等特点。关税是国家财政收入的重要来源之一，具有调节进出口贸易、保护国内市场和产业等作用，是各国对外贸易政策的重要手段。

2. 关税的种类

按照不同的标准，关税有多种分类方法。按征收对象的流向分类，关税可分为进口关税、出口关税和过境关税三类；按进口征税的主次程度可分为进口正税、进口附加税；按征收目的分类，可分为财政关税和保护关税；按货物国别来源而区别对待的原则，即按征税待遇分类，可分为普通关税、最惠国关税、特惠关税和协定关税等。

（1）按征收对象的流向分类。

1）进口关税。它是海关对应税进口货物和物品所征收的关税。进口关税是关税中最重要的一种，在许多废除了出口关税和过境关税的国家，进口关税是唯一的关税。

2）出口关税。它是海关对应税出口货物和物品所征收的关税。因为征收出口关税不利于扩大出口，所以目前世界上大多数国家都不征收出口关税。但一些发展中国家，为保证本国市场的供应，防止本国一些重要的自然资源和原材料的无序出口，或者为了增加其财政收入，仍然对某些商品征收出口关税。例如，我国对鳗鱼苗、铅矿砂、锌矿砂等 90 个税号的出口商品按法定出口税率征收出口关税。

3）过境关税。它是对经过本国国境或关境运往另一国的外国货物所征收的关税。第二次世界大战后，大多数国家都不征收过境关税，因为过境商品对本国市场和生产没有产生影响，而且外国商品过境时，会对本国的铁路、港口、仓储等方面带来益处。因此目前世界上大多数国家在外国商品通过其领土时只征收少量的准许费、印花费、登记费和统计费等。我国不征收过境关税。

（2）按进口征税的主次程度分类。

1）进口正税。它是按海关则中的法定税率征收的进口关税。

2）进口附加税。它是对进口商品除征收正税外，再额外征收的关税。它一般是临时性的措施，其目的是解决国际收支逆差，抵制不公平贸易行为，如倾销和补贴，或者对某国实行贸易歧视与报复等。常见的进口附加税有反倾销税、反补贴税、报复关税、保障措施关税等。

① 反倾销税。它是指某一进口国针对某一或某些出口商的倾销行为而征收的一种附加关税。按照 WTO《反倾销协议》的有关规定，实施反倾销税必须具备 3 个基本条件，即倾销、损害、倾销和损害之间存在因果关系。根据我国的《反倾销条例》，凡进口产品以低于其正常价值出口到我国且对我国相关产业造成实质性损害的即为倾销。

对倾销的确立和反倾销税的征收，有严格的立案、调查和处理程序。只有倾销和损害之间存在因果关系才能征收反倾销税。按照《反倾销协议》的规定，反倾销税的征收额不应超过其倾销幅度。

② 反补贴税。它是指进口国为抵消进口商品在制造、生产或输出时直接或间接接受的任何奖金或补贴而征收的一种进口附加税，又称抵消关税。进口国对凡接受他国政府或垄断财团补贴、津贴或奖金的进口产品，征收与补贴、津贴或奖金相等的反补贴税。征收反补贴税的目的是使他国补贴产品不能在进口国市场上进行低价竞争或倾销，以保护进口国同类商品的生产。

③ 报复关税。它是指某国针对另一国对其本国出口产品的不利或不公正歧视性待遇而对该国的进口商品加重征收的关税。我国曾经对原产于日本的汽车、手持和车载无线电话机、空气调节器征收过100%的报复性关税。

④ 保障措施关税。保障措施关税是指因进口产品数量增加，并对生产同类产品或直接竞争产品的国内产业造成严重损害或严重威胁而征收的关税。保障措施关税分为临时保障措施关税和最终保障措施关税。保障措施关税对来自所有国家和地区的同一产品适用同一税率。

（3）按征收目的分类。

1）财政关税。它是指以增加国家的财政收入为主要目的而征收的关税。对进口商品征收财政关税时，必须具备3个条件：a. 征税的进口货物必须为国内不能生产或无代用品而必须从国外输入的商品；b. 征税的进口货物，在国内必须有大量的消费；c. 关税税率要适中，如税率过高，将阻碍进口，达不到增加财政收入的目的。

2）保护关税。它是指以保护本国工业或农业为主要目的而征收的关税。保护关税的税率越高越能达到保护的目的。

（4）按征税待遇分类。

1）普通关税。普通关税又称一般关税，是指对原产于与本国没有签署贸易或经济互惠等友好协定的国家的货物征收的非优惠性关税。这种关税税率一般由进口国自主制定，只要国内外的条件不发生变化，则长期使用，税率较高。

2）最惠国关税。它是指对原产于与本国签订有最惠国待遇条款的进口货物的一种非歧视性的关税待遇。最惠国关税不是最优惠的关税，但它比普通关税低。

> **提示** 最惠国税又称正常关税。

3）特惠关税。它是指对原产于与本国签订有特殊优惠关税协定的国家或地区的进口货物的优惠关税。

4）协定关税。它是指对原产于本国参加的含有关税优惠条款的区域性贸易协定的有关缔约方的进口货物的优惠关税待遇。

3. 关税的征收标准

对进出口商品征收关税的依据称为关税的征收标准。因征收标准不同，计征税款的方法也就不同，所以又称关税的征收方法。

一般来说，常见的关税征收标准包括从量税、从价税、复合税和滑准税。

(1)从量税。从量税是以货物的数量、重量、体积、容量等计量单位为计税标准来计征关税的方法。从量税的特点是:每种货物的单位应税额固定,不受该货物价格的影响。计税时以进口/出口货物的数量乘以单位税额即可得出该货物的关税税额。从量税的优点是:计算简便,通关手续快捷,并能起到抑制低廉商品或故意低瞒价格货物的进口。但是,由于应税额固定,物价涨落时,税额不能相应变化,因此,在物价上涨时,关税的调控作用相对减弱。另外,从量税不能体现税负公平原则。我国目前对冻鸡、原油、啤酒和胶卷等进口商品征收从量税。

从量计征的关税税额=进口/出口货物数量×单位税额

应用案例

我国 2015 年版税则的规定,整只冻鸡(税号 02071200),最惠国税率:1.3 元/千克,普通税率:5.6 元/千克。啤酒(税号 22030000),最惠国税率:0 元/升,普通税率:7.5 元/升。

(2)从价税。从价税是一种最常用的关税计税标准。它是以货物的价格或者价值为征税标准,以应征税额占货物价格或者价值的百分比为税率,价格越高,税额越高。从价税的特点是商品价格和税额成正比例关系。其优点是:税负公平明确,易于实施。但是,从价税也存在一些不足。例如,不同品种、规格、质量的同一货物价格有很大差异,海关估价有一定的难度,因此计征关税的手续也较繁杂。我国海关计征关税标准主要是从价税。

从价计征的关税税额=进出口货物的完税价格×关税税率

应用案例

我国 2015 年版税则的规定,小麦(税号 10011100),最惠国税率:65%,普通税率:180%,关税配额税率:1%。

(3)复合税。复合税又称混合税,即在海关税则中,一个税目中的商品同时订立从价税、从量税两种标准计征关税。

混合使用从价税和从量税的方法有多种。例如,对某种货物同时征收一定数额的从价税和从量税;或者对低于某一价格进口的货物只按从价税计征关税,高于这一价格,则混合使用从价税和从量税等。

复合税既可发挥从量税抑制低价进口货物的特点,又可发挥从价税税负合理、稳定的特点。二者混合使用可以取长补短,有利于关税作用的发挥。我国目前对录像机、放像机、摄像机、部分数字照相机和非家用型摄录一体机等进口商品征收复合税。

复合关税税额=关税的完税价格×关税税率+货物数量×单位税额

应用案例

我国 2015 年版税则的规定，放像机（税号 85211020），最惠国税率：每台完税价格低于或等于 2 000 美元，执行单一从价税，税率为 30%；每台完税价格高于 2 000 美元，每台征收从量税，税额 3 283 元，加上 3% 的从价税。普通税率：每台完税价格低于或等于 2 000 美元，执行单一从价税，税率为 130%；每台完税价格高于 2 000 美元，每台征收从量税，税额 20 600 元，加上 6% 的从价税。

（4）滑准税。滑准税是根据货物的不同价格适用不同税率的一类特殊的从价关税。它是一种关税税率随进口货物价格由高至低而由低至高设置计征关税的方法。通俗地讲，就是进口货物的价格越高，其进口关税税率越低，进口商品的价格越低，其进口关税税率越高。滑准税的特点是可保持实行滑准税商品的国内市场价格的相对稳定，而不受国际市场价格波动的影响。

应用案例

根据我国 2015 年版税则的规定，2015 年我国对关税配额外进口的棉花（税号 52010000）：当进口棉花的完税价格高于或等于 15 元/公斤时，按 0.570 元/公斤计征从量税；当进口棉花的完税价格低于 15 元/公斤时，进口暂定税率按下列公式计算：

$$R_i = 9.337 / P_i + 2.77\% \times P_i - 1$$

对上式计算结果四舍五入保留 3 位小数。其中，R_i 为暂定关税税率，当 R_i 按上式计算高于 40% 时，取值 40%；P_i 为关税完税价格，单位为元/公斤。

8.1.2 海关代征进口环节税

进口货物、物品在办理海关手续放行后，进入国内流通领域，与国内货物同等对待，应缴纳应征的国内税。进口货物、物品的一些国内税依法由海关在进口环节征收。目前由海关征收的进口环节税主要有增值税和消费税。

1．增值税

（1）增值税的含义。增值税是以商品的生产、流通和劳务服务各个环节所创造的新增价值为课税对象的一种流转税。我国从 1994 年 1 月 1 日起全面推行并采用国际通行的增值税制。增值税制是对增值部分进行征税，可排除重复计税。它既体现了税负的公平合理，又能稳定国家财政收入，同时也有利于出口退税的规范操作。

（2）增值税的征纳。在中华人民共和国境内销售货物，提供加工、修理、修配劳务，以及进口货物的单位和个人为增值税的纳税义务人，应当依照《中华人民共和国增值税条例》缴纳增值税。进口货物由其纳税义务人（收货人或其代理人）向报关地海关申报纳税。

进口环节增值税是由海关依法向进口货物的单位或个人征收的增值税。进口环节增值税由海关征收，其他环节增值税由税务机关征收。进口环节增值税的免税、减税项目由国务院规定，任何地区、部门都无权擅自决定增值税的减免。进口环节增值税的起征额为人民币 50 元，低于人民币 50 元免征。

> **提示** 进口环节增值税的征收管理适用关税征收管理的规定。

（3）增值税的征收范围。在我国境内销售货物（销售不动产或免征的除外）、进口货物和提供加工、修理、修配劳务的单位或个人，都要依法缴纳增值税。我国增值税的基本税率为 13%和 17%。

1）适用 13%税率的范围包括纳税人销售或进口下列货物：① 粮食、食用植物油；② 自来水、暖气、冷气、热水、煤气、石油液化气、天然气、沼气、居民用煤炭制品；③ 图书、报纸、杂志；④ 饲料、化肥、农药、农机、农膜；⑤ 国务院规定的其他货物。

2）适用 17%税率的范围包括纳税人销售或进口除适用 13%税率的货物以外的货物，以及纳税人提供加工、修理、修配劳务。

> **提示** 在我国境内销售货物是指所销售的货物的起运地或所在地都在我国境内。

（4）增值税的计算方法。进口环节增值税以组成价格作为计税价格，征税时不得抵扣任何税额。其计税价格由关税的完税价格加上关税组成；对于应征消费税的货物，其计税价格还要加上消费税。

进口环节增值税的计税价格和应纳增值税税额计算公式：

进口环节增值税的计税价格=进口关税完税价格+进口关税税额+消费税税额

应纳增值税税额=进口环节增值税计税价格×增值税税率

2008—2014 年我国进口环节增值税、消费税的征收情况如表 8-1 所示。

表 8-1　2008—2014 年我国进口环节增值税、消费税的征收情况

年　　份	2008	2009	2010	2011	2012	2013	2014
金额（人民币亿元）	7 389	7 729	10 487	13 560	14 796	14 403	14 424

2．消费税

（1）消费税的含义。消费税是以消费品或消费行为的流转额作为课税对象而征收的一种流转税。我国从 1994 年税制改革以后开始实施《中华人民共和国消费税暂行条例》。我国消费税的立法宗旨和原则是调节我国的消费结构，引导消费方向，确保国家财政收入。我国的消费税是在对货物普遍征收增值税的基础上，选择少数消费品再予征收的税。我国消费税采用价内税的计税方法，即计税价格的组成中包括了消费税税额。

（2）消费税的征纳。在中华人民共和国境内生产、委托加工和进口《中华人民共和国消费税暂行条例》规定的消费品（以下简称"应税消费品"）的单位和个人，为消费税的纳税义务人。进口的应税消费品，由纳税义务人（进口人或其代理人）向报关地海关申报纳税。

消费税由税务机关征收，进口环节的消费税由海关代征。进口环节消费税除国务院另

有规定者外，一律不得给予免税或减税。进口环节消费税的起征额为人民币 50 元，低于人民币 50 元免征。

> 提示：进口环节消费税的征收管理适用关税征收管理的规定。

（3）消费税的征收范围。消费税的征收范围，主要是根据我国社会经济发展现状和现行消费政策、人民群众的消费结构及财政需要，同时借鉴国外的通行做法确定的。

应税消费品大体可分为以下 4 种类型。

1）第 1 类：过度消费会对身体健康、社会秩序、生态环境等方面造成危害的特殊消费品，如烟、酒、酒精、鞭炮、烟花等。

2）第 2 类：奢侈品等非生活必需品，如贵重首饰、珠宝玉石、化妆品及护肤品、护发品等。

3）第 3 类：高能耗的高档消费品，如小轿车、摩托车、汽车轮胎等。

4）第 4 类：不可再生和替代的石油类消费品，如汽油、柴油等。

相关链接

关于对进口环节消费税税目、税率及相关政策进行调整

自 2006 年 4 月 1 日起，国务院对进口环节消费税税目、税率及相关政策进行调整。

（1）新增对高尔夫球及球具、高档手表、游艇、木制一次性筷子、实木地板、石脑油、溶剂油、润滑油、燃料油、航空煤油等产品征收消费税。

（2）停止对护肤品、护发品征收消费税。

（3）调整汽车、摩托车、汽车轮胎、白酒的消费税税率；石脑油、溶剂油、润滑油、燃料油暂按应纳消费税税额的 30%征收；航空煤油暂缓征收消费税；子午线轮胎免征消费税。

其中，对进口白酒类征收复合消费税时，应按 20%的税率计征从价消费税，同时按 1 元/千克的税率计征从量消费税。对进口卷烟（包括烟草制的卷烟和烟草代用品制的卷烟，10 位商品编码分别为：2402200000、2402900010）仍按海关总署 2004 年第 4 号公告规定的计税方法计征复合消费税。

调整后征收进口环节消费税的商品共 14 类。

资料来源：海关总署公告 2006 年第 15 号

（4）消费税的计算方法。我国消费税实行从价税、从量税或复合税的方法计征。

1）从价计征的消费税计算公式：

进口环节消费税计税价格=（进口关税完税价格+关税税额）÷（1−消费税税率）

应纳消费税税额=进口环节消费税计税价格×消费税税率

2）从量计征的消费税计算公式：

应纳消费税税额=进口数量×单位税额

3）复合消费税计算公式：

应纳消费税税额=进口环节消费税计税价格×消费税税率+进口数量×单位税额

8.1.3 海关代征的其他税、费

海关代征的其他税、费还包括船舶吨税、税款滞纳金、滞报金等。

1. 船舶吨税

（1）船舶吨税的含义。船舶吨税（简称"吨税"）是由海关在设关口岸对进出、停靠我国港口的国际航行船舶征收的一种使用税。征收船舶吨税的目的是用于航道设施的建设。

（2）船舶吨税的征收依据。根据《中华人民共和国船舶吨税暂行条例》（以下简称《船舶吨税条例》）的规定，国际航行船舶在我国港口行驶，使用了我国的港口和助航设备，应缴纳一定的税费。凡征收了船舶吨税的船舶不再征收车船税；对已征收车船使用税的船舶，不再征收船舶吨税。

船舶吨税分为优惠税率和普通税率两种。中华人民共和国籍的应税船舶，船籍国（地区）与我国签订含有相互给予船舶税费最惠国待遇条款的条约或者协定的应税船舶，适用优惠税率。其他应税船舶适用普通税率。

（3）船舶吨税的征收范围。自我国境外港口进入境内港口的船舶（以下称应税船舶），应当依照《船舶吨税条例》缴纳船舶吨税。应征吨税的船舶有以下几种：① 在我国港口行驶的外国籍船舶；② 外商租用（程租船除外）的中国籍船舶；③ 中外合营海运企业自有或租用的中、外国籍船舶；④ 我国租用的外国籍国际航行船舶。

> **提示** 根据规定，中国香港、澳门特别行政区海关已征收船舶吨税的外国籍船舶，进入内地港口时，仍应照章征收船舶吨税。

下列船舶免征吨税：① 应纳税额在人民币50元以下的船舶；② 自境外以购买、受赠、继承等方式取得船舶所有权的初次进口到港的空载船舶；③ 吨税执照期满后24小时内不上下客货的船舶；④ 非机动船舶（不包括非机动驳船）；⑤ 捕捞、养殖渔船；⑥ 避难、防疫隔离、修理、终止运营或拆解，并不上下客货的船舶；⑦ 军队、武装警察部队专用或征用的船舶；⑧ 依照法律规定应当予以免税的外国驻华使领馆、国际组织驻华代表机构及其有关人员的船舶；⑨ 国务院规定的其他船舶。

（4）船舶吨税的计算。

1）船舶吨位的计算。目前，国际上丈量吨位是按照船舱的结构来分别计算的。封闭式为大吨位，开放式为小吨位。装货多时用大吨位，装货少时用小吨位。根据我国现行规定，凡同时持有大小吨位两种吨位证书的船舶，不论实际装货情况，一律按大吨位计征吨税。

船舶吨税按净吨位计征。净吨位计算公式：

$$净吨位=船舶的有效容积×吨/立方米$$

船舶净吨位的尾数，按四舍五入原则，半吨以下的免征尾数，半吨以上的按1吨计算。

不及 1 吨的小型船舶，除经海关总署特准免征者外，一律按 1 吨计征。

2）船舶吨税的征收。船舶吨税按照船舶净吨位和吨税执照期限征收。

应税船舶负责人在每次申报纳税时，可以按照《吨税税目税率表》（见表 8-2）选择申领一种期限的吨税执照。应税船舶在进入港口办理入境手续时，应当向海关申报纳税领取吨税执照，或者交验吨税执照，应税船舶在离开港口办理出境手续时，应当交验吨税执照。吨税纳税义务发生时间为应税船舶进入港口的当日。如应税船舶在吨税执照期满后尚未离开港口的，应当申领新的吨税执照，自上一次执照期满的次日起续缴吨税。

表 8-2 吨税税目税率表

税 目 （按船舶净吨位划分）	税率（元/净吨）						备 注
	普通税率（按执照期限划分）			优惠税率（按执照期限划分）			
	1 年	90 日	30 日	1 年	90 日	30 日	
不超过 2 000 净吨	12.6	4.2	2.1	9.0	3.0	1.5	拖船和非机动驳船分别按相同净吨位船舶税率的 50%计征税款
超过 2 000 净吨，但不超过 10 000 净吨	24.0	8.0	4.0	17.4	5.8	2.9	
超过 10 000 净吨，但不超过 50 000 净吨	27.6	9.2	4.6	19.8	6.6	3.3	
超过 50 000 净吨	31.8	10.6	5.3	22.8	7.6	3.8	

船舶吨税的征收方法按执照期限分为 1 年、90 日和 30 日 3 种，并分别确定税额，纳税义务人自行选择一种期限并按规定缴纳吨税。

船舶吨税的计算公式：

$$船舶吨税税额 = 船舶净吨位 \times 船舶吨税税率（元/净吨）$$

小结：进出口税费的征收依据、征收范围和征收机关如表 8-3 所示。

表 8-3 进出口税费的征收依据、征收范围和征收机关

税费种类	征收依据	征收范围	征收机关
关税	《中华人民共和国海关法》《中华人民共和国进出口关税条例》、《中华人民共和国进出口税则》	准许进出我国关境的应税货物和物品	海关
增值税	《中华人民共和国增值税暂行条例》	在我国境内销售货物或提供加工、修理、修配劳务以及进口货物	进口货物增值税由海关征收；其他环节增值税由国内税务机关征收
消费税	《中华人民共和国消费税暂行条例》	在我国境内生产、委托加工和进口应税消费品	进口应税消费品消费税由海关征收；其他环节消费税由国内税务机关征收

续表

税费种类	征收依据	征收范围	征收机关
船舶吨税	《中华人民共和国船舶吨税暂行条例》	① 在我国港口行驶的外国籍船舶； ② 外商租用（程租船除外）的中国籍船舶； ③ 中外合营海运企业自有或租用的中、外国籍船舶； ④ 我国租用的外国籍国际航行船舶	海关

2．税款滞纳金

（1）征收范围。滞纳金是税收管理中的一种行政强制措施。在海关监督管理中，滞纳金是指应纳税的单位或个人因逾期向海关缴纳税款而依法应缴纳的款项。按照规定，关税、进口环节增值税、进口环节消费税、船舶吨税等的纳税义务人或其代理人，应当自海关填发税款缴款书之日起 15 日内向指定银行缴纳税款，逾期缴纳的，海关依法在原应纳税款的基础上，按日加收滞纳税款 0.5‰的滞纳金。

根据规定，对逾期缴纳税款应征收滞纳金的，还有以下几种情况：

1）进出口货物放行后，海关发现因纳税义务人违反规定造成少征或漏征税款的，可以自缴纳税款或货物放行之日起 3 年内追征税款，并从缴纳税款或货物放行之日起至海关发现之日止，按日加收少征或者漏征税款 0.5‰的滞纳金。

2）因纳税义务人违反规定造成海关监管货物少征或漏征税款的，海关应当自纳税义务人应缴纳税款之日起 3 年内追征税款，并自应缴纳税款之日起至海关发现违规行为之日止，按日加收少征或者漏征税款 0.5‰的滞纳金。

> **提示** 这里所述应缴纳税款之日是指纳税义务人违反规定的行为发生之日；该行为发生之日不能确定的，应当以海关发现该行为之日作为应缴纳税款之日。

3）租赁进口货物，分期支付租金的，纳税义务人应当在每次支付租金后的 15 日内向海关申报办理纳税手续，逾期办理申报手续的，海关除了征收税款外，还应当自申报办理纳税手续期限届满之日起至纳税义务人申报纳税之日止，按日加收应缴纳税款 0.5‰的滞纳金。

租赁进口货物自租期届满之日起 30 日内，应向海关申请办结海关手续，逾期办理手续的，海关除按照审定进口货物完税价格的有关规定和租期届满后第 30 日该货适用的计征汇率、税率，审核确定其完税价格、计征应缴纳的税款外，还应当自租赁期限届满后 30 日起至纳税义务人申报纳税之日止，按日加收应缴纳税款 0.5‰的滞纳金。

4）暂时进出口货物未在规定期限内复运出境或者复运进境，且纳税义务人未在规定期限届满前向海关申报办理进出口及纳税手续的，海关除按照规定征收应缴纳的税款外，还应当自规定期限届满之日起至纳税义务人申报纳税之日止按日加收应缴纳税款 0.5‰的滞纳金。

（2）征收标准。滞纳金按每票货物的关税、进口环节增值税、进口环节消费税单独计算，起征额为人民币 50 元，不足人民币 50 元的免予征收。

> **提示** 海关对滞纳天数的计算是自滞纳税款之日起至进出口货物的纳税义务人缴纳税费之日止，其中的法定节假日不予扣除。缴纳期限届满日遇星期六、星期日等休息日或法定节假日的，应当顺延至休息日或法定节假日之后的第一个工作日。国务院临时调整休息日与工作日的，则按照调整后的情况计算缴款期限。
>
> 滞纳金应当自海关填发滞纳金缴款书之日起 15 天内向指定银行缴纳。因纳税义务人违反规定需在征收税款的同时加收滞纳金的，如纳税义务人未在规定的 15 天期限内缴纳税款，另行加收自缴款期限届满之日起至缴清税款之日止所滞纳税款的 0.5‰的滞纳金。

应用案例

关于关税缴纳期限。

某年 9 月、10 月日历

周日	周一	周二	周三	周四	周五	周六
					9月1日	2
3	4	5	6	7	8	9
10	11	12	13	14	15	16
17	18	19	20	21	22	23
24	25	26	27	28	29	30
10月1日	2	3	4	5	6	7
8	9	10	11	12	13	14
15	16	17	18	19	20	21

- 如果海关于 9 月 5 日（周二）填发税款缴款书，纳税人应当最迟于 9 月 20 日（周三）到指定的银行缴纳关税。
- 如果海关于 9 月 8 日（周五）填发税款缴款书，纳税人本应最迟于 9 月 23 日缴纳税款。由于 9 月 23 日是周六，缴纳期限顺延至 9 月 25 日（周一）缴纳税款。如果纳税人 9 月 26 日（周二）缴纳税款，即构成滞纳，滞纳天数为 1 天。
- 如果海关于 9 月 25 日（周一）填发税款缴款书，缴纳期限中间遇到国庆节，节假日不能从期限中扣除，纳税人应当最迟于 10 月 10 日（周二）缴纳税款。
- 如果海关于 9 月 18 日（周一）填发税款缴款书，纳税人本应最迟于 10 月 3 日（周二）缴纳税款，但政府通知临时调整休假时间，使国庆节与两个周末从 10 月 1 日至 10 月 7 日连续休息 7 天，则应认为政府的通知这个具体行政行为临时改变了休息日与工作日，缴纳期限应顺延至假日后的第一天，即 10 月 8 日（周日）。

3. 滞报金

滞报金是海关对未在法定申报期限内向海关申报的进口货物的收货人或其代理人依法加收的款项。其目的是加速口岸疏运，加强海关对进口货物的通关管理，促使进口货物收货人按规定时限申报。

（1）征收范围。

1）进口货物滞报金以自运输工具申报进境之日起第 15 日为起征日，以海关接受申报之日为截止日，起征日和截止日均计入滞报期间，另有规定的除外。

2）邮运进口货物应当以自邮政企业向海关驻邮局办事机构申报总包之日起第 15 日为起征日。

3）转关运输货物在进境地申报的，应当以自载运进口货物的运输工具申报进境之日起第 15 日为起征日；在指运地申报的，应当以自货物运抵指运地之日起第 15 日为起征日；邮运进口转关运输货物在进境地申报的，应当以自运输工具申报进境之日起第 15 日为起征日；在指运地申报的，应当以自邮政企业向海关驻邮局办事机构申报总包之日起第 15 日为起征日。

> **提示** 转关运输货物在进境地产生滞报的，由进境地海关征收滞报金；在指运地产生滞报的，由指运地海关征收滞报金。

4）进口货物收货人在向海关传送报关单电子数据申报后，未在规定期限或核准的期限内递交纸质报关单，海关予以撤销电子数据报关单处理、进口货物收货人重新向海关申报，产生滞报的，按照以自运输工具申报进境之日起第 15 日为计算滞报金起征日。

进口货物收货人申报并经海关依法审核，必须撤销原电子数据报关单重新申报的，经进口货物收货人申请并经海关审核同意，以撤销原报关单之日起第 15 日为起征日。

5）进口货物因收货人在运输工具申报进境之日起超过 3 个月未向海关申报，被海关作变卖处理后，收货人申请发还余款的，滞报金的征收以运输工具申报进境之日起第 15 日为起始日，以该 3 个月的最后一日为截止日。

（2）征收标准。滞报金按日计征，其起征日为规定的申报时限的次日，截止日为收货人向海关申报后，海关接受申报的日期。除另有规定外，起征日和截止日均计入滞报期间。

滞报金的日征收金额为进口货物完税价格的 0.5‰，以人民币元为计征单位，不足人民币 1 元的部分免予计征。

滞报金的起征点为人民币 50 元。

滞报金的计算公式：

$$滞报金金额 = 进口货物完税价格 \times 0.5‰ \times 滞报天数$$

> **提示** 滞报金和滞纳金计算的异同：它们的日征收比例是相同的，均为 0.5‰；但它们的计算基础不同。滞报金是以滞报进口货物的完税价格为基础来计算的，而滞纳金是以滞纳的税款来计算的。

8.2 进出口货物完税价格的审定及计算

进出口货物完税价格是海关对进出口货物征收从价税时审查估定的应税价格,是海关凭以计征进出口货物关税及进出口环节增值税、消费税的基础。审定进出口货物完税价格是贯彻关税政策的重要环节,也是海关依法行政的重要体现。

我国已全面实施WTO《海关估价协议》。目前我国海关审价的法律依据可分为3个层次。

第1层是法律层次,即我国的《海关法》。《海关法》第五十五条规定:"进出口货物的完税价格,由海关以该货物的成交价格为基础审查确定。成交价格不能确定时,完税价格由海关依法估定。"

第2层是行政法规层次,即《关税条例》。

第3层次是部门规章,如海关总署颁布实施的《中华人民共和国海关审定进出口货物完税价格办法》(以下简称《审价办法》)、《中华人民共和国海关进出口货物征税管理办法》(以下简称《征管办法》)等。

以上这些法律、法规及部门规章完整、准确地体现了WTO《海关估价协议》的基本原则和主要内容。

8.2.1 进口货物完税价格审定及计算

进口货物完税价格的审定包括一般进口货物完税价格的审定和特殊进口货物完税价格的审定。

1. 一般进口货物完税价格的审定

进口货物的完税价格,由海关以该货物的成交价格为基础审查确定,应当包括货物运抵中华人民共和国境内输入地点起卸前的运输及其相关费用、保险费。如进口货物的成交价格不能确定的,海关经了解有关情况,并与纳税义务人进行价格磋商后,依次以相同货物成交价格估价方法、类似货物成交价格估价方法、倒扣价格估价方法、计算价格估价方法、合理方法审查确定该货物的完税价格。

> **提示** 纳税义务人向海关提供有关资料后,可以提出申请,可以选择倒扣价格估价方法和计算价格估价方法的适用次序。

(1)成交价格估价方法。《审价办法》规定,进口货物的完税价格,由海关以该货物的成交价格为基础审查确定,并应当包括货物运抵中华人民共和国境内输入地点起卸前的运输及其相关费用、保险费。"相关费用"主要是指与运输有关的费用,如装卸费、搬运费等属于广义的运输范围内的费用。

进口货物的成交价格方法是《关税条例》和《审价办法》规定的第一种估价方法,进口货物的完税价格应尽可能采用该货物的成交价格。

1）成交价格。进口货物的成交价格，是指卖方向中华人民共和国境内销售该货物时买方为进口该货物向卖方实付、应付的，并且按照有关规定调整后的价款总额，包括直接支付的价款和间接支付的价款。

> **提示**
>
> （1）成交价格的含义包括购买进口货物实付或应付的并按有关规定调整的价格。
>
> 实付或应付价格是指必须由买方支付，支付的目的是获得进口货物，支付的对象既包括卖方，也包括与卖方有联系的第三方，且包括已经支付和将要支付的总额。另外，成交价格不完全等同于贸易中实际发生的发票价格，需要按有关规定进行调整。
>
> （2）关于公式定价的进口货物
>
> 公式定价的进口货物是指在向我国境内销售货物所签订的合同中，买卖双方未以明确的数值约定货物价格，而是以约定的定价公式来确定货物的结算价格的进口货物，如同时符合下列条件，海关则以双方约定的定价公式所确定的结算价格为基础审定完税价格：
>
> 1）在货物运至我国境内前买卖双方已书面约定定价公式。
> 2）结算价格取决于买卖双方均无法控制的客观条件和因素。
> 3）自货物申报进口之日起 6 个月内能够根据定价公式确定结算价格。
> 4）结算价格符合《审价办法》中成交价格的有关规定。

2）成交价格的调整因素。调整因素包括计入项目和扣除项目。

① 计入项目。下列项目若由买方支付，必须计入完税价格。这些项目包括 5 个方面。

a. 除购货佣金以外的佣金和经纪费。佣金通常可分为购货佣金和销售佣金。购货佣金是指买方向其采购代理人支付的佣金，按规定购货佣金不应计入货物的完税价格中。销售佣金是指卖方向其销售代理支付的佣金。如果该佣金由买方直接支付给卖方的代理人，则应计入完税价格中。经纪费是指买方为购进进口货物向代表买卖双方利益的经纪人支付的劳务费用，该费用应计入完税价格中。

b. 与进口货物视为一体的容器费用。与有关货物归入同一税号的容器与该货物应视为一个整体。例如，酒瓶与酒构成一个不可分割的整体，二者归入同一税号，如果酒瓶的费用没有包括在酒的完税价格中，则应计入。

c. 包装费。包装费包括包装材料费和包装劳务费。

d. 协助价值。在对外贸易中，买方以免费或者以低于成本的方式向卖方提供的一些货物或服务的价值称为协助价值。协助价值计入完税价格中应满足以下条件：

— 由买方以免费或低于成本价的方式向卖方直接或间接提供；
— 未包括在货物的实付或应付价格之中；
— 与进口货物的生产和向我国境内销售有关；
— 可按适当比例分摊。

下列 4 项协助价值应计入完税价格：
— 进口货物包含的材料、部件、零件和类似货物的价值；

——在生产进口货物过程中使用的工具、模具和类似货物的价值；

——在生产进口货物过程中消耗的材料的价值；

——在境外进行的为生产进口货物所需的工程设计、技术研发、工艺及制图等相关服务的价值。

e. 特许权使用费。特许权使用费是指进口货物的买方为取得知识产权权利人及相关授权人关于专利权、商标权、专有技术、著作权、分销权或销售权等的许可或转让而支付的费用。如成交价格中未包括该货物实付或应付的特许权使用费，应计入完税价格。

f. 返回给卖方的转售收益。如果买方在货物进口后把进口货物的转售、处置或使用收益的一部分返还给卖方，则这部分收益应计入完税价格中。

> **提示** 上述应计入完税价格的项目，必须同时满足3个条件：① 由买方负担；② 未包括在进口货物的实付或应付价格中；③ 有客观量化的数据资料。
> 如果纳税义务人不能提供客观量化的数据资料，海关与纳税义务人在进行价格磋商后，完税价格由海关依次采用其他方法估价。

② 扣除项目。进口货物的价款中单独列明的下列税收、费用，不计入该货物的完税价格：

a. 厂房、机械或者设备等货物进口后发生的建设、安装、装配、维修或者技术援助费用，但是保修费用除外；

b. 进口货物运抵我国境内输入地点起卸后发生的运输及其相关费用、保险费；

c. 进口关税、进口环节海关代征税及其他国内税；

d. 为在境内复制进口货物而支付的费用；

e. 境内外技术培训及境外考察费用。

此外，同时符合下列条件的利息费用不计入完税价格：

a. 利息费用是买方为购买进口货物而融资所产生的；

b. 有书面的融资协议的；

c. 利息费用单独列明的；

d. 纳税义务人可以证明有关利率不高于在融资当时当地此类交易通常具有的利率水平，且没有融资安排的相同或者类似进口货物的价格与进口货物的实付、应付价格非常接近的。

> **提示** 码头装卸费（Terminal Handling Charge，THC）是指货物从船舷到集装箱堆场间发生的费用，属于货物运抵我国境内输入地点起卸后的运输相关费用，因此不应计入完税价格。

3）成交价格本身须满足的条件。成交价格本身必须满足下列4个条件才能被海关接受，否则不能适用成交价格方法。

a. 买方对进口货物的处置或者使用不受限制，但是法律、行政法规规定实施的限制、对货物销售地域的限制和对货物价格无实质性影响的限制除外。有下列情形之一的，当视为对买方处置或者使用进口货物进行了限制：(a)进口货物只能用于展示或者免费赠送的；(b)进口货物只能销售给指定第三方的；(c)进口货物加工为成品后只能销售给卖方或者指定第三方的；(d)其他经海关审查，认定买方对进口货物的处置或者使用受到限制的。

b. 进口货物的价格不得受到使该货物成交价格无法确定的条件或者因素的影响。有下列情形之一的，视为进口货物的价格受到了使该货物成交价格无法确定的条件或者因素的影响：(a)进口货物的价格是以买方向卖方购买一定数量的其他货物为条件而确定的；(b)进口货物的价格是以买方向卖方销售其他货物为条件而确定的；(c)其他经海关审查，认定货物的价格受到使该货物成交价格无法确定的条件或者因素影响的。

c. 卖方不得直接或者间接获得因买方销售、处置或者使用进口货物而产生的任何收益，或者虽然有收益但是能够按照规定做出调整。

d. 买卖双方之间没有特殊关系，或者虽然有特殊关系但是未对成交价格产生影响。有下列情形之一的，应当认为买卖双方存在特殊关系：(a)买卖双方为同一家族成员的；(b)买卖双方互为商业上的高级职员或者董事的；(c)一方直接或者间接地受另一方控制的；(d)买卖双方都直接或者间接地受第三方控制的；(e)买卖双方共同直接或者间接地控制第三方的；(f)一方直接或者间接地拥有、控制或者持有对方5%以上（含5%）公开发行的有表决权的股票或者股份的；(g)一方是另一方的雇员、高级职员或者董事的；(h)买卖双方是同一合伙的成员的。

此外，买卖双方在经营上相互有联系，一方是另一方的独家代理、独家经销或者独家受让人，如果符合上述规定，也应当视为存在特殊关系。

买卖双方之间存在特殊关系这个事实本身并不构成海关拒绝使用成交价格的理由，但是纳税义务人能证明其成交价格与同时或者大约同时发生的下列任何一款价格相近的，视为特殊关系未对进口货物的成交价格产生影响：(a)向境内无特殊关系的买方出售的相同或者类似进口货物的成交价格；(b)按照倒扣价格估价方法所确定的相同或者类似进口货物的完税价格；(c)按照计算价格估价方法所确定的相同或者类似进口货物的完税价格。

海关在使用上述价格进行比较时，需考虑商业水平和进口数量的不同，以及买卖双方有无特殊关系造成的费用差异。

（2）相同货物成交价格估价方法。相同货物成交价格估价方法是指海关以与进口货物同时或者大约同时向我国境内销售的相同货物的成交价格为基础，审查确定进口货物的完税价格的估价方法。

> **提示** "相同货物"是指与进口货物在同一国家或者地区生产的，在物理性质、质量和信誉等所有方面都相同的货物，但是允许表面有微小的差异存在。

（3）类似货物成交价格估价方法。类似货物成交价格估价方法是指海关以与进口货物同时或者大约同时向我国境内销售的类似货物的成交价格为基础，审查确定进口货物的完税价格的估价方法。

> **提示** "类似货物"是指与进口货物在同一国家或者地区生产的,虽然不是在所有方面都相同,但是具有相似的特征、相似的组成材料、相同的功能,并且在商业中可以互换的货物。

相同货物成交价格估价方法和类似货物成交价格估价方法在使用时应注意:

1)相同或类似货物的时间要素必须与进口货物同时或大约同时进口。其中的"同时或大约同时"指在进口货物接受申报之日的前后各45天以内。

2)上述两种方法在运用时,首先应使用与该货物具有相同商业水平且进口数量基本一致的相同或者类似货物的成交价格。只有在该条件不满足时,才可使用不同商业水平或者不同进口数量的相同或者类似货物的成交价格,但不能将该价格直接作为进口货物的价格,还须对该货物与相同或者类似货物之间由于运输距离和运输方式不同而在成本和其他费用方面产生的差异进行调整。

3)上述调整必须建立在客观量化的数据资料的基础上。

4)按照相同或者类似货物成交价格估价方法审查确定进口货物的完税价格时,应当首先使用同一生产商生产的相同或者类似货物的成交价格。只有在没有同一生产商生产的相同或者类似货物的成交价格的,才可以使用同一生产国或者地区其他生产商生产的相同或者类似货物的成交价格。如果有多个相同或者类似货物的成交价格,应当以最低的成交价格为基础审查确定进口货物的完税价格。

(4)倒扣价格估价方法。倒扣价格估价方法是指海关以进口货物、相同或者类似进口货物在境内第一环节的销售价格为基础,扣除境内发生的有关费用后,审查确定进口货物完税价格的估价方法。"第一环节"是指有关货物进口后进行的第一次转售,且转售者与境内买方之间不能有特殊关系。

1)用于倒扣的销售价格应当同时符合下列条件:① 是在该货物进口的同时或者大约同时,将该货物、相同或者类似进口货物在境内销售的价格;② 是按照货物进口时的状态销售的价格;③ 是在境内第一销售环节销售的价格;④ 是向境内无特殊关系方销售的价格;⑤ 按照该价格销售的货物合计销售总量最大。

2)按照倒扣价格估价方法审查确定进口货物完税价格的,下列各项应当扣除:① 同等级或者同种类货物在境内第一销售环节销售时,通常的利润和一般费用(包括直接费用和间接费用)及通常支付的佣金;② 货物运抵境内输入地点起卸后的运输及其相关费用、保险费;③ 进口关税、进口环节海关代征税及其他国内税;④ 加工增值额。如果以货物经过加工后在境内转售的价格作为倒扣价格的基础,则必须扣除上述加工增值部分。

(5)计算价格估价方法。计算价格估价方法是指海关以下列各项的总和为基础,审查确定进口货物完税价格的估价方法:① 生产该货物所使用的料件成本和加工费用;② 向境内销售同等级或者同种类货物通常的利润和一般费用(包括直接费用和间接费用);③ 该货物运抵境内输入地点起卸前的运输及相关费用、保险费。

> **提示** 上述"价值"或"费用"是指生产被估进口货物所实际发生的价值或费用。

（6）合理方法。合理方法是指当海关不能根据成交价格估价方法、相同货物成交价格估价方法、类似货物成交价格估价方法、倒扣价格估价方法和计算价格估价方法确定完税价格时，海关根据公平、统一、客观的估价原则，以客观、量化的数据资料为基础审查确定进口货物完税价格的估价方法。

在采用合理方法确定进口货物的完税价格时，不得使用以下价格：① 境内生产的货物在境内的销售价格；② 可供选择的价格中较高的价格；③ 货物在出口地市场的销售价格；④ 以计算价格估价方法规定之外的价值或者费用计算的相同或者类似货物的价格；⑤ 出口到第三国或者地区的货物的销售价格；⑥ 最低限价或者武断、虚构的价格。

2．特殊进口货物完税价格的审定

（1）加工贸易进口料件或者其制成品一般估价方法。由于种种原因，部分加工贸易进口料件或者其制成品不能按有关合同、协议约定复运出口，经海关批准转为内销，需依法对其实施估价后征收进口关税。对加工贸易进口货物估价的核心问题有两个：一是按制成品征税还是按料件征税；二是征税的环节是在进口环节还是在内销环节。具体有以下 4 种情况。

1）进口时应当征税的进料加工进口料件，以该料件申报进口时的成交价格为基础审查确定完税价格。

> **提示** 进口时应当征税的进料加工进口料件，主要是指不予保税部分进料加工进口料件。一般来讲，进料加工进口料件在进口环节都有成交价格，因此以该料件申报进口时的价格来确定完税价格。

2）进料加工进口料件或者其制成品（包括残次品）内销时，海关以料件原进口成交价格为基础审查确定完税价格。料件原进口成交价格不能确定的，海关以接受内销申报的同时或者大约同时进口的与料件相同或者类似的货物的进口成交价格为基础审查确定完税价格。

3）来料加工进口料件或者其制成品（包括残次品）内销时，以接受内销申报的同时或者大约同时进口的与料件相同或者类似的货物的进口成交价格为基础审查确定完税价格。

4）加工企业内销加工过程中产生的边角料或者副产品，以海关审查确定的内销价格作为完税价格。加工贸易内销货物的完税价格按照前款规定仍然不能确定的，由海关按照合理的方法审查确定。

（2）出口加工区内的加工企业内销的制成品（包括残次品），海关以接受内销申报的同时或者大约同时进口的相同或者类似货物的进口成交价格为基础审查确定完税价格。

出口加工区内的加工企业内销加工过程中产生的边角料或者副产品，以海关审查确定的内销价格作为完税价格。

出口加工区内的加工企业内销制成品（包括残次品）、边角料或者副产品的完税价格按照上述规定不能确定的，由海关按照合理的方法审查确定。

（3）保税区内的加工企业内销的进口料件或者其制成品（包括残次品），海关以接受内

销申报的同时或者大约同时进口的相同或者类似货物的进口成交价格为基础审查确定完税价格。

保税区内的加工企业内销的进料加工制成品中，如果含有从境内采购的料件，海关以制成品所含从境外购入的料件原进口成交价格为基础审查确定完税价格。料件原进口成交价格不能确定的，海关以接受内销申报的同时或者大约同时进口的与料件相同或者类似货物的进口成交价格为基础审查确定完税价格。

保税区内的加工企业内销的来料加工制成品中，如果含有从境内采购的料件，海关以接受内销申报的同时或者大约同时进口的与制成品所含从境外购入的料件相同或者类似货物的进口成交价格为基础审查确定完税价格。

保税区内的加工企业内销加工过程中产生的边角料或者副产品，以海关审查确定的内销价格作为完税价格。

保税区内的加工企业内销制成品（包括残次品）、边角料或者副产品的完税价格按照上述规定仍然不能确定的，由海关按照合理的方法审查确定。

> **提示** 出口加工区内、保税区内销的料件或制成品都是以内销价格为基础估定完税价格。但对于保税区内的加工企业，如果内销的制成品中含有的料件，其中有部分从境内采购，以制成品所含从境外运入的料件原进口时的价格估定，而对于出口加工区内的加工企业其内销的制成品里，无论是否含有从境内采购的料件，都按制成品全额征税。

（4）从保税区、出口加工区、保税物流园区、保税物流中心等区域、场所进入境内，需要征税的货物，海关参照一般进口货物完税价格审定的有关规定，以从上述区域、场所进入境内的销售价格为基础审查确定完税价格，加工贸易进口料件及其制成品除外。

如果销售价格中未包括上述区域、场所发生的仓储、运输及其他相关费用的，应当按照客观、量化的数据资料予以计入。

（5）运往境外修理的机械器具、运输工具或者其他货物，出境时已向海关报明，并在海关规定的期限内复运进境的，应当以境外修理费和料件费为基础审查确定完税价格。出境修理货物复运进境超过海关规定期限的，由海关按照一般进口货物完税价格审定的有关规定审查确定完税价格。

（6）运往境外加工的货物，出境时已向海关报明，并在海关规定期限内复运进境的，应当以境外加工费和料件费以及该货物复运进境的运输及其相关费用、保险费为基础审查确定完税价格。

出境加工货物复运进境超过海关规定期限的，由海关按照一般进口货物完税价格审定的有关规定审查确定完税价格。

（7）经海关批准的暂时进境货物，应当缴纳税款的，由海关按照一般进口货物完税价格审定的有关规定审查确定完税价格。经海关批准留购的暂时进境货物，以海关审查确定的留购价格作为完税价格。

（8）租赁方式进口的货物，按照下列方法审查确定完税价格：① 以租金作为完税价格，利息应当予以计入；② 留购的租赁货物以海关审查确定的留购价格作为完税价格；③ 纳税义务人申请一次性缴纳税款的,可以选择申请按照规定估价方法确定完税价格,或者按照海关审查确定的租金总额作为完税价格。

(9)减税或者免税进口的货物应当补税时,应当以海关审查确定的该货物原进口时的价格,扣除折旧部分价值作为完税价格,其计算公式如下:

$$完税价格=海关审查确定的该货物原进口时的价格 \times \left(1 - \frac{征、补税时实际已进口的时间}{监管年限 \times 12}\right)$$

上述计算公式中"征、补税时实际已进口的时间"按月计算,不足 1 个月但是超过 15 日的,按照 1 个月计算;不超过 15 日的,不予计算。

(10)易货贸易、寄售、捐赠、赠送等不存在成交价格的进口货物,海关与纳税义务人进行价格磋商后,按照《审价办法》第六条列明的相同货物成交价格估价方法、类似货物成交价格估价方法、倒扣价格估价方法、计算价格估价方法、合理方法审查确定完税价格。

(11)进口载有专供数据处理设备用软件的介质,具有下列情形之一的,应当以介质本身的价值或者成本为基础审查确定完税价格:① 介质本身的价值或者成本与所载软件的价值分列;② 介质本身的价值或者成本与所载软件的价值虽未分列,但是纳税义务人能够提供介质本身的价值或者成本的证明文件,或者能提供所载软件价值的证明文件。

含有美术、摄影、声音、图像、影视、游戏、电子出版物的介质不适用上述规定。

3. 进口货物完税价格中的运输及其相关费用、保险费的计算

(1)运费的计算标准。进口货物的运费应当按照实际支付的费用计算。进口货物的运费无法确定的,海关应当按照该货物的实际运输成本或者该货物进口同期运输行业公布的运费率(额)计算运费。运输工具作为进口货物,利用自身动力进境的,海关在审查确定完税价格时,不再另行计入运费。

(2)保险费的计算标准。进口货物的保险费应当按照实际支付的费用计算。如果进口货物的保险费无法确定或者未实际发生,海关应当按照"货价加运费"两者总额的 3‰计算保险费,其计算公式如下:

$$保险费 = (货价 + 运费) \times 3‰$$

(3)邮运货物运费的计算标准。邮运进口的货物,应当以邮费作为运输及其相关费用、保险费,即其邮费为运保费。

邮运进口的货物主要是指快件,而超过一定价值的快件应按货物管理,所以同样存在运保费问题。而邮运进口货物,其邮费即为运保费。

(4)边境口岸运费的计算标准。以境外边境口岸价格条件成交的铁路或者公路运输进口货物,海关应当按照境外边境口岸价格的 1%计算运输及其相关费用、保险费。这里所称的"边境口岸"是指境外边境即出口国或地区边境及第三国或地区边境。

应用案例

（1）海运进口货物，计算至该货物运抵境内的卸货口岸。如该货物的卸货口岸是内河（江）口岸，则应当计算至内河（江）口岸。

例如，某货物由××轮载运进口，该轮经停上海港装运其他货物后，继续驶往武汉，并在武汉卸下该货。海关估价征税时，其运保费应计算至武汉。

（2）陆运进口货物，计算至该货物运抵境内的第一口岸。如果运输及其相关费用、保险费支付至目的地口岸，则计算至目的地口岸。

例如，以 FCA Hamburg 价格成交的某货物，从汉堡经欧亚大陆桥进口到我国，货物经满洲里运至哈尔滨。海关估价征税时，该货物的运保费应计算至满洲里。

（3）空运进口货物，计算至该货物运抵境内的第一口岸。如果该货物的目的地为境内第一口岸外的其他口岸，则计算至目的地口岸。

（4）邮运进口的货物，应当以邮费作为运输及其相关费用、保险费。

8.2.2 出口货物完税价格审定及计算

1. 出口货物的完税价格

出口货物的完税价格由海关以该货物的成交价格为基础审查确定，并应当包括货物运至我国境内输出地点装载前的运输及其相关费用、保险费。

2. 出口货物的成交价格

出口货物的成交价格是指该货物出口销售时，卖方为出口该货物应当向买方直接收取和间接收取的价款总额。

3. 不计入出口货物的完税价格的税收、费用

不计入出口货物的完税价格的税收、费用包括：① 出口关税；② 在货物价款中单独列明的货物运至我国境内输出地点装载后的运输及其相关费用、保险费；③ 在货物价款中单独列明由卖方承担的佣金。

4. 出口货物其他估价方法

出口货物的成交价格不能确定的，海关经了解有关情况，并与纳税义务人进行价格磋商后，依次以下列价格审查确定该货物的完税价格：① 同时或者大约同时向同一国家或者地区出口的相同货物的成交价格；② 同时或者大约同时向同一国家或者地区出口的类似货物的成交价格；③ 根据境内生产相同或者类似货物的成本、利润和一般费用（包括直接费用和间接费用）、境内发生的运输及其相关费用、保险费计算所得的价格；④ 按照合理方法估定的价格。

出口货物完税价格的计算公式：

$$出口货物完税价格 = FOB - 出口关税$$

$$= FOB \div (1 + 出口关税税率)$$

> **应用案例**
>
> ● 出口货物的销售价格如果包括离境口岸至境外口岸之间的运费、保险费的,该运费、保险费应当扣除。
>
> 例如,以 CIP 西雅图成交的出口货物以联合运输方式从乌鲁木齐起运,通过新欧亚大陆桥运至连云港装上国际航行船,扣除运费是指应扣除从连云港至西雅图的海运运费。所以应注意货物运至中华人民共和国境内输出地点装载前的运费及其相关费用、保险费应计入完税价格。

8.3 进出口税费的减免、缴纳与退补

8.3.1 关税的减免

根据《海关法》的规定,关税的减免分为 3 类:法定减免税、特定减免税和临时减免税。

1. 法定减免税

法定减免税是指进出口货物按照《海关法》、《关税条例》和其他法律、法规的规定可以享受的减免关税优惠。海关对法定减免税货物,一般不进行后续管理。

下列进出口货物和进出境物品,减征或免征关税:

(1) 关税税额在人民币 50 元以下的一票货物。
(2) 无商业价值的广告品和货样。
(3) 外国政府、国际组织无偿赠送的物资。
(4) 在海关放行前遭受损坏的货物,可以根据海关认定的受损程度减征关税。
(5) 进出境运输工具装载的途中必需的燃料、物料和饮食用品。
(6) 法律规定的其他免征或者减征关税的货物。
(7) 我国缔结或参加的国际条约规定减征、免征关税的货物。

2. 特定减免税

特定减免税是指海关根据国家规定,对特定地区、特定用途和特定企业给予的减免关税和进口环节海关代征税的优惠,也称政策性减免税。特定减税或者免税的范围和办法由国务院规定,海关根据国务院的规定单独或会同国务院其他主管部门制定具体实施办法并加以贯彻执行。

目前实施特定减免税的主要有:

(1) 外商投资项目投资额度内进口自有设备。
(2) 外商投资企业自有资金项目。
(3) 属于国家重点鼓励发展产业的国内投资项目进口自用设备。
(4) 外国政府贷款和国际金融组织贷款项目额度内或投资总额内进口的物资。

（5）国家支持的重大技术装备。
（6）特定区域物资。
（7）科教、科技开发用品。
（8）救灾、扶贫慈善捐赠物资。
（9）无偿援助项目进口物资。
（10）其他实施特定减免税项目的进口物资。

3. 临时减免税

临时减免税是指法定减免税和特定减免税以外的其他减免税，是由国务院根据某个单位某类商品、某个时期或某批货物的特殊情况，按规定给予特别的临时性的减免税优惠。临时性减免税一般是"一案一批"。

8.3.2 进出口税费的缴纳与退补

1. 税款的缴纳

（1）缴纳方式。缴纳方式是指纳税义务人在何地以何种方式向海关缴纳税款。目前，纳税义务人向海关缴纳税款的方式主要是以进出口地纳税为主，也有部分企业经海关批准采取属地纳税的方式。

进出口地纳税是指在设有海关的进出口地纳税。属地纳税是指进出口货物应缴纳的税款由纳税义务人所在地主管海关征收，纳税义务人在所在地缴纳税款。

缴纳的方式主要有两种：一种是持缴款书向指定银行办理税费交付手续；另一种是向签有协议的银行办理电子交付税费的手续，即网上支付税费。

网上支付税费是纳税义务人、银行、中国电子口岸数据中心和海关按照网上支付项目管理规定，通过中国电子口岸数据平台办理进出口税费缴纳手续的付税方式。目前实行网上支付的税费有进出口关税、反倾销税及其他特别关税、进口环节增值税、进口黄金消费税以及缓纳利息。

（2）缴纳的期限。进出口货物的纳税义务人，应当自海关填发税款缴款书之日起 15 日内缴纳税款；逾期缴纳的，由海关按日征收欠缴税款总额的 0.5‰ 的滞纳金。纳税义务人、担保人超过 3 个月仍未缴纳的，经直属海关关长或者其授权的隶属海关关长批准，海关可以采取下列强制措施：① 书面通知其开户银行或者其他金融机构从其存款中扣缴税款；② 将应税货物依法变卖，以变卖所得抵缴税款；③ 扣留并依法变卖其价值相当于应纳税款的货物或者其他财产，以变卖所得抵缴税款。海关采取强制措施时，对上述纳税义务人、担保人未缴纳的滞纳金同时强制执行。进出境物品的纳税义务人，应当在物品放行前缴纳税款。进口环节增值税、消费税的征收和缴纳适用于关税的管理。

（3）缴纳凭证。

1）进出口关税和进口环节税的缴纳凭证。海关征收进出口关税和进口环节税时，应向纳税义务人或其代理人填发《海关专用缴款书》(含关税、环节税)。纳税义务人或其代理人持凭《海关专用缴款书》向银行缴纳税款。

2）滞纳金的缴纳凭证。海关征收进口货物的关税、进口环节增值税、消费税、船舶吨税等的滞纳金时，应向纳税义务人或其代理人填发《海关专用缴款书》。纳税义务人或其代理人持凭《海关专用缴款书》向银行缴纳滞纳金。

2. 税款的退还

（1）退税的范围。以下情况经海关核准可予以办理退税手续：① 已缴纳进口关税和进口环节税税款的进口货物，因品质或者规格原因原状退货复运出境的；② 已缴纳出口关税的出口货物，因品质或者规格原因原状退货复运进境，并已重新缴纳因出口而退还的国内环节有关税收的；③ 已缴纳出口关税的货物，因故未装运出口申报退关的；④ 散装进出口货物发生短卸、短装并已征税放行的，如果该货物的发货人、承运人或者保险公司已对短卸、短装部分退还或者赔偿相应货款的，纳税义务可以向海关申请退还进口或者出口短卸、短装部分的相应税款；⑤ 进出口货物因残损、品质不良、规格不符的原因，由进出口货物的发货人、承运人或者保险公司赔偿相应货款的，纳税义务人可以向海关申请退还赔偿货款部分的相应税款；⑥ 因海关误征，致使纳税义务人多缴税款的。

（2）退税的期限及要求。海关发现多征税款的，应当立即通知纳税义务人办理退还手续。纳税义务人发现多缴税款的，自缴纳税款之日起1年内，可以以书面形式要求海关退还多缴的税款并加算银行同期活期存款利息。所退利息按照海关填发收入退还书之日中国人民银行规定的活期储蓄存款利息计算，计算所退利息的期限自纳税义务人缴纳税款之日起至海关填发收入退还书之日止。

进口环节增值税已予抵缴的，除国家另有规定外不予退还。已征收的滞纳金不予退还。

海关应当自受理退税申请之日起30日内查实并通知纳税义务人办理退还手续。纳税义务人应当自收到通知之日起3个月内办理有关退税手续。

退税必须在原征税海关办理。办理退税时，纳税义务人应填写《退税申请表》并持凭原进口或出口报关单、原盖有银行收款章的税款缴纳收据正本及其他必要单证（合同、发票、协议、商检机构证明等）送海关审核，海关同意后，应按原征税或者补税之日所实施的税率计算退税额。

（3）退税凭证。海关退还已征收的关税和进口环节税时，应填发《收入退还书》（海关专用），同时通知原纳税义务人或其代理人。海关将《收入退还书》（海关专用）送交指定银行划拨款。

3. 税款的追征和补征

（1）追征和补征税款的范围。① 进出口货物放行后，海关发现少征或者漏征税款的；② 因纳税义务人违反规定造成少征或者漏征税款的；③ 海关监管货物在海关监管期内因故改变用途按照规定需要补征税款的。

（2）追征、补征税款的期限和要求。① 进出口货物放行后，海关发现少征或者漏征税款的，应当自缴纳税款或者货物放行之日起1年内，向纳税义务人补征税款；② 因纳税义务人违反规定造成少征或者漏征税款的，海关可以自缴纳税款或者货物放行之日起3年内追征税款，并从缴纳税款或者货物放行之日起至海关发现违规行为之日止按日加收少征或者漏征税款 0.5‰的滞纳金；③ 海关发现海关监管货物因纳税义务人违反规定造成少征或者漏征税款的，应当自纳税义务人应缴纳税款之日起 3 年内追征，并从应缴纳税款之日起至海关发现违规行为之日止按日加收少征或者漏征税款 0.5‰的滞纳金。

因纳税义务人违反规定需在征收税款的同时加收滞纳金的，如果纳税义务人未在规定的 15 天缴款期限内缴纳税款，另行加收自缴款期限届满之日起至缴清税款之日止滞纳税款的 0.5‰滞纳金。

（3）追征、补征税款凭证。海关追征或补征进出口货物关税和进口环节税时，应当向纳税义务人填发《海关专用缴款书》（含关税、进口环节税）。纳税义务人持凭《海关专用缴款书》向指定银行或开户银行缴纳税款。进口货物收货人或其代理人缴纳税款后，应将盖有"收讫"章的《海关专用缴款书》第一联送签发海关验核，海关凭予办理有关手续。

4．延期纳税

纳税义务人因不可抗力或者国家税收政策调整不能按期缴纳税款的，应当在货物进出口前向办理进出口申报纳税手续所在地直属海关提出延期缴纳税款的书面申请，并随附相关材料，同时还应当提供缴税计划。

货物实际进出口时，纳税义务人要求海关先放行货物的，应当向海关提供税款担保。

延期缴纳税款的期限，自货物放行之日起最长不超过 6 个月。纳税义务人在批准的延期缴纳税款期限内缴纳税款的，不征收滞纳金；逾期缴纳税款的，自延期缴纳税款期限届满之日起至缴清税款之日止按日加收滞纳税款 0.5‰的滞纳金。

8.4 进口货物原产地的确定与税率适用

8.4.1 进口货物原产地的确定

1．原产地规则的含义

原产地规则是确定进出口货物生产制造的国家、地区的标准和方法，是我国关税制度中重要组成部分。各国为了适应国际贸易的需要，对产自不同国家地区的商品给予不同的待遇，实行差别关税和贸易措施。

WTO《原产地规则协议》将原产地规则定义为：一国（地区）为确定货物的原产地而实施的普遍适用的法律、法规和行政决定。各国以本国立法形式制定出其鉴别货物"国籍"的标准，就是原产地规则。

2．原产地规则的类别

根据适用目的划分，原产地规则分为优惠原产地规则和非优惠原产地规则。

（1）优惠原产地规则。优惠原产地规则是指一国为了实施国别优惠政策而制定的原产地规则，优惠范围以原产地为受惠国的进口产品为限。它是出于某些优惠措施规定的需要，根据受惠国的情况和限定的优惠范围，制定的一些特殊原产地认定标准，而这些标准是给惠国和受惠国之间通过多边或双边协定形式制定的，所以又称为"协定原产地规则"。当然也可由给惠国通过自主方式制定优惠原产地规则，如欧盟普惠制中的优惠关税制度，中国对最不发达国家的特别优惠关税待遇等。

目前，我国已先后与多个国家和地区签订了双边或多边的贸易协议，这些协议进一步改善了我国的贸易环境，推进了市场多元化进程。截至2015年7月，我国在建自贸区19个，涉及32个国家和地区。其中，已签署自贸协定14个，涉及22个国家和地区，分别是中国与东盟、新加坡、巴基斯坦、新西兰、智利、秘鲁、哥斯达黎加、冰岛、瑞士、韩国和澳大利亚的自贸协定，内地与香港、澳门的更紧密经贸关系安排（CEPA），以及大陆与台湾的海峡两岸经济合作框架协议（ECFA），除韩国、澳大利亚自贸协定均已实施；正在谈判的自贸协定7个，涉及22个国家和地区，分别是中国与海湾合作委员会（GCC）、斯里兰卡和挪威的自贸协定，以及中日韩自贸协定、区域全面经济合作伙伴关系（RCEP）协定和中国—东盟自贸协定（"10+1"）升级谈判、中国—巴基斯坦自贸协定第二阶段谈判。

上述协定框架下所达成的优惠贸易协定，均适用相应的优惠原产地规则。

2009年之前，对于优惠贸易项下进出口货物的原产地管理，并无统一的管理办法可依，只是散见于各项优惠贸易协定的实施办法中。由于各优惠贸易协定对象不同，谈判条件不同，谈判结果也各异，导致相应的原产地管理也各不相同，缺乏统一性。随着我国自贸区战略的推进，签署的优惠贸易协定日渐增多，如果继续为各贸易协定分别制定原产地管理办法，优惠原产地法律法规将越发纷繁复杂，增加执行难度，影响协定实施。为了正确确定优惠贸易协定项下进出口货物的原产地，规范海关对优惠贸易协定项下进出口货物原产地管理，海关总署于2009年1月发布了《中华人民共和国进出口货物优惠原产地管理规定》（以下简称《优惠原产地管理规定》），与各项自由贸易协定和优惠贸易安排项下的原产地管理办法，初步构成我国优惠原产地管理的基本框架。

（2）非优惠原产地规则。非优惠原产地规则是指一国根据实施其海关税则和其他贸易措施的需要，由本国立法自主制定的原产地规则，故也称为"自主原产地规则"。非优惠原产地规则是为实施最惠国待遇、反倾销和反补贴、保障措施、原产地标记管理、国别数量限制、关税配额等非优惠性贸易措施，以及进行政府采购、贸易统计等活动而认定进出口货物原产地的标准。其实施必须遵守最惠国待遇原则，即必须普遍地、无差别适用于所有原产地为最惠国的进口货物。《中华人民共和国原产地条例》和《关于非优惠原产地规则中实质性改变标准的规定》初步构成了我国非优惠进出口货物原产地管理的法律框架。《WTO协调非优惠原产地规则》在协调制定中，完成后，WTO成员将实施统一的非优惠原产地规则，以替代各国自主制定的非优惠原产地规则。

3. 优惠原产地规则的主要内容

（1）优惠原产地标准。在判断货物原产地时，会出现以下两种情况：一种是货物完全是在一个国家（地区）获得或生产制造，即只有一个国家（地区）介入；另一种是货物的生产或制造有两个或两个以上国家（地区）介入。不管是优惠原产地规则还是非优惠原产地规则，都要确定这两种情况的原产地认定标准。

对于完全在一国或地区获得的产品，如农产品和矿产品，各国的原产地认定标准基本一致，通常以该产品的种植、开采或生产国为原产国，这一标准被称为"完全获得标准"。对于经过几个国家或地区加工、制造的产品，各国一般以最后完成实质性加工的国家或地区为原产国，即采用"实质性改变标准"。

1）完全获得标准，适用于完全在一国（地区）获得或生产的货物。这些货物包括：① 在该成员国或地区境内收获、采摘或采集的植物产品；② 在该成员国或地区境内出生并饲养的活动物；③ 在该成员国或地区领土或者领海开采、提取的矿产品；④ 其他符合相应优惠贸易协定项下完全获得标准的货物。

2）质性改变标准，适用于非完全在一国（地区）获得或生产的货物。实质性改变标准主要包括税则归类改变标准、区域价值成分标准、制造加工工序标准、其他标准等。

① 税则归类改变标准，是指原产于非成员国或者地区的材料在出口成员国或者地区境内进行制造、加工后，所得货物在《商品名称及编码协调制度》中税则归类发生了变化。

② 区域价值成分标准，是指出口货物船上交货价格（FOB）扣除该货物生产过程中该成员国或者地区非原产材料价格后，所余价款在出口货物船上交货价格（FOB）中所占的百分比。

区域价值成分=（货物的 FOB 出口价格—非原产材料价格）/货物的 FOB 出口价格×100%

不同协定框架下的优惠原产地规则中所包含的区域价值成分标准有差异。

应用案例

《亚太贸易协定》项下的原产地规则要求区域价值成分不低于45%，原产于最不发达受惠国（孟加拉国）的产品的以上比例不低于35%。

《中国—东盟全面经济合作框架协议》项下的《中国—东盟自由贸易区原产地规则》的增值标准为原产于任一东盟国家的中国—东盟自由贸易区（以下简称"自由贸易区"）的产物的成分不少于40%，原产于非自由贸易区的材料、零件或者产物的总价值不超过所生产或获得产品 FOB 的60%，并且最后生产工序在东盟国家境内完成。

《内地与香港关于建立更紧密经贸关系安排》（CEPA）项下的原产地规则要求港澳产品的增值标准为30%。

---

③ 制造加工工序标准，是指赋予加工后所得货物基本特征的主要工序。

④ 其他标准，是指除上述标准之外，成员国或者地区一致同意采用的确定货物原产地的其他标准。

（2）直接运输规则。"直接运输"是指优惠贸易协定项下进口货物从该协定成员国或者地区直接运输至中国境内，途中未经过该协定成员国或者地区以外的其他国家或者地区（以下简称其他国家或者地区）。

原产于优惠贸易协定成员国或者地区的货物，经过其他国家或者地区运输至中国境内，不论在运输途中是否转换运输工具或者做临时储存，同时符合下列条件的，应当视为"直接运输"：

1）该货物在经过其他国家或者地区时，未做除使货物保持良好状态所必须处理以外的其他处理。

2）该货物在其他国家或者地区停留的时间未超过相应优惠贸易协定规定的期限。

3）该货物在其他国家或者地区做临时储存时，处于该国家或者地区海关监管之下。

不同协定框架下的优惠原产地规则中的直接运输标准各有不同。

> **相关链接**
>
> （1）《亚太贸易协定》项下的原产地规则中的直接运输是指：货物运输未经非受惠国关境；货物运输虽经一个或多个非受惠国关境，但其有充分理由证明过境运输完全出于地理原因或商业运输的需要，并能证明货物在运输过程中未在非受惠国关境内使用、交易或消费，以及除装卸和为保持货物良好状态而接受的简单处理外，未经任何其他处理。
>
> （2）《框架协议》项下的原产地规则中的直接运输是指《框架协议》项下的进口货物从某一东盟国家直接运输到我国境内，或者从某一东盟国家经过其他自由贸易区成员国（地区）境内运输到我国，但途中未经过任何非自由贸易区成员国（地区）境内。进口货物运输途中经过非自由贸易区成员国（地区）境内（包括转换运输工具或做临时储存）运输到我国，并且同时符合下列条件的，视为从东盟国家直接运输：① 仅是由于地理原因或运输需要；② 产品经过上述国家时未进行贸易或进行消费；③ 除装卸或为保持产品良好状态而进行的加工外，产品在上述国家未经过任何其他加工。
>
> （3）CEPA 香港项下的进口货物应当从香港直接运输至内地口岸；CEPA 澳门项下的进口货物不能从香港以外的地区或者国家转运。

> **相关链接**
>
> ### CEPA 通关牵涉庞大联网
>
> 在海关总署的统一部署下，深圳海关已于 2003 年 5 月 29 日成立了深圳原产地管理办公室。这是全国海关第一个专门的原产地管理机构，负责 CEPA 项下原产地及其他优惠原产地管理工作。
>
> CEPA 货物通关审核程序牵涉庞大的联网：港澳签发原产地证书后会通过专线发送电子底账至海关电子口岸，电子口岸将底账发送至海关总署，海关总署确认后再将电子底账发送至货物申报通关的口岸；货物通关后核销原产地证书的反馈信息就将依次发回至海关总署、电子口岸和香港工业贸易署。
>
> 一批货如果以香港原产身份进入内地，将由进口商在海关电子审单，如果报关单上的原产地编号、HS 编号、计量单位、数量和口岸都准确无误对碰成功的话，将通过现场接单和查验等常规程序进口。如果数据对碰不符，进口商也可以通过缴纳保证金先行进口，事后核查无误将可退还保证金。但如果有问题，则将保证金抵税。

（3）优惠原产地证书。

优惠原产地证书是证明产品原产地的书面文件，是受惠国产品出口到给惠国时享受关税优惠的重要凭证。

1）对出口货物原产地的签发和管理。由法律、行政法规规定的有权签发出口货物原产地证书的机构（以下简称签证机构）可以签发优惠贸易协定项下出口货物原产地证书。签证机构应依据《优惠原产地管理规定》以及相应优惠贸易协定项下所确定的原产地规则签发出口货物原产地证书。海关总署应当对签证机构是否依照规定签发优惠贸易协定项下出口货物原产地证书进行监督和检查。同时签证机构应当定期向海关总署报送签发优惠贸易协定项下出口货物原产地证书的有关情况。

应优惠贸易协定成员国或者地区要求，海关可以对出口货物原产地证书或者原产地进行核查，并应当在相应优惠贸易协定规定的期限内反馈核查结果。

2）对进口货物原产地的要求。进口货物收货人或其代理人向海关提交的原产地证书，应当符合相应优惠贸易协定关于证书格式、填制内容、签章、提交期限等规定，并与商业发票、报关单等单证内容相符。

海关认为必要时，可以请求出口成员国或者地区主管机构对优惠贸易协定项下进口货物原产地进行核查。海关也可以依据相应优惠贸易协定的规定就货物原产地开展核查访问。

> **相关链接**
>
> 《亚太贸易协定》原产地证明书应当同时符合以下3个条件：
> （1）由该成员国政府指定机构以手工或电子形式签发。
> （2）符合《中华人民共和国海关〈亚太贸易协定〉项下进出口货物原产地管理办法》附件所列格式，用国际标准 A4 纸印制，所用文字为英文。
> （3）证书印章与该成员国通知中国海关的印章印模相符。
>
> 原产地证书自签发之日起 1 年内有效，不得涂改和叠印，所有未填空白之处应该予以画去，以防事后填写。

（4）不适用协定或特惠税率的情形。有下列情形之一的，进口货物不适用协定税率或者特惠税率：

1）进口货物收货人或者其代理人在货物申报进口时没有提交符合规定的原产地证书、原产地声明，也未就进口货物是否具备原产资格进行补充申报的。

2）进口货物收货人或者其代理人未提供商业发票、运输单证等其他商业单证，也未提交其他证明符合《优惠原产地管理规定》第十四条规定的文件的。

3）经查验或者核查，确认货物原产地与申报内容不符，或者无法确定货物真实原产地的。

4）其他不符合《优惠原产地管理规定》及相应优惠贸易协定规定的情形。

▶ **提示** 除另有规定，海关保税监管转内销货物同样适用《优惠原产地管理规定》。海关保税监管货物转内销时，进口人应当提交符合规定原产地证书等单证，海关经确认货物与原产地证书上列明货物一致，货物符合"直接运输"相关规定，对有关货物给予相应的协定税率或特惠税率待遇。

4. 非优惠原产地规则的主要内容

（1）非优惠原产地标准。非优惠原产地标准包括完全获得标准和实质性改变标准。

1）完全获得标准。完全在一个国家（地区）获得的货物，以该国（地区）为原产地。以下产品视为在一国"完全获得"：① 在该国（地区）出生并饲养的活的动物；② 在该国（地区）野外捕捉、捕捞、收集的动物；③ 从该国（地区）的活的动物获得的未经加工的物品；④ 在该国（地区）收获的植物和植物产品；⑤ 在该国（地区）采掘的矿物；⑥ 在该国（地区）获得的除本条第①～⑤项范围之外的其他天然生成的物品；⑦ 在该国（地区）生产过程中产生的只能弃置或者回收用作材料的废碎料；⑧ 在该国（地区）收集的不能修复或者修理的物品，或者从该物品中回收的零件或者材料；⑨ 由合法悬挂该国旗帜的船舶从其领海以外海域获得的海洋捕捞物和其他物品；⑩ 在合法悬挂该国旗帜的加工船上加工本条第⑨项所列物品获得的产品；⑪ 从该国领海以外享有专有开采权的海床或者海床底土获得的物品；⑫ 在该国（地区）完全从上述第①～⑪项所列物品中生产的产品。

在确定货物是否在一个国家（地区）完全获得时，为运输、储存期间保存货物而做的加工或者处理，为货物便于装卸而做的加工或者处理，为货物销售而做的包装等加工或者处理，不予考虑。

2）实质性改变标准。两个及两个以上国家（地区）参与生产的货物，以最后完成实质性改变的国家（地区）为原产地。实质性改变的确定标准以税则归类改变为基本标准；税则归类改变不能反映实质性改变的，以制造或者加工工序、从价百分比等为补充标准。

税则归类改变是指在某一国家（地区）对非该国（地区）原产材料进行制造、加工后，所得货物在《中华人民共和国进出口税则》中4位数税号一级的税则归类发生了变化。

制造或者加工工序是指在某一国家（地区）进行的赋予制造、加工后所得货物基本特征的主要工序。

从价百分比是指在某一国家（地区）对非该国（地区）原产材料进行制造、加工后的增值部分，超过所得货物价值的30%。其计算公式如下：

$$\frac{工厂交货价-非该国（地区）原产材料价值}{工厂交货价} \times 100\% \geqslant 30\%$$

式中，"工厂交货价"是指支付给制造厂所生产的成品的价格；"非该国（地区）原产材料价值"是指直接用于制造或装配最终产品而进口原料、零部件的价值（含原产地不明的原料、零配件），以其进口"成本、保险费加运费"（CIF）计算。

制造或者加工工序和从价百分比作为标准来判定实质性改变的货物在有关的《适用制造或者加工工序及从价百分比标准的货物清单》中具体列明，并按列明的标准判定是否发生实质性改变。未列入上述清单货物的实质性改变的判定，应当适用税则归类改变标准。《适用制造或者加工工序及从价百分比标准的货物清单》由海关总署会同商务部、国家质量监督检验检疫总局根据实施情况修订并公布。

上述实质性改变标准适用于非优惠性贸易措施项下两个及两个以上国家（地区）所参与生产的货物原产地的确定。

（2）包装容器、包装材料及附件等的确定标准。随所装货物进出口的包装、包装材料和容器，在《中华人民共和国进出口税则》中与该货物一并归类的，该包装、包装材料和容器的原产地不影响所装货物原产地的确定；对该包装、包装材料和容器的原产地不再单独确定，所装货物的原产地即为该包装、包装材料和容器的原产地。

随所装货物进出口的包装、包装材料和容器，在《中华人民共和国进出口税则》中与该货物不一并归类的，依照我国原产地条例的规定确定该包装、包装材料和容器的原产地。

按正常配备的种类和数量随货物进出口的附件、备件、工具和介绍说明性资料，在《中华人民共和国进出口税则》中与该货物一并归类的，该附件、备件、工具和介绍说明性资料的原产地不影响该货物原产地的确定；对该附件、备件、工具和介绍说明性资料的原产地不再单独确定，该货物的原产地即为该附件、备件、工具和介绍说明性资料的原产地。

随货物进出口的附件、备件、工具和介绍说明性资料在《中华人民共和国进出口税则》中虽与该货物一并归类，但超出正常配备的种类和数量的，以及在《中华人民共和国进出口税则》中与该货物不一并归类的，依照我国原产地条例的规定确定该附件、备件、工具和介绍说明性资料的原产地。

（3）原产地证书。原产地证书是证明产品原产于某地的书面文件，它是受惠国的产品出口到给惠国时享受关税优惠的凭证，同时也是进口货物是否适用反倾销税率、反补贴税率、保障措施等贸易政策的凭证。我国出口货物原产地证书由国家质量监督检验检疫总局所属的各地出入境检验检疫机构出具。

一般情况下，根据世界贸易组织的要求，我国对非优惠贸易协定下进口的货物实施最惠国待遇条款，对进口货物按照最惠国税率征收，不需要进口人提供原产地证书。但在执行反倾销、反补贴等特殊情形下，因涉及对不同国家及厂商的差别待遇，必须提供原产地证书。

8.4.2 税率适用

1. 我国海关制定税率的原则

我国《海关进出口税则》是根据以下原则制定税率的：

（1）对进口国内不能生产或供应不足的动植物良种、粮食、肥料、饲料、药剂、精密仪器、关键机械设备等，制定低税或免税。

（2）原料的进口税率比半成品、成品低。

（3）国内不能生产或质量未过关的零件、部件，其进口税率比整机低。

（4）国内能生产的物品、奢侈品，制定高税率。

（5）国内需要保护的产品或内外差价大的产品，制定高税率。

（6）对绝大多数出口产品不征出口税，仅对需要限制出口的极少数原料、材料和半成品征收适当的出口税。

目前，绝大部分商品都免税出口，仅对极小部分商品征收出口税，目的是限制这些商品出口，保证国内市场供应或者控制其盲目出口。

2. 税率适用原则

我国进口关税设置最惠国税率、协定税率、特惠税率、普通税率、关税配额税率等税率，对进口货物在一定期限内可以实行暂定税率。出口关税设置出口税率，对出口货物在一定期限内可以实行暂定税率。

（1）进口税率适用原则。

1）原产于共同适用最惠国待遇条款的世界贸易组织成员的进口货物，原产于与中华人民共和国签订含有相互给予最惠国待遇条款的双边贸易协定的国家或者地区的进口货物，以及原产于中华人民共和国境内的进口货物，适用最惠国税率。原产于与中华人民共和国签订含有关税优惠条款的区域性贸易协定的国家或者地区的进口货物，适用协定税率。原产于与中华人民共和国签订含有特殊关税优惠条款的贸易协定的国家或者地区的进口货物，适用特惠税率。原产于除上述国家或者地区以外的进口货物，以及原产地不明的进口货物，适用普通税率。

2）适用最惠国税率的进口货物有暂定税率的，应当适用暂定税率；适用协定税率、特惠税率的进口货物有暂定税率的，应当从低适用税率；适用普通税率的进口货物，不适用暂定税率。

3）按照国家规定实行关税配额管理的进口货物，关税配额内的，适用关税配额税率。关税配额外的，其税率的适用按照其所适用的其他相关规定执行。

4）按照有关法律、行政法规的规定对进口货物采取反倾销、反补贴、保障措施的，其税率的适用按照《中华人民共和国反倾销条例》、《中华人民共和国反补贴条例》和《中华人民共和国保障措施条例》的有关规定执行。

5）任何国家或者地区违反与中华人民共和国签订或者共同参加的贸易协定及相关协定，对中华人民共和国在贸易方面采取禁止、限制、加征关税或者其他影响正常贸易的措施的，对原产于该国家或者地区的进口货物可以征收报复性关税，适用报复性关税税率。征收报复性关税的货物、适用国别、税率、期限和征收办法，由国务院关税税则委员会决定并公布。

> **提示** 实施贸易救济措施（包括反倾销、反补贴、保障措施等）的进口商品，会涉及部分原产于优惠贸易协定的国家或地区的进口商品，因此，凡进口原产于我国达成优惠贸易协定的国家或地区并享受协定税率的商品，同时该商品又属于我国实施反倾销或反补贴措施范围内的，应按照优惠贸易协定税率计征进口关税；凡进口原产于我国达成优惠贸易协定的国家或地区并享受协定税率的商品，同时该商品又属于我国实施保障措施范围内的，应在该商品全部或部分中止、撤销、修改关税减让义务后所确定的适用税率基础上计征进口关税。
>
> 执行国家有关进出口关税减让政策时，首先应该在最惠国税率的基础上计算有关税目的减征税率，然后根据进口货物的原产地及各种税率的适用范围，将这一税率与同一

税目的特惠税率、协定税率、进口暂定最惠国税率进行比较，税率从低执行，但不得在暂定最惠国税率基础上再进行减让。

从2002年起我国对部分非全税目信息技术产品的进口按ITA税率计征。

对于同时适用多种税率的进口货物，在选择适用的税率时，基本的原则是"从低计征"，特殊情况除外。

表8-4列出了同时有两种及两种以上税率可选用时的选择汇总表。

表8-4 进口货物可选用的税率与最终适用的税率

进口货物可选用的税率	最终适用的税率
同时适用最惠国税率、进口暂定税率	应当适用进口暂定税率
同时适用协定税率、特惠税率、进口暂定税率	应当从低适用税率
同时适用国家优惠政策、进口暂定税率	按国家优惠政策进口暂定税率商品时，以优惠政策计算确定的税率与暂定税率，两者取低计征进口关税，但不得在暂定税率上再进行减让
适用普通税率的进口货物，存在进口暂定税率	适用普通税率的进口货物，不适用暂定税率
适用关税配额税率、其他税率	关税配额内的，适用关税配额税率；关税配额外的，适用其他税率
同时适用ITA税率、其他税率	适用ITA税率
反倾销、反补贴、保障措施关税、报复性关税	适用反倾销、反补贴、保障措施关税、报复性关税

（2）出口税率适用原则。对于出口货物，在计算出口关税时，出口暂定税率优先于出口税率执行。

3．税率适用时间

进出口货物应当适用海关接受该货物申报进口或者出口之日实施的税率。

（1）进口货物到达前，经海关核准先行申报的，应当适用装载该货物的运输工具申报进境之日实施的税率。

（2）进口转关运输货物，应当适用指运地海关接受该货物申报进口之日实施的税率；货物运抵指运地前，经海关核准先行申报的，应当适用装载该货物的运输工具抵达指运地之日实施的税率。

（3）出口转关运输货物，应当适用起运地海关接受该货物申报出口之日实施的税率。

（4）经海关批准，实行集中申报的进出口货物，应当适用每次货物进出口时海关接受该货物申报之日实施的税率。

（5）因超过规定期限未申报而由海关依法变卖的进口货物，其税款计征应当适用装载该货物的运输工具申报进境之日实施的税率。

（6）因纳税义务人违反规定需要追征税款的进出口货物，应当适用违反规定的行为发生之日实施的税率；行为发生之日不能确定的，适用海关发现该行为之日实施的税率。

（7）已申报进境并放行的保税货物、减免税货物、租赁货物或者已申报进出境并放行的暂时进出口货物，有下列情形之一需缴纳税款的，应当适用海关接受纳税义务再次填写报关单。

申报办理纳税及有关手续之日实施的税率：① 保税货物经批准不复运出境的；② 减免税货物经批准转让或者移作他用的；③ 暂准进境货物经批准不复运出境，以及暂准出境货物经批准不复运进境的；④ 租赁进口货物，分期缴纳税款的；⑤ 保税仓库货物转入国内市场销售的。

（8）补征和退还进出口货物关税，按照上述规定确定适用的税率。

8.5 进出口税费的计算

海关每月使用的计征汇率为上一个月的第3个星期三（第3个星期三为法定节假日的，顺延采用第4个星期三）中国人民银行公布的外币对人民币的基准汇率。以基准汇率币种以外的外币计价的，采用同一时间中国银行公布的现汇买入价和现汇卖出价的中间值。人民币元后采用四舍五入法保留4位小数。如上述汇率发生重大波动，海关总署认为必要时，可发布公告，另行规定计征汇率。

8.5.1 进出口关税的计算

进出口关税的计算程序如下：
（1）按照归类原则确定税则归类，将应税货物归入恰当的税目税号。
（2）根据原产地规则和税率的使用原则，确定应税货物所适用的税率。
（3）根据完税价格审定办法和规定，确定应税货物的完税价格或确定实际进出口数量；
（4）根据汇率使用原则，将外币折算为人民币。
（5）按照公式计算应征税额。

> **提示**
> （1）海关征收的关税、进口环节增值税、进口环节消费税、船舶吨税、滞纳金等税费一律以人民币计征，完税价格、税额采用四舍五入法计算至分，分以下四舍五入。
> （2）关税、进口环节增值税、进口环节消费税、船舶吨税、滞纳金等税费的起征点为人民币50元。
> （3）进出口货物的成交价格及有关费用以外币计价的，计算税款前海关按照该货物适用的计征汇率（通常为中国银行的外汇牌价的中间价）折合为人民币计算完税价格。

应用案例

1. 国内某公司从香港购进柯达彩色胶卷504 000卷（宽度35mm，长度不超过2m），成交价格合计为CIF境内某口岸10.00港币/卷。已知适用中国银行的外汇牌价中间价为 100 港币=人民币 85.98 元，计算应征多少进口关税？

解：确定税则归类，彩色胶卷归入税目税号 3702.5410；

原产地香港适用最惠国税率 30 元/平方米；

以规定单位换算表折算，规格"135/36"1 卷=0.057 75 平方米；

确定其进口数量为 504 000 卷×0.057 75 平方米/卷=29 106 平方米。

$$应征进口关税税额=货物数量×单位税额$$
$$=29\ 106\ 平方米×30\ 元/平方米$$
$$=873\ 180.00（元）$$

2. 国内某企业从广州出口合金生铁一批，申报出口量 86 吨，成交价格为 98 美元/吨 FOB 广州。其适用中国银行的外汇牌价中间价为 1 美元=人民币 6.68 元，计算出口关税。

解：确定税则归类，该合金生铁归入税目税号 7201.5000，税率为 20%；

审定 FOB 价为 8 428 美元；

将外币折算为人民币为：56 299.04 元。

$$出口关税税额 = \frac{FOB\ 成交价格}{1+出口关税税率} \times 出口关税税率$$
$$= \frac{56\ 299.04}{1+20\%} \times 20\%$$
$$= 46\ 915.87 \times 20\%$$
$$= 9\ 383.17（元）$$

8.5.2 进口环节税的计算

进口环节税的计算程序如下：

（1）按照归类原则确定税则归类，将应税货物归入恰当的税目税号。

（2）根据有关规定，确定应税货物所适用的消费税税率和或增值税税率。

（3）根据完税价格审定办法和规定，确定应税货物的完税价格，或确定实际进出口数量。

（4）根据汇率使用原则，将外币折算为人民币。

（5）按照公式计算应征税额。

应用案例

1. 某进出口公司进口丹麦产啤酒 3 800 升，经海关审核其成交价格总值为 CIF 境内某口岸 1 672.00 美元。其适用中国银行的外汇牌价中间价为 1 美元=人民币 6.68 元，计算应征的消费税税额。

解：确定税则归类，啤酒归入税目税号 2203.0000；

进口完税价格≥360 美元/吨的消费税税率为 250 元/吨，进口完税价格<360 美元/

吨的消费税税率为 220 元/吨；

进口啤酒数量：3 800 升÷988 升/吨=3.846 吨；

完税价格单价：1 672.00 美元÷3.846 吨=434.74 美元/吨（进口完税价格>360 美元/吨，则消费税税率为 250 元/吨）。

$$进口环节消费税税额=应征消费税进口数量\times 单位税额$$
$$=3.846\text{ 吨}\times 250\text{ 元/吨}$$
$$=961.50\text{ 元}$$

2. 某公司进口货物一批，经海关审核其成交价格为 1 200.00 美元，其适用中国银行的外汇折算价为 1 美元=人民币 6.68 元，折合人民币为 8 016.00 元。已知该批货物的关税税率为 12%，消费税税率为 10%，增值税税率为 17%。现计算应征增值税税额为多少？

解：首先计算关税税额，然后计算消费税税额，最后再计算增值税税额。

$$应征关税税额=完税价格\times 关税税率$$
$$=8\ 016.00\times 12\%$$
$$=961.92（元）$$

$$应征消费税税额=\frac{(关税完税价格+关税税额)}{(1-消费税税率)}\times 消费税税率$$
$$=\frac{8\ 016.00+961.92}{1-10\%}\times 10\%$$
$$=9\ 975.47\times 10\%$$
$$=997.55（元）$$

$$应征增值税税额=(关税完税价格+关税税额+消费税税额)\times 增值税税率$$
$$=(8\ 016.00+961.92+997.55)\times 17\%$$
$$=9\ 975.47\times 17\%$$
$$=1\ 695.83（元）$$

8.5.3 滞纳金的计算

按照规定，海关征收的关税、进口环节增值税、消费税、船舶吨税，如纳税义务人或其代理人逾期缴纳税款的，应缴纳税款滞纳金。其计算公式如下：

$$关税滞纳金金额 = 滞纳的关税税额\times 0.5‰\times 滞纳天数$$
$$进口环节税滞纳金金额 = 滞纳的进口环节税税额\times 0.5‰\times 滞纳天数$$

根据《海关法》的规定，进出口货物的纳税义务人，应当自海关填发税款缴款书之日起 15 日内缴纳税款；逾期缴纳的，由海关征收滞纳金。在实际计算纳税期限时，应从海关填发税款缴款书之日的第 2 天起计算，当天不计入。税款缴纳期限内含有的星期六、星期天或法定节假日不予扣除。滞纳天数按照实际滞纳天数计算，其中的星期六、星期天或法定节假日一并计算。

应用案例

国内某公司向香港购进日本皇冠牌轿车 10 辆，成交价格共为 CIF 境内某口岸 125 800 美元。已知该批货物应征关税税额为人民币 352 793.52 元，应征进口环节消费税为人民币 72 860.70 元，进口环节增值税税额为人民币 247 726.38 元。海关于 10 月 14 日（周四）填发海关专用缴款书，该公司于同年 11 月 9 日缴纳税款。计算应征的滞纳金。

解：首先确定滞纳天数，然后再计算应缴纳的关税、进口环节消费税和增值税的滞纳金。

税款缴款期限为 10 月 29 日（星期五），10 月 30 日～11 月 9 日为滞纳期，共滞纳 11 天。

按照计算公式分别计算进口关税、进口环节消费税和增值税滞纳金。

进口关税滞纳金＝滞纳关税税额 ×0.5‰×滞纳天数
= 352 793.52 × 0.5‰ × 11
=1 940.36（元）

进口环节消费税滞纳金＝进口环节消费税税额 ×0.5‰×滞纳天数
= 72 860.70 × 0.5‰ × 11
= 400.73（元）

进口环节增值税滞纳金＝进口环节增值税税额 ×0.5‰×滞纳天数
= 247 726.38 × 0.5‰ × 11
=1 362.50（元）

本章小结

1．本章知识点较多，内容较广，而且本章内容与国际贸易实务也有较紧密的联系，对此都需要熟悉和掌握。本章的主要概念有关税、关税纳税义务人、增值税、消费税、进出口货物完税价格、原产地规则、滞纳金等。

2．关税是一种流转税，其征收的主体是海关，征税的对象是进出口货物和进出境物品。关税的纳税义务人是进出口货物的收发货人、进出境物品的所有人或其代理人。征收关税是海关的主要任务之一。海关除了征收关税外，还代征进口环节消费税、进口环节增值税、船舶吨税等。因此，进口环节增值税和消费税的征收主体是海关，而其他环节的增值税和消费税的征收主体是国内的税务机关。船舶吨税的征收主体也是海关。

3．关税完税价格的确定是本章的重点，也是难点。进出口货物的完税价格是海关对进出口货物征收从价税时审查估定的应税价格，是海关凭以计征进出口货物关税及进口环节增值税、消费税的基础。我国海关审价的法律依据有法律层次、行政法规层次和部门规章三个层次，比较完整、准确地体现了 WTO《海关估价协议》的基本原则和主要内容。

进口货物的完税价格，由海关以该货物的成交价格为基础审查确定，应当包括货物运抵中华人民共和国境内输入地点起卸前的运输及其相关费用、保险费。如进口货物的成交价格不能确定的，海关经了解有关情况，并与纳税义务人进行价格磋商后，依次以相同货物成交价格估价方法、类似货物成交价格估价方法、倒扣价格估价方法、计算价格估价方法、合理方法审查确定该货物的完税价格。这6种方法须依次使用。

出口货物的完税价格由海关以该货物的成交价格为基础审查确定，并应当包括货物运至我国境内输出地点装载前的运输及其相关费用、保险费。出口货物的成交价格是指该货物出口销售时，卖方为出口该货物应当向买方直接收取和间接收取的价款总额。

4．我国进口关税设置最惠国税率、协定税率、特惠税率、普通税率、关税配额税率等税率。对进口货物在一定期限内可以实行暂定税率。税率的适用遵循原产地规则。对同时适用多种税率的进口货物的税率选择时，基本原则是"从低计征"，特殊情况除外。适用税率的确定与货物的原产地确定关系十分密切。原产地确定是海关业务中的重要工作，与海关估计、商品归类并称海关关税领域的三大核心技术。正确掌握优惠原产地规则和非优惠原产地规则十分重要。

5．滞纳金是税收管理中的一种行政强制措施。在海关监督管理中，滞纳金是指应纳税的单位或个人因逾期向海关缴纳税款而依法应缴纳的款项。按照规定，关税、进口环节增值税、进口环节消费税、船舶吨税等的纳税义务人或其代理人，应当自海关填发税款缴款书之日起15日内向指定银行缴纳税款，逾期缴纳的，海关依法在原应纳税款的基础上，按日加收滞纳税款0.5‰的滞纳金。注意滞纳金和滞报金的征收基础有区别。滞纳金是在原应纳税款的基础上加收，而滞报金是在进口货物的关税完税价格的基础上加收。在计算滞纳金时，要注意滞纳天数的确定。

6．在计算进出口税费时，要注意基本要求和一些细节。如海关征收的关税、进口环节增值税、进口环节消费税、船舶吨税、滞纳金等税费一律以人民币计征，完税价格、税额采用四舍五入法计算至分，分以下四舍五入。关税、进口环节增值税、进口环节消费税、船舶吨税、滞纳金等税费的起征点为人民币50元。进出口货物的成交价格及有关费用以外币计价的，计算税款前海关按照该货物适用的计征汇率（通常为中国人民银行的外汇牌价的中间价）折合为人民币计算完税价格。

练习题

一、单选题

1．在我国不属于海关征收的税种是（ ）。
   A．营业税   B．关税
   C．进口环节增值税、消费税   D．船舶吨税

2．我国关税的客体是（ ）。
   A．进出口货物的货主
   B．办理通关手续的海关

C．准许进出境的货物和物品

D．各类进出境人员、运输工具、货物和物品

3．某公司从英国进口一套机械设备，发票列明如下：成交价格为CIF上海USD200 000，设备进口后的安装调试费为USD 8 000，上述安装调试费包括在成交价格中，则经海关审定的该设备的完税价格为（　　）。

A．USD 200 000　　B．USD208 000　　C．USD192 000　　D．USD 196 000

4．出口货物应当以海关审定的货物售与境外的（　　），作为完税价格。

A．FOB　　　　　B．CIF　　　　　C．FOB—出口税　　D．CIF—出口税

5．下列表述中不符合非优惠原产地规则的实质性改变标准规定的是（　　）。

A．货物经加工后，在海关进出口税则中的税号（4位数一级的税则号列）已有了改变

B．货物经重新筛选并重新包装

C．货物经加工后，增值部分占新产品总值的比例已经达到30%

D．货物经加工后，增值部分占新产品总值的比例已经达到30%以上

6．关税税额在人民币（　　）元以下的一票进出口货物，免征关税。

A．10　　　　　　B．20　　　　　　C．40　　　　　　D．50

7．因收发货人或其代理人违反规定造成的少征或漏征，海关在（　　）年内可以追征。

A．1　　　　　　 B．2　　　　　　 C．3　　　　　　 D．0.5

8．海关于9月6日（周五）填发税款缴款书，纳税人应当最迟于（　　）到指定银行缴纳关税。

A．9月20日　　　B．9月21日　　　C．9月22日　　　D．9月23日

二、多选题

1．下列进口货物若属享受减免税，（　　）属于特定减免税的范围。

A．外国政府、国际组织无偿赠送的物资

B．科教用品　　　C．残疾人用品　　　D．保税区物资

2．根据非优惠原产地规则的"完全获得标准"，完全在一国生产或制造的进口货物包括（　　）。

A．从该国领土上开采的矿产品

B．在该国收集的不能修复或修理的物品

C．从该国领土或领海上开采的石油

D．从该国的船只上卸下的海洋捕捞物，以及由该国船只在海上取得的其他产品

3．一般进口货物的完税价格，除包括货物的货价外，还应包括的费用有（　　）。

A．与进口货物视为一体的容器费用

B．卖方佣金

C．买方佣金

D．货物运抵我国关境输入地点起卸前的包装费、运费和其他劳务费、保险费

第8章 进出口税费的征收

4．以下选项中属于进口环节增值税组成计税价格的是（　　）。
　　A．进口货物的完税价格　　　　B．进口关税额
　　C．进口环节增值税额　　　　　D．进口环节消费税额
5．以下关于我国船舶吨税的说法正确的是（　　）。
　　A．我国船舶吨税是按照船舶吨位书中注明的注册总吨位来计征的
　　B．我国船舶吨税分1年期缴纳、30天期缴纳和90天期缴纳三种，缴纳期限由纳税义务人自行选择
　　C．我国船舶吨税在税率的适用方面分为优惠吨税和一般（普通）吨税两种
　　D．我国船舶吨税的缴款期限为自填发税款缴款书之日起15日内

三、判断题

1．我国现行《海关法》规定的进出口货物纳税期限是自海关填发税款缴款书之日起7日内。（　　）
2．某货物由×××轮载运进口，进境后停上海港，然后驶往武汉，在武汉卸货，海关计算完税价格时，其运费应计算至上海港为止。（　　）
3．若经海关调查认定买卖双方有特殊经济关系并影响成交价格，则海关有权不接受进口人的申报价格。（　　）
4．对运往境外加工货物，应当以海关审定的加工费作为完税价格。（　　）
5．进出境运输工具装载的燃料、物料和饮食用品可以免税。（　　）
6．进口货物遭受损坏或损失后可以减免关税。（　　）
7．滞纳金的缴纳凭证是"海关行政事业收费专用票据"。（　　）
8．海关退税时，已征收的滞纳金不予退还。（　　）

四、简答题

1．在中国台湾纺成的纱线，运到日本织成棉织物并进行加工。上述棉织物又被运往越南制成睡衣，后又经香港更换包装转销我国。问该货物的原产国或地区。
2．简述我国关税、进口环节增值税、进口环节消费税、船舶吨税的征收机关、征收对象。
3．成交价格是否一定是发票价格？简述成交价格的含义。
4．进出口货物的买卖双方哪些情况构成"特殊关系"？
5．在确定进出口货物完税价格时，哪些费用若由买方承担应当计入完税价格，哪些费用若单独列出，可以扣除？
6．何谓"相同货物"？何谓"类似货物"？
7．使用合理估价方法估价时，哪些估价方法被禁止使用？
8．进口货物的完税价格不能按成交价格确定时，海关应依次使用何种方法估定其完税价格？
9．对运往境外加工的货物和运往境外修理的货物，应当分别怎样估定其完税价格？
10．出口货物的完税价格应如何确定？

五、实训题

1．某出口货物成交价格为 FOB 上海 10 000.00 美元，另外从上海至出口目的国韩国的运费总价为 500.00 美元，从上海至韩国的保险费率为 3‰。假定其适用的基准汇率为 1 美元=6.68 元人民币，出口关税税率为 10%。计算出口关税税额。

2．一辆进口自日本的小轿车 CIF 上海的价格为 20 万元人民币，经海关审定，该进口轿车的完税价格为 20 万元人民币。已知进口关税税率为 34.2%，消费税率为 8%，增值税税率为 17%。计算该轿车应纳的关税税额、消费税税额及增值税税额。

3．某贸易公司于 7 月 9 日（周五）申报进口一批货物，海关于当日开出税款缴款书。其中关税税款为人民币 24 000 元，增值税税款为人民币 35 100 元，消费税税款为人民币 8 900 元。该公司实际缴纳税款日期为 8 月 5 日（周四）。计算该公司应缴纳的所有滞纳金。

4．境内某公司从日本进口除尘器一批。该批货物应征关税税额为人民币 10 000 元，进口环节增值税税款为人民币 40 000 元。海关于 5 月 23 日（星期五）填发海关专用缴款书，该公司于 6 月 12 日缴纳（注：6 月 8 日为端午节，公休日顺延至 6 月 9 日），计算应征的税款滞纳金。

第 9 章
进出口商品归类

> **引导案例**
>
> 某年某市外运公司申报进口制冷机,应归入税号 8415(空气调节器,装有电扇及调温、调湿装置,包括不能单独调湿的空调器)。但该税号下有 11 个子目,每个子目所对应的税率和监管方式不同。例如,子目 84158210(制冷量不大于 4 千大卡/时的其他空调器,仅装有制冷装置,而无冷循环装置)的普通税率为 130%;子目 84158220(制冷量大于 4 千大卡/时的其他空调器,仅装有制冷装置,而无冷循环装置)的普通税率为 90%。所附单据看不出制冷机的制冷温度和容量。于是通过实际查验,确定该进口制冷机应归入税号 84158220,按税率 90%计征关税,从而避免了进口商负担其不应负担的关税额,体现了海关征税工作的严肃性。
>
> **启示:**① 海关在计征关税时,是严格按照海关税则中的税目条文和税号来执行的。每个进出口商品在税则中只能有一个唯一的税号与其对应。② 为了避免进出口商承担其不应该负担的税款和给国家征收关税带来损失,进出口商应提供尽可能多的商品信息,以便能对其进行正确的商品归类。

本章学习目标

◆ 了解《商品名称及编码协调制度》的结构、编码含义、特点;
◆ 掌握协调制度商品归类的总规则并能熟练运用;
◆ 熟悉我国海关进出口商品归类管理的主要内容。

学习导航

进出口商品归类
- 《商品名称及编码协调制度》概述
  - 《商品名称及编码协调制度》的产生和发展
  - HS 的结构
  - HS 的特点
- 《协调制度》归类总规则
- 我国进出口商品归类的海关行政管理
  - 商品归类的含义及作用
  - 进出口商品归类的依据

9.1 《商品名称及编码协调制度》概述

9.1.1 《商品名称及编码协调制度》的产生和发展

商品分类目录，是按照一定的商品分类目的和方法，把全部有关商品按统一的标准进行定组分类后列成的商品名称一览表。商品编码是赋予某种商品或某类商品以某种代表符号或代码的过程，是商品分类体系和商品目录的一个重要组成部分。商品代码一般与相应的商品分类目录的编排顺序一致。从某种意义上来说，商品代码就是商品分类的代号。

在国际贸易领域曾经采用过两套国际通用的商品分类编码体系，一套是海关合作理事会（1995 年更名为世界海关组织）制定的《海关合作理事会商品分类目录》（Customs Co-operation Council Nomenclature，CCCN），另一套是联合国统计委员会研究制定的《国际贸易标准分类目录》（Standard International Trade Classification，SITC）。这两套分类体系对简化国际贸易程序，提高工作效率起到了积极的推动作用。虽然它们涉及的均为国际贸易的商品名称及分类，但用途不一，海关合作理事会税则目录用于海关管理，而国际贸易标准分类用于贸易统计。

由于两套编码体系同时存在，不能避免商品在国际贸易往来中因分类方法不同而需要重新对应分类、命名和编码。这些阻碍了信息的传递，妨碍了贸易效率，增加了贸易成本，不同体系的贸易统计资料难以进行比较分析，同时也给利用计算机等现代化手段来处理外贸单证及信息带来很大的困难。为了使这两种国际贸易商品分类体系进一步协调和统一，以兼顾海关税则、贸易统计、生产、运输、保险等方面的需要，最大限度地提高贸易效率，降低贸易成本，促进世界经济和贸易的发展，1973 年 5 月海关合作理事会成立了协调制度临时委员会，以 CCCN 和 SITC 为基础，在世界各国专家的共同努力下，制定和编制了《商品名称及编码协调制度国际公约》（International Convention for Harmonized Commodity Description and Coding System）及其附件《商品名称及编码协调制度》（Harmonized Commodity Description and Coding System）。该公约及其附件于 1983 年 6 月海关合作理事会第 61/62 届会议通过，并于 1988 年 1 月 1 日正式实施。目前，已有超过 200 个缔约国、非缔约国及经济联盟在本国的海关税则和贸易统计中使用了《商品名称及编码协调制度》分类目录，98%以上的全球货物贸易商品是根据它来分类的。

《商品名称及编码协调制度》，以下简称《协调制度》（Harmonized System，HS），是一个新型的、系统的、多用途的国际贸易商品分类体系，它以 HS 编码"协调"涵盖了 CCCN 和 SITC 两大部分编码体系，除了用于海关税则和贸易统计外，对运输商品的计费与统计、计算机数据传递、贸易单证的简化和统一、贸易咨询和谈判等方面，都提供了一套可使用的国际贸易商品分类体系。

《协调制度国际公约》是世界海关组织管辖下的重要国际公约之一，《协调制度》作为一个国际上政府间公约的附件，世界海关组织设立了协调制度委员会，对协调制度进行维护和管理。因此技术上的问题可以利用世界上各国专家的力量共同解决，各国也可以通过修订或制定《协调制度》争取本国的经济利益，施加本国的影响。随着新产品的不断出现和国际贸易商品结构的变化，协调制度委员会每隔 4~6 年会对 HS 做一次全面的审议和修订。从 1988 年 1 月 1 日实施以来，分别于 1992 年、1996 年、2002 年、2007 年和 2012 年对《协调制度》进行了 5 次修订。

海关合作理事会在制定《协调制度》的同时还制定了《商品名称及编码协调制度注释》（简称《协调制度注释》）。《协调制度注释》是对《协调制度》的官方解释，同时与《协调制度》的各个版本同步修订。我国通过法律程序批准在我国实行的《协调制度注释》称为《商品及品目注释》。

2012 年版《协调制度》主要修订原因

2012 年版《协调制度》在 2007 年版基础上进行了大范围的修订，共有 225 组修订。修订后，《协调制度》六位子目总数从 5 052 个增加到 5 205 个。这次修订涵盖的范围较广，涉及 53 个章的产品。2012 年版《协调制度》修订的原因和考虑主要为以下几种方面：

（1）因应世界粮农组织的要求，为加强《协调制度》在国家及地区层面粮食安全及早期预警的应用，以使其更符合 FAO 粮食安全计划的统计需求，提升 HS 面向国家及地区的粮食安全分析的适用性，对 1~16 章的部分章注、子目注释、品目和子目进行相应的修改。

（2）因应新技术发展及新产品贸易的需要，对部分章注、子目注释、品目和子目进行相应的修改和增列。

（3）因应贸易便利化的需要，为贸易量大且存在归类争议的产品新增子目。

（4）因应国际社会对环保问题的关注，对部分涉及环保问题的产品的目录结构进行了调整。

（5）因应监控易制毒化学品贸易的需要，对重要的易制毒化学品增列子目。例如，为"去甲麻黄碱及其盐"单列子目 2939.44。

（6）因应贸易界和《协调制度》应用方提出简化《协调制度》的要求，对国际贸易总量较低的商品品目（年贸易总额低于 1 亿美元）和子目（年贸易总额低于 5 000 万美元）予以合并或删除。

（7）因应《协调制度》规范统一的需要，为了减少混淆、正确理解应用《协调制度》，通过类注及章注或子目的重新修订对某些品目的产品范围进一步明确。

资料来源：http://www.customs.gov.cn/publish/portal0/tab45892/module112680/info341763.htm

9.1.2 HS 的结构

HS 是一部科学、系统的国际贸易商品分类体系。它的总体结构包括三大部分：① HS 归类总规则；② 类、章及子目注释；③ 按顺序编排的目与子目编码及条文，即商品编码表。这三大部分是 HS 的法律性条文，具有严格的法律效力和严密的逻辑性。

1．HS 归类总规则

HS 列明的 6 条归类总规则，位于协调制度文本的卷首，是使用 HS 对商品进行分类时必须遵守的分类原则和方法，适用于品目条文和注释无法解决商品归类的场合。

2．类、章及子目注释

HS 中的注释有 3 种：类注、章注和子目注释。注释严格界定了归入该类或该章中的商品范围，从而简化了品目条文，杜绝了商品分类的交叉，保证商品的正确归类。注释主要采用的方法有：

（1）定义形式。给某个商品名称下个定义，以划分项/品目范围及对商品含义做出解释。例如，第 40 章章注 1 对"橡胶"的定义。

（2）技术指标形式。用商品成分所含技术指标对品目范围加以限定。例如，第 72 章章注 1 对有关金属的技术指标的规定。

（3）列明形式。将归入某一编码的商品具体——列出。例如，第 33 章章注 3 列出了应归入编码 3006 的具体商品范围。

（4）排除形式。用排他条款列举若干不能归入某一编码或某一章的商品，如第 3 章章注 1 列出了不能归入该章的商品范围。以上几种方法既可单独使用，也可综合运用。例如，第 61 章章注 3 关于"便服套装"的注释。

3．商品编码表

商品编码表由协调制度编码（商品编码）和商品名称（品目条文）组成，是协调制度商品分类目录的主体。商品编码栏居左，品目条文栏居右，示例如表 9-1 所示。

表 9-1 商品编码表（示例）

商品编码	品目条文
7116	用天然或养殖珍珠、宝石或半宝石（天然、合成或再造）制成的制品
7116.10	天然或养殖珍珠制品
7116.20	宝石或半宝石（天然、合成或再造）制品

（1）商品编码。HS 采用 6 位数结构性商品编码，把全部国际贸易商品分为 21 类、97 章（其中第 77 章空缺，为备用章）。章下再分为目和子目。商品编码的前 2 位数代表"章"；3、4 位数代表"目"，即表示此项目在该章中的排列次序；5、6 位数代表"子目"。

HS 中，"类"基本上是按社会生产的分工来分，将属于同一生产部类的产品归在同一类里。例如，矿产品在第 5 类，纺织原料及纺织制品在第 11 类，车辆、航空器、船舶及运输设备在第 17 类。

> **思考** 请指出鲜鳟鱼编码 030211 各位数的含义。
>
> 答：鲜鳟鱼 编码　　0　　3　　0　　2　　1　　1

位数	1 2	3 4	5	6
含义	章号	目	1级子目	2级子目

"章"基本上是按两种方法分类（见表9-2）。

1）按商品原材料的属性分类，即相同原料的产品一般归入同一章。第1~83章（其中第64~66章除外）基本上按商品的自然属性来分，而章的前后顺序则按照动、植、矿物性质来排列。章内按照产品的加工程度从原料到成品的顺序排列。例如，第52章棉花，按原棉—已梳棉—棉纱—棉布的顺序排列。

2）按商品的用途或功能分类。第64~66章、第84~97章是按此分类的。因为制造业的很多产品很难按照其原料来分类，HS按照其功能或用途分为不同的章，而不考虑其使用何种原料。章内按照加工程度从低到高的顺序列出目或子目。

表9-2 "章"的分类方法

分类方法	适用章数
按商品原材料的属性分类	第1~63章，第67~83章
按商品的用途或功能分类	第64~66章，第84~97章

总之，具体在每一章里，商品的排列顺序是有规律的，即原材料先于成品，加工程度低的先于加工程度高的，列名具体的先于列名一般的。

相关链接

巧记商品编码顺口溜

自然世界动植矿，一二五类在取样；
三类四类口中物，矿产物料翻翻五；
化工原料挺复杂，打开六类仔细查；
塑料制品放第七，橡胶聚合脂烷烯；
八类生皮合成革，箱包容套皮毛造；
九类木秸草制品，框板柳条样样行；
十类木浆纤维素，报刊书籍纸品做；
十一税则是大类，纺织原料服装堆；
鞋帽伞杖属十二，人发羽毛大半归；
水泥石料写十三，玻璃石棉云母粘；
贵金珠宝十四见，硬币珍珠同类现；
十五查找贱金属，金属陶瓷工具物；
电子设备不含表，机器电器十六找；
光学仪器十八类，手表乐器别忘了；
武器弹药特别类，单记十九少劳累；
杂项制品口袋相，家具文具灯具亮；

玩具游戏活动房，体育器械二十讲；
二十一类物品贵，艺术收藏古物类；
余下运输工具栏，放在十七谈一谈；
商品归类实在难，记住大类第一环。

资料来源：中国海关网，http://www.customs.gov.cn/YWStaticPage/419/1cc532a9.htm

（2）品目条文。品目条文即货品名称，主要采用商品的名称、规格、成分、外观形态、加工程度或方式、功能及用途等形式限定商品对象，它是协调制度具有法律效力的归类依据。

9.1.3 HS 的特点

《协调制度》是国际上多个商品分类目录协调的产物，是各国专家长期努力的结晶。它的最大特点就是通过协调，适用于与国际贸易有关的各个方面的需要，成为国际贸易商品分类的一种"标准语言"。它具有以下 4 个特点。

1．完整性

HS 将目前世界上国际货物贸易中的物品都分类列出，同时，为了适应各国征税、统计等商品目录全方位的要求和将来技术发展的需要，它还在各类、章列有起"兜底"作用的"其他"项目，使任何进出口商品，即使目前无法预计的新产品，都能在这个体系中找到自己适当的位置。加之归类总规则四"最相类似"原则的综合运用，保证了目录对所有货品无所不包的特点。

2．系统性

HS 的分类原则既遵循了一定的科学原理和规则，将商品按人们所了解的生产部类、自然属性和用途来分类排列，又照顾了商业习惯和实际操作的可行性，把一些进出口量较大而又难以分类的商品，如灯具、活动房屋等专门列目，因而容易理解、易于归类和方便查找。

3．通用性

一方面，目前 HS 在国际上有相当大的影响，已被 200 多个国家和地区使用，它既适于做海关税则目录，又适于做对外贸易统计目录，使这些国家的海关税则及贸易统计商品目录的项目可以相互对应转换，具有可比性；另一方面，它还可供国际运输、生产、保险等部门作为商品目录使用。加之作为《协调制度》主体的《协调制度国际公约》规定了缔约国的权利和义务，保证了该目录的有效、统一实施，其通用性超过以往任何一个商品分类目录。

4．准确性

HS 的各个项目范围清楚明了，绝不交叉重复。由于它的项目除了靠目录条文本身说明外，还有归类总规则、类注、章注和一系列的辅助刊物加以说明限定，使得其项目范围准确无误，使得某一特定商品能够始终如一地归入一个唯一的编码。

此外,《协调制度》目录作为《协调制度国际公约》的一个附件,国际上有专门的机构和专家对其进行维护和管理,各国还可以通过对《协调制度》目录提出修正意见,以维护本国的经济利益,统一疑难商品的归类。以上这些都不是一个国家的力量所能办到的,也是国际上采用的其他商品分类目录所无法比拟的。

9.2 《协调制度》归类总规则

《协调制度》将国际贸易中种类繁多的商品,根据其性质、用途、功能,以及在国际贸易中所占的比重和地位,分成若干类、章、分章和商品组。国际贸易商品种类繁多,性质复杂,且商品变化日新月异,要将世界上数以万计的商品在几千条项目中找到最适当的商品编码,是一项专业性和技术性很强的工作,需要相关人员具有较丰富的商品知识,同时也必须熟悉归类总规则。

> **提示** 在使用归类总规则时,必须注意以下两点:
> (1)要按顺序使用每一条规则。当规则一不适合时才使用规则二,规则二不适合时才使用规则三,以此类推。
> (2)在实际使用规则二、三、四时要注意条件,即是否类注、章注、子目注释和品目条文有特别的规定或说明。如有特别规定,应按品目条文或注释的规定归类,而不能使用规则二、三、四。

下面详细介绍这6条归类总规则。

1. 规则一

类、章及分章的标题,仅为查找方便而设;具有法律效力的归类,应按品目条文和有关类注或章注确定,如品目、类注或章注无其他规定,则按以下规则确定。

(1)规则一解释。

1)要将数以万计的商品分别归入目录中的几千个子目并非易事,为了便于寻找适当的编码,将一类或一章商品加以概括,起个名,作为该类或该章的标题。但在许多情况下,归入某类或某章的货品种类繁多,类、章标题很难准确地概括,因此,类、章或分章的标题仅为查找方便而设,不具有法律效力。

> **思考** 铜纽扣应归入哪类?
> 第15类的标题为"贱金属及其制品",铜纽扣似乎应归入该类,但其类注1说明纽扣不属于该类,应归入第96章的杂项制品,即96.06。

2)具有法律效力的归类,应按品目条文和有关类注或章注确定。该句话有两层含义:① 只有按品目条文、类注或章注确定的归类,才是具有法律效力的商品归类;② 归类时应该按顺序运用归类依据,即先品目条文,其次是注释,最后才是归类总规则。

3)许多货品可直接按品目条文的规定进行归类,无须运用归类总规则,如活马(品目

01.01)。

4)"如品目、类注或章注无其他规定",旨在明确品目条文及任何相关的类注、章注是最重要的,换言之,它们是在确定归类时应首先考虑的规定。

例如,第31章的注释规定该章某些品目仅包括某些货品,因此,这些品目就不能够根据规则二(2)扩大为包括该章注释规定不包括的货品。只有在品目和类、章注释无其他规定的情况下,方可根据总规则二、三、四和五的规定办理。

应用案例

(1)"牛尾毛"应如何归类?① 查类、章名称,第5章未列名动物产品;② 从编码0501至0511品目中均未提到牛尾毛,似可按其他未列名动物产品归类;③ 查第5章注释4,"马毛"包括牛尾毛;④ 因此归入编码05030010。

(2)"未炼制的猪脂肪"应如何归类?① 查类、章标题名称,动物脂肪属第15章;② 查阅第15章章注1(1),注明猪脂肪属0209;③ 查第2章章注3,未炼制的猪脂肪归入编码02090000。

(3)"冷藏的葡萄"应如何归类?① 查类、章名称,第8章品目08.06只列出了鲜的或干的,而没有冷藏的;② 查阅类注、章注,第8章注释2规定了"鲜的"包括"冷藏的"在内;③ 因此将冷藏的葡萄归入0806000。

---

(2)规则一使用提示。

1)正确的归类应该是依据品目条文和类注、章注及规则一以下各条规则。

2)不可因为某些货品名称符合某一类、章及分章的标题,就确定归入该类、章及分章。

2. 规则二

① 品目所列货品,应视为包括该项货品的不完整品或未制成品,只要在进口或出口时该项不完整品或未制成品具有完整品或制成品的基本特征;还应视为包括该项货品的完整品或制成品(或按本款可作为完整品或制成品归类的货品)在进口或出口时的未组装件或拆散件。② 品目中所列材料或物质,应视为包括该种材料或物质与其他材料或物质混合或组合的物品。品目所列某种材料或物质构成的货品,应视为包括全部或部分由该种材料或物质构成的货品。由一种以上材料或物质构成的货品,应按规则三归类。

(1)规则二解释。

1)规则二①有两层意思:一是扩大了目录上列名商品的范围,不仅包括它的整机、完整品或制成品,而且包括了它的非完整品、非制成品,以及它的拆散件。二是在使用这条规则时,应具备条件,即非完整品、未制成品一定要具有整机特征;拆散件主要是为了运输、包装上的需要。

? 思考

(1)一辆车缺个门或轮子应如何归类?

分析:缺个门或轮子的车虽不完整,但已具备了车辆的主要特征,因此可归入整车编号。

(2) 已加工成型但未装配的卧室木家具板,另外还缺少五金件,应如何归类?

分析:这是一种不完整品(缺少五金件)的未组装件(未装配)。由于缺少的仅是次要的零部件,因此该不完整品具有完整品的基本持征。根据规则二①,应按完整的卧室木家具归类。

2)规则二②也有两层意思:一是编号中所列某种材料包括了该种材料的混合物或组合物,也是对编码所列的商品范围的扩大。二是其适用条件是加进去的东西或组合起来的东西不能失去原来商品的特征,也就是说不存在看起来可归入两个以上编码的问题。

例如,加糖的牛奶,还是按牛奶归类,因其虽是一种混合物,但它并未改变鲜牛奶的基本特征和性质,所以仍按鲜牛奶归类。同理,奶糖还是按糖来归类。又如,以毛皮装饰袖口、领子的呢大衣,按呢大衣归类。

应用案例

"做手套用已剪成型的针织棉布"如何归类?

(1) 查类、章标题名称,针织棉布属60章,针织手套属61章;

(2) 按规则二①,未制成品如已具备制成品的基本特征,应按制成品归类;

(3) 归入编码61169200。

---

(2) 规则二使用提示。

1) 品目所列货品范围的扩大是有条件的,即不管是"缺少"(规则二①)还是"增多"(规则二②),都必须保持"基本特征"。

2) "基本特征"的判断有时是很困难的。对于不完整品而言,核心是看其关键部件是否存在。例如,压缩机、蒸发器、冷凝器、箱体这些关键部件如果存在,则可以判断为具有冰箱的基本特征。对于未制成品而言,主要看其是否具有制成品的特征。例如,齿轮的毛坯,如果其外形基本上与齿轮制成品一致,则可以判断为具有齿轮的基本特征。对未组装件或拆散件而言,主要看其零件是否可通过紧固件(螺钉、螺母、螺栓等),或通过铆接、焊接等组装方法便可装配起来的物品。组装方法的复杂性可不予考虑,但其零件必须是无须进一步加工的制成品。

3) 规则二①一般不适用于第一至第六类的商品,即第38章及以前各章。

4) 只有在规则一无法解决时,方能运用规则二。

3. 规则三

当货品按规则二②或由于其他原因看起来可归入两个或两个以上品目时,应按以下规则归类:① 列名比较具体的品目,优先于列名一般的品目。但是,如果两个或两个以上品目都仅述及混合或组合货品所含的某部分材料或物质,或零售的成套货品中的某些货品,即使其中某个品目对该货品描述得更为全面、详细,这些货品在有关品目的列名应视为同样具体。② 混合物、不同材料构成或不同部件组成的组合物以及零售的成套货品,如果不能按照规则三①归类时，在本款可适用的条件下，应按构成货品基本特征的材料或部件归类。③ 货品不能按照规则三①或②归类时，应按号列顺序归入其可归入的最末一个品目。

（1）规则三解释。

1）规则三首先指明，无论是按规则二②或其他任何原因，货品看起来可归入两个或两个以上品目时，应按这3条归类办法归类。这3条办法应按照其在本规则的先后顺序加以运用。即只有在不能按照规则三①归类时，才能运用规则三②；不能按照规则三①和②两款归类时，才能运用规则三③。因此，它们优先权的次序为具体列名、基本特征、从后归类。

2）规则三①包含3层意思。

① 商品的具体名称比商品的类别名称更具体，因此，按商品具体名称列出的项号优先于按商品类别列出的项号。

> **? 思考**
>
> 紧身胸衣如何归类？
>
> **分析**：紧身胸衣是一种女内衣，有两个项号与其有关，一个是6208女内衣，一个是6212妇女紧身胸衣。前一个是类别名称，后一个是具体商品名称，故应归入6212。如果两个项号属同一商品，可比较它的内涵和外延。一般来说，内涵越大，外延越小，就越具体。

② 如果一个品目所列名称更为明确地包括某一货品，则该品目要比所列名称不完全包括该货品的其他品目更为具体。例如，汽车用电动刮雨器，看起来可归入两个项号，一个是汽车零件（第87章），一个是电动工具（第85章）。查阅这两章注释，并没有说明，便按这一规则选择说明最明确的品目。编码8512品目条文是"用于汽车、摩托车、电动刮雨器"，编码8708品目条文是"用于汽车零件及附件"，因此，应归入前者。

③ 与有关商品最为密切的项号应优先于与其关系间接的项号。例如，进口汽车柴油机的活塞，有关的项号一个是柴油机专用零件8406，另一个是汽车专用零件8706。活塞是柴油机的零件，柴油机是汽车的零件，那么活塞就是汽车零件的零件。但是上述两个零件是不同层次的，活塞与汽车是间接关系。因此，应归入8406。

但是，如果两个或两个以上品目都仅述及混合或组合货品所含的某部分材料或物质，或零售成套货品中的某些货品，即使其中某个品目比其他品目对该货品描述得更为全面、详细，这些货品在有关品目的列名应视为同样具体。在这种情况下，货品应按规则三②或规则三③的规定进行归类。

3）规则三②的解释。

① 本款归类原则适用于：a. 混合物；b. 不同材料的组合货品；c. 不同部件的组合货品；d. 零售的成套货品。只有在不能按照规则三①归类时，才能运用本款。

② 本款所指混合物、组合物与规则二的混合物、组合物是有区别的。这里混合物、组合物已改变了原来物品的特征，难以肯定是原来的商品。其中，对于由几个不同部件构成的组合货品，这些部件可以是各自独立的，但它们必须是功能上互相补充，共同形成

一个新的功能，从而构成一个整体。例如，由一个特制的架子（通常为木制的）及几个形状、规格相配的空调味料瓶子组成的家用调味架。

③ 无论如何，只有在本款可适用的条件下，货品才可按构成货品基本特征的材料或部件归类。

④ 不同的货品，确定其基本特征的因素会有所不同。一般来说，可根据商品的外观形态、使用方式、主要用途、购买目的、价值比例、贸易习惯、商业习惯、生活习惯等诸因素进行综合考虑分析来确定。

⑤ 本款规则所称"零售的成套货品"，是指同时符合以下3个条件的货品：a. 由至少两种看起来可归入不同品目的不同物品构成的。例如，6把乳酪叉不能作为本款规则所称的成套货品。b. 为了迎合某项需求或开展某项专门活动而将几件产品或物品包装在一起的。c. 其包装形式适于直接销售给用户，而货物无须重新包装的。

应用案例

（1）放在皮盒内出售含有电动理发推子、剪子、梳子、刷子、毛巾的成套理发用具应如何归类？

分析：查阅类及章注，并未提到这类成套货品归何项号。而按此规则，其成套货品中具有主要特征的货品是电动理发推子，因此归入其项号85102000。

（2）"印花梭织布每平方米重210克，按重量计，含棉50%，含聚酯短纤50%"应如何归类？

分析：① 查类、章名称，棉属第52章，聚酯短纤属第55章。
② 查阅第11类和第52、55章注释，并未提到该混纺制品。
③ 若按棉则归入编码5211，若按聚酯则归入编码5514，按规则三③归入最后一个品目。
④ 因此归入编码55144300。

---

⑥ 在应用本款时，往往出现不同人（本国人、外国人）从不同的角度出发对混合物、组合物、成套货品的主要特征有不同的认定。如发生这样的情况，各国通常的做法是由各国海关最高当局予以统一。

4）规则三③明确指出，按规则三的上述两款都不能解决的归类问题，则在几个认为同等可归的项号中，归在排列最后的项号。这是一条"从后归类"的原则。

（2）规则三使用提示。

1）只有规则一与规则二解决不了时，才能使用规则三。例如，"豆油70%、花生油20%、橄榄油10%的混合食用油"，不能因为是混合物且豆油含量最大，构成基本特征，就运用规则三②按豆油归入1507，而是应首先运用规则一，由1517的品目条文确定归入1517。

2）在运用规则三时，必须按其中①、②、③款的顺序逐条运用。

（3）规则三②中的零售的成套货品，必须同时符合以下3个条件：① 由至少两种看起来可归入不同品目的不同物品构成的；② 为了某项需求或开展某项专门活动而将几件产品或物品包装在一起的；③ 其包装形式适于直接销售给用户，而货物无须重新包装的。

不符合以上3个条件时，不能看成规则三②中的零售成套货品。例如，"包装在一起的手表与打火机"，由于不符合以上的第2个条件，所以应该分开分类。

4．规则四

根据上述规则无法归类的货品，应归入与其最相类似的货品的品目。

（1）规则四解释。

1）本规则适用于不能按照规则一至规则三归类的货品。它规定，这些货品应归入与其最相类似的货品的品目中。在归类时，首先必须将进口或出口货品与类似货品加以比较，以确定其与哪种货品最相类似，然后将所进口或出口的货品归入与其最相类似的货品的同一品目。

2）由于物品的类似性由许多因素决定，如物品的名称、性质、用途等，实际问题中往往难以统一认识，而且在《协调制度》中，每个品目都设有"其他"子目，不少章也单独列出"未列名货品的品目"来收容未考虑到的商品。因此，这条规则实际中很少使用。

（2）规则四使用提示。

本条规则是为了使整个规则制定得更严密，一般在实际中很少使用。

5．规则五

除上述规则外，本规则适用于下列货品的归类：① 制成特殊形状仅适用于盛装某个或某套物品并适合长期使用的照相机套、乐器盒、枪套、绘图仪器盒、项链盒及类似容器，如果与所装物品同时进口或出口，并通常与所装物品一同出售的，应与所装物品一并归类。但本款不适用于本身构成整个货品基本特征的容器。② 除规则五①规定的以外，与所装货品同时进口或出口的包装材料或包装容器，如果通常是用来包装这类货品的，应与所装货品一并归类。但明显可重复使用的包装材料和包装容器可不受本款限制。

（1）规则五解释。

1）本规则是一条关于包装物归类的专门条款。

2）规则五①仅适用于同时符合以下各条规定的容器：① 制成特定形状或形式，专门盛装某一物品或某套物品的；② 适合长期使用的，容器的使用期限与所盛装某一物品使用期限是相称的；③ 与所装物品一同进口或出口，不论其是否为了运输方便而与所装物品分开包装（单独进口或出口的容器应归入其应归入的品目）；④ 通常与所装物品一同出售的；⑤ 包装物本身并不构成整个货品基本特征的，即包装物本身无独立的使用价值。

3）规则五①不适用于本身构成整个货品基本特征的容器。

应用案例

装有茶叶的银质茶叶罐如何归类？

分析： 银罐本身价值昂贵，已构成整个货品的基本特征，应按银制品归入项号7114，而不能按茶叶归类。

4）规则五②实际上是对规则五①的补充，本款规则是关于通常用于包装有关货品的包装材料及包装容器的归类。但本款规则不适用于明显可以重复使用的包装材料或包装容器，例如，某些金属桶及装压缩或液化气体的钢铁容器应单独归类。

（2）规则五使用提示。

本规则解决的是包装材料或包装容器在何种情况下单独归类，在何种情况下可与所装物品一并归类的问题。重点注意包装材料或包装容器与所装物品一并归类的条件，即与所装物品同时进口或出口。

6. 规则六

货品在某一品目项下各子目的法定归类，应按子目条文或有关的子目注释及以上各条规则来确定，但子目的比较只能在同一数级上进行。除条文另有规定的以外，有关的类注、章注也适用于本规则。

（1）规则六解释。

规则六是专门为商品在《协调制度》子目中的归类而制定的，它有以下含义。

1）以上规则一至规则五在必要的地方加以修改后，可适用于同一品目项下的各级子目。

2）规则六中所称"同一数级"子目，是指5位数级子目（一级子目）或6位数级子目（二级子目）。据此，当按照规则三①规定考虑某一物品在同一品目项下的两个或两个以上5位数级子目的归类时，只能依据有关的5位数级子目条文来确定哪个5位数级子目所列名称更为具体或更为类似。只有确定了哪个5位数级子目列名更为具体后，而且该子目项下又再细分了6位数级子目，在这种情况下，才能根据有关的6位数级子目条文考虑物品应归入这些6位数级子目中的哪个子目。

3）"除条文另有规定的以外"，是指类、章注释与子目条文或子目注释不相一致的情况。例如，第71章注释4（2）所规定"铂"的范围就与子目注释2所规定"铂"的范围不相同，因此，在解释子目7110.11及7110.19范围时，应采用子目注释2的规定，而不应考虑该章注释4（2）。

4）6位数级子目的范围不得超出其所属的5位数级子目的范围；同样，5位数级子目的范围也不得超出其所属的品目范围。

总之，本规则表明只有在货品归入适当的4位数级品目后，方可考虑将它归入合适的5位数级或6位数级子目，并且在任何情况下，应优先考虑5位数级子目后再考虑6位数级子目的范围或子目注释。此外，规则六注明只属同一级别的子目才可比较，以决定哪个子目较为合适。比较方法为同级比较，层层比较。

应用案例

每平方米重180g的全棉染色平纹布，先确定其4位数的品目号为5208，然后比较其5位数级子目按未漂白、漂白、染色、色织、印花来分，应归入5位数号为52083，最后再比较6位数级子目，按坯布每平方米重量否超过100g来分。因此，该商品应归入52083200。

(2) 规则六使用提示。

1) 确定子目时，一定要先确定一级子目，再二级子目，然后三级子目，最后四级子目的顺序进行。

2) 确定子目时，应遵循"同级比较"的原则，即一级子目与一级子目比较，二级子目与二级子目比较，以此类推。

应用案例

中华绒螯蟹种苗在归入品目0306项下子目时，应按以下步骤进行：

（1）先确定1级子目，即将两个1级子目"冻的"与"未冻的"进行比较后归入"未冻的"。

（2）再确定2级子目，即将2级子目"龙虾"、"大螯虾"、"小虾及对虾"、"蟹"、"其他"进行比较后归入"蟹"。

（3）然后确定3级子目，即将两个3级子目"种苗"与"其他"进行比较后归入"种苗"。

所以正确的归类是03062410。

注意：不能将3级子目"种苗"与4级子目"中华绒螯蟹"比较而归入03062491"中华绒螯蟹"。因为两者不是同级子目，不能比较。

9.3 我国进出口商品归类的海关行政管理

9.3.1 商品归类的含义及作用

1. 商品归类的含义

《中华人民共和国进出口货物商品归类管理规定》（以下简称《商品归类管理规定》）第二条对商品归类的定义为：本规定所称的商品归类是指在《商品名称及编码协调制度公约》商品分类目录体系下，以《中华人民共和国进出口税则》为基础，按照《进出口税则商品及品目注释》、《中华人民共和国进出口税则本国子目注释》以及海关总署发布的关于商品归类的行政裁定、商品归类决定的要求，确定进出口货物商品编码的活动。

2. 商品归类的作用

商品归类工作不仅是海关开展税收征管、实施贸易管制、编制进出口统计和查缉走私违规行为等的重要基础，也是企业办理各项进出口报关业务的重要基础。因为某一进出口商品的编码一旦确定，其适用的关税税率、法定计量单位、监管条件也就确定下来，因此无论对于海关还是进出口货物的收发货人，商品归类都具有重要的意义。正确的商品归类一方面可以提高通关效率，另一方面可以使企业对进出口贸易的可预见性有清楚的了解，使企业在通关环节有效准备海关监管的各项要求，提高物流效率，降低进出口的贸易风险。

9.3.2 进出口商品归类的依据

我国进出口商品归类的依据包括《商品名称及编码协调制度公约》商品分类目录、《中华人民共和国进出口税则》、《进出口税则商品及品目注释》、《中华人民共和国进出口税则本国子目注释》、海关总署发布的关于商品归类的行政裁定、商品归类决定等。

《商品名称及编码协调制度公约》及其附件《协调制度》在前面已有介绍，本节将对其余的归类依据进行介绍。

1.《中华人民共和国进出口税则》（以下简称《进出口税则》）

《进出口税则》是由国务院批准发布的，规定进出口商品的关税税目、税则号列和税率的法律文本，是《关税条例》的组成部分。我国是《协调制度公约》的成员，根据该公约的规定，我国的税则目录前6位全部采用HS的6位数子目，不做任何增添或删改，全部采用HS的归类总规则和类、章、子目的注释，不更改其分类范围并遵守HS的编码顺序。《协调制度国际公约》还规定，在6位数子目不变的情况下，各国可以在HS的子目项下加列适合本国国情的更加具体的细目，即第7位数、第8位数等子目。

1992年1月1日起我国海关正式采用HS并制定了以HS为基础的《进出口税则》。根据我国关税、统计和贸易管理的需要，《进出口税则》在HS商品分类目录基础上增加了第22类"特殊交易品及未分类商品"（内分第98章和第99章），在HS的6位数编码基础上，加列了第7位和第8位本国子目。为满足中央及国务院各主管部门对海关监管工作的要求，提高海关监管的计算机管理水平，在8位数分类编码的基础上，可以根据实际工作需要对部分税号又进一步分出了第9位数、第10位数编码。在设置本国子目时，充分考虑了执行国家产业政策、关税政策和有关贸易管理措施的需要，具体来说，我国加列的子目主要有以下几种情况：① 为贯彻国家产业政策和关税政策，为保护和促进民族工业顺利发展，需制定不同的税率的商品加列子目，如临时税率商品；② 对国家控制或限制进出口的商品加列子目，包括许可证、配额管理商品和特定产品；③ 为适应国家宏观调控、维护外贸出口秩序、加强进出口管理的需要，对有关主管部门重点监测的商品加列子目，包括进出口商会为维护出口秩序或组织反倾销应诉要求单独列目的商品，如电视机分规格，电风扇、自行车分品种等；④ 出口应税商品；⑤ 在我国进口或出口所占比重较大、需分项进行统计的商品，包括我国传统大宗出口商品，如罐头、中药材及中成药、编结材料制品等；⑥ 国际贸易中发展较快，且我国有出口潜力的一些新技术产品。

> **提示：** 我国《进出口税则》将所有编码统称为"税则号列"，4位编码统称为"税目"，《协调制度》中将所有的编码统称为"商品编码"，4位编码统称为"品目"。二者之间分别所对应的编码实质上是一致的。5位及以上编码统称为"子目"。

相关链接

为了确保协调制度在我国的有效实施，海关总署分别在北京、上海、天津、广州和大连设立了归类办公室和4个商品分类中心，4个商品分类中心相应建立了4个化

验中心，为商品分类提供技术服务，4个化验中心均通过了中国实验室国家认可委的认证。

资料来源：金颖，协调制度实施的新平台，中国海关，2006.7

2.《商品及品目注释》

为了使各缔约方能够统一理解、准确执行《协调制度》，世界海关组织还同步编写了《商品名称及编码协调制度注释》（以下简称《协调制度注释》），对《协调制度》进行解释，并与《协调制度》同步修订，是《协调制度》实施的重要组成部分。《商品及品目注释》由海关总署根据《协调制度注释》编译而成，并通过法律程序，在《商品归类管理规定》中将其规定为进出口商品归类的依据。《商品及品目注释》是《协调制度注释》的中文译本，二者的内容结构完全一致，主要由两部分组成：一是引用《协调制度》的原文内容；二是对上述原文内容所进行的总注释、品目注释、子目注释。

3.《本国子目注释》

我国的《进出口税则》是在《协调制度》目录的基础上增设了本国的子目编制而成的，为此海关总署编写了《本国子目注释》对其进行官方解释，并通过法律程序，在《商品归类管理规定》中确定其为进出口商品归类依据。《本国子目注释》按照《进出口税则》本国子目的商品编码顺序，对某些子目涉及的商品进行解释。注释内容包括：税则号列（商品编码）、商品名称、商品描述3部分（见表9-3）。这3部分具有法律效力，是商品归类的依据。

表9-3 《中华人民共和国进出口税则本国子目注释（2014年新增和调整部分）》（部分）

序号	税则号列	商品名称	商品描述
1	2710.1923	柴油	子目2710.1923 柴油，是一种轻质石油产品，通常用作压燃式发动机（柴油机）燃料，是复杂的烃类（碳原子数约10~22）混合物。主要由原油蒸馏、催化裂化、热裂化、加氢裂化、石油焦化等过程生产的柴油馏分调配而成（必要时还经精制和加入添加剂）；也可以由页岩油加工和煤液化制取。馏程为：50%回收温度不高于300℃，90%回收温度不高于355℃，95%回收温度不高于365℃

4. 商品归类行政裁定

所谓海关行政裁定，是海关总署或者海关总署授权的机构应对外贸易经营者的请求，就海关执法的有关制度在执行中的适用问题公开发布的、具有普遍约束力的解释。这种解释应当予以公开，并在各地海关、在相同条件下对相同货物普遍适用。具有与海关规章同等的法律效力。

商品归类行政裁定是海关行政裁定中最重要的一种，具有以下特点：

（1）海关根据对外贸易经营者的申请做出，而非海关主动做出。

（2）在货物实际进出口之前做出。

（3）由海关总署统一对外公布，具有海关规章的同等法律效力，在我国关境范围内均适用。

（4）进出口相同的货物，适用相同的行政裁定。

5．**商品归类决定**

商品归类决定是海关总署或其授权的部门依据有关法律、行政法规规定，对进出口货物的商品归类做出的具有普遍约束力的决定，并由海关总署统一对外公布，具有与海关规章同等的法律效力。

商品归类决定一般来源于以下 3 种情形：

（1）由海关总署及其授权机构做出。

（2）根据中国海关协调制度商品归类技术委员会的会议决定做出。

（3）由世界海关组织协调制度委员会做出，并由海关总署通过法律程序转化为海关规章。

> **提示** 商品归类行政裁定是海关依对外贸易经营者的申请做出的，而商品归类决定是海关主动做出的。

商品归类决定的主要内容包括：归类决定编号、商品税则号列、中英文商品名称、商品描述及归类决定等。有关商品归类决定所依据的法律、行政法规及其他相关规定发生变化的，商品归类决定同时失效，并由海关总署对外公布。归类决定存在错误的，由海关总署予以撤销并对外公布。被撤销的商品归类决定自撤销之日起失效。

6．**进出口商品预归类**

进出口商品海关预归类是指进出口货物在实际进出口前，经海关注册登记的进出口货物经营单位以海关规定的申请书形式向海关提出申请并提供商品归类所需要的资料，必要时提供样品，海关依法做出具有法律效力的商品归类决定的行为。

预归类申请应当向拟实际进出口货物所在地的直属海关提出。由直属海关制发的"商品预归类决定书"也仅在直属关区内适用。

商品预归类、商品归类行政裁定、商品归类决定的比较如表 9-4 所示。

表 9-4 商品预归类、商品归类行政裁定、商品归类决定的比较

	启动人	内容性质	决定人	适用对象	适用范围
商品预归类	管理相对人	有明确规定	直属海关	申请人	做出预归类决定的直属海关关区
商品归类行政裁定	管理相对人	无明确规定	海关总署或其授权机构	所有管理相对人	关境内统一适用
商品归类决定	海关	有明确规定/无明确规定	海关总署或其授权机构	所有管理相对人	关境内统一适用

> **提示**
>
> （1）申请人可以在货物实际进出口的 45 日前，向直属海关申请就拟进出口的货物进行预归类。
>
> （2）直属海关经审核认为申请预归类的商品归类事项属于《中华人民共和国进出口税则》、《进出口税则商品及品目注释》、《中华人民共和国进出口税则本国子目注释》以及海关总署发布的关于商品归类的行政裁定、商品归类决定有明确规定的，应当在接受申请之日起 15 个工作日内制发《中华人民共和国海关商品预归类决定书》，并且告知申请人。
>
> （3）属于没有明确规定的，直属海关应当在接受申请之日起 7 个工作日内告知申请人按照规定申请行政裁定。

本章小结

1．《商品名称及编码协调制度》是在《海关合作理事会商品分类目录》（CCCN）和《国家贸易标准分类目录》（SITC）两种分类目录的基础上编制而成的。1983 年 6 月海关合作理事会在第 61/62 届会议上通过了《商品名称及编码协调制度国际公约》及作为附件的《商品名称及编码协调制度》目录，从 1988 年 1 月 1 日起正式生效的。《商品名称及编码协调制度》每隔 4~6 年修订一次。目前已有超过 200 个国家和地区采用《商品名称及编码协调制度》目录作为本国或本地区的海关税则和贸易统计目录，其涵盖范围已达国际货物贸易总量的 98%以上。

2．《协调制度》由三部分组成：HS 归类总规则；类、章及子目注释；商品编码表。这三部分是《协调制度》的法律性条文，具有严格的法律效力和严密的逻辑性。《协调制度》按社会生产的分工和商品的自然属性或用途、功能将商品分成 21 类、97 章，采用 6 位数结构性商品编码。《协调制度》具有完整性、系统性、通用性、准确性的特点。

3．我国的海关税则从 1992 年 1 月 1 日起采用了《协调制度》分类目录，并在《协调制度》6 位数编码的基础上增加了第 7 位数、第 8 位数、第 9 位数、第 10 位数本国子目。同时颁布了《进出口货物商品归类管理规定》，以法律的形式明确规定了我国进出口商品归类的依据。

4．本章的重点及难点是对 6 条归类总规则的掌握和运用。要按顺序使用每一条规则，当规则一不适合时，才使用规则二，规则二不适合时才使用规则三，以此类推。在实际使用规则二、三、四时要注意条件，即是否类注、章注、子目注释和项目条文是否有特别的规定或说明。如有特别规定，应按项目条文或注释的规定归类。

练习题

一、单选题

1．装有珠宝（珍珠项链）的木制珠宝盒（　　）。

A．应按木及木制品归类

B．应按珍珠项链归类

C．既可按木及木制品归类，又可按珍珠项链归类

D．以上都不对

2．下列说法正确的是（　　）。

A．"稀土金属矿"应归入第 26 章的金属矿

B．"稀土金属矿"应归入第 25 章

C．"猪肉松罐头"应按第 2 章的"肉鸡食用杂碎"归类

D．"冻牛胃"应按 0206 的税目（品目）条文"鲜、冷、冻牛的食用杂碎"来归类

3．进口一辆缺少轮子的汽车，在进行该商品的海关税则归类时，应按（　　）归类。

A．汽车的零部件　　B．汽车底盘　　C．汽车车身　　D．汽车整车

4．在进行商品税则归类时，对看起来可归入两个及两个以上税号的商品，在税目条文和注释均无规定时，其归类次序是（　　）。

A．基本特征、最相类似、具体列名、从后归类

B．具体列名、最相类似、基本特征、从后归类

C．最相类似、具体列名、从后归类、基本特征

D．具体列名、基本特征、从后归类、最相类似

5．按照 HS 归类总规则，下列叙述正确的是（　　）。

A．在进行商品税则归类时，商品的包装容器应该单独进行税则归类

B．在进行商品税则归类时，列明比较具体的税目优先于一般的税目

C．在进行商品税则归类时，混合物可以按照其中的一种成分进行税则归类

D．从后归类的原则是商品税则归类时普遍使用的原则

6．商品归类行政裁定的发起人是（　　）。

A．海关总署　　　　　　　　B．直属海关

C．对外贸易经营者　　　　　D．海关总署授权的机构

二、多选题

1．下列货品属于 HS 归类总规则中所规定的"零售的成套货品"的是（　　）。

A．一个礼盒，内有咖啡一瓶、咖啡伴侣一瓶、塑料杯子两个

B．一个礼盒，内有一瓶白兰地酒、一只手表

C．一个礼盒，内有一包巧克力、一条贱金属项链

D．一碗方便面，内有一块面饼、两包调味品、一把塑料小叉

2．《协调制度》中的税（品）目所列货品，除完整品或制成品外，还应包括（　　）。

A．在进出口时具有完整品基本特征的不完整品

B．在进出口时具有制成品基本特征的未制成品

C．完整品或未制成品在进出口时的未组装件或拆散件

D．具有完整品或制成品基本特征的不完整品或未制成品在进出口时的未组装件或拆散件

3. 0103 猪

01031000	— 改良种用
	— 其他
	— — 重量在50千克以下
01039110	— — — 重量在10千克以下

上面的商品编码"01039110"说明（　　）。

  A．该商品在第一章

  B．它表示重量在10千克以下的活猪

  C．商品编码中的第5位数"9"代表除改良种以外的其他活猪

  D．商品编码中的第8位数"0"表示在3级子目下未设4级子目

4．下列表述正确的有（　　）。

  A．单独进口某电视机专用箱（瓦楞纸板制）由于是电视机专用的容器，故应按电视机归类

  B．单独进口某电视机专用箱（瓦楞纸板制），尽管是电视机专用的容器，只能按瓦楞纸板箱归类

  C．装有电视机的专用瓦楞纸板箱，应按电视机归类

  D．装有电视机的专用瓦楞纸板箱，应按瓦楞纸板箱单独归类

5．HS归类总规则三所指的"零售的成套货品"是指必须符合下列哪些条件的货品（　　）。

  A．至少由两种看起来可归入不同税号的物品构成

  B．其中一项至少占整机价格的51%以上

  C．用途上是互相补足、配合使用的

  D．其包装形式是零售包装

6．下列哪些是我国进出口商品归类的法律依据（　　）。

  A．《协调制度公约》商品分类目录

  B．《进出口税则》

  C．《商品及品目注释》

  D．《本国子目注释》

  E．商品归类行政裁定、商品归类决定

三、判断题

1．当货品看起来可归入两个或两个以上的税目时，应按从后归类的原则归类。（　　）

2．我国海关税则采用的是协调制度的6位数编码。（　　）

3．在商品归类时，要严格按照税目和类注、章注的规定办理。（　　）

4．商品编码的前两位数字为税目，三、四位数字为章目，后四位数字为子目。（　　）

5．进口一辆缺少轮子的汽车，在进行该商品的海关税则归类时，应按汽车车身归类。（　　）

6．在进行商品税则归类时，商品的包装容器应该进行单独的税则归类。（　　）

7．在进行商品税则归类时，对看起来可归入两个及两个以上税号的商品，在税目条文和注释均无规定时，其归类次序是具体列名、基本特征、从后归类、最相类似。（　　）

8．当税目条文、类注和章注没有专门规定，而商品归类不能确定时，按与该商品最相类似的商品归类。（　　）

9．台式计算机的成套散件分批（不同时期）进口时可将各批货物合并起来归类。（　　）

四、找出下列商品在《进出口商品名称及编码》中的 8 位数编码

- 水煮小虾虾仁
- 炒熟的袋装开心果
- 零售的精制花生油
- 猪肉松罐头
- 破碎的陶器
- 青霉素 V 针剂
- 硝酸钠肥料，5 千克包装
- 加入了硫化剂、促进剂、增塑剂、颜料等的丁腈橡胶
- 木制衣箱
- 竹制一次性筷子（零售包装）
- 成卷卫生纸（零售用，宽度 12 厘米）
- 针织的棉制婴儿手套
- 用尼龙 66 长丝浸渍橡胶制得的高强力纱
- 摩托车用头盔
- 未封口的阴极射线管
- 镀金铜制戒指
- 硅铁合金（硅含量占 70%，铁含量占 28%，其他元素占 2%）
- 可编程控制器
- 汽车用分电器
- 运钞车（汽油型，车辆总重为 3.5 吨）
- 石英手表（表壳镀金、仅指针显示）
- 狩猎用步枪
- 玩具乐器
- 19 世纪英国发行的邮票（已使用过）

第10章
进出口货物报关单填制

引导案例

报关作业进口清单与载货清单不符,被海关开箱查柜

深圳沙河某台商从事文具生产,自美国进口一批150公吨的牛皮卡纸。到货港注明是香港,货从美国到了香港之后,该台商通过香港报关行安排货柜将货从香港运抵深圳。由于该台商工厂仓库容量有限,因此分批将6个40英尺的货柜运抵深圳。9月底,首批3个货柜运抵深圳文锦渡海关,该公司的报关员立刻带齐所有的单证(美国公司寄来的原始发票、装箱单、海运提单)及填好的报关单、司机簿及香港运输公司填写的进境汽车清单,前往海关报关大楼报关。但报关时发现此批货物共有3个货柜,而美国的原始发票是整批货物共6个货柜,于是海关关员不同意该公司进行报关。不得已,该公司立即电告美国公司,要求美国公司赶填2份发票及装箱单,一份为3个货柜,另一份也为3个货柜。

次日,该公司报关员再前往报关。结果,海关仍拒绝接收美国方面开来的原始发票,因为美国开来的发票只有签名而没有印鉴。该公司只得再与美国公司进行联系,但由于时差的关系,等收到美方传真已是第3日清晨了。

该公司报关员又前往报关,但此时海关又查到新的问题,该公司报关清单注明的是牛皮卡纸,而司机载货清单上填的是白纸板。这一次的问题比前两次更严重,前两次只是海关拒绝接受报关,但这一次海关认为报关清单注明的是每公吨300美元的牛皮卡纸,但实际进口的是每公吨1 000美元的白板纸,涉嫌逃漏国家关税,严重的可判走私罪。

海关要求将3个货柜开箱检查,为了进一步查证,海关将每一箱纸的外层均捅破,造成了纸的损失,虽然最后检查结果证明是牛皮卡纸,海关也放行了。但3个货柜在文锦渡耽搁了两夜的租箱费、检查费、纸破坏费,共损失了2万多港币,这尚不包括司机的过夜费、临时停车费等。

启示:① 分批运输时,报关单据、发票等各类单据一定要分门别类列出,进出口货物的名称、数量等一定要与所提交的单据一致。② 要注意中西方商业习惯的差异,在中国报关就一定要尊重中国的法律、习俗。美方注重的是签名,而我国报关是以印鉴为主。③ 货物的名称要填报清楚,否则海关会以企业涉嫌走私论处。

第 10 章 进出口货物报关单填制

填制报关单是报关员日常主要工作,是其必备的基本功。正确填制进出口货物报关单是海关对报关企业和报关员的基本要求,同时报关单填制的正确与否也直接影响报关效率及企业经济效益。

本章学习目标

◆ 了解报关单的填制规范;
◆ 熟练掌握报关单的填制技巧;
◆ 掌握经营单位、贸易方式、征免性质等重要概念及它们之间的对应关系。

学习导航

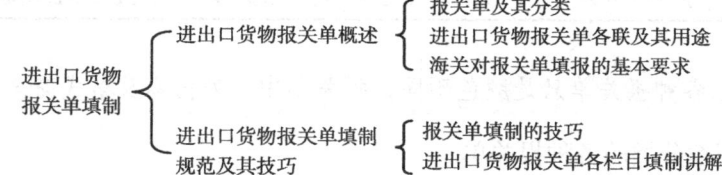

10.1 进出口货物报关单概述

10.1.1 报关单及其分类

1. 报关单及其法律效力

进出口货物报关单是指进出口货物的收发货人或其代理人,按照海关规定的格式就进出口货物的实际情况做出的书面申明,以此要求海关对其货物按适用的海关制度办理通关手续的法律文书。

进出口货物报关单在对外经济贸易活动中具有十分重要的法律效力:是海关对进出口货物进行监管、征税、统计及开展稽查和调查的主要依据;是加工贸易进出口货物核销以及出口退税和外汇管理的重要凭证;是海关处理进出口货物走私、违规案件及税务、外汇管理部门查处骗税和套汇犯罪活动的重要书证。因此申报人对所填报的进出口货物报关单的真实性和准确性应承担法律责任。

报关企业在接受进出口货物收发货人委托办理报关手续时应当对委托人所提供情况的真实性、完整性进行合理审查并承担相应的法律责任。审查内容包括:证明进出口货物的实际情况的资料,包括品名、规格、用途、产地及贸易方式等;有关进出口货物的合同、发票、运输单据、装箱单等商业单据;进出口所需的许可证件及随附单证;海关要求的加工贸易手册(纸制或电子数据的)及其他进出口单证。

2. 报关单分类（见表10-1）

表10-1 报关单类型

细分方法	类型细分
按进出口状态分	进口货物报关单、出口货物报关单
按表现形式分	纸制报关单、电子数据报关单
按使用性质分	粉红色：进料加工贸易进出口货物报关单 绿色：来料加工及补偿贸易进出口货物报关单 黄色：需国内退税的出口货物报关单 白色：一般贸易及其他贸易进出口货物报关单 浅蓝色：外商投资企业进出口货物报关单
按用途分	报关单录入凭单、预录入报关单、电子数据报关单、报关单证明联

> **提示** 各种报关单只是颜色不同，报关单中所列内容及格式完全相同。

下面介绍按用途分类的各种报关单。

（1）报关单录入凭单是申报单位按海关规定的格式填写的凭单，用作报关单位预录入的依据（可将现行报关单放大后适用）。

（2）预录入报关单是预录入公司录入、打印并联网将录入数据传递到海关，由申报单位向海关申报的报关单。

（3）电子数据（EDI）报关单是申报单位采用电子方式向海关申报的电子报文形式的报关单及事后打印、补交备核的纸制报关单。

（4）报关单证明联是海关在核实货物实际进、出境后按报关单格式提供的证明，用作企业向税务、外汇管理部门办结有关手续的证明文件。

10.1.2 进出口货物报关单各联及其用途

1. 进出口货物报关单各联

纸制进出口货物报关单的基本联由一式三联组成，即海关作业联、海关留存联和企业留存联。在不同贸易方式下，具体适用的联数不同。进口货物报关单一式五联，即海关作业联、海关留存联、企业留存联、海关核销联、进口付汇证明联。出口货物报关单一式六联，即海关作业联、海关留存联、企业留存联、海关核销联、出口收汇证明联、出口退税证明联。

> **提示** 一般贸易进口货物（需要付汇的）增加进口付汇核销联；出口货物（需要收汇和退税的）增加出口收汇证明联和出口退税证明联两联。
>
> 来料加工贸易进口货物增加海关核销联；出口（需要收汇的）增加出口收汇证明联和海关核销联两联。

进料加工贸易出口货物（需要收汇和退税的）增加海关核销联、出口收汇证明联和出口退税证明联三联。

2. 报关单各联用途

（1）进（出）口货物报关单海关作业联和留存联。它们是报关员配合海关查验、缴纳税费、提取货物或装运货物的重要凭证，也是海关查验货物、征收税费、编制海关统计及处理其他海关事务的重要凭证。

（2）进（出）口货物报关单收、付汇证明联。它们是海关对已实际进出境的货物所签发的证明文件，是银行和国家外汇管理部门办理售汇、付汇和收汇及核销手续的重要依据之一。需办理进口付汇核销或出口收汇核销的货物，进出口货物收、发货人或其代理人应在海关放行货物或结关后，向海关申领进口货物报关单进口付汇证明联或出口货物报关单出口收汇证明联。

（3）进（出）口货物报关单加工贸易核销联，它是指口岸海关对已实际申报进口或出口的货物所签发的证明文件，是海关办理加工贸易合同核销、结案手续的重要凭证。加工贸易的货物进出口后，申报人应向海关领取出口货物报关单核销联，并凭以向主管海关办理加工贸易合同核销手续。

（4）出口货物报关单出口退税证明联。它是海关对已实际申报出口并已装运离境的货物所签发的证明文件，是国家税务部门办理出口退税手续的重要凭证之一。

10.1.3 海关对报关单填报的基本要求

（1）申报人在填制报关单时，应按照《海关法》、《进出口货物报关单填制规范》和《申报管理规定》的有关规定向海关如实申报。报关单的填制必须做到真实，即做到两个相符：单证相符（报关单与合同、发票、装箱单、提单等单据相符）和单货相符（报关单中的内容与实际进出口货物情况相符）。填报的项目要准确、齐全、完整、清楚。

（2）向海关申报的报关单事后由于特殊原因发生填报内容与实际进出口货物不相一致而又有正当理由者，可向海关申请改正。

（3）不同合同、不同运输工具名称、不同征免性质、不同许可证号的货物不能填在同一份报关单上，不同贸易方式的货物需用不同颜色的报关单填报。一张报关单上最多不能超过5项海关统计商品编号的货物，而一份报关单最多可填报20项税号的货物。

10.2 进出口货物报关单填制规范及其技巧

10.2.1 报关单填制的技巧

（1）报关单（手工填写）的结构分表头（"标记唛码及备注"及其此前各栏目）和表体两部分，共设47栏，除"税费征收情况"和"海关审单批注及放行日期签字"两栏外，其余各栏均由报关员填写。

（2）熟悉发票、装箱单、提运单据的格式结构及各栏目的具体内容。

（3）要弄清填制时所需要的信息来源：已知信息；发票/装箱单/提运单据；自主判断。

报关单相关内容查找技巧如表10-2所示。

表10-2 报关单相关内容查找技巧

可从提供的提运单、装箱单中查找的	可从提供的发票中查找的	可从提供的补充内容里直接查找的	通过逻辑才能推断出来的
1. 进口口岸/出口口岸	1. 经营单位	1. 备案号	1. 贸易方式
2. 运输方式	2. 收货单位/发货单位	2. 进出口日期	2. 征免性质
3. 运输工具名称	3. 境内目的地/境内货源地	3. 申报日期	3. 征税比例
4. 提运单号	4. 成交方式	4. 收发货单位	4. 用途
5. 启运国（地区）/运抵国（地区）	5. 运费	5. 许可证号	5. 部分备注的内容
6. 装货港/指运港	6. 保费	6. 境内目的地/境内货源地	
7. 件数	7. 杂费	7. 批准文号	
8. 包装种类	8. 合同协议号	8. 随附单据	
9. 毛重（千克）	9. 商品名称、规格型号	9. 生产厂家及部分备注内容	
10. 净重（千克）	10. 数量及单位		
11. 集装箱号	11. 原产国（地区）/最终目的国（地区）		
12. 标记唛码及备注	12. 单价		
	13. 总价		
	14. 币制		

出口货物报关单和进口货物报关单分别如表10-3和表10-4所示。

表10-3 中华人民共和国海关出口货物报关单

预录入编号： 　　　　海关编号：

出口口岸	备案号	出口日期	申报日期
经营单位	运输方式	运输工具名称	提运单号
发货单位	贸易方式	征免性质	结汇方式
许可证号	运抵国（地区）	指运港	境内货源地
批准文号	成交方式	运费	保费	杂费
合同协议号	件数	包装种类	毛重（千克）	净重（千克）
集装箱号	随附单据		生产厂家
标记唛码及备注			

项号　商品编号　商品名称、规格型号　数量及单位　最终目的国（地区）　单价　总价　币制　征免

续表

税费征收情况（此栏以下不用填写）

录入员　　　录入单位	兹声明以上申报无讹并承担法律责任	海关审单批注及放行日期（签章）
报关员		审单　　　　审价
申报单位（签章） 单位地址： 邮编：　　　　电话： 填制日期：		征税　　　　统计 检查　　　　放行

表 10-4　中华人民共和国进口货物报关单

预录入编号：　　　　　　　　　海关编号：

进口口岸		备案号	进口日期	申报日期
经营单位		运输方式	运输工具名称	提运单号
收货单位		贸易方式	征免性质	征税比例
许可证号		启运国（地区）	装货港	境内目的地
批准文号	成交方式	运费	保费	杂费
合同协议号	件数	包装种类	毛重（千克）	净重（千克）
集装箱号	随附单据			用途
标记唛码及备注				

项号　商品编号　商品名称、规格型号　数量及单位　原产国（地区）　单价　总价　币制　征免

税费征收情况

录入员　　　录入单位	兹证明以上申报无讹并承担法律责任	海关审单批注及放行日期（签章） 审单　　　　审价

续表

报关员			
单位地址	申报单位（签章）	征税	统计
邮编　　　电话	填制日期	查验	放行

10.2.2 进出口货物报关单各栏目填制讲解

1．预录入编号

预录入编号是申报单位或预录入单位预录入报关单的编号，用于申报单位与海关之间引用其申报后尚未接受申报的报关单。

预录入编号由接受申报的海关决定编号规则。报关单录入凭单的编号规则由申报单位自行决定。

2．海关编号

海关编号是指海关接受申报时给予报关单的编号。

海关编号长度：H2000 系统为 18 位数字。海关编号由各直属海关在接受申报时确定，并标志在报关单的每一联上。一般来说，海关编号就是预录入编号，由计算机自动打印，不需填写。（"1"为进口，"0"为出口；集中申报清单"I"为进口，"E"为出口）

　　如：<u>5302</u>　　　<u>2015</u>　　　　<u>0</u>　　　　　　<u>215514049</u>
　　　　海关代码　　年份　　　进出口标志　　　报关单顺序编号

3．进口口岸/出口口岸

进（出）口口岸是指货物实际进出口我国关境口岸海关的名称。

> **▶ 提示**　进口口岸是进入我国关境的第一海关，即装载进口货物的运输工具进境后第一次停靠的地方。出口口岸是运离我国关境的最后一海关，即装载出口货物的运输工具出境前停靠的最后一个地方。
>
> **特别要注意**：报关单上要求填写的是"口岸海关的名称和代码"而不是"口岸的名称"。例如，一批货物于 2015 年 8 月运抵大连港，报关员填报的进口口岸应是大连海关而不是大连港。
>
> 一般情况下，进出口口岸海关也就是进出口货物向其报关的海关，有隶属海关的填报隶属海关名称。

> **？ 思考**　某企业在广东海关所属的肇庆海关办理货物进出口报关手续，其报关单进口口岸应填广东海关（5100），还是填报肇庆海关（5170）？

进口转关运输货物应填报货物进境地海关名称和代码，出口转关运输货物应填报货物出境地海关名称和代码。按转关运输方式监管的跨关区深加工结转货物，出口报关单填报转出地海关名称及代码，进口报关单填报转入地海关名称及代码。在不同海关特殊监管区域或保税监管场所之间调拨、转让的货物，填报对方特殊监管区域或保税监管场所所在地的海关名称及代码。

应用案例

某企业出口一批货物，该批货物从深圳蛇口海关申报，再转关到广州海关隶属的新风海关，后运往新加坡。报关单的"出口口岸"栏应填广州新风海关。

4．备案号

备案号是进出口企业在海关办理加工贸易合同或征、减、免税审批备案等手续时，海关给予的各种登记手册或者其他备案审批文件的编号。

备案号长度为 12 位，其中第 1 位是标记代码，第 2～5 位为关区代码，第 6 位为年份，第 7～12 位为序列号。

备案标记代码表如表 10-5 所示。

表 10-5 备案标记代码表

备案手册标记码	标记代码含义
B	来料加工登记手册
C	进料加工登记手册
D	外商免费提供的加工贸易不作价设备登记手册
F	加工贸易异地进出口分册
G	加工贸易深加工结转分册
H	出入出口加工区的保税货物的电子账册
Y	原产地证书
Z	征免税证明

填报内容及要求：

（1）备案号栏目包括以下 5 种：加工贸易手册编号、进出口货物征免税证明、出入出口加工区的保税货物的电子账册备案号、实行原产地证书联网管理的原产地证书编号、其他有关备案审批文件的编号。

（2）一份报关单只允许填报一个备案号。

（3）加工贸易项下货物，除少量低值辅料按规定不使用《加工贸易手册》及以后续补税监管方式办理内销征税的外，填报《加工贸易手册》编号。

使用异地直接报关分册和异地深加工结转出口分册在异地口岸报关的，本栏目填报分册号；本地直接报关分册和本地深加工结转分册限制在本地报关的，本栏目填报总册号。

加工贸易成品凭《征免税证明》转为减免税进口货物的，进口报关单填报《征免税证明》编号，出口报关单填报《加工贸易手册》编号。

（4）涉及征、减、免税备案审批的报关单，填报《征免税证明》编号。

（5）实行原产地证书联网管理的，此栏填报原产地证书编号，格式为："Y" + 11 位原产地证书编号。未实行原产地证书联网管理的货物本栏目免予填报。

（6）减免税货物退运出口，填报《减免税进口货物同意退运证明》的编号；减免税货物补税进口，填报《减免税货物补税通知书》的编号；减免税货物结转进口（转入），填报《征免税证明》编号；相应的结转出口（转出），填报《减免税进口货物结转联系函》的编号。

（7）涉及构成整车特征的汽车零部件的报关单，填报备案的 Q 账册编号。

> **提示** 备案号一般可从给出的单据中找到手册号，如果所列货物不是加工贸易合同货物（如一般贸易），此栏不需填写。备案号与下面的贸易方式、征免性质、征免、用途这几个栏目都有着很大的关联，首先把备案号这栏目确定了，后面的问题就好解决了。
>
> 例如，某经营单位委托上海某货运代理公司持 C29083100693 号手册和 310200103026124 号入境货物通关单向海关申报。手册号是要填到备案号这个栏目的，贸易方式、征免性质、征免、用途基本上就可以初步确定了。

5. 进口日期/出口日期

进口日期是指运载所申报货物运输工具申报进境的日期。本栏目填报日期必须与相应的运输工具进境日期一致。

出口日期是指运载所申报货物运输工具办结出境手续的日期。本栏目供海关打印报关单证明联用。预录入报关单及 EDI 报关单均免予填报。无实际进出口的，进出口日期的填报按办理申报手续的日期填写。

注意：顺序为年 4 位，月、日各 2 位，即要填制 8 位，如 2015.08.12。

6. 申报日期

申报日期是指海关接受进（出）口货物收、发货人或其代理人申请办理货物进（出）手续的日期。以 EDI 报关单方式申报的，申报日期为海关计算机系统接受申报数据时记录的日期。以纸质报关单方式申报的，申报日期为海关接受纸质报关单并对报关单进行登记处理的日期。其顺序为年 4 位，月、日各 2 位。本栏目在申报时免予填报。

7. 经营单位

经营单位是指在海关注册登记的对外签订并执行进出口贸易合同的中国境内法人、其他组织或个人。本栏目应填报经营单位中文名称及经营单位海关注册编码（缺一不可）。

> **提示** 经营单位是办理进（出）口货物的单位，一般应有进出口经营权。
>
> 单位编码指进出口企业在所在地主管海关办理注册登记时，海关给企业设置的注册登记编码。

（1）几种特殊情况下经营单位的填报原则。

1）合同签订者和执行者（与外方结算货款者）不是同一单位，则以执行合同的单位为准。例如，中国煤炭进出口总公司对外签订出口煤炭合同而由山西煤炭进出口公司负责执行合同，经营单位是山西煤炭进出口公司。即谁跟国外的客户进行货款的结算，经营单位就填谁。

2）有代理报关资格的报关企业代理其他进出口企业办理进出口报关手续时，填报委托的进出口企业的名称及海关注册编码。但国内企业委托有进出口经营权的企业进出口，经营单位应填有进出口经营权的企业。例如，北京宇都商贸有限公司委托大连化工进出口公司与韩国签约进口电动叉车，经营单位应该填代理方，即大连化工进出口公司。

3）外商投资企业委托外贸企业进口投资设备、物品时，应填报外商投资企业的中文名称及其10位代码，但要在标记唛码及备注栏内填"委托某进出口企业进口"。

> **提示** 如果外商投资企业委托有进出口经营权的企业进出口的不是投资设备、物品，而是一般贸易货物的生产原料，则填有进出口经营权的企业。

4）有报关权而无进出口经营权的企业（编码第6位为"8"的企业）不得填报为"经营单位"。

（2）"编码"由10位数字组成：第1～4位为进出口企业属地的行政区划代码；第5位为市经济区划代码（见表10-6）；第6位为进出口企业经济类型代码（共8种类型，见表10-7）；第7～10位为海关设置的顺序代码（企业变更后，原代码作废）。

表10-6　市经济区划代码（第5位）

代　码	经济区划
1	经济特区
2	经济技术开发区和上海浦东新区、海南洋浦经济开发区
3	高新技术产业开发区
4	保税区
9	其他

表10-7　进出口企业经济类型代码（第6位）

代　码	企业性质
1	有进出口经营权的国有企业
2	中外合作企业
3	中外合资企业
4	外商独资企业
5	有进出口经营权的集体企业
6	有进出口经营权的个体企业
8	有报关权而没有进出口经营权的企业
9	其他

> **提示** 应特别注意10位编码中的第5位和第6位。

第5位与"境内目的地"栏目有关系。根据第6位可判定企业性质，与报关单贸易方式、征免性质、征免方式、用途、备案凭证代码栏有关。

> **应用案例**
>
> 广州新宇进出口有限公司（440191××××）受贵阳某公司（520192×××）的委托进口一批机械设备物品。报关单中"经营单位"栏目应如何填写？
>
> 贵阳某公司10位编码的第6位为"2"，可知是一家中外合作企业；广州新宇进出口有限公司是一家有进出口经营权的国有企业，即属于外商投资企业委托外贸企业进口投资设备、物品，报关单经营单位应填写"贵阳某公司（520192×××）"，并在标记唛码及备注栏内填"委托广州新宇进出口有限公司（440191××××）进口"。

8．运输方式

（1）实际运输方式。海关规定的实际运输方式专指用于载运货物实际进出关境所使用的运输工具的分类，包括水路运输、航空运输、铁路运输、汽车运输、邮递运输和其他运输（人扛、驮畜、电网、管道）。

（2）特殊运输方式。海关规定的特殊运输方式仅用于标识没有实际进出境的货物，包括：① 保税区与非保税区间进出的货物及保税区退区货物；② 出口加工区与区外之间进出的货物；③ 保税仓库转内销货物；④ 境内存入出口监管仓库和出口监管仓库退仓货物；⑤ 其他没有实际进出境的货物。

（3）运输方式填报要求。① 应根据实际运输方式按海关要求填报规范的运输方式名称或代码，如江海运输/2，航空运输/5等；② "进口转关"的按抵达进境地的运输工具填报，"出口转关"的按驶离出境地的运输工具填报；③ 进出境旅客随身携带的货物，按旅客实际进出境时所乘运输工具填报。

运输方式代码表如表10-8所示。

表10-8 运输方式代码表

代码	名称	运输方式说明
0	非保税区	非保税区运入保税区和保税区退区
1	监管仓库	境内存入保税仓库和出口监管仓库退仓
2*	水路运输*	
3*	铁路运输*	
4*	公路运输*	
5*	航空运输*	
6	邮政运输	
7	保税区	保税区运往非保税区
8	保税仓库	保税仓库转内销
9	其他运输	人扛、驮畜、输水管道、输油管道、输电网等方式，以及不复运出（入）境而留在境内（外）销售的进出境展览品、留赠转卖物品等
H	边境特殊海关作业区	境内运入深港西部通道港方口岸区的货物

第 10 章　进出口货物报关单填制

续表

代码	名称	运输方式说明
W	物流中心	从中心外运入保税物流中心或从保税物流中心运往中心外
X	物流园区	从境内（指国境内特殊监管区域之外）运入园区内或从保税物流园区运往境内
Y	保税港区	保税港区（不包括直通港区）运送区外和区外运入保税港区的货物
Z	出口加工	出口加工区、珠澳跨境工业区珠海园区运往区外和区外运入出口加工区（区外企业填报）

注：*见表 10-9。

> **提示**　本栏目可从"装箱单"和"提运单据"中查找。
> 如有"装运港（Port of Shipment）"，或者有"Name of Vessel"、"Bill of lading"等字样，运输方式是水路运输；如果有"Air fright"等字样属于航空运输。

9．运输工具名称

（1）运输工具的含义及填报方式。运输工具是指从事国际（地区）间运营业务进出关境和境内载运海关监管货物的工具。进出口货物报关单上的运输工具名称专指载运货物进出境所使用的运输工具的种类名称或运输工具编号。

在纸质报关单中，"运输工具名称"栏根据不同的运输方式有不同的填报要求（见表10-9），一般需填报运输工具名称及航次号。内容应与运输部门向海关提供的舱单（载货清单）所列相应内容一致。无实际进出境的报关单，本栏目免予填报。

表 10-9　直接在进出境地办理报关手续的报关单中"运输工具名称"栏填写要求

运输方式	进出口货物报关单填报方式
水路运输	填报船舶编号或者船舶英文名称 格式为："船舶英文名称"（Vessel；S/S），或编号+"/"+"航次号"（Voyage No.），如 ABCD/123 （来往港澳小型船舶填监管簿编号）
航空运输	免予填报
铁路运输	填报：车厢编号或交接单号 纸质报关单中应填报：车厢编号或交接单号+"/"+进出境日期
邮政运输	填报：邮政包裹单号 纸质报关单中应填报：邮政包裹单号+"/"+进出境日期
公路运输	填报：该跨境运输车辆的国内行驶车牌号 纸质报关单中应填报：该跨境运输车辆的国内行驶车牌号+"/"+进出境日期 深圳提前报关模式填报国内行驶车牌号+"/"+"提前报关"4个汉字
其他运输	免予填报

（2）转关运输货物报关单填报要求。进口转关运输填报转关标志"@"+转关运输申报单编号，出口转关运输只填报转关运输标志"@"。

> **提示** 一份报关单只允许填报一个运输工具名称。对于"清单放行，集中报关"的货物填报"集中申报"4个汉字。可从"装箱单"和"提运单据"中查找（一般显示在"Carrier"/"Per"）。

10．提运单号

提运单号是指进出口货物提单或运单的编号。一份报关单只允许填报一个提运单号，一票货物对应多个提运单号，应分单填报。

（1）直接在进出境或采用"属地申报、口岸验放"通关模式办理报关手续。

1）水路运输：填报进口提单号或出口运单号。如有分提运单的，填报进出口提运单号+"*"+分提运单号。一般以英文"B/L NO："表示。

2）铁路运输：填报运单号。

3）航空运输：填报总运单号+"_"（下划线）+分运单号，无分运单号的填报总运单号。

4）公路运输、无实际进出境的本栏目免予填报。

5）邮件运输：填报邮运包裹单号。

（2）转关运输货物的报关单

1）进口。水路运输：直转、中转填报提单号，提前报关免予填报。铁路运输：直转、中转填报铁路运单号，提前报关免予填报。航空运输：直转、中转填报总运单号+"_"（下划线）+分运单号，提前报关免予填报。其他运输方式：免予填报。

2）出口。水路运输：中转货物填报提单号，非中转货物免予填报。其他运输方式：免予填报。

11．收货单位/发货单位

（1）收货单位。它是指已知的进口货物在境内的最终消费、使用单位，包括自行从境外进口货物的单位和委托有外贸进出口经营权的企业进口货物的单位。

当收货单位是自行从境外进口货物的单位，则报关单中的"收货单位"与"经营单位"是同一单位。若是委托进口货物的单位，则收货单位是委托方，即"已知的进口货物在境内的最终消费、使用单位"。若委托方再转给第三方，第三方不能作为收货单位。例如，A公司委托B公司进口设备，进口后A公司又转售给C公司。这里虽然C公司是最终使用单位，但因它与经营单位B公司没有委托进口关系，有委托进口关系的是A公司，所以A公司为收货单位。

（2）发货单位。它是指出口货物在境内的生产或销售单位，包括自行出口货物的单位和委托有外贸进出口经营权的企业出口货物的单位。

"境内生产单位"是指出口货物的所有人，"销售单位"是指将零散货物统购后再出口的中间商。当收货单位是"自行出口货物的单位"，则报关单中的"经营单位"栏可填"生产单位"或"销售单位"。

"委托有外贸进出口经营权的企业出口货物的单位"是指"生产单位"或"销售单位"不自营出口,而是委托他人作为经营单位为自己办理出口的单位。

例如,A 公司委托外贸公司 B 向新加坡出口一批蜂王浆。因为 A 公司是"委托有外贸经营权的企业出口货物的单位",所以 A 公司为"发货单位";B 公司是办理进出货物的"经营单位"。

应用案例

中国粮油进出口公司收购广东省粮油进出口公司在番禺炼油厂生产的花生油,经上海浦东港出口。报关员在出口报关单上应如何填写"发货单位"栏?

分析:发货单位是指出口货物在境内的生产或销售单位。花生油由境内番禺炼油厂生产,所以出口报关单上的"发货单位"应填番禺炼油厂。

---

(3)填报要求:应填写收/发货单位的中文名称或其海关注册编号。如备有编号时,必须单独填写编号;没有编码或编号的,填报其中文名称。

12. 贸易方式(监管方式)

贸易方式(监管方式)是指买卖双方将商品所有权转让所采取的方式。

贸易方式有"一般贸易"、"来料加工"、"进料加工"、"进料非对口"、"合资合作设备"等方式。我国海关结合监管方式,把贸易方式分为 92 种。

贸易方式栏目应根据实际情况,并按海关的《监管方式代码表》选择相应的贸易方式简称或代码进行填报。一份报关单只允许填报一种贸易方式。

> **提示** "贸易方式"不能从所给的材料中直接得出;而是需要根据收货人的经济类型,进口申报时向海关提供的备案文件名称(登记手册、减免税证明)等,通过推理得出。

特殊情况下加工贸易货物监管方式填报要求:

(1)进口少量低值辅料(5 000 美元以下,78 种以内的低值辅料)按规定不使用《加工贸易手册》的,填报"低值辅料"。使用《加工贸易手册》的,按《加工贸易手册》上的监管方式填报。

(2)外商投资企业为加工内销产品而进口的料件,属非保税加工的,填报"一般贸易"。

外商投资企业全部使用国内料件加工的出口成品,填报"一般贸易"。

(3)加工贸易料件结转或深加工结转货物,按批准的监管方式填报。

(4)加工贸易料件转内销货物以及按料件办理进口手续的转内销制成品、残次品、半成品,应填制进口报关单,填报"来料料件内销"或"进料料件内销";加工贸易成品凭《征免税证明》转为减免税进口货物的,应分别填制进、出口报关单,出口报关单本栏目填报

"来料成品减免"或"进料成品减免",进口报关单本栏目按照实际监管方式填报。

(5)加工贸易出口成品因故退运进口及复运出口的,填报"来料成品退换"或"进料成品退换";加工贸易进口料件因换料退运出口及复运进口的,填报"来料料件退换"或"进料料件退换";加工贸易过程中产生的剩余料件、边角料退运出口,以及进口料件因品质、规格等原因退运出口且不再更换同类货物进口的,分别填报"来料料件复出"、"来料边角料复出"、"进料料件复出"、"进料边角料复出"。

(6)备料《加工贸易手册》中的料件结转转入加工出口《加工贸易手册》的,填报"来料加工"或"进料加工"。

(7)保税工厂加工贸易进出口货物,根据《加工贸易手册》填报"来料加工"或"进料加工"。

(8)加工贸易边角料内销和副产品内销,应填制进口报关单,填报"来料边角料内销"或"进料边角料内销"。

(9)加工贸易进口料件不再用于加工成品出口,或生产的半成品(折料)、成品因故不再出口,主动放弃交由海关处理时,应填制进口报关单,填报"料件放弃"或"成品放弃"。

(10)合资合作企业进口投资额以内设备物品的填"合资合作设备",外资企业(第6位为4)填"外资设备物品"。外商有偿提供的加工设备填"加工贸易设备(作价)"。

> **提示** 不作价设备是指来料加工装配贸易项下对方提供的进口设备或不作价的设备(不扣减投资总额)。
>
> 进料非对口是指我方有外贸经营权的企业动用外汇购买进口原料、材料、辅料、元器件、零配件和包装物料,加工成品或半成品后再返销出口的贸易方式。

13. 征免性质

征免性质是指海关对进出口货物实施的征、减、免税管理的性质类别。

征免性质共有28种,常见的有一般征税、来料设备、来料加工、进料加工、中外合资、中外合作、外资企业。

本栏目应按海关核发的《征免税证明》中批注的征免性质填报,或者根据实际情况按海关规定的《征免性质代码表》选择填报相应的征免性质简称或代码。

> **提示 征免性质填写技巧**
>
> (1)按照表10-10中与"贸易方式"相对应的"征免性质"简称或参照海关规定的《征免性质代码表》选择填报相应的征免性质简称或代码。
>
> (2)可先在"已知信息"中判断出"贸易方式",再按其对应表格中的栏目填报其"征免性质"。
>
> (3)一份报关单只允许填报一种征免性质。

表 10-10 "贸易方式"、"征免性质"、"用途"、"征免"各栏目之间的逻辑关系

贸易方式	征免性质	用 途	征 免	备案凭证首位
一般贸易（0110）	一般征税（101）	外贸自营自销（1）	照章征税（1）	
		其他内销（3）		
	科教用品（401） 重大项目（406） 鼓励项目（789）	企业自用（4）	全免（3）	Z（征免税证明）
来料加工（0214）	来料加工（502）	加工返销（5）	全免（3）	B（登记手册）
进料加工（0615）	进料加工（502）			C（登记手册）
合资合作设备（2025）	中外合资（601） 中外合作（602） 鼓励项目（789）	企业自用（4）	全免（3）	Z（征免税证明）
	一般征税（101）		照章征税（1）	
外资设备物品（2225）	外贸企业（603） 鼓励项目（789）	企业自用（4）	全免（3）	Z（征免税证明）
	一般征税（101）		照章征税（1）	
不作价设备（0320）	加工设备（501）	企业自用（4）	全免（3）	D（登记手册）
加工贸易设备（作价）	一般征税（101）		照章征税（1）	

14．征税比例/结汇方式

征税比例是仅用于中资企业"非对口合同进料加工"贸易方式下进口料、件的进口报关单，根据加工贸易登记手册中的内销比例栏目填报海关规定的实际应征税比例。

出口填报结汇方式。结汇方式是指出口货物收结外汇的具体方式。

> **提示**：现进口报关单"征税比例"栏目不再需要填报。
>
> 出口货物报关单"结汇方式"应按海关《结汇方式代码表》选择相应的中文名称或英文缩写或数字代码填写。一般应从信汇（M/T）、电汇（T/T）、票汇（D/D）、付款交单（D/P）、承兑交单（D/A）、信用证（L/C）6种付款方式中选择。可从"发票"中查找。

15．许可证号

许可证号是指商务部及其授权发证机关签发的进（出）口货物许可证的编号。本栏目填报以下许可证的编号：进（出）口许可证、两用物项和技术进（出）口许可证、两用物项和技术出口许可证（定向）、纺织品临时出口许可证、出口许可证（加工贸易）、出口许可证（边境小额贸易）。一份报关单只允许填报一个许可证号。

许可证号的组成为：××-××-××××××。第 1、2 位代表年份，第 3、4 位代表发证机关（AA 代表部级发证，AB、AC 等代表特派员办事处发证，01、02 等代表地方发证），后 6 位为顺序，如 15-AA-101406。

16．随附单据

（1）含义。随附单据是指随进（出）口货物报关单一并向海关递交的单证或文件，包括发票、装箱单、提单、运单、装运单等基本单证，以及监管证件、征免税证明、外汇核销单等特殊单证和合同、信用证等预备单证。

（2）填报要求。

1）在填制报关单时，"许可证号"栏和"随附单据"要填写的都属监管证件类，"随附单据"栏仅填报除进出口许可证以外的监管证件代码及编号。

2）"随附单据"栏要填写监管证件的代码和编号。例如，随付的单据是入境货物通关单，货物通关单的代码为 A，编号是：442100104064457，那么在填制报关单的时候，"随附单据"栏就填 A：442100104064457。

所申报货物涉及多个监管证件的，此栏仅填报第一个监管证件的代码和编号，其余监管证件的代码和编号填在"标记唛码及备注"栏中。

3）加工贸易内销征税报关单，随附单据代码栏填写"c"，随附单据编号栏填写海关审核通过的内销征税联系单号。

4）含预归类商品报关单，随附单据代码项下填写"r"，随附单据编号项下填写××关预归类书××号。

5）实行原产地证书联网管理的，原产地证书编号填报在备案号栏内，在本栏中填报"Y:〈优惠贸易协定代码〉"。例如，"中智自贸区"项下的进口商品，应填报为"Y:〈08〉"。

未实行原产地证书联网管理的，填报"Y:〈优惠贸易协定代码：需证商品序号〉"。例如，曼谷协定项下进口报关单中第 1 项到第 3 项和第 5 项为优惠贸易协定项下商品，应填报为"Y:〈01:1—3, 5〉"。

进出口货物优惠贸易协定代码表如表 10-11 所示。

表 10-11　进出口货物优惠贸易协定代码表

代码	优惠贸易协定
01	属于"亚太贸易协定"项下的进出口货物
02	属于"中国—东盟自由贸易区"项下的进出口货物
03	属于"内地与香港紧密经贸关系安排"（香港 CEPA）项下的进口货物
04	属于"内地与澳门紧密经贸关系安排"（澳门 CEPA）项下的进口货物
05	属于"对非洲特惠安排"项下的进口货物
06	属于"中国台湾地区水果零关税措施"项下的进口货物
07	属于"中巴自由贸易区"项下的进出口货物
08	属于"中智自由贸易区"项下的进出口货物
09	属于"对也门等国特惠待遇"项下的进口货物
10	属于"中新（西兰）自由贸易区"项下的进出口货物
11	属于"中新（加坡）自由贸易区"项下的进出口货物
12	属于"中秘自贸协定"项下的进口货物

续表

代　　码	优惠贸易协定
13	属于"最不发达国家零关税措施"项下的进出口货物
14	属于"大陆—台湾自贸协定"项下的进出口货物
15	属于"中哥（斯达黎加）自贸协定"项下的进出口货物

> **提示**
> （1）许可证是针对限制类进出口货物的，而自动进口许可证是属于自由进出口货物。两者意义不同，因此自动进口许可证号不应该填在这里。
> 　　例如，中外合资沈阳贝沈钢帘线有限公司（2101232999）使用自有资金，委托上海新元五矿贸易公司（3105913429）持2100-2003-WZ-00717号自动进口许可证（代码7）进口镀黄铜钢丝。"许可证号"栏不能填"2100-2003-WZ-00717"。
> （2）要注意的是合同、发票、装箱单等必备的随附单据不在本栏目填报。
> （3）一份原产地证书只能对应一份报关单，同一份报关单上的商品不能同时享受协定税率和减免税。在一票进口货物中，对于实行原产地证书联网管理的，如涉及多份原产地证书或含非原产地证书商品，应分单填报。

17．启运国（地区）/运抵国（地区）

启运国（地区）是指进口货物起始直接运抵我国或在运输中转国（地）未发生任何商业性交易的情况下运抵我国的国家（地区）。运抵国（地区）是指出口货物离开我国关境直接运抵或在运输中转国（地区）未发生任何商业性交易的情况下最后运抵的国家（地区）。

> **提示**　对发生运输中转的货物，如中转地未发生任何商业性交易，那么启、抵地均不变；如中转地发生商业性交易，以中转地作为启运/运抵国（地区）填报。
> 　　中转是指船舶从装运港将货物装运后，不直接驶往目的港，而在中途的港口卸下后，再换装另外的船舶转运。一般在提运单中有VIA，或者是TRANSIT的字样。

例如，我国某公司从伦敦进口一批货物，途经香港转船运至内地，则启运国（地区）仍为英国；如果在香港此批货物卖给了香港的某商人，即发生了买卖行为，那么启运国（地区）则为香港。

18．装货港/指运港

装货港是指进口货物在运抵我国关境前的最后一个境外装运港。
指运港是指出口货物运往境外的最终目的港。

> **提示**
> （1）应根据实际情况按海关规定的《港口航线代码表》选择填报"装货港"和"指运港"中文名称及代码。若表中无港口中文名称及代码的，可选择填报相应的国家中文名称或代码。无实际进出境的，本栏目填报"中国境内"（代码142）。

（2）只要发生运输中转的货物，不管有没有发生商业性交易，"装货港"都填中转港。这是启运国（地区）与装货港的区别。出口货物的最终目的港不可预知时，"指运港"应按尽可能预知的目的港填报。

（3）可从"装箱单"和"提运单据"中查找。

应用案例

江西某进出口公司从悉尼装运澳大利亚羊毛运至马来西亚吉隆坡，再从吉隆坡转船运至黄埔港。报关单上的"装货港"栏应如何填报？

分析："装货港"是指进出口货物在运抵我国关境前的最后一个境外装运港。如果货物在运输途中发生中转运输，无论货物在中转地是否发生商业性交易，货物的中转地即装货港。由于货物在马来西亚的吉隆坡发生中转，因此装货港应填吉隆坡。

19．境内目的地/境内货源地

境内目的地是指进口货物在国内消费、使用地或最终运抵地，其中最终运抵地为最终使用单位所在的地区。

境内货源地是指出口货物在国内的生产地或原始发货地。

填报要求。

（1）应根据进口货物的收货单位或出口货物的生产厂家或发货单位的所属国内地区名称或代码填写。地区的填写具体到最小的行政区域，即区（县）一级。代码的编排内涵与经营单位代码前5位的含义相同。

（2）境内目的地难以确定的，应以预知的进口货物最终运抵地区为准。出口货物产地难以确定的，填报最早发运该出口货物的单位所在地。

20．批准文号

进口报关单中本栏目免予填报。

出口报关单填报"出口收汇核销单"编号。

21．成交方式

成交方式是在国际贸易中的"贸易术语"。

填报要求：

（1）本栏目应按填报实际成交价格条款中所使用的"价格术语"或代码。

（2）无实际进出境的，进口填"CIF"；出口填"FOB"。

（3）本栏目与报关单"运费、保费、杂费"有直接关系。

遇到成交价格为CIP（Carrier and Insurance Paid to…运费、保费付至……）的，按CIF填，FCA（Free Carrier，货交承运人）按FOB填写。原始单据种常以"Price Terms"表示成交方式。可从"发票"中查找。成交方式代码表如表10-12所示。

表 10-12　成交方式代码表

成交方式代码	成交方式名称	成交方式代码	成交方式名称
1	CIF	4	C&I
2	CFR	5	市场价
3	FOB	6	垫仓

22. 运费

运费是指进口货物运抵我国境内输入地点起卸前的运输费用，出口货物运至我国境内输出地点装载后的运输费用。用于成交价格中不包含运费的进口货物（如 FOB 成交方式下需填报）或成交价格中含有运费的出口货物（如 CIF/CFR 成交方式下需填报）。

> 提示　一般由我方付运费的成交方式下需填报。

填报要求：

（1）可按运费单价、总价或运费率 3 种方式中的一种，选择填报相应的币种代码。货币代码表如表 10-13 所示。

表 10-13　货币代码表

货币代码	货币符号	货币名称
110	HKD	港币
116	JPL	日元
121	MOP	澳门元
132	SGD	新加坡元
142	CNY	人民币
300	EUR	欧元
502	USD	美元

运费标记："1"表示运费率，"2"表示每吨货物的运费单价，"3"表示运费总价。

例如：① 10%运费率填报为 10；② 50 英镑的运费单价填报为 303/50/2；③ 9 000 日元的运输总价填报为 116/9 000/3。即以币种—价格—标记的顺序排列。

（2）货物以 CIF 成交方式进口的，因 CIF 已包括了运费、保费，所以进口货物报关单"运费"、"保费"栏不需填写。

货物以 FOB 成交方式出口的，因 FOB 不包括运费、保费，所以出口货物报关单"运费"、"保费"栏不需填写。

（3）运费应指报关单所含全部货物的国际运输费。

? 思考　3%的运费率、50 欧元的运费单价、4 000 美元的运费总价应如何填报？

解答　3/1 或 3；300/50/2；502/4 000/3。

23. 保费

保费用于成交价格中不包保险费的进口货物；用于成交价格中含有保险费的出口货物。与填报"运费"一栏的概念同理。

填报要求：

（1）应指报关单所含全部货物国际运输的保险费用。

（2）可用以下两种方式之一填报："保险费率"、"保险费总价"。

（3）进口时使用 FOB 和 CFR 术语；出口时使用 CIF 术语，此栏目才须填报。

24. 杂费

杂费是指成交价格以外的并应记入完税价格（该记入而未记入的）或应从完税价格中扣除（该扣除而未扣除的）的费用（手续费、佣金、回扣等）。

> **提示**
>
> （1）可用杂费总价或杂费率两种方法填报，并与"保费"填报方法同理。
>
> （2）应"记入"完税价格的为正值或正率；应"扣除"完税价格的为负值或负率。例如，应计入完税价格的 1.5%的杂费率填报为 1.5/1；应从完税价格中扣除 1%的回扣率为填报为–1/1；应计入完税价格的 200 欧元杂费总价填报为 300/200/3。
>
> （3）"运费"/"保费"/"杂费"三项内容可从"已知信息"中查找。

25. 合同协议号

本栏目应填报进（出）口货物合同（包括协议或订单）的全部字头和号码。

在给出的单证中能直接找到：Contract NO.，S/C，P/O 后面所对应的数据。

26. 件数

本栏目应填报有外包装的进（出）口货物的实际件数。"件数"以除去集装箱后的最外包装为准，即托运人交付给承运人时的外表状态。

填报要求：

（1）如果舱单件数为集装箱的，填报集装箱的个数。

（2）如果舱单件数为托盘的，填报托盘个数。若单据既列明托盘件数，又列明单件包装数的，本栏目填报托盘件数，如"2 PALLETS 100 CTNS"，件数应填报为 2。

（3）散装、裸装货物填报为 1。

> **提示**
>
> （1）本栏只有计量数，没有单位。例如，如果是 3 个集装箱，则"件数"栏应填报为 3，而不能是 3 箱或 3 个。如果原始单据上显示"2 Units & 4 cartons"，表示共有 2 个计件单位（辆、台、件等）和 4 个纸箱，件数合计为 6。
>
> （2）货物可以单独计数的一个包装称为一件。

27. 包装种类

包装种类是指进（出）口货物的实际外包装种类，是运输包装，而不是直接接触商品的销售包装，如木箱（case）、纸箱（carton）、包（bales）、托盘（pallet）、桶（drum/barrel）等。

包装种类从"装箱单"和"提运单据"或"发票"中可查找。单证上一般以"Packing"、"PKGS"表示。

当有两种不同的包装出现时，包装种类统报为"其他"，如"2 Units & 4 cartons"。

28. 毛重（千克）

毛重是指货物及其包装材料的重量之和。计量单位为千克，不足 1 千克的填报为 1。在原始单据中，找到 Gross Weight 所对应的数据就是毛重。

29. 净重（千克）

净重是指货物的毛重减去外包装材料后的重量，即商品本身的实际重量。计量单位为千克，不足 1 千克的填报为 1。在原始单据中，找到 Net Weight 所对应的数据就是净重。

30. 集装箱号

集装箱号是指在每个集装箱箱体两侧标示的全球唯一的编号。

本栏目用于填报和打印集装箱编号和数量。

填报要求：

（1）填写格式为"集装箱号"+"/"+"规格"+"/"+"自重"。

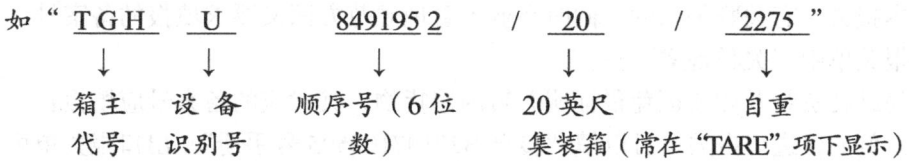

（2）非集装箱货物填报"0"。

（3）在多于一个集装箱时，应将其余集装箱编号依次填在"标记唛码及备注"栏内。

> **提示**
>
> （1）从"装箱单"和"提运单据"中查找（一般 Container No. 后面所对应的号就是集装箱号）。
>
> （2）用集装箱装运的，没有唛头，也就是说标记唛码栏填 N/M，指的就是没有唛头的意思。

> **思考** 在原始单据上集装箱号 Container No.后面所对应的号是：1×20 MISU1328245，重量是 2 376。1×40 MISU1304352，重量是 5 430。应如何填报？
>
> **解答** 根据填报要求（3）所示，在多于一个集装箱时，其他的集装箱号依次填制在"标记唛码及备注"栏内。
>
> "集装箱号"栏应填报"MISU1328245/20/2376"。在"标记唛码及备注"栏填"MISU1304352/40/5430"。

31. 用途/生产厂家

用途是指进口货物的实际适用方面或范围。

进口货物填报用途，应根据进口货物的实际用途，按海关规定的《用途代码表》选择填报相应的用途代码。例如，进、来料加工，进口料件是按外商要求将料件加工成成品，返销给外商，因此可以说来料加工的进口用途是"加工返销"。

用途与贸易方式、征免性质、征免等栏目存在逻辑关系（见表10-10）。

生产厂家是指出口货物的境内生产企业。

> **提示**
> （1）进口报关单填报"用途"栏目，出口报关单填"生产厂家"栏目。
> （2）与境内目的地、境内货源地的填写不同之处在于生产厂家要求填写的是单位名称，而前两项填写的是地点。

32. 标记唛码及备注

标记唛码又称运输标志，是为了方便运输和识别货物，刷写在运输包装上的标记。本栏目打印的内容有：

（1）标记唛码中除图形以外的文字、数字。

（2）受外商投资企业委托代理其进口投资设备、物品的外贸企业名称。格式为"委托××公司进口"。

（3）与本报关单有关联关系的，同时在业务管理规范方面又要求填报的备案号，填报在电子数据报关单中"关联备案"栏。

加工贸易结转货物及凭《征免税证明》转内销货物，其对应的备案号应填报在"关联备案"栏目。例如，进口报关单可以填"转自 B22107102595 号手册"。出口报关单可以填"转出至 C22108301641 号手册"。

减免税货物结转进口（转入），报关单"关联备案"栏应填写本次减免税货物结转所申请的《减免税进口货物结转联系函》的编号。

减免税货物结转出口（转出），报关单"关联备案"栏应填写与其相对应的进口（转入）报关单"备案号"栏中《征免税证明》的编号。

（4）与本报关单有关联关系的，同时在业务管理规范方面又要求填报的报关单号，填报在电子数据报关单中"关联报关单"栏。

加工贸易结转类的报关单，应先办理进口报关，并将进口报关单号填入出口报关单的"关联报关单"栏。

办理进口货物直接退运的，除另有规定外，应先填写出口报关单，再填写进口报关单，并将出口报关单号填入进口报关单的"关联报关单"栏。

减免税货物结转出口（转出），应先办理进口报关，并将进口（转入）报关单号填入出口（转出）报关单的"关联报关单"栏。

（5）办理进口货物直接退运手续的，本栏目填报《准予直接退运决定书》或《责令直接退运通知书》编号。

（6）其他申报时必须说明的事项。① 本栏目下供填报随附单据栏中除第一个以外的其他监管证件的编号，如 B：31005020441530800。② 一票货物多个集装箱的，在本栏目打印其余的集装箱号。格式同"集装箱号"栏目。

33．项号

项号是指报关单中的商品排列序号。

一张纸制报关单最多能填5项商品名称，纸制报关单表体共有5栏，可另外附带3张纸制报关单，合计一份纸制报关单（一个报关单编号）最多可打印20项商品，一张电子报关单（对应一份纸制报关单，由预录入公司或与海关有电子联网的公司录入）表体共有20栏，一项商品占据表体的一栏，超过20项商品时必须填报另一份纸制报关单。

填写要求：

（1）一般情况下，一张报关单最多能填5项商品名称，从01至05，一栏里填一行。

（2）进出口货物属加工贸易或实行原产地证书联网管理等已备案的货物时，本栏目分2行填报。第1行为进出口商品排列序号（01、02、03）。第2行填报该项货物在《登记手册》中的项号（在已给出的单证中都能找到）。例如，从发票和装箱单名称"名称：白纸板"可知，该进口货物为1项商品，从补充资料中知其列手册的第8项，因此"项号"第一栏上部填01，下部填08。

34．商品编号

商品编号指按商品分类编码规则确定的进出口货物的编号。

此栏目分为商品编号和附加编号两栏。其中商品编号栏应填报由《中华人民共和国海关进出口税则》确定的进出口货物8位税则号列，附加编号栏应填报商品编号附加的第9、10位附加编号。

附加编号是指根据海关征税和监管的需要，在原8位商品编号后再细分的第9、10位编号。其中第9位主要用于确定不同的增值税及消费税的税率，第10位主要用于确定不同的监管证件规定。

> **提示** 商品编号（H.S. CODE）在已给出的单证中都能找到。H.S.CODE，或者H.S.后面的8位数字就是商品的编码。

35．商品名称、规格型号

本栏目分2行填报：第1行打印进（出）口货物规范的中文商品名称；第2行打印规格型号，必要时可加注原文。

例如，从发票和装箱单中"Description：KITCHEN TOWEL OF COTTON/ BATH TOWELS OF COTTON"、Measurement：15×25'/25×35'可知，该商品名称、规格型号分别为"棉制餐巾和棉制浴巾"、15×25'/25×35'。

商品名称及规格型号应据实填报，并与所提供的合同、商业发票等相关单证相符。

> **提示** 单证中标示名称的常用语为"name of goods"、"descriptions of goods"、"merchandise"、"commodity"等,规格型号常用的有"style"、"type"等。

36. 数量及单位

数量及单位是指进(出)口商品的实际数量及计量单位。

(1)本栏目分3行填报及打印:第1、2行必须填海关法定计量单位。如无第二法定计量单位本栏目为空。例如,从所给单证中可知"棉制餐巾和棉制浴巾"数量(Quantities)分别为6 000PCS、9 000PCS,重量(Net Weight)分别为40kg、70kg,则"数量及单位"栏目第1栏上部填"6 000条",下部填"40 kg";第2栏上部填9 000条,下部填70 kg。

(2)成交计量单位与法定计量单位不一致的,须填报与海关法定计量转换后的单位及数量,同时还需填报成交计量单位及数量。只有当成交计量单位与海关法定计量单位不一致时,才将成交计量单位填入第3行,否则第3行为空。

(3)当成交计量单位出现两个以上时,应以计数相对准确的单位为准。

(4)优惠贸易协定项下进出口商品的成交计量单位,必须与原产地证书上对应商品的计量单位一致。

37. 原产国(地区)/最终目的国(地区)

原产国是指进口货物的生产、开采或加工制造国家(地区)。同一批进口货物的原产地不同的,应分别填报原产国(地区)。

最终目的国是指已知的出口货物的最终实际消费使用或进一步加工制造国家(地区)。同一批出口货物的最终目的国(地区)不同的,应分别填报最终目的国(地区)。

填报要求:

应按海关规定的《国别(地区)代码表》填报相应的国家(地区)的中文名称及代码。

> **提示** 原产国可从"发票"或"其他原始单据"中查找(如"Country of Origin: China";"made in Japan";"Manufacture: ++++Germany")。
>
> 注意原始单证中诸如此类的词句:"具体以×××为准"(Detail as per×××)。如发票上记录某一商品的原产国为×××国,同时注有"详情以随附单据为准"(Detail as per attached sheets),就应以随附清单上的记载为准。
>
> 原产国不详时,报关单"原产国"一栏填写"国别不详"或"701"。
>
> 原产国、最终目的国不受"中转"和"商业性交易"影响。

应用案例

江苏某进出口公司出口一批电器至中国香港甲公司,再由甲公司转售给英国乙公司,问运抵国(地区)、最终目的国应如何填报?

分析:运抵国是指出口货物离开我国关境直接运抵或者在运输中转国(地区)未发生任何商业性交易的情况下最后运抵的国家(地区)。对发生运输中转的货物,如中转地未发生商业性交易，则起、抵地不变；如中转地发生商业性交易，则以中转地作为启运/运抵国（地区）填报。

货物在香港发生中转，并发生了商业性交易（甲公司售给了乙公司），所以运抵国（地区）应填报中转地香港。

最终目的国是指已知的出口货物的最终实际消费、使用或进一步加工制造国家（地区），所以"最终目的国"栏目应填英国。

38．单价、总价、币制

单价栏目应填报同一项号进（出）口货物实际成交的商品单位价格。

总价栏目应填报同一项号进（出）口货物实际成交的商品总价。

币制是指进（出）口货物实际成交价格的币种。

> **提示**
>
> （1）在给出的原始单据中，"unit price"、"total price"所对应的数据分别是单价、总价。
>
> （2）币制应按实际成交情况按海关规定的《货币代码表》选择填报相应的货币名称及代码。如《货币代码表》中无实际成交币种，需将实际成交货币按申报日外汇折算率折算成《货币代码表》列明的货币填报。
>
> 常见币制及其代码：110HKD，116JPY，142JNY，300EUR，303GBP，502USD。

39．征免

征免是指海关对进出口货物进行征税、减税、免税或特案处理的实际操作方式。

本栏目应按海关核发的《征免税证明》或有关政策规定，对报关单所列每项商品选择填报海关规定的《征减免税方式代码表》中相应的征减免税方式。

加工贸易报关单应根据《登记手册》中备案的征免规定填报。填写时，应结合"贸易方式"、"征免性质"、"征免"、"用途"4项常见的对应关系填写。可参考表10-10中"贸易方式"、"征免性质"、"征免"、"用途"栏目之间的逻辑关系。

40．税费征收情况

该栏目供海关批注进（出）口货物税费征收及减免情况（非报关员填报）。

41．录入员、录入单位

"录入员"栏目用于预录入和EDI报关单，打印录入人员的姓名。

"录入单位"栏目用于预录入和EDI报关单，打印录入单位名称。

42．报关员

本栏目是由向海关申报的报关员签名。

43．申报单位

申报单位是指对申报内容的真实性直接向海关负责的企业或单位。

自理报关的，应填报进出口货物的经营单位名称及代码；委托代理报关的，应填报经海关批准的专业或代理报关企业名称及代码。本栏目还包括报关单位地址、邮编、电话等分项目，由申报单位的报关员填报。

44．填制日期

填制日期是指报关单的填制日期。预录入和 EDI 报关单由计算机自动打印。本栏目为 8 位数，顺序为年、月、日。

45．海关审单批注栏

海关审单批注栏是指供海关内部作业时签注的总栏目，由海关关员手工填写在预录入报关单上。

其中"放行"栏填写海关对接受申报的进出口货物做出放行决定的日期。

海关出台的进出口货物报关单修改和撤销管理办法

海关总署《中华人民共和国海关进出口货物报关单修改和撤销管理办法》（以下简称《办法》）从 2006 年 2 月 1 日起执行。《办法》对进出口货物收发货人修改或撤销进出口货物报关单的情形、应提交的相关单据做了统一规范。《办法》指出，进出口货物收发货人或者其代理人确有如下情形的，可以向原接受申报的海关申请修改或撤销进出口货物报关单：① 由于报关人员操作或书写失误造成所申报的报关单内容有误，并且未发现有走私违规或其他违法嫌疑的；② 出口货物放行后，由于装运、配载等原因造成原申报货物部分或全部退关、变更运输工具的；③ 进出口货物在装载、运输、存储过程中因溢短装、不可抗力的灭失、短损等原因造成原申报数据与实际货物不符的；④ 根据贸易惯例先行采用暂时价格成交、实际结算时按商检品质认定或国际市场实际价格付款方式需要修改申报内容的；⑤ 由于计算机、网络等方面的原因导致电子数据申报错误的；等等。但是海关已经决定布控、查验的和涉案的进出口货物的报关单在办结前不得修改或撤销。

进出口货物收发货人或其代理人申请修改或撤销进出口货物报关单的，应当提交《进出口货物报关单修改/撤销申请表》，并提交可以证明进出口实际情况的合同、发票、装箱单等相关单证；外汇管理、国税、检验检疫、银行等有关部门出具的单证；应税货物的海关专用缴款书、用于办理收付汇和出口退税的进出口货物报关单证明联等海关出具的相关单证。

因修改或撤销进出口货物报关单导致需要变更、补办进出口许可证件的，进出口货物收发货人或其代理人应当向海关提交相应的进出口许可证件。《办法》还规定，进出境备案清单的修改、撤销，比照本办法执行。

第 10 章　进出口货物报关单填制

请根据所提供的原始单证，将没有填写的项目按规定在所给的出口报关单上补充填制完整。

报关单填制练习

中华人民共和国海关出口货物报关单

预录入编号：587112114　　　　　　　　　　　　海关编号：

出口口岸 上海宝山海关 2208	备案号 ××××××		出口日期 2015.12.30	申报日期 2015.12.28
经营单位 厦门荣华贸易发展公司 （3502110278）	运输方式 水路运输	运输工具名称 SU YUE V. 9801		提运单号 CSLMJ 18080
发货单位（3502110278） 厦门荣华贸易发展公司	贸易方式		征免性质	结汇方式
许可证号 ××××××××	运抵国（地区）		指运港	境内货源地 厦门特区
批准文号	成交方式	运费	保费 ××××	杂费 ××××××
合同协议号	件数		包装种类	毛重（千克）	净重（千克）
集装箱号	随附单据 B. C			生产厂家
标记唛码及备注				
项号　商品编号　商品名称、规格型号　数量及单位　最终目的国（地区）　单价　总价　币制　征免				
税费征收情况（此栏以下不用填写）				
录入员 ×××	录入单位 ×××	兹声明以上申报无讹并承担法律责任	海关审单批注及放行日期（签章） 审单　　　审价	

285

报关员 ××× 上海航联报关有限责任公司报关专用章	
	征税　　　统计
申报单位（签章） 单位地址：×××路××号 邮编：×××　　　电话：××× 填制日期：2015.12.28	检查　　　放行

注：随附单据附后。

XIAMEN RONGHUA TRADE DEVELOPMENT CO. LTD
厦门荣华贸易发展公司
中国厦门

INVOICE

L/C NO. 212948　　　　　　　　　INVOICE NO. SF732B1397/12

CONTRACT NO. SC732B0052　　　　DATE:

MESSRS: J. Y. CONSULTANT CO. LTD.

ADDRESS: 1-7-20 OTEMON CHUO-KU FUKUOKA JAPAN

PER S.S. S.SU YUE V. 9801 DATE OF DEPARTURE DEC12.2015

FROM SHANGHAI　　　　　　　　　　　　　　　TO MOJI

MARK	PACKAGE	DESCRIPTION	QUANTITY	RNIT PRICE	AMOUNT
N/M	900 CTNS	FRESH WINTERBAMBOOSHO-OTS HS CODE 0709010	900kgs 计量单位： 千克	USD1.40/kg	C&F USD 12600.00
	3592CTNS	FRESH MUSHROOM HS CODE 07095190 鲜香菇	17960kgs 计量单位： 千克	USD1.8/kg	USD 32328
N/M	外汇核销单编号：35/0591540 经营单位海关注册编号：3502110278 预录入编号：587112114 随附：商检，动植物检疫证		发货单位与经营单位相同		F：USD2250
	MANUFACTURER：	XIAMEN RONGHUA TRADE DEV. CO.LTD			

GW 29656kgs　NW 26960kgs

B/L NO CSLMJ 18080

```
CONTAINER  NO.           CCLU  100075（20'）
                         CCLU  850114（40'）
                         CCLU  850500（40'）
```
2015.12.28 由上海航联报关有限责任公司向上海宝山海关申报

本章小结

1．按照海关的规定和要求正确填报报关单是海关对报关企业和报关员的基本要求。因此本章重点是要求学生掌握进出口货物报关单各栏目的填制规范。

2．报关单的填制有其技巧：

首先，报关单（手工填写）的结构分表头和表体两部分，共设47栏，除"税费征收情况"和"海关审单批注及放行日期签字"两栏外，其余各栏均由报关员填写。

其次，应准确理解各栏名称的含义；熟悉发票、装箱单、提运单据的格式结构及各栏目的具体内容。

最后，弄清填制时所需要的信息来源（包括已知信息，发票/装箱单/提运单据，自主判断）。

3．"经营单位"、"收/发货单位"、"申报单位"栏目之间的关系。

（1）自营进出口并自理报关，三者为同一单位。

如当外贸公司乙自行与外商签订并履行合同，且自理报关，则"经营单位"、"收/发货单位"、"申报单位"三个栏目均应填乙公司。

（2）当国内甲公司委托乙外贸公司进口一批货物，并委托丙报关公司报关，则"经营单位"为乙外贸公司；"收/发货单位"为国内甲公司；"申报单位"为报关公司丙。

（3）当国内甲公司委托乙外贸公司进口一批货物并报关，则"经营单位"与"申报单位"均为乙外贸公司；"收/发货单位"为国内甲公司。

4．与"中转"和"商业性交易"影响有关的栏目。

（1）启运国（地区）/运抵国（地区）的改变只与商业性交易是否发生有关，而与是否中转无关。

（2）装货港/指运港的改变只受中转影响，与是否发生商业性交易无关。

（3）原产国（地区）/最终目的国（地区）均不受"中转"和"商业性交易"的影响。

5．"贸易方式"、"征免性质"、"征免"、"用途"及备案凭证首位之间存在必然联系（见表10-10）。

练习题

一、单选题

1．海关规定对在海关注册登记的企业给予10位数代码编号，称为"经营单位代码"。请在下列选项中指出10位数代码的正确组成规定（　　）。

A．地区代码，企业性质代码和顺序代码

B．企业详细地址代码，特殊地区代码，企业性质代码和顺序代码

C．企业所在省、直辖市代码及特殊地区代码，企业性质代码和顺序代码

D．企业所在省、直辖市代码及省辖市、县、计划单列市、沿海开放城市代码，企业性质代码和顺序代码

2．中国煤炭进出口公司收购山西省五矿公司在大同煤矿开采的煤，经河北省唐山京唐港出口，其在出口报关单上填写的发货单位应为（　　）。

A．中国煤炭进出口公司　　　　B．山西省五矿公司

C．大同煤矿　　　　　　　　　D．唐山京唐港

3．某出口加工区企业从香港购进台湾产的薄型尼龙布一批，加工成女式服装后，经批准运往区外内销，该批服装向海关申报出区时，其原产地应申报为（　　）。

A．香港　　　B．台湾　　　C．中国　　　D．国别不详

4．某服装进出口公司自日本进口一批工作服样装，在向海关申报时，其报关单"贸易方式"栏应填报为（　　）。

A．一般贸易　B．货样广告品　C．货样广告品A　D．货样广告品B

二、多选题

1．可以作为经营单位进行填报的单位包括（　　）。

A．对外签订合同但并非执行合同的单位

B．非对外签订合同但具体执行合同的单位

C．委托外贸公司对外签订并执行进口投资设备合同的外商投资企业

D．接受并办理进口溢卸货物报关手续的单位

2．属于一般贸易性质的进口贸易行为包括（　　）。

A．进料加工贸易中，对方有价或免费提供的机器设备

B．贷款援助的进出口货物

C．外商投资企业进口供加工内需产品的料件

D．经营保税仓库业务的企业购进供自用的货物

3．根据海关对报关单上"运输方式"项目的分类规定，"其他运输"是指（　　）。

A．管道运输　B．驮畜运输　　C．自行车运输　　D．人力扛运

4．根据海关规定，在填写进出口货物报关单的"贸易方式"时，有未列名的贸易方式填写为"其他贸易"。下列的几种贸易方式中，不可填写为"其他贸易"的是（　　）。

A．溢卸货物　B．货样、广告品　C．暂时进口货物　D．对台直接贸易

三、判断题

1．报关单上的"收货单位"应为进口货物在境内的最终消费、使用的单位名称，"发货单位"应为出口货物在境内的生产或销售的单位名称。（　　）

2．联合国救灾协调员办事处在美国市场采购原产于加拿大的冰雪救灾物资无偿援助我国，该批物资在洛杉矶装船，在日本东京中转后运抵我国，这种情况其报关单"启运国（地

第10章 进出口货物报关单填制

区)"栏目应填日本。( )

3．报关单上"商品名称、规格型号"栏目，正确填写内容应有中文商品名称、规格型号，商品的英文名称和品牌，缺一不可。( )

4．某化工进出口公司下属某厂以进料加工贸易方式进口原料一批，经海运抵港后，进口报关单的"备案号"栏应填报为该货物的加工贸易手册的编号。( )

5．经海关批准，从保税仓库内提取一批货物在国际市场上销售，由于该批货物进入保税仓库是空运进口的，故该货出仓库时在报关单上"运输方式"栏应填报"航空运输"。( )

四、实训题

请根据所提供的原始单证，将没有填写的项目按规定在所给的出口报关单上补充填制完整。

资料1： 广州天马自行车公司（企业代码440191××××）出口一批货物，该货物于2015年10月26日由该公司自理向广州新风客心海关（关区代码5109）申报，经营单位与发货单位相同，生产厂家为星辉儿童车专业厂。"检验检疫出境货物通关单"（B：440300201016448），商品编码：9501.0000，法定计量单位：辆。

资料2：

中华人民共和国海关出口货物报关单

预录入编号：　　　　　海关编号：

出口口岸	备案号		出口日期	申报日期
经营单位	运输方式	运输工具名称		提运单号
发货单位	贸易方式		征免性质	结汇方式
许可证号	运抵国（地区）		指运港	境内货源地
批准文号	成交方式	运费	保费	杂费
合同协议号	件数	包装种类	毛重（千克）	净重（千克）
集装箱号	随附单据		生产厂家	

标记唛码及备注

项号　商品编号　商品名称、规格型号　数量及单位　最终目的国（地区）　单价　总价　币制　征免

税费征收情况（此栏以下不用填写）

录入员	录入单位	兹声明以上申报无讹并承担法律责任	海关审单批注及放行日期（签章）	
报关员				
申报单位（签章）			审单	审价
单位地址：				
邮编：				
电话：			征税	统计
填制日期：				
			检查	放行

资料3：发票

国税	广东省出口商品发票 Guangdong Province Export Goods Invoice	出口专用 For Export 0000666880 No.0061809

购货单位：HAI TIAN （KOREA） LTD
Purchaser：韩国

地址： 电话： 开票日期：2015 年 10 月 23 日
Add: Tel: Issued date : Year Month Date

合同号码 Contract No.	2015GBE 2-88A	贸易方式 Trade Method	一般贸易	收汇方式 Foreign Exchange Collection Form	T/T
开户银行及账号 Bank where Account opened & A/C Number		发货港 Port of Departure	新风	转运港 Port of Transshipment	
信用证号 L.C No.		运输工具 Means of	船舶	目的港 Port of	仁川

标记唛头号码 Marks & Nos	品名规格 Description and Specification of goods	Transportation 单位 Unit	数量 Quantity	Destination 销量单价 Unit Price	销售总额 Total Sales Amount
N/M	儿童三轮车 AA08	辆	730	18.50 FOB 新风	13 505.00
合计金额（币种：USD） Total Amount（Currency）		美元壹万叁仟伍佰零伍元整			13 505.00
备注 Notes		44E818954			

填票：　　　　　　　　　　　　业户名称（盖章）Seller（Seal）
Filler：　　　　　　　　　　　　地址 Add：

资料 4：装箱单

广州天马自行车公司

GUANGZHOU TIAN MA BICYCLE COMPANY

装箱单

To:　　　　　　　　　　　　　　　　　Dated: 2015/10/23
Messrs: HAI TIAN （KOREA） LTD　　　B/L No．GXZF-1-382
Vessel Voyage No: FEIDA/5368　　　　Shipping Mark: N/M
（核销单号）：No．44E818954

CASE No.	Commodity	Quantity		Cross Weight（kilos）	Net Weight（kilos）	Measurement
1-730	儿童三轮车 AA08	730 辆	730 箱	7 154	6 570	62 17 40cm
Total:		730 辆	730 箱	7 154	6 570	30.78CBM

Packed in：纸箱
Containers No．TEXU2326802（20'）TAREWGT2280 kg

GUANGZHOU TIAN MA BICYCLE COMPANY

资料 5：合同

SALES CONFIRMATION

No.2015GBE2-88A
DATE:2015/09023

The Sellers: GUANGZHOU TIAN MA BICYCLE COMPANY
Address: _____
The Buyers: HAI TIAN （KOREA） LTD.
Address: _____

The undersigned Sellers and Buyers have agreed to close the following transactions according to the terms and conditions stipulated below:

1.Description	2.Specification	3.Quantity	4.Unit Price	5.Amount
CHILDREN'S TRICYCLES 儿童三轮车	AA08	730 SETS	FOB XINFENG USD18.50	USD13 505.00

Total Value: U.S. DOLLARS TRIRTEEN THOUSAND FIVE HUNDRED AND FIVE ONLY.

With 5% more or less both in amount and quantity allowed at the seller's option.

6．Packing: IN CARTON

7．Times of Shipment: BEFORE NOV．10．2015

8．Loading Port and Destination: ANY PORT，P．R．CHINA TO INCHON，KOREA

9．Insurance: To be effected by the BUYER for 110% of full invoice against ALL RISKS

10．Terms of Payment: By Irrevocable Letter of Credit to be available by 60 days draft to reach the sellers before Nov．9．2015

11．Shipping Mark: N/M

12．Others:

THE SELLERS　　　　　　　　　　　　　　　　　　　THE BUYERS
天马自行车公司

参考文献

[1] 报关水平测试教材编写委员会. 报关基础知识[M]. 北京：中国海关出版社，2014.
[2] 报关水平测试教材编写委员会. 报关业务技能[M]. 北京：中国海关出版社，2014.
[3] 徐晨，郑俊田. 海关管理研究[M]. 北京：对外经济贸易大学出版社，2012.
[4] 岑维廉，钟昌元，王华. 关税理论与中国关税制度（第二版）[M]. 上海：格致出版社，2010.

反侵权盗版声明

电子工业出版社依法对本作品享有专有出版权。任何未经权利人书面许可，复制、销售或通过信息网络传播本作品的行为；歪曲、篡改、剽窃本作品的行为，均违反《中华人民共和国著作权法》，其行为人应承担相应的民事责任和行政责任，构成犯罪的，将被依法追究刑事责任。

为了维护市场秩序，保护权利人的合法权益，我社将依法查处和打击侵权盗版的单位和个人。欢迎社会各界人士积极举报侵权盗版行为，本社将奖励举报有功人员，并保证举报人的信息不被泄露。

举报电话：（010）88254396；（010）88258888
传　　真：（010）88254397
E-mail：dbqq@phei.com.cn
通信地址：北京市万寿路173信箱
　　　　　电子工业出版社总编办公室
邮　　编：100036